문명 속의 불만

문명 속의 불만

지크문트 프로이트 김석희 옮김

일러두기

1. 열린책들의 『프로이트 전집』 2020년 신판은 기존의 『프로이트 전집』(전15권, 제2판, 2003)을 다시 한 번 교열 대조하여 펴낸 것이다. 일부 작품은 전체를 재번역했다. 권별 구성은 제2판과 동일하다.

2. 번역 대본은 독일 피셔 출판사S. Fischer Verlag 간행의 『지크문트 프로이트 전집*Sigmund Freud Gesammelte Werke*』과 현재까지 발간된 프로이트 전집 가운데 가장 충실하고 권위 있는 전집으로 알려진 제임스 스트레이치James Strachey 편집의 『표준판 프로이트 전집*The Standard Edition of the Complete Psychological Works of Sigmund Freud*』을 사용했다. 그러나 각 권별 수록 내용은 프로이트 저술의 발간 연대기순을 따른 피셔판 『전집』이나 주제별 편집과 연대기적 편집을 절충한 『표준판 전집』보다는, 『표준판 전집』을 토대로 주제별로 다시 엮어 발간된 『펭귄판』을 참고했다.

3. 본 전집에는 프로이트의 주요 저술들이 모두 수록되어 있다. 다만, (1) 〈정신분석〉이란 용어가 채 구상되기 이전의 신경학에 관한 글과 초기의 저술, (2) 정신분석 치료 전문가들을 위한 치료 기법에 관한 글, (3) 개인 서신, (4) 서평이나 다른 저작물에 실린 서문 등은 제외했다. (이들 미수록 저작 중 일부는 열린책들에서 2005년 두 권의 별권으로 발행되었다.)

4. 논문이나 저서에 이어 (　) 속에 표시한 연도는 각 저술의 최초 발간 시기를 나타내며, 집필 연도와 발간 연도가 다를 경우에는 [　] 속에 집필 연도를 병기했다.

5. 주석의 경우, 프로이트 자신이 붙인 원주는 각주 뒤에 〈— 원주〉라고 표시했으며, 옮긴이주는 별도 표시 없이 각주 처리했다.

6. 본문 중에 용어의 원어가 필요할 때는 독일어를 병기했다.

이 책은 실로 꿰매어 제본하는 정통적인 사철 방식으로 만들어졌습니다.
사철 방식으로 제본된 책은 오랫동안 보관해도 손상되지 않습니다.

차례

〈문명적〉 성도덕과 현대인의 신경병

Die 'kulturelle' Sexualmoral und die moderne Nervo-
sität(1908)

이 논문은 프로이트가 문명과 본능적 삶의 대립 관계를 본격적
으로 논한 최초의 저작이다. 『성문제』 제4권(1908, 3월호)에 처
음 발표된 뒤 『신경증에 관한 논문집*Sammlung kleiner Schriften zur
Neurosenlehre*』 제2권(1909)에 재수록되었으며, 『전집*Gesammelte
Werke*』 제7권(1941)에 실렸다.

문명과 본능적 삶의 대립 관계는 잠재기가 인간의 성욕 발달에
미치는 영향에 관한 그의 모든 이론에 내포되어 있었다. 「성욕에
관한 세 편의 에세이」에서 그는 〈성욕의 자유로운 발달과 문명 사
이에 존재하는 반비례 관계〉에 관해 논했는데, 「〈문명적〉 성도덕
과 현대인의 신경병」은 「성욕에 관한 세 편의 에세이」의 연구 성
과를 요약한 것이라고 할 수 있다.

이 논문의 영어판은 1915년 "Modern Sexual Morality and
Modern Nervousness"라는 제목으로 『미국 비뇨기학회』지 제2권
에 미완성으로 실렸으며, 1924년 허퍼드 E. B. Herford와 메인 E. C.
Mayne이 번역하여 "Civilized' Sexual Morality and Modern

Nervousness"라는 제목으로 『논문집Collected Papers』 제2권에 수록되었다. 또한 제목만 "'Civilized' Sexual Morality and Modern Nervous Illness"로 바꾸어 『표준판 전집The Standard Edition of the Complete Works of Sigmund Freud』 제9권(1959)에도 수록되었다.

〈문명적〉 성도덕과 현대인의 신경병

폰 에렌펠스[1]는 최근에 펴낸 『성윤리 *Sexualethik*』에서 성도덕을 〈자연적〉 성도덕과 〈문명적〉[2] 성도덕으로 나누고, 그 차이를 상세히 논한다. 그의 주장에 따르면 자연적 성도덕은 그 지배를 받는 인간으로 하여금 건강과 생산력을 유지할 수 있게 하는 성도덕이고, 문명적 성도덕은 거기에 순응하는 인간으로 하여금 강력하고 창조적인 문화 활동에 종사하도록 자극을 가하는 성도덕이며, 어떤 민족의 고유한 특성과 문화적 성취를 비교해 보면 이 두 가지 성도덕의 차이가 가장 뚜렷이 드러난다는 것이다. 이 의미심장한 생각은 폰 에렌펠스의 저서에 상세히 기술되어 있으므로, 좀 더 폭넓은 고찰을 원하는 독자는 그의 책을 참고하고, 여기서는 내 논의의 출발점으로서 필요한 만큼만 그의 저서를 인용하기로 한다.

문명적 성도덕의 지배를 받으면 개개인의 건강과 생산력이 손상되기 쉽고, 강요된 희생이 각 개인에게 초래하는 이 손상이 결

---

1 크리스티안 폰 에렌펠스Christian von Ehrenfels(1859~1932). 독일의 철학자. 프라하 대학 교수로 오랫동안 재직했으며, 심리학에 〈형상*Gestalt*〉이라는 용어를 도입한 것으로 유명하다. 프로이트는 폰 에렌펠스가 『농담에 관한 저서』(1905)에서 결혼 제도를 비판한 것을 높이 평가한다.

2 독일어의 〈*Kultur*〉를 〈문화〉로 번역하느냐 〈문명〉으로 번역하느냐의 문제는 번역자의 재량에 속한다. 왜냐하면 프로이트 자신이 「어느 환상의 미래」에서 〈나는 문화와 문명을 구별하는 것을 경멸한다〉라고 선언했기 때문이다.

국 한계치에 이르면 문화적 목표도 간접적으로 위태로워질 것이라고 추정하기는 어렵지 않다. 실제로 폰 에렌펠스는 오늘날 서구 사회를 지배하는 성도덕이 숱한 역효과를 낳는다고 보고, 그렇기 때문에 문명적 성도덕이 문명을 촉진하는 경향이 강하다는 것은 충분히 인정하면서도, 개선할 필요가 있다고 주장한다. 그의 견해에 따르면 현대 사회를 지배하는 문명적 성도덕의 특징은 남자들의 성생활에 맞추어 여자들에게 이런저런 요구가 가해지고, 일부일처제의 혼인 관계를 떠난 성교는 모두 금지된다는 것이다. 그러나 남성과 여성의 태생적 차이를 생각하면 남성의 외도를 좀 더 너그럽게 받아들일 필요가 있으며, 따라서 남성 쪽에 유리한 〈이중〉 윤리를 수용할 필요가 있다. 하지만 이런 이중 윤리를 수용하는 사회는 〈진리와 정직과 인간성에 대한 사랑〉을 한정된 수준 이상으로 끌어올릴 수 없고, 사회 구성원들에게 진실 은폐와 거짓된 낙천주의, 나와 남을 속이는 기만 행위를 유발하게 마련이다. 문명적 성도덕은 그보다 훨씬 나쁜 역효과도 있다. 문명적 성도덕은 일부일처제를 찬미함으로써 〈생식 능력에 따른 도태〉라는 요소를 손상시키고 있다는 점이다. 문명 민족의 경우에는 인간애와 위생학이 〈생식 능력에 따른 도태〉를 최소한도로 줄였기 때문에, 이 요소의 영향력만으로도 개개인의 선천적 소질을 크게 개선할 수 있다.

의사들의 입장에서 보면, 폰 에렌펠스가 지적한 문명적 성도덕의 역효과 가운데 한 가지가 빠져 있을 것이다. 나는 이 글에서 바로 그 한 가지를 자세히 논할 작정이다. 현대 사회에서 급속히 증대되고 있는 신경병도, 그 원인을 더듬어 올라가면 결국 문명적 성도덕에 이른다. 신경증 환자들은 종종 〈우리 가족은 타고난 재능 이상으로 대단한 인물이 되고 싶어 했기 때문에 모두 신경증 환자가 되어 버렸다〉라고 의사에게 하소연하여, 문명의 요구와 그 자신의 소질 사이에 존재하는 대립을 질병의 원인으로 제시한다. 또한 의사들도, 거칠지만 활기찬 가정에서 태어나 시골에서 순박하고 건강하게 살다가 대도시로 이주하여 성공적으로 정착한 남자의 자식으로서 짧은 기간에 높은 문화적 수준으로 내몰린 사람이 신경증에 걸리기 쉽다는 것을 알아차리고, 여기서 생각할 거리를 찾는 경우가 많다. 그러나 〈늘어나는 신경병〉이 현대의 문화 생활에 그 원인이 있다고 장담해 온 것은 신경과 전문의들이었다. 나는 이들이 내세우는 근거를 몇몇 뛰어난 관찰자의 주장을 인용하여 설명하고자 한다.

에르프W. Erb[3]의 견해:

본질적인 문제는 현대 생활에 존재하는 신경병의 원인이 신경병의 현저한 증가를 설명해 줄 수 있을 만큼 늘어났는가 하는 점이다. 이 의문에 대해서는 주저없이 그렇다고 대답할 수 있다. 현대 생활과 그 특징을 대충 훑어보기만 해도 신경병의 원인이 크게 늘어난 것을 알 수 있으리라.

수많은 일반적 사실이 이미 이것을 분명히 입증해 준다. 현대에 이루어진 놀라운 성취, 모든 분야에서 이루어진 발견과 발명, 갈수록 치열해지는 경쟁 속에서도 계속되는 진보. 이런 것들은 엄청난 정신력을 통해서만 얻을 수 있었고, 엄청난 정신력을 통해서만 계속 유지할 수 있다. 생존 경쟁에서 개인의 능률에 대한 요구는 크게 늘어났고, 개인은 모든 정신력을 동원해야만 겨우 그 요구를 충족시킬 수 있다. 그와 동시에 인생을 즐기고자 하는

---

3 『현대의 늘어나는 신경병 *Über die wachsende Nervosität unserer Zeit*』(1893) — 원주.

개개인의 욕망과 요구도 모든 계층에서 크게 늘어났다. 과거에는 사치와 전혀 무관했던 계층에서도 유례없는 사치가 확산되었다. 온갖 사회 계층에서 종교를 믿지 않는 사람들과 욕구 불만과 탐욕에 사로잡힌 사람들이 늘어났다. 전 세계를 아우르는 전신 전화망 덕택에 통신이 크게 확대되었고, 이로 말미암아 교역과 상업은 그 상황이 완전히 달라졌다. 모든 사람이 바삐 서두르며, 흥분과 불안에 사로잡혀 있다. 밤은 여행하는 시간이고, 낮은 사업하는 시간이다. 〈휴가 여행〉조차도 신경계에 부담을 주게 되었다. 심각한 정치 산업 금융 위기는 과거보다 훨씬 광범위한 사람들을 자극한다. 정치 생활에 관여하는 것은 이제 전반적인 추세가 되었다. 정치적·종교적·사회적 투쟁, 당리당략, 선거운동, 노동조합의 확대는 사람들을 흥분시키고, 정신에 점점 더 많은 부담을 주며, 오락과 수면과 휴식에 바쳐야 할 시간을 빼앗는다. 도시 생활은 갈수록 복잡해지고 끊임없이 바쁘게 돌아간다. 기진맥진한 신경은 더욱 강한 자극과 더욱 짜릿한 쾌락을 통해 기력을 되찾으려고 하지만, 오히려 더욱 피곤해질 뿐이다. 현대 문학이 주로 다루는 문제는 가장 의문의 여지가 많은 문제 — 정욕을 불러일으키고 관능을 자극하며, 쾌락에 대한 갈망을 부추기고, 기본적인 도덕적 원칙과 이상을 모조리 경멸하도록 조장하는 문제 — 들이다. 현대 문학은 정신병적 성행위나 혁명 같은 주제와 관련된 병적인 인물과 문제를 독자들에게 제시한다. 시끄럽고 강렬한 음악의 홍수는 우리의 귀를 흥분시키고 지나치게 자극한다. 연극은 도발적인 공연으로 우리의 모든 감각을 사로잡는다. 조형 미술도 추하고 도발적이어서 혐오감을 주는 것을 즐겨 다루고, 현실 속의 가장 불쾌하고 끔찍한 광경을 역겨울 만큼 여실하게 우리들 눈앞에 내놓는 것도 주저하지 않는다.

이런 일반적인 묘사만으로도 현대 문명의 발전이 제기하는 수 많은 위험을 지적하기에는 충분하다.

빈스방거O. L. Binswanger[4]의 견해:

특히 신경 쇠약은 본질적으로 현대병이라고 일컬어져 왔다. 비어드[5]는 신경 쇠약에 관한 포괄적 설명을 최초로 개진한 인물로, 미국 땅에서 독특하게 생겨난 새로운 신경병을 자기가 처음 발견했다고 믿었다. 신경 쇠약이 미국의 풍토병이라는 추정은 물론 잘못된 것이었다. 그렇지만 광범위한 임상 경험을 통해 신경 쇠약의 고유한 특징을 처음으로 파악하고 설명할 수 있었던 사람이 〈미국〉 의사라는 사실은 분명 신경 쇠약과 현대 생활 사이에 존재하는 밀접한 관계를 나타낸다. 현대인은 돈과 재물을 끝없이 추구하고 있으며, 과학 기술 분야의 놀라운 진보는 우리의 상호 통신을 가로막는 시간적·공간적 장벽을 모두 없애 버렸다.

폰 크라프트-에빙R. von Krafft-Ebing[6]의 견해:

오늘날 수많은 문명인의 생활 양식은 비위생적 요소를 숱하게 드러낸다. 이런 요소들을 살펴보면 신경병이 크게 늘어난 이유를 쉽게 이해할 수 있다. 그 해로운 요소들은 무엇보다도 먼저 두뇌에 영향을 미치기 때문이다. 지난 수십 년 동안 문명 국가들의 정치적·사회적 상황 — 그중에서도 특히 상업과 산업과 농업의 상

---

4 『신경 쇠약의 병리학과 치료법*Die Pathologie und Therapie der Neurasthenie*』(1896) — 원주.

5 비어드G. M. Beard(1839~1883). 미국의 신경병 학자로서 신경 쇠약의 주요 권위자로 여겨졌다. 프로이트는 신경 쇠약에 관한 초기 논문에서 비어드의 연구 성과를 언급했다.

6 『신경병과 신경 쇠약적 상태*Nervosität und neurasthenische Zustände*』(1895) — 원주.

황—에는 큰 변화가 일어났고, 이는 사람들의 직업과 사회적 지위 및 재산에 큰 변화를 가져왔다. 그리고 이런 변화는 신경계에 큰 부담을 주고 있다. 늘어난 사회적·경제적 요구를 충족시키기 위해 신경은 더 많은 에너지를 소비해야 함에도, 기력을 회복할 만한 기회가 충분하지 않기 때문이다.

내가 위의 견해들을 보기로 든 것은, 그 견해들—또한 그 밖의 비슷한 견해들—이 틀렸다고 말하기 위해서가 아니라, 그 견해들이 신경 장애라는 증세를 구체적으로 설명하기에는 불충분하며, 신경 장애와 관련된 가장 중요한 요인을 설명에서 빠뜨리고 있다는 점을 지적하기 위해서이다. 〈신경질〉이나 〈신경과민〉 같은 모호한 상태를 무시하고 신경병의 명확한 형태만을 고찰하면, 문명의 해로운 영향은 문명 민족(또는 계층) 사이에 널리 퍼져 있는 〈문명적〉 성도덕을 통해 주로 그들의 성생활을 부당하게 억압하는 형태로 변형된다는 사실을 발견할 수 있다.

나는 수많은 논문[7]에서 이 주장을 뒷받침하는 증거를 제시하려고 애썼다. 여기서 그것을 다 반복해 언급할 수는 없지만, 내 연구 결과 가운데 가장 중요한 논점만은 여기에 인용하기로 한다.

신중한 임상적 관찰에 따르면, 신경성 질병은 두 부류, 즉 본래적 〈신경증Neurose〉과 〈정신 신경증Psychoneurose〉으로 나눌 수 있다. 본래적 신경증에서는 신체 기능에 장애(증세)가 나타나든 정신 기능에 장애가 나타나든, 모두 〈중독성〉을 가지고 있는 것으로 보인다. 그런 장애는 어떤 신경독을 지나치게 섭취했거나 상실했을 때 나타나는 현상과 똑같이 작용한다. 흔히 〈신경 쇠약

---

7 신경증 이론에 관한 내 논문집을 참조할 것 — 원주. 『신경증에 관한 논문집』 (1906)에는 1893~1906년 사이에 발표된 14편의 논문이 실려 있다.

Neurasthenie〉으로 분류되는 이런 신경증은 유전적 요인이 없더라도 성생활이 저해받으면 유발될 수 있다. 실제로 이 신경병이 취하는 형태는 성생활에 저해를 끼치는 독물의 성질에 대응하기 때문에, 임상 소견을 보면 당장에 특정한 성적 원인을 짐작할 수 있는 경우가 많다. 반면에 권위자들이 신경병의 원인으로 제시하는 문명의 저해와 신경병의 형태 사이에는 그런 일정한 대응 관계가 전혀 존재하지 않는다. 따라서 우리는 성적 요인을 본래적 신경증을 일으키는 근본 원인으로 간주할 수 있다.

정신 신경증의 경우에는 유전적 영향이 더 두드러지고, 그 원인을 알아내기 더 어렵다. 그러나 정신분석이라는 독특한 연구 방법을 통해서, 우리는 이런 질병의 증세들(히스테리, 강박증 등)이 〈심인성(心因性)〉이며 (억압된) 무의식의 관념화된 콤플렉스로 말미암아 일어난다는 사실을 알 수 있었다. 정신분석은 또한 무의식적 콤플렉스가 무엇인지를 가르쳐 주었고, 콤플렉스는 일반적으로 성적 내용을 지닌다는 사실도 알려 주었다. 콤플렉스는 충족되지 않은 성적 욕망에서 생겨나며, 그것은 또한 좌절된 욕망을 상쇄하는 일종의 대리 만족을 나타낸다. 따라서 우리는 정신 신경증의 경우에도 성생활을 저해하고 성 행동을 억압하거나 그 목적을 왜곡하는 모든 요소를 발병의 원인으로 볼 수 있다.

신경병을 앓는 사람들은 대부분 이 두 가지 원인에서 생겨나는 장애를 양쪽 다 보이지만, 그렇다고 해서 중독성 신경증과 심인성 신경증을 이론적으로 구분하는 작업의 가치가 줄어드는 것은 아니다.

신경병의 원인을 주로 성생활에 해로운 여러 가지 영향에서 찾는 데 동의할 준비가 되어 있는 독자라면, 신경병의 증가라는 주제를 좀 더 광범위한 배경 속에서 고찰하고자 하는 앞으로의 논의에도 기꺼이 동참해 줄 것이다.

일반적으로 말해서 우리 문명은 본능 억제에 그 바탕을 둔다. 인간은 누구나 개인 재산의 일부 — 예를 들면 무엇이든지 할 수 있다는 의식의 일부, 또는 인격에 내포된 공격적 또는 보복적 성향의 일부 — 를 포기해 왔다. 개인들의 이런 양보가 모여서 물질적이고 정신적인 문명의 공유 재산이 생겨난 것이다. 각 개인으로 하여금 권리를 포기하게 만든 것은 우선 생활의 절박한 필요성이지만, 그 밖에도 에로티시즘에서 유래한 가족 의식이 요인으로 작용했던 것은 분명하다. 이런 권리 포기는 문명이 발전하는 동안 한 걸음씩 전진해 왔다. 그리고 종교는 그 한 걸음 한 걸음을 지지했다. 개인이 본능 충족을 포기할 때마다 그것은 신에게 제물로 바쳐졌고, 그렇게 모인 공유 재산은 〈신성한heilig〉 것으로 선언되었다. 완고한 소질 때문에 본능 억제에 찬동하지 못하는 사람은 사회와 맞서는 〈범죄자criminal〉나 〈무법자outlaw〉[8]가 된다. 사회적 지위가 높거나 비범한 능력을 지녀 위인이나 〈영웅〉을 자처할 수 있는 사람이라면 별문제이지만.

고등 동물 가운데 성 본능 — 정신분석을 통한 연구는 성 본능이 별개의 많은 구성 요소로 이루어져 있거나 여러 개의 본능으로 구성되어 있다는 것을 보여 주기 때문에, 성 본능〈들〉이라고 말하는 편이 더 정확할 것이다 — 이 가장 강하게 발달한 동물은 아마 인간일 것이다. 인간의 성 본능은 동물의 성 본능과 결부되어 있는 발정 주기를 거의 완전히 극복했기 때문에, 어떤 동물보다도 지속적이라는 데에는 의심할 여지가 없다. 인간의 끊임없는 성 본능은 문명 활동에 엄청난 에너지를 공급하는데, 이것은 인간의 성 본능이 지닌 두드러진 특징 덕택이다. 인간의 성 본능은

8 이 두 낱말은 원문에 영어로 표기되어 있다.

그 대상을 다른 것으로 바꿀 수 있고, 이처럼 대상이 바뀌어도 그 강도는 사실상 거의 줄어들지 않는 특징이 있다. 최초의 성적 대상을 대신하는 것은 더 이상 성적 대상이 아니지만, 정신적으로는 최초의 대상과 관련되어 있다. 최초의 성적 대상을 다른 것으로 바꿀 수 있는 이런 능력을 〈승화Sublimation〉 능력이라고 부르는데, 성 본능이 문명에 대해 갖는 중요성은 바로 이 승화 능력에 있다. 이와는 대조적으로 성 본능이 유난히 집요한 고착 현상을 보일 수도 있다. 최초의 성적 대상에 병적으로 집착하는 것은 성 본능을 문명 발전에 전혀 이바지하지 못하는 쓸모없는 것으로 만들 뿐 아니라, 때로는 변태라고 불리는 것으로 타락시키기도 한다. 성 본능의 강도는 원래 사람마다 다를 것이고, 승화에 적합한 성 본능의 비율도 사람마다 다양하다. 성 본능 가운데 어느 정도가 승화되어 다른 목적에 쓰일 수 있는가를 결정하는 것은 우선 각자가 타고난 소질인 듯하다. 그 밖에 정신에 대한 지적 영향과 경험의 영향이 더 많은 성 본능을 승화시키는 데 성공한다. 그러나 우리가 사용하는 기계 장치에서 열을 기계적 에너지로 무한히 바꿀 수 없는 것과 마찬가지로, 이런 승화 과정을 무한히 연장하는 것은 불가능하다. 어느 정도의 직접적인 성적 만족은 대부분의 유기체에게는 반드시 필요한 것 같다. 그리고 최소한의 성적 만족은 개인마다 다르지만, 이것마저 좌절9되면 기능 장애와 주관적인 불쾌감 때문에 병적이라고 할 수밖에 없는 현상이 일어난다.

인간의 성 본능은 원래 생식에 이바지하는 것이 아니라 특정한 종류의 쾌감을 얻는 것을 목표로 삼는다는 사실을 고려하면, 새

---

9 원문에는 거절이나 부인을 뜻하는 〈Versagung〉으로 표기되어 있다. 프로이트는 나중에 이 낱말을 좀 더 넓은 의미로 사용하여 초기 신경증을 초래하는 주 요인을 이 용어로 설명한다. 이런 의미로 쓰일 때는 〈좌절〉로 번역된다.

로운 전망이 열린다.[10] 이것은 유아기에 분명히 나타난다. 유아는 성기만이 아니라 다른 신체 부위(성감대)에서도 쾌감 획득의 목적을 달성하고, 따라서 이처럼 편리한 대상을 제외한 다른 대상들은 모두 무시할 수 있다. 이 단계를 〈자기애Narziβmus〉 단계라고 부른다. 나는 이 단계를 제한하는 것이야말로 아동 교육의 임무라고 생각한다. 자기애 단계를 빨리 벗어나지 못하고 꾸물거리면, 나중에 그의 성 본능은 통제할 수도 없고 쓸모도 없는 것이 되어 버리기 때문이다. 성 본능은 자기애 단계에서 대상애(對象愛) 단계로, 성감대가 자주성을 갖는 단계에서 성기에 종속되는 단계로 발전한다. 이 과정에서 신체가 제공하는 성적 흥분은 생식 기능에 전혀 이바지하지 못하는 것으로 금지되고, 좀 더 바람직한 경우에는 승화로 이어진다. 따라서 문화 활동에 이용될 수 있는 에너지는 대부분 성적 흥분의 〈도착적〉 요소를 억제함으로써 얻어진다.

성 본능의 이런 발달을 염두에 두면, 문명의 세 단계를 구별할 수 있다. 첫 번째 단계에서는 생식이라는 목적을 전혀 고려하지 않고 성 본능을 마음껏 발휘할 수 있다. 두 번째 단계에서는 생식이라는 목적에 이바지하는 성 본능을 빼고는 모든 성 본능이 억제된다. 세 번째 단계에서는 〈합법적인〉 생식만이 성행위의 목적으로 용인된다. 이 세 번째 단계는 오늘날의 〈문명적〉 성도덕에 반영되어 있다.

두 번째 단계를 표준으로 삼으면, 많은 사람이 신체 구조 때문에 그 단계의 요구에 응하지 못한다는 점을 지적해야 한다. 앞에서도 말했듯이 성 본능은 자기애 단계를 벗어나 성기 결합을 목

10 「성욕에 관한 세 편의 에세이」(프로이트 전집 7, 열린책들)를 참조할 것 — 원주.

표로 삼는 대상애 단계로 발전하지만, 이런 발전이 모든 부류의 사람들에게 정확하고 충분하게 일어나는 것은 아니다. 이런 발달 장애로 말미암아 정상적인 성욕 — 즉 문명에 이바지할 수 있는 성욕 — 에서 벗어나는 두 가지의 해로운 일탈이 생긴다. 그리고 정상적인 성욕과 비정상적인 성도착의 관계는 양화(陽畵)와 음화(陰畵)의 관계와 비슷하다.

우선 (성 본능이 남달리 강해서 도저히 억제할 수 없는 사람은 제외하고) 다양한 〈성도착자〉와 〈동성애자〉가 있다. 성도착자는 유아기의 예비적인 성적 대상에 고착된 나머지 생식 기능의 우위가 확립되지 못한 경우이고, 동성애자는 성적 대상이 이성에서 동성으로 빗나간 경우이지만, 어떻게 해서 빗나가게 되었는지는 아직 알려져 있지 않다. 이 두 가지 종류의 발달 장애가 예상만큼 해로운 결과를 초래하지 않는다면, 그것은 성 본능이 워낙 복잡하게 조립되어 있는 탓으로 돌릴 수 있다. 이런 복잡한 구조 덕분에, 본능의 일부 구성 요소가 발달을 중단하더라도 그 사람의 성생활은 최종적으로는 유용한 형태에 도달할 수 있다. 실제로 성도착자 — 동성애자 — 는 문화적 승화에 유난히 적합한 성 본능을 지닌 경우가 많다.

좀 더 명백한 형태의 성도착과 동성애는 그 지배를 받는 사람을 사회적으로 쓸모없고 불행하게 만드는 것이 사실이다. 특히 다른 방법으로는 성적 만족을 얻지 못하는 일부 사람에게는 두 번째 단계의 문화적 요구조차도 고통의 원인이 된다는 점을 인정하지 않을 수 없다. 체질적으로 나머지 인간과 다른 이들의 운명은 다양하지만, 절대적인 기준으로 보아 강한 성 본능을 가지고 태어났느냐, 아니면 비교적 약한 성 본능을 가지고 태어났느냐에 따라 운명이 결정된다. 성 본능이 대체로 약한 성도착자의 경우에는 자신이 놓여 있는 문명 단계의 도덕적 요구와 충돌하는 성향을 완전히 억제할 수 있다. 그러나 이론적인 관점에서 보면, 그들이 할 수 있는 일은 오직 그것뿐이다. 그들은 성 본능을 억제하기 위해 있는 힘을 다 써버린 탓에 문화 활동에 투입할 수 있는 여력이 남아 있지 않기 때문이다. 말하자면 그들은 내적으로는 금지되어 있고, 외적으로는 무기력해져 있다. 이들에게도 적용되는 문명의 세 번째 단계에서 남녀에게 요구되는 금욕에 관해서는 나중에 다시 논하겠다.

성 본능이 상당히 강하고 도착적인 경우에는 두 가지 결과를 생각할 수 있다. 첫째, 성도착자로 남기를 택한 사람은 문명의 기준에서 벗어난 자신의 일탈 행위가 초래하는 결과를 참고 견뎌야 한다. 이 경우에 대해서는 더 이상 논하지 않겠다. 두 번째 결과는 훨씬 흥미롭다. 여기에 속하는 사람은 교육의 영향과 사회의 요구에 따라 도착적인 본능을 억제하는 데 성공하지만, 이것은 실제로는 진정한 억제가 아니라 실패한 억제라고 부를 수 있다. 물론 금지된 성 본능이 더 이상 그런 형태로 표출되지 않는 것은 사실이다. 억제 과정에서 성공한 단계는 이 부분이다. 그러나 금지된 성 본능은 다른 식으로 표출된다. 이것은 억제된 본능이 변형되지 않은 형태로 충족된 경우 못지않게 해로울 뿐 아니라, 당사자를 사회적으로 전혀 쓸모없는 인간으로 만든다. 억제 과정에서 실패한 단계는 이 부분이고, 결국 성공한 부분을 상쇄하고도 남는 해로운 영향을 끼친다. 성 본능을 억제한 결과 나타나는 대리 만족 현상은 신경병 — 좀 더 정확히 말하면 정신 신경증 — 을 일으킨다.[11]

신경증 환자는 완고한 체질을 지녀 문화적 요구에 따라 자신의

11 본 논문의 도입부를 참조할 것 — 원주.

본능을 억제하는 데 성공하지만, 그것은 〈표면상〉의 성공일 뿐이고 차츰 억제에 성공하지 못하게 된다. 따라서 이들은 내면의 향상을 포기하고 엄청난 정력을 소비해야만 겨우 문화 활동을 수행할 수 있거나, 이따금 문화 활동을 중단하고 앓아누워야 한다. 내가 신경증을 성도착의 〈음화〉라고 표현한 것은 신경증의 경우에는 억제된 도착적 충동이 무의식의 부분에서 표출되기 때문이다. 다시 말하면 신경증은 사진의 양화처럼 겉으로 드러난 성도착과 똑같은 성향을 지니지만 그것이 〈억압된〉 상태에 있기 때문이다.[12]

임상 경험이 알려 주는 바에 따르면 대부분의 사람은 어떤 한계를 넘어서면 체질적으로 문명의 요구에 따르지 못한다. 타고난 소질이 허용하는 것보다 더 고결한 마음을 가지고 싶어 하는 사람은 모두 신경증 환자가 된다. 좀 덜 고결할 수 있었다면, 그들은 좀 더 건강했을 것이다. 한 집안의 형제자매를 관찰해 보면, 성도착과 신경증이 양화와 음화의 관계에 있다는 발견이 명백히 뒷받침될 때가 많다. 오빠는 성도착자인 반면, 여자라서 성 본능이 약한 여동생은 신경증 환자인 경우가 허다하다. 여동생의 증세는 성적으로 더 적극적인 오빠의 성도착과 똑같은 성향을 보인다. 남편은 정신적으로 건강하지만 사회적 관점에서 볼 때 부도덕한 반면, 아내는 도덕적으로 고결하고 세련되었지만 심한 신경증에 시달리는 가정도 많다.

문명이 성생활의 기준을 정해 놓고 모든 사람에게 똑같은 행실을 요구하는 것은 명백한 사회적 불공평의 사례이다. 어떤 사람은 타고난 체질 덕택에 아무 어려움도 없이 그 기준에 따를 수 있

12 프로이트는 「성욕에 관한 세 편의 에세이」에서 처음으로 이런 취지의 말을 했다.

지만, 다른 사람들은 심한 정신적 희생을 강요당하기 때문이다. 사실 이런 사람들은 대개 도덕의 명령에 따르지 않기 때문에 불공평할 것도 없지만.

이제까지의 고찰은 앞에서 가정한 문명의 세 단계 가운데 두 번째 단계가 제시한 요구 — 성도착으로 분류되는 성 행동은 모두 금지되어야 하고, 정상적인 성교는 자유롭게 허용되어야 한다는 요구 — 를 바탕으로 이루어졌다. 우리가 관찰한 바에 따르면 성적 자유와 제한 사이의 경계선을 여기에 긋는다고 해도 수많은 사람들은 성도착자로 분류되고, 체질적으로는 성도착자이나 성도착자가 되지 않으려고 애쓰는 수많은 사람은 신경병에 걸릴 수밖에 없다. 성적 자유가 더욱 제한되고 문명의 요구가 합법적 부부 관계 이외의 모든 성 행동을 금지하는 세 번째 단계에 이르면 어떤 결과가 빚어질지는 쉽게 예상할 수 있다. 강한 체질이어서 문명의 요구에 공공연히 저항하는 사람의 수는 엄청나게 늘어날 테고, 그보다 약한 체질이어서 문화적 영향의 압력과 자신의 체질적 저항 사이에 벌어지는 대립을 견디다 못해 신경병으로 도피하는 사람의 수도 크게 늘어날 것이다.[13]

여기서 다음 세 가지 의문이 제기된다.

(1) 문명의 세 번째 단계가 개인에게 요구하는 과제는 무엇인가?

(2) 문명의 세 번째 단계가 용인하는 합법적인 성적 만족이 다른 만족을 모두 포기한 것을 상쇄할 만큼 만족스러운 보상을 제공할 수 있는가?

(3) 이런 포기가 초래할 수 있는 해로운 결과는 문화 분야에서

---

13 『히스테리 연구』(프로이트 전집 3, 열린책들)에 소개된 〈질병으로의 도피〉라는 개념을 예고한다.

그것을 이용하는 것과 어떤 관계가 있는가?

　첫 번째 의문에 대한 답은 여기서는 철저히 다룰 수 없지만 지금까지 자주 논의된 문제 — 성적 자제, 또는 금욕 — 와 관련되어 있다. 현대 문명의 세 번째 단계는 남성과 여성 모두에게 결혼할 때까지는 금욕을 요구하고, 합법적 혼인을 맺지 않는 사람은 평생 금욕해야 한다고 요구한다. 금욕은 해롭지 않으며 실행하기도 어렵지 않다는 주장은 모든 관계 당국의 입맛에 맞았을 뿐 아니라 의사들 사이에서도 폭넓은 지지를 받았다. 그러나 성 본능처럼 강렬한 충동을 만족시키지 않고 다른 방법으로 다스리려면 젖 먹던 힘까지 다 짜내야 하는 경우도 있다. 승화를 통해, 즉 성 본능의 에너지를 성적 대상에서 좀 더 고상한 문화적 대상으로 돌림으로써 성 본능을 다스릴 수 있는 사람은 소수에 불과하며, 그 소수마저도 언제나 그럴 수 있는 것은 아니다. 특히 정열적이고 원기 왕성한 젊은 시절에는 성 본능을 다스리기 매우 어렵다. 이 소수를 뺀 나머지 사람들은 대부분 신경증에 걸리거나 이런저런 해를 입는다. 경험으로 보건대 현대 사회를 구성하는 대다수는 체질적으로 금욕이라는 과제를 수행하기에 부적합하다. 성적으로 가벼운 제약만 받아도 병에 걸릴 수 있는 사람들은 현대의 문명적 성도덕의 요구에 직면하면 더욱 쉽사리 병에 걸리고, 그 증세도 훨씬 심각하다. 타고난 체질적 결함이나 발달 장애는 정상적인 성생활을 위협하는데, 이 위협에서 자신을 지킬 수 있는 최선의 수단은 바로 성적 만족 자체이기 때문이다. 신경증에 걸리기 쉬운 사람일수록 금욕을 참지 못한다. 앞에서 언급한 정상적인 발달에서 뒤처진 본능은 억제하기 훨씬 어려워지기 때문이다. 그러나 문명의 두 번째 단계가 제기하는 요구를 충족시키면서 어떻게든 건강을 유지한 사람들조차도 세 번째 단계에 이르면 상당수가 신경증에 걸릴 것이다. 성적 만족의 정신적 가치는 성적 만족이 좌절될수록 점점 높아지기 때문이다. 댐으로 막힌 강물처럼 억눌린 리비도는 이제 성생활의 구조에 대부분 존재하는 약한 부위를 찾아내어 그곳을 무너뜨리고, 병증이라는 형태의 신경증에서 대리 만족을 얻으려고 하는 상태에 놓인다. 신경병을 일으키는 결정 요인을 꿰뚫어 볼 수 있는 사람은 성적 제약이 강화된 것이야말로 현대 사회에서 신경병이 늘어나는 원인이라고 확신하게 될 것이다.

이것은 합법적인 부부 관계에서 행해지는 성교가 결혼 전에 부과된 제약을 충분히 보상해 줄 수 있느냐 하는 문제를 제기한다. 이 의문에 대해서는 부정적인 대답을 뒷받침하는 자료가 너무 많아 다 소개할 수는 없고, 간단한 요약만 소개하기로 한다. 우선 우리의 문명적 성도덕은 결혼한 부부조차도 아이를 가지기 위한 몇 차례의 성교만으로 만족해야 한다고 강요하기 때문에, 혼인 관계 자체에서도 성교를 제약한다는 점을 염두에 두어야 한다. 그 결과 부부 관계에서 만족스러운 성교가 이루어지는 것은 결혼 초기 몇 년에 불과하다. 물론 아내의 건강을 고려하여 금욕할 필요가 있는 기간은 여기서 빼야 한다. 결혼한 지 3년이나 4년, 또는 5년이 지나면, 결혼 생활은 성욕을 충족시켜 주겠다는 애초의 약속을 지키지 못하게 된다. 지금까지 고안된 온갖 피임 기구들은 성적 즐거움을 감소시키고, 남편과 아내의 미묘한 감각을 해칠 뿐 아니라, 실제로 질병까지 일으키기 때문이다.[14] 성교의 결과인 임신에 대한 두려움은 우선 부부의 육체적 애정을 냉각시키고, 급기야는 부부 간의 정신적 조화까지도 깨뜨리는 경우가 많다. 부

14 프로이트는 초기 논문인 「신경증의 병인으로서의 성욕Die Sexualität in der Ätiologie der Neurosen」(1898)에서 피임 문제를 다루었다.

부의 은근한 정은 결혼 초기의 열렬한 육체적 사랑을 대신했어야 마땅하지만, 실제로는 그러지 못하는 부부가 대다수를 차지한다. 따라서 대부분의 결혼 생활은 정신적 환멸과 육체적 불만으로 이어지게 마련이고, 남편과 아내는 환상이 깨진 것 때문에 더욱 불행해진 것을 빼고는 결혼 전과 똑같은 상태로 되돌아간다. 그들은 또다시 성 본능을 억제하고 다른 데로 돌리기 위해 불굴의 정신을 발휘해야 한다. 남편이 좀 더 원숙한 나이에 이를 때까지 얼마나 이 일에 성공하는지는 구태여 물어볼 필요도 없다. 아무리 엄격한 성적 규범도 어느 정도의 자유는 허용하지 않을 수 없다. 물론 침묵의 가면을 쓰고 마지못해 허용하는 것이긴 하지만, 내임상 경험으로 보건대 남자들은 자신에게 허용된 만큼의 성적 자유를 상당히 자주 이용하는 것 같다. 현대 사회에서 남성들에게 적용되는 〈이중적〉 성도덕이야말로, 사회 자체가 수행하지 못할 줄 뻔히 알면서 지시를 내리고 있다는 것을 보여주는 명백한 증거이다. 그러나 여성은 남자들이 실제로 성적 관심을 표출하는 대상이자 수단이기 때문에 자신의 본능을 승화하는 재능은 거의 타고나지 못했고, 품에 안은 젖먹이한테서 성적 대상의 대용물을 찾을 수 있을지는 모르지만, 그 아기가 좀 더 자라고 나면 더 이상 성적 대상의 대용물을 찾지 못하게 된다. 되풀이 말하지만 여자들은 결혼 생활에 환멸을 느끼면 심한 신경증에 걸려 영원히 암울한 삶을 살아간다.

오늘날의 문화적 상황에서 결혼은 더 이상 여성의 신경병을 치료해 주는 만병통치약이 아니다. 결혼이 만병통치약이었던 시대는 지난 지 오래이다. 그래도 우리 의사들은 그런 경우에 여전히 결혼을 권하지만, 여자가 결혼 생활을 견뎌 낼 수 있으려면 무척 건강해야 한다는 것을 알고 있기 때문에, 남자 환자한테는 결혼

전에 신경병을 앓은 여자와는 절대로 결혼하지 말라고 충고한다. 이와는 반대로 결혼 생활에서 생겨난 신경병은 불륜으로 치료할 수 있다. 그러나 좀 더 엄격한 가정에서 자란 여성일수록, 그리고 문명의 요구에 좀 더 엄격하게 따르는 여성일수록 이런 해결책을 택하기를 두려워한다. 이런 여성은 자신의 소망과 의무감의 갈등을 견디지 못하고, 다시 한번 신경증에서 피난처를 찾는다. 질병만큼 안전하게 그녀의 정절을 지켜 주는 것은 없다. 따라서 이런 여자의 남편은 결혼한 상태이면서도 성 본능을 충족시키지 못한다. 결혼 생활은 젊은 사람의 성 본능을 만족시켜 주는 수단으로 제시되지만, 실제로는 결혼이 지속되는 동안의 욕망마저도 충분히 채워 주지 못하는 것이다. 결혼이 미혼 시절의 금욕 생활을 보상해 주는 것은 도저히 불가능하다.

　그러나 문명적 성도덕의 폐해를 인정한다고 해도, 성욕을 그처럼 광범위하게 제한함으로써 얻어지는 문화적 이익이 그런 고통을 충분히 상쇄한다고 주장할 수도 있을 것이다. 결국 성적 제한으로 심한 고통을 받는 사람은 소수에 불과하기 때문이다. 이는 앞에서 제기된 세 번째 의문에 대한 답이 되기도 한다. 솔직히 고백하면 나는 이 점에서의 손실과 이득을 정확히 비교 평가할 수 없지만, 그래도 이득보다는 손실에 대해 훨씬 많은 고찰을 제시할 수 있을 것이다. 앞에서 언급한 금욕이라는 문제로 돌아가면, 금욕이 신경증 외에도 여러 가지 해독을 끼치며 신경증의 중요성은 아직도 거의 인식되지 않았다고 주장할 수밖에 없다.

　현대의 교육과 문명은 성적 발달과 성적 행동을 되도록 늦추려고 하는데, 이것은 분명 해롭지 않다. 교육을 받은 계층의 젊은이들이 독립하여 생계를 꾸려 갈 수 있는 연령이 높은 것을 생각하면, 성적 발달과 성적 행동을 늦추는 것은 반드시 필요한 일로 여겨진다. (말이 나왔으니 말인데, 여기서 우리는 현대의 모든 문화적 제도들이 밀접한 상호 관계를 가지고 있으며, 따라서 전체를 고려하지 않고 일부를 바꾸는 것이 얼마나 어려운가를 생각하지 않을 수 없다.) 그러나 20세 이후에 오랫동안 지속되는 금욕 생활은 젊은 남자에게는 더 이상 타당하지 않으며, 신경증을 일으키지는 않아도 여러 가지 해독을 끼칠 수 있다. 이 강력한 본능과 싸우고, 그 싸움에 필요한 윤리적·심미적 힘을 강화하는 과정에 도덕적 품성이 〈강철〉처럼 단련된다고 말하기도 한다. 유별나게 유리한 체질을 타고난 소수의 사람에게는 이 말이 들어맞는다. 오늘날에는 개인의 성격 차이가 특히 두드러지는데, 이처럼 개성이 다양하게 분화할 수 있었던 것은 성 행동에 대한 제약이 존재했기 때문이라는 점도 인정해야 한다. 그러나 대부분의 경우 성욕과의 싸움은 당사자가 지닌 모든 에너지를 고갈시켜 버리는데, 이 시기는 젊은이가 사회에서 자신의 몫과 지위를 얻기 위해 온 힘을 쏟아야 하는 시기와 맞물려 있다. 가능한 승화의 양과 필요한 성 행동의 양은 당연히 사람마다 다르고, 직업에 따라서도 달라진다. 금욕적인 예술가를 상상하기란 어렵지만, 금욕적인 젊은 〈학자〉는 드물지 않다. 학자는 금욕을 통해 모든 정력을 학문 연구에 쏟을 수 있는 반면, 예술가의 성 경험은 예술적 성취를 강력하게 자극한다. 대체로 나는 금욕이 정력적이고 독립적인 행동가나 독창적인 사상가, 또는 대담한 해방론자나 개혁가를 키우는 데 이바지한다는 인상은 받지 못했다. 금욕은 오히려 행실은 바르지만 의지가 약한 사람, 강력한 개인의 지시에 마지못해 따르는 경향이 있는 군중 속에 파묻혀 자신의 존재를 잃어버리는 사람을 키우는 경우가 훨씬 많다.

성 본능은 대체로 고집스럽고 융통성 없이 작용한다는 사실은 금욕하려는 노력이 낳는 결과에서도 엿볼 수 있다. 문명적 교육은 결혼한 뒤에는 성 본능에 완전한 자유를 주고 그것을 이용할 작정으로 결혼할 때까지만 일시적으로 성 본능을 억제하려고 하는지도 모른다. 그러나 성 본능에 대해서는 온건한 조치보다 극단적인 조치가 더 성공적이다. 따라서 억제는 정도가 지나칠 때가 많고, 억제에서 해방된 뒤에도 본능이 항구적인 손상을 입어 제대로 기능을 발휘하지 못하는 달갑잖은 결과가 빚어진다. 이런 까닭에 젊은 시절의 완전한 금욕은 결혼을 준비하는 젊은이에게는 최선책이 아닌 경우가 많다. 여성들은 이런 사정을 알아차리고, 구혼자들 중에서 이미 다른 여자에게 남성다움을 입증한 남자를 배우자로 선택한다. 결혼 전에 엄격한 금욕을 요구하는 것은 여성의 체질에 특히 해로운 결과를 초래한다. 교육이 미혼 여성의 성욕을 억제하기 위해 지나칠 만큼 과감하고 철저한 수단을 이용하는 것을 보면, 결혼할 때까지 여성의 성욕을 억제하는 일을 전혀 과소평가하지 않는 것은 분명하다. 교육은 미혼 여성의 성교를 금지하고 처녀성을 지키도록 강력히 권장할 뿐 아니라, 성장하는 동안 어떤 유혹도 받지 않도록 성교에서 여성이 맡는 역할에 대해 아무것도 알려 주지 않으며, 결혼으로 이어질 수 없는 사랑의 감정을 품는 것도 절대 용납하지 않는다. 그 결과 남자와 사랑에 빠지는 것을 부모가 갑자기 허락해도 그녀는 사랑이라는 정신적 성취를 감당하지 못하고 자신의 감정에 확신하지 못한 채 결혼 생활을 시작하게 된다. 사랑의 기능을 이처럼 인위적으로 지연시킨 결과, 그녀는 미래의 아내를 위해 모든 욕망을 축적해 둔 남편에게 실망밖에는 안겨 주지 못한다. 그녀는 정신적 감정에서는 여전히 자신의 성욕을 억제한 권위 있는 부모와 결부되어 있고, 육체적 행동에서는 불감증을 보인다. 아내의 불감증은 남편에게서 고도의 성적 쾌락을 모두 박탈한다. 문명적 교육에서 멀리 떨어진 곳에도 불감증 여성이 존재하는지는 잘 모르겠지만, 존재할 개연성은 충분하다고 생각한다. 그러나 어쨌든 문명적 교육은 실제로 불감증의 원인이 되고, 쾌감을 느끼지 못한 채 임신하는 여자들은 나중에 잦은 출산의 고통에 맞서기를 꺼리게 된다. 결혼 생활에 대한 준비가 오히려 결혼 자체의 목적을 좌절시키는 셈이다. 나중에 아내가 여성으로서의 완숙기에 이르러 성적 발달 지연을 극복하고 사랑하는 능력에 눈떴을 때는, 불행히도 남편과의 관계가 이미 파탄에 이른 지 오래이다. 일찍이 부모의 가르침에 고분고분 순종했던 대가로 그녀는 성적인 욕구 불만이나 불륜, 신경증 중 하나를 선택해야 한다.

한 인간의 성생활은 삶에 대한 전반적인 〈반응 양식을 규정〉하는 경우가 많다. 사랑의 대상을 얻기 위해 정력적으로 돌진하는 사람은 삶의 다른 목표도 그처럼 정력적으로 추구할 것이라고 나는 확신한다. 그러나 여러 가지 이유로 자신의 강한 성 본능을 만족시키기를 삼가는 사람은 삶의 다른 영역에서도 정력적이기보다는 타협적이고 순종적인 태도를 취할 것이다. 성생활이 다른 기능의 작용 방식을 규정한다는 이 명제는 특히 여성 전체에 적용되었을 때 그 타당성을 쉽게 인정받을 수 있다. 여성은 성 문제에 커다란 호기심을 느끼면서도 이 문제에 지적인 관심을 가지면 안 된다는 가르침을 받고, 그런 호기심은 여성답지 못할뿐더러 음탕한 기질의 징후라는 비난을 듣고 겁을 먹는다. 이런 식으로 여성은 〈모든〉 형태의 사고에 겁을 먹고 뒷걸음질 치며, 여성에게 지식은 그 가치를 잃어버린다. 사고 금지는 불가피한 연상 작용을 통해, 또는 자동적으로 성적인 영역을 넘어서 삶의 모든 영역으로 확대된다. 이것은 남성들이 종교에 대해 사고하는 것을 금지당하거나, 군주에게 충성스러운 백성이 그 충성에 대해 사고하는 것을 금지당하는 것과 마찬가지이다. 뫼비우스Möbius가 『여성의 생리학적 정신박약Über den physiologischen Schwachsinn des Weibes』(1903)에서 주장했듯이, 지적 활동과 성적 행동의 생물학적 대립 관계가 여성의 〈생리적 우둔함〉을 설명해 줄 수 있다고는 생각하지 않는다. 그토록 많은 여성이 지적으로 남성보다 열등한 것은 확실하지만, 나는 오히려 성적 억제에 필연적으로 따르게 마련인 사고 금지에서 그 원인을 찾을 수 있다고 생각한다.

　금욕 문제를 고찰할 때, 두 가지 형태의 금욕 — 모든 성 행동을 자제하는 금욕과, 이성과의 성교를 자제하는 금욕 — 을 엄격하게 구별하지 않는 것이 보통이다. 금욕에 성공했다고 자랑하는 사람들은 대부분 유아기의 자기애적 성 행동과 연결되어 있는 성적 만족이나 자위행위의 도움으로 금욕할 수 있었을 뿐이다. 그러나 성적 만족을 얻기 위한 대체 수단은 바로 유아기의 자기애적 성 행동과 관련되어 있기 때문에, 결코 해롭지 않다고는 말할 수 없다. 성생활이 유아기의 형태로 퇴화하면 다양한 종류의 신경증과 정신병에 걸리기 쉽다. 게다가 자위행위는 문명적 성도덕의 이상적 요구를 전혀 충족시키지 못하고, 그 결과 금욕을 통해 교육이 지향하는 이상과 충돌하기를 피하고 싶어 한 젊은이들을 그와 똑같은 충돌로 몰아넣는다. 또한 자위행위는 〈탐닉〉을 통해 여러 가지로 도덕적 품성을 타락시킨다. 첫째, 자위행위는 목적을 달성하는 데 온 힘을 쏟기보다는 손쉽게 이루는 법을 사람들에게 가르친다. 다시 말해서 자위행위는 〈성욕이 행동 양식을 규정한다〉라는 원칙에 따른다. 둘째, 성적 만족에 따르는 환상 속에서는, 현실에서는 쉽게 찾아볼 수 없을 정도로 뛰어난 장점을 지닌 이상적인 인물이 성적 대상으로 나타난다. 어느 재치 있는 작가[15]는 〈성교는 자위행위의 불만족스러운 대용물에 불과하다〉라는 말로써 이 진실을 역설적으로 표현했다.

문명적 요구의 엄격성과 금욕 실천의 어려움 때문에, 이성 간의 성기 결합을 피하는 것이 금욕의 요체가 되었고, 문명적 요구에 절반밖에 복종하지 않는 다른 종류의 성 행동은 방조되었다. 성도덕은 정상적인 성교를 무자비하게 박해했으며, 성병에 걸릴 위험 때문에 위생학도 이성 간의 성교를 박해했다. 그 결과 이성 간의 성교에서 신체의 다른 부위가 성기 역할을 떠맡는 도착적 형태의 성행위가 사회적으로 더욱 중요해진 것은 의심할 여지 없다. 그러나 이런 도착적 성행위를 애정 관계에서 일어나는 비슷한 행위(성적 목적을 지닌 행위)처럼 무해한 것으로 볼 수는 없다. 이것은 두 사람 간의 애정 관계를 진지한 문제에서 편리한 유희 — 어떤 위험도 수반하지 않고, 정신적 감응도 존재하지 않는 놀이 — 로 타락시키기 때문에, 윤리적으로 온당치 않다. 정상적인 성생활의 어려움이 낳은 또 다른 결과는 동성애의 확산에서 찾아볼 수 있다. 타고난 체질 때문에 동성애자가 된 사람도 있고, 어린 시절에 동성애에 맛을 들인 사람도 있지만, 성인이 된 뒤에 리비도의 배출구가 막히는 바람에 동성애라는 옆길로 빠져 버린 사람도 상당수에 이른다고 추정해야 한다.

금욕에 대한 요구가 본의 아니게 초래한 불가피한 결과들은 한 가지 공통점이 있는데, 그것은 결혼 생활에 대한 준비를 완전히 망쳐 버린다는 점이다. 문명적 성도덕은 결혼을 성 충동의 유일한 상속자로 여기지만, 결혼은 그 성도덕의 요구로 말미암아 오

15   오스트리아의 언론인이자 시인인 카를 크라우스Karl Kraus(1874~1936)를 말한다. 프로이트는 『농담과 무의식의 관계』(프로이트 전집 6, 열린책들)에서 카를 크라우스의 일화를 인용하고, 〈쥐 인간〉 증례에서도 그 일화를 되풀이한다.

히려 피해를 보는 것이다. 자위행위나 도착적 성행위에 탐닉한 결과 비정상적인 방법으로 리비도를 만족시키는 상황과 조건에 익숙해져 버린 남자들은 부부 생활에서 충분한 성 능력을 발휘하지 못한다. 비슷한 수단의 도움으로 처녀성을 지킬 수 있었던 여성들도 결혼한 뒤 정상적인 성교에는 불감증을 보인다. 양쪽이 다 사랑하는 능력을 거의 잃어버린 상태로 시작한 결혼 생활은 다른 결혼보다 훨씬 빠르게 해체 과정을 밟는다. 남편의 성 능력이 약하기 때문에 아내는 만족하지 못하고, 아내는 처녀 시절에 받은 교육으로 불감증 체질이 되었다고 해도 결혼한 뒤 강력한 성 경험을 했다면 불감증을 극복할 수 있었겠지만, 남편이 그런 강력한 경험을 안겨 주지 못하기 때문에 여전히 불감증인 채로 남아 있다. 이런 부부는 건강한 부부보다 피임하기도 어렵다. 남편의 성 능력이 약한 탓에 피임 기구 사용을 견뎌 낼 수 없기 때문이다. 이처럼 복잡하게 뒤얽힌 상황에서 부부는 자신들을 곤혹스럽게 만드는 원인인 성교를 금방 포기하고, 그와 더불어 결혼 생활의 토대도 포기해 버린다.

이 문제에 밝은 사람들은 내 말이 결코 과장이 아니라 주위에서 얼마든지 관찰할 수 있는 실태를 묘사할 뿐이라는 것을 증언해 주기 바란다. 이 문제에 대해 충분한 지식이 없는 사람들은, 현대의 문명적 성도덕의 지배를 받는 부부들 중 정상적인 성 능력을 지닌 남편이 얼마나 드문지, 불감증에 걸린 아내가 얼마나 많은지, 결혼이 부부 양쪽에게 성적 쾌락을 단념하고 욕망을 자제하도록 강요하는 경우가 얼마나 많은지, 결혼 생활 — 부부가 그토록 간절히 바라는 행복 — 이 어느 한도까지 줄어들 수 있는지를 거의 믿을 수 없을 것이다. 앞에서도 설명했듯이 이런 상황이 초래하는 가장 두드러진 결과는 신경병이다. 그러나 이런 결혼 생활이 부부 사이에서 태어난 소수의 아이 ─ 또는 외동아들이나 외동딸 ─ 에게 어떤 식으로 계속 영향력을 행사하는가를 지적해 두지 않을 수 없다. 얼핏 보면 그것은 유전처럼 보이지만, 좀 더 자세히 조사해 보면 실제로는 유아기에 받은 강력한 인상의 결과라는 사실을 알 수 있다. 남편에게 만족하지 못하고 신경증에 걸린 아내는 사랑에 대한 욕구를 자식에게 옮겨서 자식을 지나치게 보호하고 걱정한다. 그 때문에 자식은 성적으로 조숙해진다. 게다가 부모 사이가 나쁜 것은 자식의 감정을 자극하여, 아직 어린 나이지만 격렬한 애증을 느끼도록 만든다. 그런데 엄격한 자녀 교육은 성 본능에 대한 억제를 부추긴다. 성 본능에 일찍 눈뜬 아이가 어떤 성 행동도 용납하지 않는 엄격한 가르침을 받으면 당연히 갈등을 느낀다. 어린 나이에 겪는 이 갈등은 평생에 걸친 신경증 유발에 필요한 요소를 모두 갖추고 있다.

앞에서도 말했듯이 사람들은 신경증을 판단하는 데 그 중요성을 충분히 고려하지 않는다. 신경증 환자의 가족과 친척들은 신경증을 하찮은 병으로 가볍게 여기고, 의사들은 몇 주일 동안 냉수욕 치료를 받거나 몇 달 동안 푹 쉬면서 건강을 회복하면 병이 나을 것이라고 호언장담한다. 이런 태도는 환자의 신경 상태를 과소평가한다는 것을 보여 주지만, 내가 여기서 말하고자 하는 바는 그것이 아니다. 이것은 무지하기 짝이 없는 의사와 일반인의 견해일 뿐이고, 대개는 환자에게 잠시나마 위안을 주려는 의도에서 나온 말에 불과하다. 만성적 신경증은 환자의 생존 능력을 완전히 없애 버리지는 않는다고 해도, 결핵이나 심장병 못지않게 환자의 삶에 큰 장애가 된다는 것은 널리 알려진 사실이다. 신경병이 비교적 약한 사람만을 문화 활동에서 배제하고 나머지 사람들에 대해서는 고통을 감수하고 문화 활동에 참여하는 것을 허용한다면, 상황은 훨씬 견딜 만할 것이다. 그러나 실상은 전혀 그렇지 않다. 증세가 무겁든 가볍든, 누구에게 일어나든 신경병은 언제나 문명의 목적을 좌절시키고, 그리하여 사실상 억제된 정신력과 마찬가지로 문화에 대해 적대 행위를 한다. 따라서 우리가 사회의 광범위한 규제에 복종하는 대가로 신경병 환자가 늘어난다면, 사회는 희생을 치른 만큼 이익을 얻었다고는 주장할 수 없다. 아니, 조금이라도 이익을 얻었다는 주장조차 못할 것이다. 아주 흔한 사례를 살펴보자. 결혼 생활을 시작했기에 남편을 사랑할 이유가 전혀 없고, 따라서 남편을 사랑하지 않지만, 남편을 사랑하는 것만이 그녀가 배운 결혼의 이상에 부합하기 때문에 남편을 몹시 사랑하고 싶어 하는 여자를 우리는 주위에서 흔히 볼 수 있다. 그런 경우 진실을 표현하는 것은 자신의 이상을 실현하려는 노력과 모순된다. 그래서 그녀는 진실을 표현하고 싶은 충동을 억제할 테고, 남편을 사랑하는 다정하고 상냥한 아내 역할을 연기하기 위해 특별한 노력을 기울일 것이다. 이런 자기 억제는 결국 신경병을 초래할 테고, 이 신경증은 사랑하지 않는 남편에게 즉시 앙갚음을 할 것이다. 남편은 아내가 일찌감치 진상을 고백했다고 해도 불만과 걱정에 사로잡혔겠지만, 진상을 고백하지 않고 신경증으로 앙갚음을 해도 역시 똑같은 불만과 걱정에 사로잡히게 될 것이다. 이 사례는 신경증의 전형적인 결과이다. 성과 직접적인 관계는 없지만 문명에 해로운 충동을 억제한 뒤에도 역시 그에 상응하는 보상을 얻지 못하는 현상이 나타난다. 예를 들어 사납고 잔인한 성향을 타고난 기질의 남자가 그 성향을 억지로 억제한 결과 지나치게 친절한 사람이 되었다고 하자. 그는 자신의 성향을 억제하는 일에 너무 많은 에너지를 소비한 나머지, 그 대가를 얻고자 하는 보상 충동이 요구하는 일을 거의 해내지 못할 때가 많다. 그래서 결국 전체적으로 보면 타고난 성향을 억제하지 않은 경우보다 오히려 손해를 볼지도 모른다.

하나의 공동체에서 성 행동을 제한하는 것은 인생을 즐기는 개인의 능력을 손상시켜 삶에 대한 불안과 죽음에 대한 두려움을 증폭시키는 것이 보통이고, 그래서 어떤 목적을 위해 기꺼이 목숨을 걸 마음이 사라지게 된다. 그 결과 아이를 낳고 싶어 하는 경향이 줄어들고, 그리하여 그런 공동체나 집단은 미래에 전혀 공헌하지 못한다. 이런 관점에서 현대의 〈문명적〉 성도덕이 과연 우리에게 강요하는 희생을 상쇄할 만한 가치가 있느냐 하는 문제를 제기할 수 있다. 우리가 아직도 쾌락주의에 사로잡혀 있어서, 개인의 행복을 어느 정도 만족시키는 것을 문명 발전의 목표로 삼는다면, 더더욱 위와 같은 문제를 제기하지 않을 수 없다. 개혁안을 내놓는 것은 물론 의사가 할 일이 아니다. 그럼에도 의사인 내가 문제를 제기하는 까닭은, 〈문명적〉 성도덕의 온갖 악영향에 대한 폰 에렌펠스의 설명을 부연하여, 그 성도덕이 현대의 신경병 확산과 중대한 관련이 있다는 점을 지적함으로써, 개혁안이 시급히 요청된다는 주장에 지지를 보내는 것이 온당하다고 생각했기 때문이다.

전쟁과 죽음에 대한 고찰

Zeitgemässe über Krieg und Tod(1915)

전쟁과 죽음에 관한 이 에세이는 제1차 세계대전이 일어난 지 여섯 달 뒤인 1915년 3월과 4월경에 쓰여 『이마고 Imago』 제4권 (1915, 1월호), 『신경증에 관한 논문집』 제4권(1918)에 재수록되고, 1924년 국제 정신분석 출판사에서 단행본으로 출판되었으며, 『전집』 제10권(1946)에 실려 있다.

제1장은 〈문명적 성도덕〉에 관한 논문에서 다룬 문명과 본능적 삶의 대립 관계가 낳은 결과에 대한 주제를 다시 한번 고찰하고, 죽음을 다룬 제2장은 대부분 「토템과 터부」에 실린 제2장과 같은 자료에 바탕을 둔다.

이 논문의 영어 번역본은 브릴A. A. Brill과 커트너A. B. Kuttner가 번역하여 Reflections on War and Death라는 제목으로 뉴욕 모펏야드 출판사에서 출간되었으며, 1925년에는 메인이 번역하여 "Thoughts for the Times on War and Death"라는 제목으로 『논문집』 제4권에 수록되고, 『표준판 전집』 제14권(1957)에도 실렸다.

전쟁과 죽음에 대한 고찰

1. 전쟁의 환멸

우리가 지금 휘말려 있는 전시의 혼란 속에서는 일방적인 정보에 의존할 수밖에 없지만, 우리는 이미 일어났거나 이제 막 일어나기 시작한 대변화에 너무 가까이 다가서 있어, 어떤 미래가 형성되고 있는지 그 윤곽조차 알아차리지 못한 채, 홍수처럼 밀려드는 수많은 인상의 의미와 우리가 내리는 판단의 가치를 알지 못해 쩔쩔매고 있다. 우리는 인류 역사상 어떤 사건도 인류의 귀중한 공동 재산을 이토록 많이 파괴한 적이 없고, 가장 명철한 지성을 이토록 많이 혼란시킨 적도 없으며, 가장 고상한 것을 이토록 철저히 타락시킨 적도 없었다고 느끼지 않을 수 없다. 과학은 냉정한 공평무사함을 잃어버렸다. 적개심으로 무장한 과학도들은 적과의 투쟁에 도움이 될 만한 무기를 과학에서 찾고 있다. 인류학자들은 적을 열등하고 퇴화한 존재로 선언해야 한다는 충동을 느끼며, 정신과 의사들은 적이 정신병에 걸렸다는 진단을 내리고 있다. 그러나 당면한 악에 대한 우리의 인상은 아마 지나치게 강할 테고, 우리는 직접 경험하지 못한 다른 시대의 악과 당면한 악을 비교할 자격이 없다.

전쟁터에 직접 나가 전쟁이라는 거대한 기계의 톱니가 된 전투원들을 빼고는 모두 방향 감각을 잃은 채, 자신의 힘과 능력이 억눌린 듯한 기분을 느낀다. 이런 사람은 아무리 사소한 암시라도 기꺼이 받아들일 것이다. 암시를 받으면, 적어도 자기 자신 속에서는 방향을 찾기 쉬워질 것이기 때문이다. 나는 비전투원들이 느끼는 정신적 고통 — 여기에 맞서 싸우는 것은 무척 힘든 일이다 — 의 원인이 되는 요인 중 두 가지를 골라 다루고자 한다. 하나는 이번 전쟁이 불러일으킨 환멸이고, 또 하나는 이번 전쟁이 — 다른 모든 전쟁과 마찬가지로 — 우리에게 강요하는 죽음에 대한 태도 변화이다.

내가 말하는 환멸이 무슨 뜻인지 모르는 사람은 아마 없을 것이다. 환멸을 이해하기 위해 반드시 감상주의자가 될 필요는 없다. 인간이 살아가면서 고통을 겪는 것은 피할 수 없는 숙명이지만, 우리는 인생의 섭리에서 고통이 지니는 생물학적·정신적 필요성을 이해하면서도 전쟁의 수단과 목적을 비난하고 모든 전쟁이 끝나기를 갈망할 수 있다. 민족들이 그렇게 서로 다른 조건에서 살고 있는 한, 개인 생활의 가치가 민족에 따라 그토록 다양하게 평가되는 한, 민족들 사이를 갈라놓는 증오심이 사람의 마음속에서 그토록 강력한 원동력이 되는 한 전쟁은 결코 끝날 수 없으리라고 우리는 생각해 왔다. 따라서 우리는 인류가 앞으로 언젠가는 미개 민족과 문명 민족 간의 전쟁, 피부색이 다른 인종 간의 전쟁, 어쩌면 문명이 거의 발달하지 않았거나 과거의 문명을 잃어버린 유럽 민족에 대한 전쟁이나 그런 유럽 민족들 간의 전쟁에 말려드는 사태를 각오하고 있었다. 그러나 우리는 다른 희망도 버리지 않았다. 세계를 지배하는 강대한 백인 민족들 — 인류를 이끌어 가는 지도자의 임무를 떠맡고 전 세계의 이익에 관심을 기울이고 있는 것으로 알려진 백인 민족들, 뛰어난 창의력으로 자연을 통제하는 과학 기술을 진보시켰을 뿐 아니라 문명의 예술적 과학적 수준도 크게 드높인 위대한 백인 민족들 — 이 민족 간 불화와 이해관계의 대립을 해결하는 다른 방법을 찾아내리라고 기대했던 것이다. 이들 민족 내부에서는 개인에 대해 높은 도덕적 행동 기준이 규정되어 있었고, 문명 공동체에 참여하기를 원하는 사람은 누구나 이 행동 규범에 따라 생활해야 했다. 지나치게 엄격할 때가 많은 이 행동 규범들은 개인에게 많은 것을 요구했다. 개인은 많은 욕망을 자제해야 했고, 본능 만족을 대부분 포기해야 했다. 무엇보다도 엄격하게 금지된 것은 동포와의 경쟁에서 막대한 이익을 얻기 위해 거짓이나 속임수를 쓰는 행위였다. 문명 국가들은 이런 도덕적 규범을 국가 존립의 토대로 간주했다. 그래서 그 도덕적 규범을 함부로 바꾸는 사람이 있으면 국가가 중대한 조치를 취했고, 비판적 지성이 도덕적 규범을 검토하는 것조차도 부당한 일로 선언했다. 따라서 국가도 당연히 도덕적 규범을 존중하고, 규범에 어긋나는 일을 하는 것은 국가 자신의 존립 기반을 부인하는 결과가 되기 때문에 그런 일은 아예 꿈도 꾸지 않을 것으로 여겨졌다. 물론 유심히 관찰해 보면, 전 세계적으로 배척받는 이민족의 잔당이 이들 문명 국가에 군데군데 박혀 있는 것을 알 수 있었다. 이들 소수 민족은 문명의 공동 작업에 적합하다는 것을 입증했기 때문에, 다수 민족은 이들이 문명의 공동 작업에 참여하는 것을 마지못해 인정했지만, 그래도 완전히 인정하지는 않았다. 그러나 위대한 민족들은 동족과 이민족의 공통점을 파악하고 차이점을 너그럽게 용인했다고 여겨질 수도 있었을 것이다. 그렇다면 고전 시대에는 같은 개념이었던 〈외국인〉과 〈적〉이 이제는 더 이상 하나의 개념으로 통합될 수 없을 터였다.

문명 민족들 간의 이런 화합에 기대를 걸고, 수많은 남녀가 고국을 떠나 외국으로 건너갔다. 그들의 생존은 우호적인 민족들 간의 상호 교류에 의존하고 있었다. 게다가 상황 때문에 어느 한 곳에만 머무를 수 없는 사람은 이들 문명 국가의 장점과 매력을 모아서 좀 더 넓고 새로운 조국을 스스로 세울 수도 있었고, 어떤 방해나 의심도 받지 않고 이 넓은 조국을 자유롭게 돌아다닐 수 있었다. 이런 식으로 그는 푸른 바다와 잿빛 바다를 즐기고, 눈 덮인 산들과 초록빛 초원의 아름다움을 즐기고, 북부의 숲이 지닌 마력과 남부의 초목이 지닌 화려함을 즐기고, 역사적 사건을 상기시키는 풍경이 자아내는 분위기와 손상되지 않은 자연의 고요함을 즐겼다. 이 새로운 조국은 그에게는 문명화한 인류의 예술가들이 수백 년에 걸쳐 창조하여 남겨 놓은 온갖 보물로 가득 찬 박물관이기도 했다. 그는 이 박물관의 전시실을 이리저리 돌아다니며, 혼혈과 역사의 진로, 그리고 어머니인 대지의 독특한 특색이 넓은 의미의 동포들 사이에 얼마나 다양한 완벽함을 낳았는가를 깨닫고, 어느 한쪽에 치우치지 않는 공평무사한 눈으로 그 다양한 완벽함을 감상할 수 있었다. 이 전시실에서는 최고도로 발달한 냉정하고 강인한 에너지를 발견하고, 저 전시실에서는 삶을 아름답게 꾸미는 우아한 예술을 발견하고, 또 다른 곳에서는 종종 법과 질서에 대한 신념을 발견했다. 이것들은 모두 인간을 지구의 지배자로 만든 특질들이다.

독자적인 〈파르나소스〉와 〈아테네 학당〉[1]을 창조한 것도 문명

1 바티칸 교황청에 있는 라파엘로의 유명한 프레스코화 중 두 점. 「파르나소스」는 위대한 시인들을 묘사했고, 「아테네 학당」은 학자들을 묘사했다. 프로이트는 『꿈의 해석』(프로이트 전집 4, 열린책들)에서도 이 두 점의 그림을 꿈의 작업이 채택한 기법과 유사한 것으로 다룬다. 〈파르나소스〉는 그리스 남부에 있는 산으로, 아폴론과 뮤즈 같은 예술의 신들의 거처로 여겨졌으며, 그래서 문예의 상징이 되었다. 〈아테네 학당〉

세계의 이런 시민들이었다는 사실도 잊어서는 안 된다. 모든 민족의 위대한 사상가와 문인 및 예술가들 중에서 그는 자기가 인생을 즐기고 이해하는 데 가장 큰 도움을 주었다고 생각되는 이들을 선택했고, 불멸의 고대인들만이 아니라 같은 모국어를 사용하는 친숙한 거장이나 타민족의 위인들도 똑같이 존경했다. 이런 위인들이 자기와 다른 언어를 사용한다고 해서 그들을 이질적인 존재로 생각하지는 않았다. 인간의 정열을 파헤친 탐구자도, 미(美)의 열렬한 숭배자도, 강력하고 위협적인 예언자도, 신랄한 풍자가도 그에게는 이질적으로 여겨지지 않았다. 그는 조국과 사랑하는 모국어를 배신했다는 이유로 자신을 비난하지도 않았다.

그런데 이따금 이런 공동체 구성원들 사이에서도 오랜 전통적 차이 때문에 전쟁이 불가피하다고 경고하는 목소리가 일어나, 이런 공동 문명을 누리는 일이 방해받았다. 우리는 그 경고를 믿지 않으려고 했지만, 그런 전쟁이 실제로 일어난다면 그것을 어떻게 묘사했을까? 고대 그리스의 암피크티오니아 동맹[2]은 그 동맹에 속한 도시를 파괴하거나 올리브 나무를 잘라 내거나 물 공급을 차단해서는 안 된다고 선언했다. 그 시대 이후 우리는 전쟁을 사람들 간의 예절을 발전시킬 수 있는 기회로 생각했다. 우리는 전쟁을 기사도에 따른 치고받기로 상상했다. 싸움은 어느 한쪽이 우세를 확립하는 것으로 한정되고, 이 결정에 이바지할 수 없는 격렬한 고통은 되도록 피한다. 또한 경쟁에서 물러나야 하는 부상자만이 아니라 부상자를 치료하려고 애쓰는 의사와 간호사들

은 학문의 전당이라는 뜻이다.

2　인보(隣保) 동맹. 고대 그리스에서 신전과 그 제의(祭儀)를 지키기 위해 주변의 종족이나 폴리스(도시 국가)들이 친선과 안보를 목적으로 결성한 동맹. 하나의 신에 대한 믿음을 중심으로 뭉친 종교 연합이지만, 정치적으로도 중요하다. 델포이의 아폴론 신전을 중심으로 한 동맹이 가장 유명하다.

에게도 완전한 면책 특권이 주어진다. 비전투원 계층 — 전쟁에 전혀 참여하지 않는 부녀자나, 나중에 성장하면 친구가 되어 서로 도와야 할 어린아이들 — 에 대해서는 물론 최대한으로 배려한다. 그리고 평화 시의 공동 문명을 구체적으로 형상화하는 국제적 사업과 제도는 모두 그대로 유지된다. 바로 이것이 우리가 상상한 전쟁이었다.

물론 이런 전쟁도 충분한 공포와 고통을 낳았겠지만, 인간 집단 — 민족과 국가 — 사이의 윤리적 관계가 발전하는 것을 방해하지는 않았을 것이다.

그런데 우리가 믿지 않으려고 했던 전쟁이 실제로 일어났고, 그것은 환멸을 가져왔다. 공격용 무기와 방어용 무기의 성능이 엄청나게 좋아졌기 때문에, 이 전쟁은 과거의 어떤 전쟁보다도 훨씬 유혈적이고 파괴적이다. 뿐만 아니라 참혹하고 격렬하고 무자비하다는 점에서는 과거의 어떤 전쟁에도 뒤지지 않는다. 이번 전쟁은 평화 시에 모든 나라가 지키겠다고 약속한 국제법이라는 제약을 모조리 무시하고 있다. 이 전쟁은 부상자와 의료진의 특권을 무시하고, 민간인과 전투원을 구별하지 않으며, 사유 재산권을 무시하고 있다. 전쟁이 끝난 뒤에는 미래도 평화도 없다고 여기는 듯이, 앞을 막아서는 모든 장애물을 짓밟으며 맹목적인 분노를 터뜨리고 있다. 이 전쟁은 교전 중인 민족들 간의 공통된 유대를 모조리 잘라 내고, 상대에 대한 적개심을 유산으로 남기려고 한다. 이 적개심은 앞으로도 오랫동안 유대 관계의 회복을 불가능하게 만들 것이다.

게다가 이번 전쟁은 실로 놀라운 현상을 폭로했다. 문명 민족들이 증오심과 혐오감을 가지고 적대할 수 있을 만큼 서로에 대해 거의 알지도 이해하지도 못한다는 사실이다. 가장 위대한 문명 민족 중 하나는 이미 오래전에 문명 공동체를 만들고 그 공동체에 훌륭하게 이바지하여 자신의 적합성을 입증했지만, 전세계적으로 인기가 없는 탓에, 〈야만적〉이라는 이유로 그 민족을 문명 공동체에서 배제하려는 시도가 현재 이루어지고 있다. 우리는 그 민족의 언어로 글을 쓰고, 우리의 소중한 이들은 그 민족의 승리를 위해 싸우고 있다. 우리는 그 민족이야말로 지금까지 문명의 규범을 가장 준수한 민족이라는 사실을 공정한 역사 기록이 입증해 주리라는 희망 속에서 살고 있다. 그러나 역사의 심판이 내릴 때, 누가 감히 자신의 소송 사건에 재판관으로 나서겠는가?

민족을 다소나마 대표하는 것은 그 민족으로 구성된 국가이고, 이들 국가를 대표하는 것은 그 국가를 다스리는 정부이다. 이번 전쟁에 휘말려든 시민들은 평화 시에 이따금 떠올렸던 생각 — 국가가 개인의 범죄 행위를 금지한 것은 범죄를 근절하고자 해서가 아니라, 소금이나 담배를 독점하듯 범죄를 독점하고자 해서라는 생각 — 이 옳다는 것을 확인하고 경악할지도 모른다. 교전국은, 개인이 저질렀다면 망신을 당하고도 남을 온갖 범죄와 폭력을 멋대로 자행하고 있다. 교전국은, 적에 대해 일반적으로 인정되어 있는 〈전략 *ruse de guerre*〉만이 아니라, 의식적인 거짓말과 의도적인 속임수도 태연히 사용하고 있다. 게다가 그 정도는 과거의 전쟁들에서 이루어진 관례를 훨씬 넘어서는 것 같다. 국가는 국민들에게 최대의 복종과 희생을 요구하면서도, 지나친 비밀주의와 엄격한 검열로 국민을 어린애처럼 취급한다. 검열 때문에 지성을 억제당하는 국민들의 마음은 사태가 불리하게 돌아가거나 불길한 소문이 나돌 때마다 무방비 상태로 거기에 휩쓸릴 수밖에 없다. 교전국은 다른 나라들과 자신을 묶어 놓았던 계약과 조약을 해제하고, 권력에 대한 열망과 탐욕을 뻔뻔스럽게 공언하고 있다. 그러면 개인들은 애국심이라는 이름으로 그것을 승인해야 한다.

국가가 범죄 행위를 자제하면 불리한 처지에 몰릴 것이기 때문에 자제할 수 없다는 주장에는 반대할 수 없을 것이다. 개인이 도덕 규범에 따라 잔인하고 독단적인 행동을 자제하는 것도 대개는 그에 못지않게 불리하다. 게다가 국가는 개인에게 희생을 요구하면서도, 그 희생을 다른 식으로 보상해 줄 수 있다는 것을 거의 입증하지 못한다. 인간 집단들을 묶어 놓는 도덕적 관계가 느슨해지는 것이 개인의 도덕에 영향을 미치는 것은 결코 놀라운 일이 아니다. 우리의 양심은 윤리 교사들이 선언하는 것처럼 대쪽 같은 재판관이 아니라, 본질적으로 〈사회적 불안〉에 불과하기 때문이다.[3] 공동체가 더 이상 이의를 제기하지 않으면 사악한 정열에 대한 억제도 사라지고, 사람들은 잔학 행위와 기만, 배신과 야만적인 행위를 제멋대로 저지른다. 이런 행위들은 그들의 문명 수준과 조화를 이루지 않기 때문에, 그들이 그런 짓을 저지를 수 있으리라고는 아무도 생각조차 하지 않았을 것이다.

내가 말한 문명 세계의 시민들이 자신에게 낯설어진 세계 속에서 어찌할 바를 모르고 무력하게 서 있는 것도 당연하다. 그의 위대한 조국은 무너지고, 조국의 공유지는 황무지로 변하고, 동포들은 분열하고 타락했다!

그러나 그의 실망에도 비판의 여지가 있다. 엄밀히 말하면 그가 실망한 것은 결국 환상이 무너진 탓이므로 그의 실망은 정당성을 얻지 못한다. 환상은 우리로 하여금 불쾌감을 맛보지 않게 하고 그 대신 만족감을 즐길 수 있게 해주기 때문에, 우리는 환상을 환영한다. 그렇다면 환상이 이따금 현실의 어떤 부분에 부딪

3 양심의 본질에 대한 상세한 견해는 이 책 「문명 속의 불만」에 제시되어 있다.

혀 산산조각이 난다고 해도 우리는 불평해서는 안 된다.

이번 전쟁에서는 두 가지가 우리에게 환멸을 불러일으켰다. 대내적으로는 도덕 규범의 수호자인 척하는 국가가 대외적으로는 저급한 도덕성을 보여 준 것이 그 하나이고, 또 다른 하나는 개인들이 최고 수준에 이른 인간 문명의 참여자로서 도저히 생각조차 할 수 없는 잔인성을 행동으로 보여 준 사실이다.

두 번째 점부터 고찰하면서, 우리가 비판하고자 하는 관점을 몇 마디로 요약해 보자. 한 개인이 비교적 높은 수준의 도덕성에 이르는 과정을 우리는 사실상 어떻게 상정하고 있는가? 성선설 (性善說)이 그 첫 번째 답이 될 것이다. 요컨대 인간은 처음부터 선량하고 고결하게 태어난다는 것이다. 이 견해에 대해서는 더 이상 논하지 않기로 한다. 두 번째 답은 성악설(性惡說)로, 인간의 발달은 타고난 악한 성향을 뿌리 뽑고 교육과 문명 환경의 영향을 받아 그 악한 성향을 선한 성향으로 바꾸는 데 있다는 입장이다. 설령 그렇다 해도 이런 식으로 자라난 사람에게서 악한 성향이 또다시 강력하게 고개를 쳐드는 것은 놀라운 일이다.

그러나 이 대답에는 우리가 반박하고자 하는 주장도 담겨 있다. 악을 〈뿌리 뽑기〉란 사실상 불가능하다. 심리학적 — 좀 더 엄밀히 말하면 정신분석학적 — 연구는, 인간성의 가장 깊은 본질은 원초적 성격을 띤 본능적 충동으로 이루어져 있다는 사실을 보여 준다. 인간이 지닌 충동은 모두 비슷하며, 그 목적은 기본적 욕구를 충족시키는 것이다. 이 충동 자체는 선하지도 악하지도 않다. 우리는 충동이 인간 공동체의 욕구 및 요구와 어떤 관계에 있느냐에 따라, 충동과 그 발현을 선과 악으로 분류한다. 사회가 악으로 비난하는 충동 — 그중 대표적인 것으로는 이기적인 충동과 잔인한 충동을 들 수 있다 — 이 모두 이런 원초적 성격을 지니고 있다는 점은 마땅히 인정해야 한다.

　이 원초적 충동들은 성년기에 활발한 활동을 시작하기 전에 오랜 발달 과정을 거친다. 이런 충동들은 억제되고, 다른 목적과 분야로 돌려지고, 서로 뒤섞이고, 추구하는 대상을 바꾸고, 어느 정도는 소유자한테 되돌려진다. 이런 본능에 대항하는 반동(反動) 형성은 마치 이기주의가 이타주의로 바뀌거나 잔인성이 연민으로 바뀌기라도 한 것처럼 충동의 내용을 바꾸는 기만적인 형태를 취한다.[4] 일부 본능적 충동들은 거의 처음부터 정반대의 충동과 짝을 이루어 나타나기 때문에, 이런 반동 형성이 더욱 쉬워진다. 이 상황은 대단히 주목할 만한 현상이고, 일반 대중한테는 낯설겠지만 전문가들은 이것을 〈양가감정*Ambivalenz*〉이라고 부른다. 가장 쉽게 관찰할 수 있고 가장 이해하기 쉬운 양가감정의 예는 격렬한 사랑과 격렬한 미움이 같은 사람의 마음속에서 동시에 발견되는 경우가 많다는 사실이다. 정신분석학은 같은 대상에 대해서도 두 가지 상반된 감정을 품는 일이 드물지 않다는 사실을 보여 준다.

　이런 〈본능의 변천〉이 모두 끝난 뒤에야 비로소 우리가 성격이라고 부르는 것이 형성되는데, 사람의 성격을 〈선한〉 성격과 〈악한〉 성격으로 분류하는 것은 지극히 부적당하다. 완전히 선한 사람이나 완전히 악한 사람은 거의 없다. 대개의 경우 어떤 관계에서는 〈선하고〉, 또 다른 관계에서는 〈악하다〉. 또는 외부 상황이 어떠냐에 따라 〈선한〉 사람이 되기도 하고 분명하게 〈악한〉 사람이 되기도 한다. 어린 시절에 강하게 존재하는 〈악한〉 충동이 성년기에 명백하게 〈선한〉 쪽으로 기울어지기 위한 실제 조건이 되

　4　프로이트가 다른 저술에서 말했듯이, 반동 형성과 승화는 서로 다른 과정으로 보아야 한다.

는 경우가 많다는 사실은 흥미로운 일이다. 어릴 때는 지독한 이기주의자였던 사람이 어른이 된 뒤에는 공동체에 헌신적인 시민이 될 수도 있다. 감상주의자들과 인도주의자들, 동물 애호자들은 대부분 사디스트나 동물 학대자에게서 성장했다.

〈악한〉 본능을 변화시키는 것은 같은 방향으로 작용하는 두 가지 요인 — 내적 요인과 외적 요인 — 이다. 내적 요인은 에로티시즘 — 가장 넓은 의미로 해석하면 사랑에 대한 욕망 — 이 악한 (이기적인) 본능에 행사하는 영향력이다. 〈에로틱한〉 요소가 혼입되면, 이기적 본능은 〈사회적〉 본능으로 바뀐다. 우리는 남에게 사랑받는 것을 커다란 이익으로 평가하는 법을 배우고, 사랑받기 위해서라면 다른 이익은 기꺼이 희생해도 좋다고 생각하게 된다. 외적 요인은 가정 교육이 행사하는 강박Zwang이다. 가정 교육은 문화적 환경의 요구를 나타내며, 성장한 뒤에는 그 환경의 직접적인 압력이 계속해서 외적 요인을 이룬다. 문명은 본능 만족을 포기함으로써 얻어진 것이고, 문명 세계에 새로 들어오는 모든 사람에게도 그것을 포기하도록 요구한다. 개인이 평생을 살아가는 동안 외적 강박은 끊임없이 내적 강박으로 대치된다. 문명의 영향은 이기적 경향에 에로틱한 요소를 첨가하여 그것을 이타적이고 사회적인 경향으로 바꾸고, 그런 변화는 계속 늘어난다. 결국 인간이 발달 과정에서 느끼는 모든 내적 강박은 원래 — 즉 〈인류의 역사〉에서 보면 — 하나의 외적 요인에 불과했다고 가정할 수도 있다. 오늘날 태어나는 사람은 이기적 본능을 사회적 본능으로 바꾸는 경향을 어느 정도는 유전적 소질Disposition로 가지고 있다. 이런 소질은 조금만 자극을 주어도 이기적 본능을 사회적 본능으로 바꾼다. 본능을 더 많이 변화시키는 것은 개인이 인생을 살아가면서 이룩해야 할 일이다. 이처럼 인간은 당면한 문

화적 환경의 압력을 받을 뿐만 아니라, 조상들의 문화적 역사에
도 영향받는다.

에로티시즘의 영향으로 이기적 충동을 변화시키는 능력을 〈문
화에 대한 감수성〉이라고 부른다면, 이 감수성은 두 부분 ─ 선천
적인 부분과 후천적인 부분 ─ 으로 이루어져 있으며, 두 부분의
상호 관계와 아직 변하지 않고 남아 있는 본능적 삶과의 관계는
무척 변하기 쉽다고 말할 수 있다.

일반적으로 우리는 선천적인 부분에 지나치게 많은 중요성을
부여하는 경향이 있고, 게다가 아직 원초적인 상태로 남아 있는
본능적 삶에 비해 문화에 대한 감수성을 과대평가하는 위험을 무
릅쓴다. 다시 말해서 남을 실제보다 〈더 선한〉 사람으로 평가하는
잘못을 저지른다. 우리의 판단을 혼란시키고 문제를 긍정적인 의
미로 왜곡하는 또 하나의 요소가 있기 때문이다.

타인의 본능적 충동은 당연히 우리가 관찰할 수 없도록 은폐되
어 있다. 우리는 타인의 행동과 태도에서 그 충동을 짐작할 수 있
을 뿐이다. 그 행동과 태도를 더듬어 올라가면, 그들의 본능적 삶
에서 생겨나는 〈동기〉에 다다르게 된다. 물론 이런 추측은 대개의
경우 틀릴 수밖에 없다. 문화적 관점에서 보아 〈선한〉 행동은 〈고
상한〉 동기에서 나온 것일 수도 있고, 그렇지 않을 수도 있다. 도
덕론자들은 선한 충동에서 나온 결과만을 〈선한〉 행동으로 분류
하고, 나머지는 선한 행동으로 승인해 주지 않는다. 그러나 실용
적 목표를 지향하는 사회는 구태여 이런 구별을 하지 않는 것이
보통이다. 사회는 구성원들이 문명의 지시에 따라 자신의 태도와
행동을 규제하기만 하면 그것으로 만족하고, 개개인의 동기에 대
해서는 거의 관심을 갖지 않는다.

우리는 가정 교육과 환경이 인간에게 행사하는 〈외적 강박〉이

인간의 본능적 삶을 선한 쪽으로 더 많이 변화시킨다는 사실 — 이기주의를 이타주의로 바꾼다는 사실 — 을 알았다. 그러나 이는 외적 강박의 통상적인 결과나 필연적인 결과는 아니다. 가정 교육과 환경은 이타적인 사람에게 이익을 줄 뿐만 아니라, 당근과 채찍이라는 또 다른 종류의 장려책도 이용한다. 이런 식으로 하면, 가정 교육과 환경의 영향을 받는 사람은 본능이 전혀 고상해지지 않았다고 해도, 즉 그의 마음속에 있는 이기적 성향이 이타적 성향으로 전혀 바뀌지 않았다고 해도 문화적 의미에서 선하게 행동하는 쪽을 택할 것이다. 그래서 결과는 대체로 같아질 것이다. 어떤 사람은 본능적 성향의 강요 때문에 항상 선하게 행동하고 또 어떤 사람은 그런 문화적 행동이 자신의 이기적 목적에 유리한 경우에만 선하게 행동한다는 사실은 특수한 상황에서만 드러날 것이다. 그러나 어떤 사람을 피상적으로만 알고 있으면 그 사람이 어떤 부류에 속하는지 구별할 수 없을 것이고, 우리는 낙천주의 때문에 문화적 의미에서 선한 쪽으로 변화한 사람의 수를 지나치게 과대평가하는 잘못을 저지른다.

문명 사회는 선한 행동을 요구하지만, 이런 행동의 본능적 바탕에 대해서는 전혀 개의치 않는다. 그리하여 수많은 사람이 자신의 본성에 따라서가 아니라 이기적인 목적을 위해서 문명 사회에 복종했다. 이런 성과에 고무된 나머지 사회는 도덕 기준을 최대한 엄하게 잡는 실수를 저질렀고, 그리하여 그 구성원들은 자신의 본능적 기질에서 한층 더 멀어질 수밖에 없었다. 그 결과 그들은 본능을 끊임없이 억제해야 하고, 이로 말미암은 긴장은 반동과 보상이라는 주목할 만한 현상으로 나타난다. 본능을 억제하기 가장 어려운 성(性)의 영역에서 그 결과는 신경병이라는 반동 형성으로 나타난다. 다른 영역에서는 문명의 압력이 병적 결과를 낳지 않는 것은 사실이지만, 성격의 비정상적인 형성을 초래한다. 뿐만 아니라 금지된 본능은 적당한 기회만 생기면 언제든지 터져 나와 만족을 얻으려고 한다. 자신의 본능적 성향에 맞지 않는 지시에 따라 행동해야 하는 사람은 심리학적으로 말하면 분수에 어긋난 생활을 하는 셈이고, 그가 그 부조화를 분명히 깨닫고 있든 아니든 간에 객관적으로는 위선자라고 말할 수 있을 것이다. 우리 현대 문명이 이런 형태의 위선이 생겨나기에 알맞은 토양인 것은 부인할 수 없는 사실이다. 현대 문명은 그런 위선 위에 세워져 있고, 사람들이 심리학적 진실에 따라 살기 시작하면 현대 문명은 광범위한 변화를 감수할 수밖에 없을 것이라고 감히 말할 수 있다. 따라서 세상에는 진정한 문명인보다는 문화적 위선자가 훨씬 많다. 오늘을 사는 사람들의 마음속에 이제까지 구조화된 〈문화에 대한 감수성〉은 문명을 유지하는 데 충분치 않을 것이기 때문에, 문명을 유지하기 위해서는 어느 정도의 문화적 위선이 필요하지 않을까 하는 점은 사실 진지하게 논의해 볼 여지가 있다. 그러나 다른 한편으로는 그토록 불안한 토대 위에서도 문명이 유지된다는 사실은 세대가 바뀔 때마다 인간의 본능이 점점 광범위하게 변화되어 더 나은 문명의 매체가 될 수 있으리라는 전망을 제공해 준다.

이 논의에서 우리는 한 가지 위안을 얻을 수 있다. 이번 전쟁에서 세계 국가의 동포 시민들이 저지르는 비문명적 행동 때문에 우리가 느낀 분노와 고통스러운 환멸은 정당성을 얻지 못했다는 점이다. 우리의 분노와 환멸은 우리가 사로잡혀 있던 환상에 바탕을 두고 있었다. 우리의 동포 시민들은 실제로는 우리가 우려한 만큼 타락하지 않았다. 그들은 애당초 우리가 생각한 만큼 높은 수준까지 올라간 적도 없었기 때문이다. 인간 집단 — 민족과 국가 — 이 도덕적 제약을 서로 폐기한 사실은 자연히 개인들에게 자극을 주었고, 개인들은 잠시나마 문명의 끊임없는 압력에서 벗어나 줄곧 억제하던 본능을 일시적으로 만족시켰다. 그래도 그들 민족 내부의 상대적 도덕성은 전혀 폐기되지 않았을 것이다.

그러나 우리는 이번 전쟁이 과거의 동포들에게 일으킨 변화를 더 깊이 통찰하는 동시에, 그들을 부당하게 판단하지 말라는 경고를 받을 수도 있을 것이다. 정신 발달은 다른 발달 과정에는 전혀 존재하지 않는 특이성을 보여 주기 때문이다. 마을이 도시로 성장하고 어린이가 어른으로 성장할 때, 마을과 어린이는 도시와 어른 속에 모습을 감춘다. 오직 기억만이 새로운 모습 속에서 과거의 특징을 더듬어 볼 수 있다. 실제로 옛날의 재료나 형태는 완전히 제거되고 새로운 것이 그 자리를 대신 차지한다. 그러나 정신 발달은 그렇지 않다. 이 경우에는 과거의 모든 발달 단계가 사라지지 않고, 거기에서 생겨난 후기의 단계와 함께 살아남는다고 설명할 수밖에 없다. 이것과 비교할 수 있는 비슷한 사태는 어디에도 존재하지 않는다. 정신 발달의 경우에는 같은 재료에 일련의 변형이 가해지지만, 연속적인 여러 발달 단계가 나란히 공존한다. 초기의 정신 상태는 오랫동안 겉으로 나타나지 않을 수도 있지만, 그래도 역시 존재하기 때문에 언제라도 다시 마음속의 힘을 드러내는 표현 양식이 될 수 있고, 때로는 유일한 표현 양식이 되기도 한다. 그럴 때면 후기의 발달은 모두 무효가 되었거나 제거된 것처럼 보인다. 그런데 정신 발달이 보여 주는 이 놀라운 복원성은 방향이 제한되어 있다. 후기에 도달한 더 높은 발달 단계를 일단 포기한 뒤에는 두 번 다시 그 단계에 이르지 못할 수도 있기 때문에, 정신 발달의 복원성은 특수한 퇴화 — 퇴행 — 능력이라고 부를 수 있다. 그러나 초기 단계는 항상 복구될 수 있다.

원초적 정신은 모든 의미에서 불멸적이다.

　일반인들은 정신병이라는 말을 들으면, 지성과 심성이 파괴된 병이라는 인상을 받는다. 그러나 실제로는 후천적인 부분만 파괴될 뿐이다. 정신병의 본질은 초기의 감정과 기능으로 돌아가는 데 있다. 정신의 복원성을 보여 주는 놀라운 예는 우리가 밤마다 도달하는 수면에서 찾아볼 수 있다. 우리는 불합리하고 혼란스러운 꿈까지도 해석하는 법을 배웠기 때문에, 잠자리에 들 때마다 우리가 어렵게 얻은 도덕성을 옷가지처럼 벗어 던졌다가 이튿날 아침에 다시 주워 입는다는 것을 알고 있다. 물론 수면 상태는 우리를 마비시켜 활동하지 못하게 하기 때문에, 도덕성을 벗어 던져도 위험하지는 않다. 우리의 감정이 발달의 초기 단계로 퇴행했다는 사실을 알려 주는 것은 꿈뿐이다. 예를 들어 우리의 꿈이 모두 이기적 동기의 지배를 받는다는 사실은 주목할 만하다.[5] 나의 영국인 친구가 미국에서 열린 학회에서 이 명제를 제시하자, 학회에 참석한 어떤 숙녀가 주장하기를, 오스트리아에서는 그럴지 모르나 자기 자신과 자기 친구들은 꿈속에서도 이타적이라고 자신 있게 단언할 수 있다고 말했다. 내 친구는 영국인이었지만, 꿈을 분석해 본 경험을 토대로 그 숙녀에게 이렇게 반박했다. 아무리 고상한 마음을 지닌 미국 숙녀라고 할지라도 꿈속에서는 오스트리아인들과 마찬가지로 이기적이라고.

　문화에 대한 감수성은 본능의 변화에 바탕을 두지만, 이 변화는 세상을 살아가면서 받는 여러 가지 충격 때문에 영구적으로나 일시적으로 취소될 수도 있다. 전쟁의 영향은 분명 그런 퇴화를

5　프로이트는 1925년 『꿈의 해석』에 덧붙인 각주에서 이 견해를 수정했다. 바로 다음에 나오는 〈영국인 친구〉의 일화도 『꿈의 해석』에 반복해서 실려 있는데, 이 〈영국인 친구〉는 어니스트 존스 박사를 가리킨다.

가져올 수 있는 힘이다. 따라서 현재 비문명적으로 행동하는 모든 사람을 문명에 대한 감수성이 없는 사람으로 단정할 필요는 없으며, 좀 더 평화로운 시기에는 그들의 본능이 다시 고결해질 것이라고 예상할 수도 있다.

그러나 도덕적으로 타락하여 우리에게 그토록 많은 고통을 안겨 준 동포 시민들은 그에 못지않은 충격과 놀라움을 안겨 준 또 다른 증세를 보인다. 그것은 바로 최고의 지성들이 보여 준 통찰력의 결여, 냉혹함, 논란의 여지가 있는 불확실한 주장을 무비판적으로 믿어 버리는 증세이다. 이것은 참으로 통탄할 만한 사태이다. 분명히 말해 두지만, 나는 결코 맹목적인 당파심에 사로잡혀 어느 한쪽에서만 지성의 결함을 찾아낼 생각은 없다. 그러나 이 현상은 우리가 앞에서 고찰한 현상보다 훨씬 설명하기 쉽고, 덜 걱정스럽다. 옛날부터 인간의 본성을 연구하는 학자와 철학자들은 인간의 지성을 독립적인 능력으로 보고, 지성이 감정에 의존해 있다는 사실을 간과하는 것은 잘못이라고 가르쳐 왔다. 이들의 가르침에 따르면, 우리의 지성은 강한 감정적 충동의 영향에서 벗어났을 때에만 비로소 믿을 만하게 기능을 발휘할 수 있다. 그러지 않으면 지성은 단지 의지의 도구로서만 기능하고, 의지가 요구하는 결론만 내놓는다. 그리하여 논리적 주장은 감정적 관심 앞에서 무력해지고, 폴스타프가 〈나무딸기만큼이나 흔해 빠졌다〉[6]라고 말한 이성적 논쟁이 이해관계를 조정하는 일에서는 그토록 성과를 거두지 못하는 것도 바로 그 때문이다. 정신분석적 경험은 이 주장의 정당성을 더욱 분명히 확인해 주었다. 필요한 통찰이 감정적 저항에 부딪히면 가장 날카로운 통찰력을 지닌 현명한 사람이 갑자기 천치처럼 멍청하게 행동하지만, 그 저항을

6 셰익스피어의 「헨리 4세」 제2막 제4장.

극복하면 지적 능력을 완전히 되찾는 사례는 거의 날마다 볼 수 있다. 따라서 이번 전쟁이 우리의 동포 시민들 — 대부분 세계 국가의 가장 우수한 시민들 — 에게 불러일으킨 논리적 맹목성은 감정적 흥분이 낳은 이차적인 현상이고, 감정적 흥분이 사라지면 함께 사라질 것이라고 기대해도 좋다.

지금 우리와 소원해져 있는 동포 시민들을 이런 식으로 다시 한번 이해하게 되었기 때문에, 인간 집단인 민족이 우리에게 안겨 준 실망도 좀 더 쉽게 견딜 수 있을 것이다. 우리는 원래 집단에 대해서는 개인에게 요구하는 만큼 많은 것을 요구하지 않기 때문이다. 민족은 개인의 발달 과정을 재현하고 있는데, 더 발달한 통일체를 조직하고 형성하는 과정에서 아직까지는 지극히 원시적인 단계를 나타낸다. 도덕성을 강제하는 외적 요인인 교육은 개인한테는 매우 효과적이지만, 민족의 경우에는 이 외적 요인의 영향을 아직 뚜렷이 인정할 수 없다는 점도 민족이 원시적인 발달 단계에 머물러 있는 것과 일맥상통한다. 물론 우리는 상업과 산업이 확립해 놓은 광범위한 이익 공동체가 그런 강박의 근원이 되기를 기대했지만, 민족들은 아직도 이익보다는 열정에 더 복종하는 것 같다. 이익은 기껏해야 열정을 〈합리화〉하는 수단으로 이용될 뿐이다. 민족들은 열정을 만족시키는 구실을 대기 위해 민족의 이익을 내세운다. 인간 집단인 민족이 왜 평화 시에도 서로를 경멸하고 증오하고 혐오하는지는 확실히 수수께끼이다. 모든 민족은 다른 모든 민족을 경멸하고 증오하고 혐오한다. 나는 도무지 그 이유를 알 수가 없다. 수백만 명은 아닐지라도 수많은 사람들이 이런 감정을 품게 되면, 개인이 그동안 이룩한 도덕적 획득물은 모조리 소멸되고, 가장 원시적이고 가장 오래되고 가장 조잡한 정신적 태도만 남는 것 같다. 이 개탄스러운 사태를 조금이나마 변화시킬 수 있는 것은 발달의 후기 단계뿐일 것이다. 그러나 모든 당사자가 인간의 상호 관계 및 인간과 지배자 사이의 관계에서 조금만 더 진실하고 정직한 태도를 취한다면, 이 변화는 좀 더 순조롭게 이루어질 것이다.

2. 죽음에 대한 우리의 태도

한때는 유쾌하고 화목했던 이 세계에서 지금 우리가 느끼고 있는 소외감의 원인은 두 가지라고 생각한다. 첫 번째 원인은 앞에서 말한 전쟁이고, 두 번째 원인은 죽음에 대한 종래의 태도에 혼란이 일어났기 때문이다.

죽음에 대한 우리의 태도는 결코 솔직하지 않았다. 물론 마음으로는 이렇게 주장할 각오가 되어 있었다. 즉, 죽음은 누구에게나 삶의 필연적인 결과이며, 인간은 누구를 막론하고 자연에 죽음을 빚지고 있기[7] 때문에 언젠가는 반드시 그 빚을 갚아야 한다고. 요컨대 죽음은 자연스러운 것이고, 부인할 수도 피할 수도 없는 것이라고. 그러나 실제로는 어떠했던가. 우리는 종종 마치 죽음이 피할 수도 있는 일인 것처럼 행동했다. 우리는 죽음을 한쪽 구석으로 밀쳐 놓고 그것을 삶에서 배제해 버리는 경향을 보였다. 우리는 죽음을 뭉개 버리려고 애썼다. 실제로 독일에는 〈죽음 보듯 한다〉[8]라는 속담까지 있을 정도이다. 여기서 죽음은 물론 우리 자신의 죽음을 뜻한다. 자신의 죽음을 상상하는 것은 불가능하다. 상상하려고 애쓸 때도 있지만, 그때마다 우리는 여전히 구경꾼으

7 셰익스피어의 「헨리 4세」(제5막 제1장)에 나오는 말을 상기시킨다. 이 희곡에서 헬 왕자는 폴스타프에게 이렇게 말한다. 〈그대는 신에게 죽음을 빚지고 있다.〉
8 도저히 있을 법하지 않은 일이나 믿을 수 없는 일로 생각한다는 뜻.

로 존재한다는 사실을 알 수 있다. 따라서 정신분석학파는, 마음 속 깊은 곳에서는 아무도 자신의 죽음을 믿지 않는다고, 바꿔 말하면 무의식 속에서는 모든 사람이 자신의 불멸을 확신한다고 주장할 수 있었다.

그러면 타인의 죽음에 대해서는 어떤 태도를 취했을까. 문명인이라면 죽음을 선고받은 사람이 듣는 곳에서 죽음의 가능성에 대해 언급하기를 삼갈 것이다. 이 제약을 무시하는 것은 아이들뿐이다. 아이들은 전혀 부끄러운 기색도 없이 죽음의 가능성으로 서로를 위협하고, 심지어는 사랑하는 사람에게도 태연히 죽는 이야기를 꺼낸다. 예를 들면 〈엄마가 죽으면 나는 이렇게 할 거야〉하는 식이다. 어른들은 남의 죽음에 대한 생각이 떠오르면 자신이 박정하거나 사악한 사람이 된 듯한 기분을 느낀다. 의사나 변호사처럼 직업적으로 죽음을 다루어야 하는 사람은 물론 예외일 것이다. 남이 죽으면 자유나 재산이나 지위를 얻게 될 경우에는 그런 경향이 가장 강해져, 문명인은 자기한테 이익을 가져다줄 타인의 죽음에 대해서는 절대로 생각하지 않으려고 한다. 물론 우리가 이처럼 죽음에 민감하다고 해서 죽음이 일어나지 않는 것은 아니다. 죽음이 발생하면, 우리는 기대를 저버리기라도 한 듯 심한 충격을 받는다. 우리는 죽음의 우발적 원인 — 사고, 질병, 전염병, 고령 — 을 강조하는 버릇이 있다. 이런 태도는 죽음을 필연적인 것에서 우연한 사건으로 바꾸려는 노력을 드러낸다. 동시에 일어난 수많은 죽음은 끔찍한 참사라는 인상을 준다. 실제로 우리는 망자(亡者)에 대해 특별한 태도 — 무척 힘든 일을 해낸 사람을 찬탄하는 듯한 태도 — 를 취한다. 망자에 대해서는 비난을 보류하고, 그가 생전에 저질렀을지도 모르는 악행을 눈감아 준다. 그리고 〈망자한테 매질하지 말라 de mortuis nil nisi bonum〉라고 선언하고, 추도사나 묘비에는 망자에게 가장 유리한 점만 내세우는 것을 당연하게 여긴다. 망자는 더 이상 배려를 필요로 하지 않는데도, 우리는 그에 대한 배려를 진실보다, 그리고 살아 있는 사람에 대한 배려보다 더 중요시하는 경우도 많다.

죽음에 대한 이런 문화적이고 관습적인 태도를 완전하게 해주는 것은 사랑하는 사람이 죽었을 때의 태도이다. 사랑하는 사람 — 부모나 배우자, 형제자매, 자식, 가까운 친구 — 이 죽으면 우리는 허탈 상태에 빠진다. 우리의 희망, 소망, 기쁨은 망자와 함께 땅속에 묻힌다. 어떤 것도 우리를 위로하지 못하고, 망자의 빈자리는 어떤 것으로도 채워지지 않는다. 우리는 사랑하는 사람이 죽으면 따라 죽는 아스라족(族)[9]처럼 행동한다.

그러나 죽음에 대한 이런 태도는 우리의 삶에 강한 영향을 미친다. 생존이라는 도박에서 가장 큰 밑천은 생명 자체이다. 이 생명이 내기에 걸려 있지 않으면 삶은 빈곤해지고 무기력해진다. 마치 미국의 사랑 놀음 — 파국으로 끝나더라도 그다음에는 아무 일도 일어나지 않는다는 것을 남녀가 다 알고 있다 — 처럼 천박하고 공허해진다고 말할 수도 있다. 이에 비해 유럽 대륙의 연애에서는 당사자가 심각한 결과를 각오해야 한다. 우리는 주위의 가까운 이들과 감정적으로 단단히 묶여 있고, 만약의 경우에는 견딜 수 없을 만큼 강한 슬픔을 느끼기 때문에, 우리 자신이나 주위 사람들에게 위험을 자초하기를 싫어한다. 우리는 위험하지만 꼭 필요한 수많은 모험 — 예를 들면 인공적인 수단으로 하늘을 날아 보려는 시도, 먼 나라에 대한 탐험, 폭발물 실험 등 — 에 대해 감히 생각할 엄두도 내지 않는다. 재앙이 일어났을 때, 어머니

9 하이네H. Heine의 시(『설화시 *Romanzero*』에 실린 「아스라족」)에 나오는 아스라족은 〈사랑할 때 함께 죽는〉 아랍의 한 부족이었다.

에게는 누가 아들을 대신해 주고 아내에게는 누가 남편을 대신해 주며 아이들에게는 누가 아버지를 대신해 줄 수 있겠는가. 이런 염려가 우리를 무력하게 만들고, 우리의 발목을 잡는다. 따라서 죽음을 따로 떼어 놓고 삶을 생각하는 경향은 많은 것을 단념시키고 배제하는 결과를 낳는다. 그러나 한자Hansa 동맹[10]의 좌우명은 〈항해하는 것은 꼭 필요하지만, 사는 것은 꼭 필요하지는 않다Navigare necesse est, vivere non necesse〉[11]였다.

우리가 현실의 삶에서 잃어버린 것을 허구 세계 — 문학과 연극 — 에서 찾는 것은 이 모든 것이 낳은 필연적인 결과이다. 허구 세계에서는 여전히 죽는 법을 아는 사람들 — 남을 죽이기까지 하는 사람들 — 을 찾아볼 수 있다. 우리가 죽음을 체념하고 인정할 수 있는 조건도 오직 허구 세계에서만 충족될 수 있다. 말하자면 허구 세계에서 벌어지는 인생의 온갖 우여곡절 뒤에서 현실의 삶은 여전히 안전하게 보호받을 수 있는 것이다. 인생이 한 수만 삐끗해도 승부를 포기해야 하는 체스 게임과 같다는 것은 너무나 슬픈 일이기 때문이다. 다만 인생은 체스와는 달리 한 번 지면 그것으로 끝장이고, 설욕전을 가질 수 없다는 차이가 있다. 허구의 영역에서는 우리가 필요로 하는 수많은 삶을 찾을 수 있다. 우리는 소설 속의 주인공을 우리 자신과 동일시하고, 그 주인공과 함께 죽는다. 그러나 실제로는 살아남아서, 또 다른 주인공과 함께 다시 죽을 준비를 한다.

전쟁은 죽음에 대한 이런 관습적 태도를 일소해 버린다. 죽음은 더 이상 부인되지 않는다. 우리는 죽음의 존재를 믿을 수밖에

---

10 무역의 특권과 안전을 유지하기 위해 중세의 북유럽 여러 도시 사이에 결성된 동맹.
11 고대 로마의 정치가 폼페이우스가 한 말이다.

없다. 사람들은 정말로 죽고, 그것도 한 사람씩 죽는 것이 아니라 하루에도 수만 명씩 죽는다. 그리고 죽음은 더 이상 우연한 사건이 아니다. 물론 죽음은 여전히 총알이 누구에게 맞느냐 하는 우연의 문제인 것처럼 보이지만, 첫 번째 총알에 맞지 않은 사람이 두 번째 총알에는 맞을 수도 있다. 이렇게 수많은 죽음이 축적되면, 죽음이 우연이라는 느낌은 사라진다. 삶은 다시 흥미로워졌고, 원래의 내용물을 완전히 되찾았다.

여기서 두 부류의 사람 — 전선에 나가 직접 목숨을 걸고 싸우는 사람과, 집에 남아서 사랑하는 사람이 부상이나 질병으로 목숨이 꺼져 가는 것을 지켜볼 수밖에 없는 사람 — 을 구별할 필요가 있다. 전투원의 심리 변화를 연구하는 것이야말로 가장 흥미로운 작업이겠지만, 여기에 대해서는 아는 것이 거의 없다. 따라서 우리는 우리 자신이 속한 두 번째 집단에만 논의를 한정시켜야 한다. 앞에서도 말했듯이 우리가 당혹감과 혼란에 사로잡혀 어찌할 바를 모르고 능력 마비 상태에 빠진 근본 원인은 무엇보다도 죽음에 대한 태도 때문이라고 생각한다. 우리는 죽음에 대한 종래의 태도를 더 이상 유지할 수 없게 되었지만, 아직은 새로운 태도를 찾아내지 못한 상황에 있다. 여기서 죽음과 인간의 두 가지 관계 — 선사 시대의 원시인이 가지고 있었던 것으로 짐작되는 관계와 우리 모두의 마음속에 아직도 존재하지만 정신의 심층에 숨어 있어서 의식의 눈에는 보이지 않는 관계 — 를 심리학적으로 연구하면 새로운 태도를 찾는 데 도움이 될지도 모른다.

물론 원시인이 죽음에 대해 어떤 태도를 가지고 있었는지는 추론과 추정을 통해 짐작할 수 있을 뿐이지만, 이런 방법은 상당히 믿을 만한 결론을 제공해 주었다고 생각한다.

원시인은 죽음에 대해 상당히 주목할 만한 태도를 취했다. 그 태도는 결코 일관된 것이 아니었다. 아니, 실제로는 모순에 차 있었다. 한편으로는 죽음을 진지하게 받아들여 그것을 삶의 종말로 인정하고, 그런 의미망 안에서 죽음을 이용했다. 그러나 다른 한편으로는 죽음을 부인하고, 아무것도 아닌 하찮은 것으로 격하시켰다. 이 모순은 원시인이 타인 ─ 낯선 사람이나 적 ─ 의 죽음과 자신의 죽음에 대해 근본적으로 다른 태도를 취한 사실에서 생겨났다. 타인의 죽음에 대해서는 전혀 이의가 없었다. 타인의 죽음은 싫어하는 사람의 소멸을 의미했기 때문에, 원시인은 거리낌없이 타인을 죽였다. 원시인은 분명 열정적인 동물이었을 테고, 다른 어떤 동물보다도 잔인하고 악의에 차 있었을 것이다. 그는 죽이기를 좋아했고, 당연한 일처럼 타인을 죽였다. 다른 동물들은 같은 종(種)을 잡아먹지 못하게 하는 본능을 가지고 있다지만, 원시인도 이런 본능을 가지고 있었다고 할 수는 없다.

따라서 원시인의 역사는 살인으로 얼룩져 있다. 오늘날에도 우리 아이들이 학교에서 배우는 세계사는 본질적으로 민족들 간에 벌어진 살인의 연속이다. 선사 시대 이후 인류는 막연한 죄책감을 갖게 되었고, 일부 종교에서는 그 죄책감을 원죄*Erbsüde*의 교리로 농축시켰는데, 이 죄책감은 아마 원시인이 저지른 살인죄의 결과일 것이다. 나는 「토템과 터부」에서 로버트슨 스미스와 앳킨슨 및 찰스 다윈이 제공한 단서에 따라 이 원죄의 본질을 짐작해보려고 애썼고, 오늘날의 기독교 교리도 그 본질을 추론할 수 있게 해준다고 생각한다. 〈신의 아들〉이 원죄에서 인류를 구원하기 위해 목숨을 바쳐야 했다면, 탈리온의 법칙[12]에 따라 그 원죄도 살인이었을 것이 분명하다. 다른 어떤 죄도 속죄의 방법으로 목

---

12 피해자가 가해자에 대해 똑같은 수단으로 보복하거나, 범죄자를 그의 범죄 수법과 똑같은 방법으로 처벌하는 것.

숨을 요구할 수는 없을 것이다. 그리고 원죄는 하느님 아버지에 대한 범죄였다. 인류 최초의 범죄는 아버지 살해, 즉 원시인 무리의 첫 조상을 죽인 행위였을 것이 분명하고, 기억 속에 남아 있는 이 조상의 이미지가 나중에 이상화하여 신으로 변모했다.[13]

현대인이 모두 그렇듯이 원시인에게도 자신의 죽음은 상상조차 할 수 없는 비현실적인 일이었을 것이 분명하다. 그러나 죽음에 대한 두 가지 상반된 태도가 충돌하여 갈등을 일으키는 경우가 있었고, 이 경우는 매우 중요해져서 광범위한 결과를 낳게 되었다. 그것은 바로 원시인이 자기한테 속한 사람 — 아내, 자식, 친구 — 의 죽음을 목격하는 경우였다. 우리가 아내와 자식과 친구를 사랑하듯, 원시인도 아내와 자식과 친구를 사랑했을 것이다. 사랑이라는 감정이 남을 죽이고 싶은 욕망보다 훨씬 나중에 생겼을 리는 없기 때문이다. 사랑하는 사람의 죽음을 목격하고 고통에 사로잡힌 원시인은 자기도 역시 죽을 수 있다는 것을 깨달을 수밖에 없었지만, 그의 모든 존재는 이 사실을 인정하지 않으려고 저항했다. 사랑하는 사람들은 결국 그가 사랑하는 자기 자아의 일부였지만, 그들의 죽음은 한편으로는 그를 기쁘게 해주기도 했다. 사랑하는 사람들은 어디까지나 타인이었기 때문이다. 상반된 감정이 동시에 존재하는 이 〈양가감정〉의 법칙은 오늘날에 이르기까지도 가장 사랑하는 사람에 대한 우리의 감정을 지배하지만, 원시 시대에는 이 법칙이 훨씬 광범위한 효력을 가지고 있었을 것이 분명하다. 따라서 죽은 가족이나 친구는 그에게 어느 정도의 적개심을 불러일으킨 적이나 이방인이기도 했다.[14]

철학자들은 죽음의 상황이 제기한 지적 수수께끼가 원시인에

---

13 「토템과 터부」 제4장(프로이트 전집 13, 열린책들) 참조 — 원주.
14 「토템과 터부」 제2장 참조 — 원주.

게 생각을 강요했으며 그것이 모든 사색의 출발점이 되었다고 선언했다. 그러나 이 점에서 철학자들은 지나치게 철학적으로 생각한 나머지, 애초에 작용한 동기를 거의 고려하지 않은 것 같다. 그래서 나는 철학자들의 주장을 제한하고 수정하고자 한다. 생각해 보건대 원시인은 살해된 적의 시체 옆에서는 승리를 기뻐했을 테지만, 삶과 죽음의 수수께끼를 생각하느라 머리를 쥐어짜지는 않았을 것이다. 인간의 탐구 정신을 해방시킨 것은 지적 수수께끼도 아니고 모든 죽음도 아니었다. 사랑하면서도 미워하는 사람의 죽음에 대한 상반된 감정의 갈등이야말로 인간의 탐구심을 촉발시켰다. 심리학은 이 감정의 갈등에서 태어난 첫 자식이었다. 인간은 사랑하는 사람의 죽음에 대한 고통 속에서 죽음을 맛보았기 때문에, 이제 더 이상 죽음을 멀찌감치 떼어 놓을 수가 없었다. 하지만 그래도 자기 자신의 죽음을 상상할 수는 없었기 때문에 죽음을 인정할 마음은 내키지 않았다. 그래서 그는 타협안을 생각해 냈다. 자신도 죽을 수 있다는 사실을 인정하되, 소멸의 의미를 죽음에서 배제한 것이다. 적의 죽음에 관한 한 그가 소멸의 의미를 배제할 만한 동기는 전혀 없었다. 그가 영혼을 만들어낸 것은 사랑하는 사람의 시신 옆에서였고, 사랑하는 사람의 죽음 앞에서 슬픔과 함께 만족감을 느낀 데 대한 죄책감은 새로 태어난 이 영혼을 무시무시한 악마로 바꾸어 놓았다. 죽음이 가져온 심리적 변화를 통해 그는 개인을 하나의 육신과 하나의 영혼 — 원래는 여러 개의 영혼 — 으로 나누는 것을 생각해 냈다. 이런 식으로 그의 사고 과정은 죽음과 함께 시작되는 해체 과정과 평행선을 그리며 진행되었다. 망자에 대한 끈질긴 추억은 다른 형태의 존재 — 즉 영혼의 존재 — 를 상정하는 근거가 되었고, 사람은 표면상으로는 죽은 것처럼 보이지만 죽은 뒤에도 삶은 계속된다는 개념을 가져다주었다.

　죽음 뒤의 존재는 처음에는 죽음으로 막을 내린 존재의 부속물 — 그림자처럼 실체가 없는 공허한 것 — 에 불과했다. 후세에 이르기까지 영혼은 거의 중시되지 않았고, 처음에는 아직도 임시변통으로 만들어낸 존재의 성격을 지니고 있었다. 여기서 우리는 명부(冥府)를 찾아간 오디세우스에게 아킬레우스의 망령이 대답한 말을 상기해도 좋을 것이다.

　「옛날 그대가 살아 있는 동안에는 우리 아르고스 사람들이 그대를 신처럼 공경했고, 이제는 그대가 이곳에서 망자들에 대해 권위를 떨치고 있으니, 아킬레우스여, 죽었다고 해서 한탄하지 마시게.」
　내가 이렇게 말하자 그는 얼른 대답하기를, 「제발 내가 죽은 것을 달래려고 하지 말게나, 명예로운 오디세우스여. 비록 가진 것 없는 사람의 집이라 할지라도, 그 집에 고용되어 들에서 품팔이를 할 망정, 나는 지상에서 살고 싶다네.」[15]

　또는 하이네의 힘차면서도 신랄한 풍자시를 상기해도 좋을 것이다.

　네카어 강가의 슈투케르트에 사는
　하찮은 속물도
　죽은 영웅, 저승의 그림자 왕
　나 펠리데보다는
　훨씬 행복하리라.[16]

15　『오디세이아Odysseia』제11권 — 원주.
16　펠리데는 펠레우스의 아들이라는 뜻으로, 아킬레우스의 별명. 이 구절은 하

종교가 내세를 좀 더 바람직하고 근거 있는 것으로 표현하고, 죽음으로 끝나는 삶을 죽음의 준비 단계에 불과한 것으로 격하하는 데 성공한 것은 훨씬 뒤였다. 그 후 삶을 과거까지 연장하여 전생과 환생과 윤회 같은 개념을 만들어 낸 것은 필연적인 결과였다. 이 모든 것은 삶의 종말이라는 의미를 죽음에서 박탈하려는 의도를 가지고 있었다. 우리는 앞에서 죽음에 대한 부인을 〈관습적이고 문화적인 태도〉라고 불렀는데, 그 기원은 이처럼 오래된 것이다.

사랑하는 사람의 시신 옆에서는 영혼에 대한 교리와 영혼 불멸의 신앙, 그리고 인간이 지닌 죄책감의 강력한 원천만 생겨난 것이 아니라, 최초의 윤리적 계율도 생겨났다. 깨어난 양심이 처음으로 금지한 행위 가운데 가장 중요한 것은 〈살인하지 말라〉였다. 이 계율은 원래 사랑하는 사람의 죽음과 관련하여, 즉 슬픔 뒤에 숨어서 은밀하게 증오심을 만족시키는 데 대한 반응으로 생겨난 것이다. 이 계율은 사랑하지 않는 타인에게로 차츰 확대되었고, 마침내 적에게까지 확대되었다.

문명인은 적을 죽이지 말라는 계율을 더 이상 경험하지 못하고 있다. 이번 전쟁의 치열한 싸움이 결판나면, 승리한 전사들은 기쁨에 넘쳐 아내와 자식들 곁으로 돌아갈 것이다. 백병전을 치렀거나 포격을 가했거나 간에 그가 죽인 적에 대한 생각이 이 기쁨을 억제하거나 방해하지는 않을 것이다. 아직도 이 세상에 남아 있는 미개 민족 — 우리보다는 분명 원시인과 더 가까운 민족 — 이 이 점에서는 전혀 다르게 행동한다는 사실, 또는 문명의 영향

이네의 최후작인 「이별Der Scheidende」의 끝부분이다. *Der kleinste lebendige Philister / Zu Stuckert am Neckar / Viel glücklicher ist er / Als ich, der Pelide, der tote Held, / Der Schattenfürst in der Unterwelt.*

을 받기 전에는 다르게 행동했다는 사실은 주목할 만하다. 오스트레일리아 원주민이나 부시맨, 티에라델푸에고[17] 원주민 같은 미개인들은 무자비한 살인자와는 거리가 멀다. 전쟁에서 이기고 돌아오면, 싸움에서 저지른 살인을 속죄할 때까지는 마을에 발을 들여놓거나 아내와 접촉할 수 없다. 이 속죄 행위는 오랫동안 지루하게 계속되는 경우가 많다. 물론 이러한 관습을 그들의 미신 탓으로 돌리기는 쉽다. 미개인은 아직도 살해된 이의 영혼이 보복할 것이라는 두려움에 사로잡혀 있기 때문이다. 그러나 그가 죽인 적의 영혼은 유혈 살인에 대한 죄책감의 표현일 뿐이다. 이 미신 뒤에는 우리 문명인이 잃어버린 윤리적 감수성의 한 갈래가 숨겨져 있다.[18]

경건한 영혼의 소유자들은 우리의 본성이 사악하고 비열한 것과는 거리가 멀다고 믿고 싶어 한다. 그들은 살인하지 말라는 계율이 일찍부터 등장했으며 강력한 강제력을 가지고 있다는 점을 근거 삼아, 우리 마음에 깊이 뿌리 박혀 있을 것이 분명한 도덕적 충동의 힘에 대해 만족스러운 결론을 내릴 것이다. 그러나 불행히도 이 주장은 오히려 정반대의 견해를 입증해 준다. 그렇게 강력한 금지는 똑같이 강력한 충동에 대해서만 작용할 수 있다. 아무도 하고 싶어 하지 않는 일을 강력하게 금지할 필요가 어디 있겠는가.[19]

그런 일은 저절로 배제된다. 〈살인하지 말라〉라는 계율을 강조하는 것 자체가 우리는 먼 옛날부터 대대로 이어져 내려온 살인자들의 자손이며, 조상들이 핏속에 가지고 있었던 살인에 대한

---

17 남아메리카 남쪽 끝에 있는 섬.
18 「토템과 터부」 제2장 참조 — 원주.
19 「토템과 터부」 제4장에서 인용한 프레이저J. G. Frazer의 탁월한 주장을 참조할 것 — 원주.

욕망을 오늘날의 우리 자신도 가지고 있으리라는 점을 확인해 준다. 윤리적 노력의 효과와 중요성을 깎아내릴 필요는 없지만, 그것은 인류가 역사 과정 속에서 후천적으로 획득한 것이다. 그 후 이 윤리적 노력은 현대인이 조상으로부터 물려받은 자질이 되었지만, 불행히도 그 양은 일정하지 않고 변덕스럽다.

자, 이제는 원시인을 떠나, 우리 자신의 정신생활의 무의식으로 눈길을 돌려 보자. 무의식에 관한 한 우리는 전적으로 정신분석적 방법론에 의존하고 있다. 그것이 무의식의 심층에 도달하는 유일한 방법론이기 때문이다. 죽음이라는 문제에 대한 무의식의 태도는 어떠한가? 이 질문에 대해서는 원시인의 태도와 거의 똑같다고 답해야 한다. 그 밖의 많은 점에서 그렇듯이 이 점에서도 선사 시대의 원시인은 우리의 무의식 속에 변함없는 모습으로 살아남아 있다. 우리의 무의식은 자신의 죽음을 믿지 않으며, 마치 자기가 불사의 존재인 것처럼 행동한다. 우리가 〈무의식〉이라고 부르는 것 — 우리 마음속에서도 가장 깊은 심층에 자리 잡고 있으며, 본능적 충동으로 이루어져 있는 것 — 은 부정적인 것을 전혀 모르고, 어떤 부정(否定)도 모른다. 무의식 속에서는 서로 모순되는 일이 동시에 일어난다. 이런 이유 때문에 무의식은 자신의 죽음을 모른다. 우리가 죽음에 부여할 수 있는 의미 내용은 부정적인 것뿐이기 때문이다. 따라서 우리 마음속에서는 죽음이 존재한다는 믿음에 대한 본능적 반응은 일어나지 않는다. 어쩌면 이것이 영웅주의의 비밀인지도 모른다. 영웅주의를 설명해 주는 합리적 근거는 영웅적 행위자의 생명이 추상적이고 보편적인 이익만큼 귀중할 수는 없다는 판단에 바탕을 둔다. 그러나 그런 이유 따위는 전혀 모른 채 본능적이고 충동적으로 영웅적 행위를 하는 경우가 훨씬 많다고 나는 생각한다. 안첸그루버의 등장인물인

〈슈타인클로퍼한스〉[20]의 마음속에 있는 영웅주의는 위험을 경멸하고, 〈나한테는 아무 일도 일어날 수 없다〉라고 장담한다. 바꿔 말하면 합리적 이유는 무의식에 따른 영웅적 반응을 억제할 수도 있는 망설임을 없애 줄 뿐이다. 죽음에 대한 두려움은 우리가 알고 있는 것보다 훨씬 자주 우리를 지배하지만, 한편으로는 부차적인 것이고 대개는 죄책감의 소산이다.[21]

반면에 우리는 낯선 사람이나 적에 대해서는 죽음을 인정하고, 원시인만큼이나 주저하지 않고 그들을 죽음에 내맡긴다. 물론 원시인과 현대인 사이에 차이가 있는 것은 사실이고, 실생활에서는 이 차이가 명확해질 것이다. 무의식이 살인을 실행하지는 않는다. 단지 살인을 생각하고 원할 뿐이다. 하지만 이 정신적 현실을 실제적 현실과 비교하여 과소평가하는 것은 잘못이다. 정신적 현실도 충분히 의미 있고 중요하다. 우리는 무의식적 충동 속에서 날마다, 아니 매시간마다 우리를 방해하거나 화나게 하거나 해친 사람을 제거한다. 〈악마한테나 잡혀가라*Hol dich der Teufel*〉란 표현은 화가 난 사람이 농담조로 내뱉는 말이지만, 실제로는 〈뒈져 버려라*Hol dich der Tod*〉라는 뜻이고, 우리의 무의식 속에서 이 표현은 상대가 죽었으면 좋겠다는 진지하고 강력한 소망이다. 사실 우리의 무의식은 사소한 이유로도 살인을 저지를 것이다. 고대 아테네의 드라콘 법(法)[22]처럼 우리의 무의식이 범죄에 대한 처

20 〈슈타인클로퍼한스Steinklopferhans〉는 〈돌 깨는 인부 한스〉라는 뜻. 한스는 오스트리아의 극작가 루트비히 안첸그루버Ludwig Anzengruber(1839~1889)의 희극에 나오는 인물이다.

21 죽음에 대한 두려움은 「자아와 이드」(프로이트 전집 11, 열린책들) 및 「억압, 증상 그리고 불안」(프로이트 전집 10, 열린책들)에서 좀 더 충분히 논의되어 있다.

22 드라콘Drakon은 고대 아테네의 집정관으로, 기원전 621년경 아테네의 관습법을 집대성하여 〈드라콘 법〉이라는 성문법을 처음 공포했다. 이 법은 물건을 훔치거나 일을 게을리해도 사형을 내리는 형벌의 가혹함으로 유명했다.

벌로 인정하는 것은 오직 죽음뿐이다. 게다가 이것은 확실한 일 관성을 가지고 있다. 우리의 전능하고 독재적인 자아를 해치는 것은 근본적으로 모두 〈대역죄 *lèse-majesté*〉에 해당하기 때문이다.

따라서 무의식적 소망 충동으로 우리를 판단한다면, 우리도 원시인과 같은 살인자 집단이다. 이 모든 소망이 원시 시대와 같은 유효성을 지니지 못한 것은 그나마 다행한 일이다.[23] 그렇지 않았다면 상호 저주의 십자 포화 속에서 인류는 이미 오래전에 멸망했을 테고, 가장 우수하고 현명한 남자와 가장 아름답고 매력적인 여자들도 다른 사람들과 함께 사라졌을 것이다.

이런 주장 때문에 일반 사람들은 대체로 정신분석학을 전혀 신뢰하지 않는다. 그들은 정신분석학의 주장을 중상모략으로 치부하고, 의식의 경험은 그 중상모략을 꼼짝 못하게 논박할 수 있다고 생각한다. 무의식도 희미한 징후를 통해 본성을 드러내는 경향이 있지만, 그들은 의식에 나타난 이 희미한 징후에 대해서는 교묘히 눈을 감는다. 따라서 정신분석학의 영향을 받을 수 없었던 수많은 사상가의 주장을 여기에 인용하는 것은 적절한 일이다. 그들도 역시 우리 마음속에 숨어 있는 은밀한 소망 — 살인하지 말라는 금지에도 아랑곳하지 않고, 우리를 방해하는 모든 것을 제거하고 싶어 하는 소망 — 을 명백하게 고발했기 때문이다. 여기서는 수많은 예 중 후세에 유명해진 한 가지만 인용하겠다.

발자크는 『고리오 영감』에서 루소의 저술에 나오는 한 구절을 언급한다. 이 구절에서 루소는 독자에게 묻는다. 베이징의 늙은 고관이 죽으면 막대한 이익을 얻게 될 경우, 파리를 떠나지도 않고 물론 들키지도 않고 단지 고관의 죽음을 간절히 염원하는 것만으로 그 고관을 죽일 수 있다면 어떻게 하겠느냐고. 루소는 독

23 「토템과 터부」(제3장 참조) — 원주.

자가 그 고관의 생명에는 별로 관심을 기울이지 않을 것이라고 암시한다. 〈그의 고관을 죽이다*Tuer son mandarin*〉라는 말은 현대인에게도 존재하는 이 은밀한 소망 — 언제든지 남을 죽이고 싶어 하는 소망 — 을 표현하는 유명한 구절이 되었다.

인간의 이런 성향을 폭로하는 냉소적인 농담과 일화도 많다. 예를 들면 이런 우스개가 있다. 〈하루는 남편이 아내에게 말했다. 「우리 두 사람 중에 하나가 죽으면, 나는 파리로 이사갈 거야.」〉 이런 냉소적인 농담은, 진지하게 숨김 없이 표현되었다면 도저히 받아들일 수 없는 은밀한 진실을 내포한다. 그렇지 않다면 농담 자체가 성립할 수 없을 것이다. 농담 속에 진담이 들어 있다고 하지 않는가.

원시인과 마찬가지로, 그리고 우리의 무의식과 마찬가지로 죽음에 대한 두 가지 상반된 태도 — 죽음을 생명의 소멸로 인정하는 태도와 죽음을 비현실적인 것으로 부인하는 태도 — 가 충돌하여 갈등을 일으키는 경우가 있다. 그것은 원시 시대와 마찬가지로 우리가 사랑하는 사람 — 부모, 배우자, 형제자매, 자식, 친구 — 이 죽거나 죽을 위험에 처해 있는 경우이다. 사랑하는 사람들은 한편으로는 우리의 정신적 소유물, 즉 우리 자신의 자아를 이루는 구성 요소이다. 그러나 또 한편으로는 타인이고, 심지어는 적이기까지 하다. 극소수의 상황을 빼고는 가장 다정하고 친밀한 애정 관계에도 약간의 적개심은 따라다니며, 이 적개심은 상대가 죽기를 바라는 무의식적 소망을 자극할 수 있다. 〈양가감정〉에 따른 이런 갈등은 과거에는 영혼에 대한 교리와 윤리학을 만들어 냈지만, 이제는 신경증을 낳는다. 신경증은 정상적인 정신생활에 대한 깊은 통찰도 제공해 준다. 정신분석적 치료를 행하는 의사들은 가족과 친척의 행복을 지나치게 걱정하는 환자나,

사랑하는 사람이 죽은 뒤에 괜한 자책감에 시달리는 환자를 자주 다루어야 했다. 이런 현상을 연구한 학자들은 타인의 죽음을 바라는 무의식적 소망이 얼마나 강하고 중요한가를 확신하게 되었다.

보통 사람들은 그런 감정이 존재할 수 있다는 가능성에 경악하고, 이 혐오감을 정신분석학의 주장을 반박하는 논리적 근거로 삼는다. 하지만 이것은 오해라고 생각한다. 정신분석학은 사랑의 감정을 헐뜯으려는 의도는 전혀 없으며, 실제로 사랑의 감정을 헐뜯지도 않는다. 사실 사랑과 미움을 그런 식으로 짝짓는 것은 우리의 감정만이 아니라 우리의 지성에도 맞지 않는다. 그러나 자연은 이 상반된 감정을 짝지음으로써 사랑을 더욱 신선하게 유지하려고 한다. 사랑은 그 배후에 숨어 있는 미움으로부터 자신을 지키기 위해 경계를 게을리하지 않는다. 우리의 사랑은 마음 속에서 느끼는 미움 충동에 반발할 때 가장 아름답게 꽃을 피운다고 말할 수도 있다.

요약하자면 우리의 무의식은 원시인과 마찬가지로 자신의 죽음을 상상하지 못하고, 타인에 대해서는 죽이고 싶은 소망을 품고, 사랑하는 사람에 대해서는 분열된 감정 ─ 즉 상반된 두 가지 감정 ─ 을 품는다. 그러나 죽음에 대한 우리의 관습적이고 문화적인 태도는 원시 시대에서 얼마나 멀어졌는가!

전쟁이 우리가 가진 이 이중 구조와 어떻게 충돌하는지는 쉽게 알 수 있다. 전쟁은 우리가 나중에 얻어 입은 문명의 옷을 발가벗기고, 우리 모두의 마음속에 숨어 있는 원시인을 노출시킨다. 전쟁은 우리에게 또다시 자신의 죽음을 믿지 못하는 영웅이 될 것을 강요한다. 전쟁은 낯선 사람을 적으로 낙인찍고, 우리는 그 적을 죽이거나 적의 죽음을 바라야 한다. 전쟁은 사랑하는 사람의 죽음을 무시하라고 가르친다. 그러나 전쟁은 사라질 수 없다. 민족들의 생활 여건이 그토록 다르고, 서로에 대해 그토록 격렬한 반감을 품고 있는 한 전쟁은 존재할 수밖에 없다. 그런데 여기서 의문이 생긴다. 전쟁에 굴복하고 순응하는 것은 우리 자신이 아닌가? 그렇다면 죽음에 대한 문명적 태도는 심리학적으로 우리의 분수에 맞지 않게 되었다는 것을 솔직히 고백해야 하지 않을까? 차라리 태도를 바꾸어 진실을 인정해야 하지 않을까? 죽음이 현실과 우리의 생각 속에서 마땅히 차지해야 할 자리를 인정하는 편이 낫지 않을까? 우리는 지금까지 죽음에 대한 무의식적 태도를 그토록 조심스럽게 억눌러 왔지만, 이제는 그 태도를 좀 더 겉으로 드러내는 것이 낫지 않을까? 물론 이것은 더 높은 성취로 나아가는 것처럼 보이지는 않는다. 아니, 어떤 점에서는 오히려 뒷걸음질 — 퇴행 — 로 보인다. 그러나 이것은 진실을 좀 더 많이 고려한다는 이점과 삶을 좀 더 견딜 만한 것으로 만들어 준다는 이점을 가지고 있다. 삶을 견디는 것은 결국 모든 생물의 첫 번째 의무이다. 환상이 삶을 견디기 어렵게 한다면, 그 환상은 가치가 없어진다. 〈평화를 지키고 싶으면 전쟁에 대비하라*Si vis pacem, para bellum*〉는 옛 격언이 생각난다. 이 격언을 시대에 맞도록 고치면 이렇게 될 것이다. 〈삶을 견디고 싶으면 죽음에 대비하라*Si vis vitam, para mortem.*〉

집단 심리학과 자아 분석

Massenpsychologie und Ich-Analyse(1921)

프로이트의 편지에 따르면 집단 심리를 해설하겠다는 〈단순한 착상〉이 처음 떠오른 것은 1919년 봄이었다. 그 후, 1920년 2월부터 이 주제를 다루기 시작하여 같은 해 8월에 초고를 완성했으나 이것을 최종 원고로 다듬기 시작한 것은 1921년 2월에 이르러서였다. 이 저술은 1921년 3월에 완성되어, 서너 달 뒤에 국제 정신분석 출판사에서 출판되었으며, 『전집』 제13권(1940)에 실려 있다.

이 저작은 한편으로는 개인 심리에서 일어나는 변화를 토대로 집단 심리를 설명하고, 또 한편으로는 정신의 해부학적 구조에 대한 프로이트 자신의 연구를 한 단계 진전시키고 있다는 점에 의의가 있다.

이 논문의 영어 번역본은 1922년 스트레이치James Strachey가 번역해 *Group Psychology and the Analysis of the Ego*라는 제목으로 국제 정신분석 출판사에서 출간되었으며, 1940년 런던의 호가스 출판사와 정신분석학회, 뉴욕의 리브라이트에서 1922년 판을 재발행했다. 또한 1955년에는 『표준판 전집』 제18권에도 수록되었다.

집단 심리학과 자아 분석

1. 머리말

개인 심리학과 사회 심리학 또는 집단[1] 심리학 사이에는 언뜻 보아 중요한 차이가 있는 듯싶지만, 좀 더 면밀히 검토해 보면 뚜렷한 차이가 거의 사라진다. 물론 개인 심리학은 개개의 인간에게 관심을 가지고, 그 개인이 본능을 충족시키기 위해 어떤 방침을 추구하는가를 탐구한다. 그러나 개인 심리학이 개인과 타인 간의 관계를 무시할 수 있는 경우는 드물며, 그것도 예외적인 상황에서나 가능하다. 개인의 정신생활에는 타인이 본보기나 대상이나 조력자나 적대자로 끼어들게 마련이다. 개인 심리학의 의미를 이렇게 확대하는 것은 타당한 일이며, 따라서 개인 심리학은 처음부터 사회 심리학이기도 하다.

한 개인이 부모와 형제자매, 사랑의 대상, 주치의 등과 맺고 있는 관계 — 사실상 지금까지 정신분석적 연구의 주요 대상이었던 모든 관계 — 는 사회 현상으로 생각할 필요가 있을 것이다. 그리

---

1 여기서 〈집단〉으로 번역한 독일어 〈Masse〉는 사실상 좀 더 포괄적인 의미가 있다. 프로이트는 맥두걸의 〈group〉과 르 봉의 〈foule〉을 둘 다 표현하는 용어로 이 낱말을 쓴다. 프랑스어의 〈foule〉은 〈군중〉 또는 〈대중〉으로 옮기는 것이 더 자연스럽지만, 일관성을 유지하기 위해 〈집단〉으로 번역했다.

고 이 점에서 그 인간관계는 타인들의 영향이 부분적으로 또는 전적으로 배제된 상태에서 본능 충족이 이루어지는 이른바 〈자기애적narziβtisch〉 과정과는 뚜렷한 대조를 이룬다. 따라서 사회적 정신 활동과 자기애적 ── 블로일러[2]라면 아마 〈자폐적autistisch〉이라고 부를 것이다 ── 정신 활동의 차이는 전적으로 개인 심리학의 영역 안에 있으며, 개인 심리학을 사회 심리학 또는 집단 심리학과 구별해 줄 만한 차이는 잘 어림되지 않는다.

앞에서 말한 관계 ── 부모와 형제자매, 연인, 친구, 의사 등과 맺고 있는 관계 ── 속에 있는 개인은 그에게 사뭇 중요해진 한 사람 또는 소수의 몇몇 사람으로부터 영향을 받는다. 사회 심리학 또는 집단 심리학에 대해 말할 때는 이 관계를 한쪽으로 밀어 놓고, 한 개인이 다수의 사람 ── 그 개인에게 여러 가지 점에서 완전한 타인이 아니라면, 이들은 무엇인가에 의해 그와 연결되어 있을 것이다 ── 으로부터 동시적으로 받는 영향을 연구 주제로 분리하는 것이 보통이다. 따라서 집단 심리학은 인종, 민족, 계층, 직업, 단체의 구성원으로서의 개인, 또는 일정한 시간에 일정한 목적을 위해 집단으로 조직된 군중의 일원으로서의 개인에게 관심이 있다. 개인과 집단의 자연스러운 연결이 이런 식으로 단절되고, 그리하여 본질적으로 연결되어 있는 것들 간에 단절이 일어나면, 이런 특별한 상황에서 일어나는 현상을 더 이상 축소할 수 없는 특별한 본능 ── 다른 상황에서는 나타나지 않는 사회적 본능(〈군거 본능herd instinct〉, 〈집단 심리group mind〉[3]) ── 의 표출

2 오이겐 블로일러Eugen Bleuler(1857~1939). 스위스의 정신의학자로서, 정신병 연구에 프로이트의 정신분석적 방법론을 받아들여 정신 분열증에 대한 근대적 개념을 확립하는 데 크게 이바지했다.

3 이 용어들은 원문에 영어로 표기되어 있다. 〈군거(群居) 본능〉은 영국의 사회학자 트로터Wilfred Trotter의 용어이고, 〈집단 심리〉는 미국의 사회 심리학자 맥두걸

로 보기 쉽다. 그러나 수가 많다는 것 자체가 과연 다른 상황에서는 작용하지 않는 새로운 본능을 우리의 정신생활에 불러일으킬 수 있을까. 감히 말하건대 〈수(數)〉라는 요인에 그렇게 중요한 의미를 부여하기는 어려워 보인다. 따라서 이 가능성은 배제하고, 다른 두 가지 가능성에 기대를 걸어 보자. 사회적 본능은 원초적이고 나눌 수 없는 본능이 아닐지도 모른다는 것이 첫 번째 가능성이고, 사회적 본능이 발달하기 시작하는 단서는 가족 같은 좁은 사회에서 찾을 수 있을지도 모른다는 것이 두 번째 가능성이다.

집단 심리학은 아직 요람기에 있지만, 수많은 쟁점을 내포하며, 지금까지는 제대로 분류되지도 않았던 수많은 과제를 연구자들에게 제공한다. 집단 형성의 다양한 형태를 분류하고 그 형태들이 낳는 심리적 현상들을 서술하는 것만도 수많은 관찰과 설명을 필요로 하며, 이미 풍부한 문헌을 낳았다. 이 작은 책의 좁은 규모와 집단 심리학의 넓은 범주를 비교해 보면, 이 책에서는 전체 재료에서 추려 낸 몇 가지 사항밖에 다룰 수 없다는 사실을 짐작할 수 있을 것이다. 실제로 여기서 다루어지는 사항들은 정신분석학이 특별히 관심을 가진 몇 가지 문제일 뿐이다.

2. 집단 심리에 관한 르 봉의 서술

집단 심리를 정의하는 대신, 그 현상의 범위를 나타내는 몇 가지 인상을 먼저 설명한 다음, 거기에서 우리가 연구할 수 있는 몇

William McDougall의 용어이다. 후자의 경우는 〈집단의 마음〉 또는 〈집단 정신〉으로 번역되기도 하는데, 이 번역서에서는 서술의 일관성을 유지하기 위해 〈집단 심리〉로 통일했다.

가지 특징적인 사실을 추려 내는 편이 더 효율적일 듯싶다. 르 봉[4]의 유명한 저서 『집단 심리학*Psychologie des foules*』을 인용하면 이 목적을 둘 다 이룰 수 있을 것이다.

문제를 다시 한번 분명히 해두자. 심리학이 개인의 타고난 소질과 본능적 충동, 동기, 목적을 그의 행동이나 근친들과의 관계에 이르기까지 철저히 탐구하여 그 모든 문제를 완전히 해결했다고 해도, 심리학은 아직도 미해결로 남아 있는 새로운 과제에 직면하게 될 것이다. 지금까지의 연구를 통해 충분히 이해한 것으로 알았던 개인이 어떤 상황에서는 예상과는 전혀 다른 방식으로 생각하고 느끼고 행동한다는 놀라운 사실을 해명해야 하는 것이다. 그리고 〈어떤 상황〉이란 개인이 〈심리학적 집단〉의 특징을 얻은 인간 무리 속에 들어가는 상황을 말한다. 그렇다면 〈집단〉이란 무엇인가? 개인의 정신생활에 그토록 결정적인 영향력을 행사하는 능력을 집단은 어떻게 얻을 수 있는가? 그리고 집단이 개인에게 강제하는 심리적 변화의 본질은 무엇인가?

이 세 가지 질문에 답하는 것이 이론적인 집단 심리학의 과제이다. 이 과제에 접근할 때는 우선 세 번째 질문부터 풀기 시작하는 것이 상책이다. 개인적 반응에 일어나는 변화를 관찰하는 것은 집단 심리학에 재료를 제공해 준다. 무언가를 설명하려면 우선 설명되어야 할 현상을 서술해야 하기 때문이다.

르 봉 자신의 말을 들어 보자. 그는 이렇게 말한다.

4　귀스타브 르 봉Gustave Le Bon(1841~1931). 프랑스의 사회 심리학자. 박학다식하며 다양한 학문 분야에서 활동했으며, 그의 수많은 저작 중에서도 특히 군중 심리를 체계적으로 이론화한 『집단 심리학』은 근대적 집단 이론의 출발점이 되었다. 그러나 군중에 대한 그의 관점은 비판적인 것이었다. 그는 근대 사회를 〈군중의 시대〉로 특징짓고, 사회와 문명의 진보를 위해 주도적 역할을 다해 온 지적 귀족과 대립되는 인간 집단으로서의 군중을 부정적·멸시적인 것으로 인식했다.

심리학적 집단의 가장 두드러진 특징은 다음과 같다. 심리학적 집단을 구성하는 개인들이 누구든, 그들의 생활 양식이나 직업, 성격, 지성이 비슷하든 비슷하지 않든 관계없이, 그들이 집단으로 변형되었다는 사실은 그들로 하여금 집단 심리를 갖게 만든다. 이렇게 되면 그들은 각자 고립된 상태에서 느끼고 생각하고 행동하는 것과는 전혀 다른 방식으로 느끼고 생각하고 행동하게 된다. 어떤 생각과 느낌은 개인들이 집단을 이룰 경우에만 나타나거나 행동으로 바뀐다. 유기체를 이루는 세포들이 재결합하면 각각의 세포가 지닌 것과는 전혀 다른 특징을 보이는 새로운 존재를 형성하는 것과 마찬가지로, 심리학적 집단은 이질적인 요소들이 잠시 결합되어 이루는 일시적인 존재이다.

나는 무례를 무릅쓰고 르 봉의 서술 중간중간에 토를 달 작정이다. 따라서 여기에 나의 소견을 끼워 넣기로 한다. 집단 속의 개인들이 하나의 통일체로 결합된다면, 그 개인들을 결합시켜 주는 무엇인가가 있을 것이 분명하다. 개인들을 묶어 주는 이 무엇인가는 바로 그 집단의 특징일 것이다. 그러나 르 봉은 이 질문에는 대답하지 않은 채, 개인이 집단 속에 있을 때 경험하는 변화를 고찰하고, 우리 심층 심리학의 기본 전제와 일치하는 표현으로 그 변화를 설명한다.

하나의 집단을 이루는 개인과 고립된 개인이 얼마나 다른가를 증명하기는 쉽지만, 이 차이의 원인들을 발견하기란 그렇게 쉽지 않다.

어쨌든 이 원인들을 다소나마 알기 위해서는 우선 현대 심리학이 확인한 사실 — 무의식적 현상은 유기체의 활동만이 아니라 지성의 기능에서도 압도적으로 중요한 역할을 맡고 있다는 사실 —
을 상기할 필요가 있다. 정신의 의식적인 활동은 무의식적인 활동
에 비하면 그다지 중요하지 않다. 아무리 명석한 분석가나 아무리
예리한 관찰자도 개인의 행동을 결정하는 의식적 동기는 조금밖
에 찾아내지 못한다. 우리의 의식적 행동은 주로 유전적 영향으로
마음속에 생겨난 무의식의 기층에서 생겨난 것이기 때문이다. 이
기층은 대대로 전해져 내려오는 수많은 특징으로 이루어져 있으
며, 어떤 종족이 공통적으로 지닌 이 수많은 특징이 바로 그 종족
의 고유한 특성을 이룬다. 우리가 어떤 행동의 이유로 내세우는
동기들 뒤에는 우리가 자인하지 않는 은밀한 동기들이 숨어 있을
것이 분명하지만, 이 은밀한 동기들 뒤에는 우리 자신도 모르는
더욱 은밀한 동기들이 수없이 숨어 있으며, 우리의 일상적인 행동
들은 대부분 우리가 관찰할 수 없는 이 숨어 있는 동기들에서 나
온다.

집단 속에서는 개인들의 후천적 특징이 소멸되고, 그리하여 개
인들을 서로 구별해 주는 독특한 개성도 사라진다고 르 봉은 생
각한다. 그 대신 종족적 무의식이 전면에 등장하고, 이질적인 것
은 동질적인 것 속에 묻혀 버린다. 발달 과정에서 개인에 따라 큰
차이를 보이는 정신의 상부 구조는 집단 속에서는 모두 제거되고,
모든 사람이 공통적으로 지닌 무의식적 토대가 겉으로 드러난다.
　그리하여 집단 속의 개인들은 평균적인 성격을 보이게 될 것이
다. 그러나 르 봉은 개인들이 집단 속에 들어가면 전에는 가지고
있지 않았던 새로운 특성도 드러내 보인다고 믿고, 그 이유를 세
가지 요인에서 찾는다.

첫째, 집단을 이루는 개인들은 단지 수가 많다는 이유로 저항할 수 없을 만큼 강력한 감정을 얻고, 혼자 따로 있었다면 억제했을 것이 분명한 본능에 몸을 내맡긴다. 집단의 익명성과 이로 말미암은 무책임 때문에 평소에 개인을 억누르는 책임감은 완전히 사라지고, 따라서 개인이 자신을 억제하는 경향은 줄어든다.

우리의 관점에서 보면, 새로운 특성의 출현을 그토록 중요하게 생각할 필요는 없다. 집단 속의 개인은 무의식적 충동을 억제하지 않아도 되는 상황에 놓인다고 말하는 것으로 충분하리라. 본능 억제를 벗어 던진 뒤에 개인이 보이는 특성은 겉으로는 새로워 보이지만, 실제로는 무의식 — 여기에는 인간의 마음속에 있는 온갖 나쁜 요소가 기본 인자로 들어 있다 — 의 표출일 뿐이다. 이런 상황에서 양심이나 책임감이 사라지는 현상을 이해하기란 조금도 어렵지 않다. 우리는 오래전부터 이른바 양심의 요체는 〈사회적 불안〉[5]이라고 주장해 왔기 때문이다.[6]

두 번째 원인은 전염인데, 이것도 역시 집단 속에서 그 독특한 징후의 표출을 결정하는 동시에 집단이 취하는 경향을 결정하는 데에도 간여한다. 전염은 그 존재를 확인하기는 쉽지만 그 원인을 설명하기는 쉽지 않은 하나의 현상이다. 전염은 최면술에서 나타

---

5 양심과 〈사회적 불안〉의 관계에 대해서는 「전쟁과 죽음에 대한 고찰」에 나오는 비슷한 언급을 참조할 것.
6 무의식에 대한 르 봉의 개념은 정신분석학이 채택한 개념과 완전히 일치하지는 않기 때문에 우리의 견해와 약간의 차이가 있다. 르 봉이 생각하는 무의식은 인간의 마음속에 가장 깊이 묻혀 있는 종족 정신의 특징들을 포함하며, 따라서 당연히 정신분석학의 영역 밖에 놓는다. 물론 인간 정신의 〈태고의 유산〉을 포함하는 자아의 핵심이 무의식 속에 들어 있다는 것은 우리도 인정하지만, 이 외에도 우리는 그 유산의 일부에서 생겨난 〈억압된 무의식〉을 구별한다. 억압된 무의식이라는 개념은 르 봉한테서는 찾아볼 수 없다 — 원주.

나는 현상으로 분류되어야 한다. 최면술에 대해서는 잠시 뒤에 간단히 살펴본다. 집단 속에서는 모든 감정과 행동이 전염성을 갖는데, 이 전염성은 한 개인이 집단의 이익을 위해 자신의 이익을 기꺼이 희생할 만큼 강하다. 이것은 개인의 본성과는 상반되는 경향이고, 개인이 집단의 일원이 될 때에만 그런 경향을 지닐 수 있다.

위의 단락에서 마지막 문장은 우리가 나중에 전개할 중요한 추론의 토대가 된다.

세 번째 원인은, 앞의 두 가지 원인보다 훨씬 중요한 것으로 고립된 개인이 나타내는 특성과는 상반되는 특성을 집단 속의 개인들에게 부여한다. 이것은 바로 피(被)암시성인데, 앞에서 말한 전염도 피암시성이 낳는 하나의 결과에 불과하다.

이 현상을 이해하려면 생리학이 최근에 이룩한 발견을 염두에 둘 필요가 있다. 오늘날 우리는 한 개인이 여러 가지 과정을 통해 자신의 의식적인 개성을 완전히 잃어버리고 그에게서 개성을 박탈한 조작자의 암시에 복종하여, 자신의 인격이나 습관과는 완전히 모순되는 행동을 저지를 수 있다는 사실을 알고 있다. 면밀히 조사해 보면 활동적인 집단 속에 얼마 동안 매몰된 개인은 — 집단이 발산하는 최면술적 영향력 때문이든, 우리가 모르는 또 다른 원인 때문이든 — 특수한 상태에 놓인다. 그것은 최면술에 걸린 사람이 〈홀림〉 상태에 빠져 최면술사의 지배를 받는 것과 아주 비슷한 상태이다. 의식적인 개성은 완전히 사라지고, 의지와 분별력도 사라진다. 모든 감정과 사고는 최면술사가 의도한 방향으로 기울어진다.

심리학적 집단을 이루는 개인의 상태도 이와 비슷하다. 그는 더 이상 자신의 행동을 의식하지 못한다. 최면에 걸린 사람과 마찬가지로 그의 경우에도 역시 의지와 분별력이 사라지는 동시에 다른 능력이 고도로 강화될 수 있다. 이런 상태에서 강력한 암시를 받으면, 그는 저항할 수 없는 충동에 사로잡혀 어떤 행동을 수행하게 될 것이다. 이 충동은 최면에 걸린 사람의 경우보다 집단의 경우에 더 격렬하다. 집단을 이루는 모든 개인에게 똑같은 암시가 주어지면, 상승 작용이 일어나 암시의 강도가 더욱 높아지기 때문이다.

따라서 집단을 이루는 개인에게서는 의식적인 개성이 사라지고 무의식적인 개성이 우위를 차지하며, 암시와 전염으로 말미암아 감정과 사고가 집단의 다른 구성원들과 같은 방향으로 기울어지고, 암시된 생각을 즉각 행동으로 옮기는 경향이 나타난다. 이것이 집단을 이루는 개인의 주요 특징이다. 그는 더 이상 그 자신이 아니라, 의지를 상실한 자동 인형이 되어 버린다.

이 단락을 길게 인용한 것은, 르 봉이 집단 속의 개인이 놓인 상태와 최면 상태를 단순히 비교하는 것이 아니라 집단 속의 개인이 실제로 최면 상태에 놓인 것으로 서술한다는 점을 분명히 하기 위해서이다. 나는 이 점에 대해 반론을 제기할 의도는 전혀 없다. 다만 개인이 집단 속에서 변하는 세 가지 원인 중 마지막 두 가지 원인(전염과 피암시성)은 분명 동등하지 않다는 사실을 강조하고 싶을 뿐이다. 전염은 사실상 피암시성의 표출에 불과한 것처럼 보이기 때문이다. 게다가 르 봉의 서술에서는 두 요인의 작용이 뚜렷이 구별되어 있지 않은 것 같다. 전염을 집단 속의 개인들이 서로에게 미치는 영향과 관련 지어 생각하고, 암시의 표출 ── 르 봉은 이것을 최면술에서 나타나는 현상과 비슷한 것으로 본다 ─ 에 대해서는 다른 원인을 지적하면, 르 봉의 말을 가장 잘 해석하는 결과가 될 것이다. 그러면 어떤 원인을 지적할 수 있을까? 르 봉의 서술에는 비교의 주요 요소 중 하나, 즉 집단의 경우에 최면술사의 역할을 맡는 사람이 언급되어 있지 않다는 점에 주목하면, 무언가가 빠져 있다는 느낌을 갖지 않을 수 없다. 그러나 르 봉은 여전히 모호한 상태로 남아 있는 이 〈홀림〉의 영향과 집단 속의 개인들이 서로에게 영향을 미쳐 원래의 암시에 상승 작용을 일으키는 전염 효과를 구별한다.

다음은 우리가 집단 속의 개인을 좀 더 잘 이해할 수 있도록 도와주는 또 하나의 중요한 고려 사항이다.

게다가 개인은 조직화한 집단의 일부를 이룬다는 이유만으로 문명의 사다리를 몇 단이나 내려온다. 고립된 상태에서는 교양 있는 사람이 집단 속에 들어가면 야만인 ─ 본능에 따라 행동하는 동물적 존재 ─ 이 된다. 그는 자발성과 난폭함, 잔인성, 그리고 원시인의 열광적 확신과 영웅주의를 갖게 된다.

이어서 르 봉은 개인이 집단 속에 흡수되면 지적 능력도 떨어진다는 점을 특히 강조한다.[7]

개인을 떠나, 르 봉이 말한 집단 심리로 관심을 돌려보자. 집단 심리가 보여 주는 특징 중 정신분석학자가 확인하거나 추론하는 데 어려움을 겪을 만한 것은 하나도 없다. 르 봉은 원시인과 어린

---

7 실러 F. Schiller의 다음과 같은 2행 시를 참조할 것 ─ 원주. 〈어떤 사람이든 혼자 있을 때 보면 상당히 현명하고 통찰력이 있지만, / 집단 속에 들어가면 당장 바보가 되어 버린다 *Jeder, sieht man ihn einzeln, ist leidlich klug und verständig; / Sind sie in corpore, gleich wird euch ein Dummkopf daraus.*〉

이의 정신생활과 집단 심리의 유사점을 지적하여, 우리에게 이해의 길을 보여 준다.

집단은 충동적이고 변덕스럽고 성급하다. 집단은 거의 전적으로 무의식의 지배를 받는다.[8] 집단을 지배하는 충동은 상황에 따라 고상할 수도 있고 잔혹할 수도 있으며, 영웅적일 수도 있고 비겁할 수도 있지만, 어떤 경우든 긴박하고 전제적이기 때문에, 개인은 자신의 개인적 이익만이 아니라 자기 보존 본능조차도 느낄 수 없다. 집단에는 계획적인 면이 전혀 없다. 집단은 무언가를 열정적으로 바랄 수는 있지만 끈기를 발휘할 수 없기 때문에, 열정적인 욕망은 결코 오래 지속되지 않는다. 집단은 무언가를 바라면 그 욕망을 당장 성취해야 하고, 욕망이 이루어질 때까지 시간이 걸리는 것을 참지 못한다. 집단은 자신이 전능하다는 의식을 가지고 있다. 집단 속의 개인에게는 불가능이라는 개념이 존재하지 않는다.[9]

집단은 무엇이든 쉽게 믿으며, 영향도 쉽게 받는다. 비판력은 전혀 없고, 아무리 있을 법하지 않은 일도 사실로 믿어 버린다. 집단은 이미지로 생각한다. 이미지는 연상 작용으로 또 다른 이미지를 불러일으키고(마치 개인이 자유 연상을 할 때 이미지가 잇달아 떠오르는 것처럼), 이미지와 현실이 일치하는가를 이성의 작용으로 검증하는 경우는 결코 없다. 집단의 감정은 단순하기 이를 데 없고, 지극히 과장되어 있다. 따라서 집단은 의심할 줄도 망설일 줄도 모른다.[10]

8 〈무의식〉이라는 용어는 서술적인 의미에서는 〈억압된 의식〉만을 의미하지는 않는다. 여기서 르 봉은 이 낱말을 서술적인 의미로 사용한다 — 원주.

9 「토템과 터부」제3장을 참조할 것 — 원주.

10 우리가 무의식적 정신생활에 대해 가장 잘 알 수 있는 방법은 꿈을 해석하는 것이다. 꿈을 해석할 때는 꿈 이야기에 포함되어 있는 의심스럽고 불명확한 점을 무시

집단은 곧장 극단으로 치닫는다. 의심이 표현된다고 해도 그것은 당장 명백한 확신으로 바뀌고, 약간의 반감도 격렬한 증오로 바뀐다.[11]

집단은 그 자체가 극단으로 치닫는 경향이 있기 때문에, 집단을 흥분시키려면 자극도 극단적이어야 한다. 집단에 영향을 주고 싶은 사람은 자신의 주장을 논리적으로 조정할 필요는 전혀 없지만, 자신의 주장을 힘찬 색깔로 채색하고 뭐든지 과장해서 말하고 똑같은 말을 여러 번 되풀이해야 한다.

집단은 무엇이 사실이고 무엇이 잘못인가를 전혀 의심하지 않을뿐더러 자신의 막강한 힘을 의식하기 때문에, 너그럽지 못하고 편협하며 권위에 순종적이다. 집단은 힘을 존경하며, 친절함에는 거의 영향을 받지 않는다. 집단은 친절함을 나약함의 한 형태로 간주할 뿐이다. 집단이 영웅들에게 요구하는 것은 강한 힘이고, 심지어는 폭력을 요구하기까지 한다. 집단은 지배당하고 억압당하기를 원하며, 집단의 우두머리들을 두려워하고 싶어 한다. 집단은 기본적으로 철저히 보수적이어서, 모든 혁신과 진보에 대해서는 깊은 반감을 품고 전통에 대해서는 무한한 경외심을 품는다.

하고, 의식에 나타난 꿈의 모든 요소를 지극히 확실한 것으로 취급하는 기술적 규칙을 채택한다. 우리는 의심과 불명확함을 꿈이 당하는 검열의 영향 탓으로 돌리고, 비판 과정을 거치지 않은 최초의 꿈은 의심과 불명확함을 모르는 것으로 간주한다. 물론 꿈은 다른 모든 것과 마찬가지로 하루의 잔재 속에 들어 있는 내용물의 일부로 나타날 수도 있다(『꿈의 해석』 참조) ─ 원주.

11 모든 감정을 그처럼 극단적으로 강화하는 것은 어린이의 감정이 보여 주는 특징이기도 하다. 이런 현상은 꿈에도 나타난다. 무의식에서는 하나의 감정을 고립시키기 때문에, 낮에 느낀 사소한 괴로움도 꿈에서는 자기를 괴롭힌 사람의 죽음을 바라는 원망으로 표현되고, 약간의 유혹이 꿈에서는 생생한 범죄 행위로 묘사될 수 있다. 한스 작스Hans Sachs 박사는 이 점에 대해 적절한 견해를 밝혔다. 꿈이 현재(실제) 상황에 대해 말해 준 것을 우리가 의식 속에서 찾아보면, 분석이라는 확대경 속에서 본 괴물이 사실은 작은 섬모충으로 밝혀진다고 해도 놀라서는 안 된다(『꿈의 해석』) ─ 원주.

집단의 윤리를 정확히 판단하기 위해서는, 개인이 모여서 집단을 이루면 개인의 윤리적 억제는 약해지고 개인 속에 원시 시대의 유물로 잠들어 있던 잔인하고 야비하고 파괴적인 본능이 깨어난다는 사실을 고려해야 한다. 집단 속의 개인은 눈을 뜬 원시적 본능을 마음껏 충족시키려고 애쓴다. 하지만 암시의 영향을 받으면 집단도 욕망을 자제하고 이기심을 버리고 이상에 헌신할 수 있다. 고립된 개인의 경우에는 개인적 이익이 거의 유일한 동인(動因)이지만, 집단의 경우에는 개인적 이익이 두드러지는 경우가 드물다. 집단은 개인의 도덕 기준을 더 높이 끌어올린다고 말할 수도 있다. 집단의 지적 능력은 개인의 지적 능력보다 항상 낮지만, 집단의 윤리적 행동은 개인의 윤리보다 훨씬 낮게 떨어질 수도 있는 반면 개인의 윤리보다 더 높이 올라갈 수도 있다.

그 밖에 르 봉이 설명한 몇 가지 특징은 집단과 원시적 종족의 정신적 경향을 동일시하는 것이 얼마나 정당한가를 분명히 보여준다. 집단에서는 서로 모순되는 생각이 나란히 공존하면서 서로를 용납할 수 있고, 둘 사이의 논리적 모순은 어떤 갈등도 일으키지 않는다. 그러나 정신분석학이 오래전부터 지적했듯이, 이것은 개인 — 어린이와 신경증 환자 — 의 무의식적인 정신생활도 마찬가지이다.[12]

12 예를 들어 어린이들의 마음속에는 근친에 대해 상반된 감정이 오랫동안 나란히 존재하지만, 하나의 감정이 그와 반대되는 다른 감정의 표출을 방해하지는 않는다. 결국 두 가지 감정 사이에 갈등이 일어난다고 해도, 어린이는 대상을 바꾸는 방법으로 그 갈등을 해소하는 경우가 많다. 다시 말해서 상반된 감정 중 하나를 다른 대상에게 돌리는 것이다. 어른의 신경증이 발전하는 과정도 억압된 감정이 무의식적이거나 의식적인 공상 속에 오랫동안 남아 있는 경우가 많다는 것을 보여 준다. 그 공상의 내용은 당연히 우세한 경향과는 반대되는 방향으로 나아가지만, 이 대립이 거부한 자아는 대립에 대해 어떤 행동도 일으키지 않는다. 공상은 아주 오랫동안 용인되다가, 어느 날 갑자기 — 대개는 공상의 감정적 리비도 집중이 늘어난 결과로 — 공상과 자아 사이에 갈등이 일어나 흔히 볼 수 있는 온갖 결과를 낳는다. 어린이가 어른으로 발달하

또한 집단은 말[語]이 갖는 마술적 힘에 굴복한다. 말은 집단 심리에 강력한 태풍을 불러일으킬 수 있고, 그 태풍을 가라앉힐 수도 있다. 〈이성과 논증은 어떤 말과 공식에 저항할 수 없다. 집단 앞에서 엄숙하게 어떤 말을 하면, 그 순간 모든 사람이 존경하는 표정을 지으며 고개를 숙인다. 많은 사람은 말을 자연력이나 초자연력으로 생각한다.〉 이 점에 관해서는 원시적 종족이 이름에 대해 갖고 있는 터부와 그들이 이름과 말에 부여하는 마술적 힘을 기억하기만 하면 충분하다.13

끝으로 집단은 결코 진실에 목마른 적이 없다. 집단은 환상을 요구하고, 환상 없이는 견디지 못한다. 집단은 항상 현실적인 것보다 비현실적인 것에 우선권을 주고, 진실만이 아니라 허위에도 강한 영향을 받는다. 집단은 진실과 허위를 구별하지 않는 경향이 뚜렷하다.

우리가 이미 지적했듯이 공상에 잠기는 생활과 충족되지 않은 욕망에서 생겨난 환상이 이처럼 우위를 차지하는 것은 신경증의 심리 상태를 이루는 주된 요소이다. 신경증 환자의 길잡이 구실을 하는 것은 일상적인 객관적 현실이 아니라 심리적 현실die psychische Realität이라는 사실도 우리는 알아냈다. 히스테리 증세는 실제 경험의 반복이 아니라 환상에 바탕을 두며, 강박증적 죄책감은 나쁜 의도를 실천에 옮기지는 않았지만 나쁜 마음을 먹었

는 과정에서는 개성이 점점 광범위하게 통합되면서, 서로 독립하여 발달한 별개의 본능과 단호한 경향들이 조정 과정을 거쳐 조화롭게 통합된다. 성생활의 영역에서 일어나는 이런 과정은 오래전부터 모든 성 본능이 최종적인 생식기 단계로 통합되는 일원화 과정으로 알려져 있다(「성욕에 관한 세 편의 에세이」). 게다가 자아의 통합이 리비도의 통합과 똑같은 방해를 받기 쉽다는 사실은 우리에게 친숙한 수많은 사례가 분명히 보여 준다. 성서에 대한 믿음을 고수해 온 과학자들이 그 좋은 예이다. 통합된 자아가 나중에 다시 분열할 수 있는 여러 가지 방법은 정신 병리학의 특별한 부분을 이룬다 ─ 원주.

13 「토템과 터부」의 두 번째 에세이를 참조할 것 ─ 원주.

다는 사실 자체에 바탕을 둔다. 꿈이나 최면술의 경우와 마찬가지로 집단의 정신 활동에서는 사물의 진실성을 검증하는 기능이 뒷전으로 물러나고, 그 대신 감정적 리비도 집중[14]을 받은 욕망적 충동이 강하게 대두한다.

집단의 지도자에 대한 르 봉의 설명은 별로 철저하지 못하기 때문에, 그의 설명만으로는 이 문제의 바탕에 깔려 있는 기본 원리를 명확하게 이해할 수 없다. 생물 — 동물이든 인간이든 — 이 모여서 어느 정도의 수에 이르면, 본능적으로 우두머리의 권위에 자신을 내맡긴다고 르 봉은 생각한다. 집단은 우두머리가 없으면 살아갈 수 없는 순종적인 무리이다. 집단은 복종을 갈망하기 때문에, 집단의 우두머리를 자임하는 사람에게 본능적으로 복종한다.

집단과 지도자의 만남에서는 이런 식으로 지도자를 필요로 하는 집단의 요구가 중요한 역할을 하지만, 지도자의 개인적 자질도 집단과 조화를 이루어야 한다. 지도자가 집단의 신념을 일깨우기 위해서는 그 자신이 강한 신념(어떤 사상에 대한 신념)에 홀려 있어야 한다. 지도자는 강인하고 인상적인 의지가 있어야 하며, 그래야만 자신의 의지를 갖지 못한 집단이 지도자한테서 그 의지를 나누어 받을 수 있다. 이어서 르 봉은 다른 유형의 지도자들과 그들이 집단에 작용하는 방법을 논한다. 대체로 르 봉은 지도자들이 광신하고 있는 사상을 통해 집단에 작용한다고 믿는다.

또한 르 봉은 지도자만이 아니라 지도자가 광신하고 있는 사상에 대해서도 불가사의하고 저항할 수 없는 힘을 부여하고, 그것을 〈위신Prestige〉이라고 부른다. 위신은 개인이나 작품이나 이념이 우리에게 발휘하는 일종의 지배력이다. 이것은 우리의 비판력

---

14 리비도가 어떤 특정한 대상(사람, 물건, 관념)에 집중하여 발현되는 것.

을 마비시키고, 우리의 마음을 경탄과 존경으로 채운다. 위신은
최면술에서의 〈홀림〉과 비슷한 느낌을 불러일으키는 것 같다. 르
봉은 인위적인 위신과 개인적인 위신을 구별한다. 전자의 경우
사람은 가문이나 재산이나 명성 덕택에 위신을 얻고, 사상이나
예술 작품 따위는 전통 덕택에 위신을 얻는다. 어느 경우든 이 위
신은 과거로 거슬러 올라가기 때문에, 우리가 이 수수께끼 같은
영향력을 이해하는 데에는 별로 도움을 주지 못한다. 개인적인
위신은 소수의 사람만이 가지고 있다. 이들은 이 위신을 통해 지
도자가 되고, 그들이 발휘하는 위신은 마치 사람의 마음을 끌어
당기는 마법의 작용처럼 모든 사람을 복종시키는 효과가 있다.
그러나 모든 위신은 성공에 의존하고 있으며, 실패하면 사라져
버린다.

르 봉은 집단 심리를 탁월하게 묘사했지만, 지도자의 역할과
위신의 중요성을 그 묘사와 조화시키는 데 성공했다는 인상은 주
지 않는다.

3. 집단적 정신생활에 관한 다른 설명들

우리가 르 봉의 서술을 서론으로 삼은 까닭은 그것이 무의식적
정신생활을 강조한다는 점에서 우리의 심리학과 잘 어울리기 때
문이다. 그러나 이제 우리는 르 봉의 주장이 실제로는 새로운 점
을 전혀 제시하지 못했다는 사실을 지적해야 한다. 그가 집단 심
리의 표출에서 나타나는 손상과 가치 저하에 대해 말한 것은 모
두 그 이전에 이미 다른 사람들이 그 못지않게 적대적으로 또한
분명히 말한 것들이고, 이 분야에 관한 문헌이 처음 나온 때부터
사상가와 정치가와 작가 들이 이구동성으로 되풀이해 온 것들이

다.[15] 그리고 르 봉의 견해에서 가장 중요한 두 가지 명제, 즉 집단에서는 지적 기능이 집단적으로 억제된다는 명제와 집단에서는 감정이 고양된다는 명제는 그 직전에 시겔레S. Sighele가 이미 공식화한 것들이다.[16] 따라서 르 봉의 독특한 명제로 남는 것은 사실상 무의식이라는 개념과 그것을 원시적 종족의 정신생활과 비교한다는 관점뿐이지만, 실은 이 두 가지 생각도 그 이전에 자주 언급된 것들이다.

게다가 집단 심리에 관한 르 봉과 여타 저자들의 서술과 평가가 논란의 여지가 없었던 것은 결코 아니다. 앞에서 언급한 집단 심리의 현상들이 정확히 관찰된 것은 분명하지만, 집단 형성의 다른 징후들을 식별할 수도 있다. 이 징후들은 앞서 말한 것과는 정반대의 의미로 작용하기 때문에, 필연적으로 집단 심리에 대해 훨씬 높은 평가를 낳을 수밖에 없다.

르 봉 자신은 어떤 상황에서는 집단의 도덕이 그 집단 구성원들의 도덕보다 고결할 수 있으며, 오직 공동체만이 이기심을 버리고 전체의 이익을 위해 헌신할 수 있다는 점을 인정할 준비가 되어 있었다. 〈고립된 개인의 경우에는 개인적 이익이 거의 유일한 동인이지만, 집단의 경우에는 개인적 이익이 두드러지는 경우가 드물다〉(르 봉, 『집단 심리학』). 다른 저자들은 오직 사회만이 개인의 윤리적 기준을 규정하지만 개인은 이런저런 점에서 사회의 높은 요구에 미치지 못한다는 사실을 제시한다. 또한 예외적인 상황에서는 공동체에서 무언가에 열중하는 현상이 일어나 훌륭한 집단적 성취를 이룩할 수 있다는 점을 지적하기도 한다.

15   크라슈코비치C. B. Kraškovič의 『집단 심리학Die Psychologie der Kollektivitäten』(1915), 특히 문헌 목록을 참조할 것 — 원주.
16   발터 뫼데Walter Moede의 논문 「집단 및 사회 심리학의 비판적 개관Die Massen- und Sozialpsychologie im kritischen Überblick」(1915)을 참조할 것 — 원주.

지적인 작업에 관한 한 사상과 획기적인 발견 및 문제 해결의 영역에서 중대한 결단을 내릴 수 있는 것은 사실상 혼자 일하는 개인뿐이다. 그러나 집단 심리도 지성의 영역에서 창조력을 발휘할 수 있다. 무엇보다도 먼저 언어 자체가 이를 입증하며, 그 밖에 민요와 민담 따위도 집단의 창조력을 보여 준다. 게다가 개개의 사상가나 작가가 자신이 속해 있는 집단의 자극에 얼마나 많은 신세를 지고 있는지, 사상가나 작가는 다른 사람들이 동시에 참여한 정신적 작업을 마무리하는 데 불과한 것은 아닌지는 여전히 숙제로 남아 있다.

완전히 모순되는 이런 설명을 들으면, 집단 심리학의 노력은 애초부터 헛수고로 끝날 운명이었던 것처럼 보인다. 그러나 이 진퇴양난에서 벗어날 수 있는 유망한 탈출구는 쉽게 찾을 수 있다. 전혀 다른 수많은 조직이 〈집단〉이라는 용어로 통합되었을 것이고, 따라서 그것들을 좀 더 세밀하게 분류할 필요가 있을지도 모른다. 시겔레와 르 봉 및 그 밖의 저자들은 다양한 부류의 개인들이 일시적 관심에 따라 서둘러 집합한 일시적 성격의 집단에 대해 말한다. 혁명적 집단, 특히 프랑스 대혁명에 참여한 집단의 성격이 그들의 서술에 영향을 미친 것이 분명하다. 반대 의견은 사회 제도 속에 통합되어 있는 안정된 집단이나 조직에 대한 고찰에 기원을 둔다. 인간은 이런 집단이나 조직 속에서 일생을 보낸다. 첫 번째 부류에 속하는 집단과 두 번째 부류에 속하는 집단의 관계는 높은 삼각파도와 잔잔한 여파의 관계와 같다.

맥두걸[17]은 『집단 심리The Group Mind』의 첫머리에서 방금 언

---

17 윌리엄 맥두걸William McDougall(1871~1938). 영국의 사회 심리학자. 사회 현상에서도 본능의 의의를 중요시하고, 이것에 기초를 둔 집단 심리 연구에 영향을 주었다.

급한 모순을 이야기하고, 그 해결책을 조직이라는 요소에서 찾는다. 가장 단순한 〈집단〉은 조직을 전혀 가지고 있지 않거나, 가지고 있다고 해도 그것은 조직이라고 부를 만한 가치가 거의 없다는 것이다. 그는 이런 부류의 집단을 〈군중crowd〉이라고 부른다. 그러나 인간이 모여서 군중을 이루면 어쨌든 조직의 싹을 갖게 마련이고, 집단 심리학의 몇 가지 기본적인 사실은 바로 이런 단순한 집단 속에서 유난히 쉽게 관찰할 수 있다는 점을 맥두걸은 인정한다. 무작정 모인 군중의 구성원들이 심리학적 집단을 이룰 수 있으려면 우선 한 가지 조건이 충족되어야 한다. 바로 이 개인들이 무엇인가 공통점을 가지고 있어야 한다는 것이다. 예를 들면 어떤 대상에 대해 공통된 관심을 품고 있다거나, 어떤 상황에서 느끼는 감정이 서로 비슷한 경향을 보인다거나, (나는 여기에 〈그 결과〉라는 어구를 끼워 넣고 싶다) 서로에 대해 어느 정도의 영향력을 발휘해야 한다. 〈이 정신적 동질성this mental homogeneity〉의 정도가 높아질수록 개인들은 더욱 쉽게 심리학적 집단을 이루고, 집단 심리의 징후는 더욱 뚜렷해진다.

집단 형성이 낳는 결과 가운데 가장 현저하고 가장 중요한 것은 그 집단의 구성원들에게 일어나는 〈감정의 고양이나 강화 exaltation or intensification of emotion〉이다. 맥두걸의 견해에 따르면 집단 속에서는 사람의 감정이 다른 상황에서는 거의 또는 전혀 도달할 수 없는 정도까지 흥분한다고 한다. 자신의 열정에 스스럼없이 몸을 내맡기고, 그리하여 집단 속에 녹아 들어가 개체로서의 존재가 갖는 한계를 의식하지 않게 되는 것은 당사자한테는 매우 유쾌한 경험이다. 이처럼 공통된 충동이 개인들을 흥분시키는 방식을 맥두걸은 〈원시적 공감 반응에 따른 감정의 직접 감응의 원리principle of direct induction of emotion by way of the primitive *sympathetic response*〉로 설명한다. 쉬운 말로 표현하면, 이것은 우리가 이미 잘 알고 있는 감정의 전염이다. 요컨대 감정 상태를 나타내는 징후는 그것을 감지하는 사람에게도 자동적으로 똑같은 감정을 불러일으키는 것으로 여겨진다. 똑같은 감정을 동시에 드러내는 사람의 수가 많을수록 이 자동적인 충동도 강해진다. 개인은 자신의 비판력을 상실하고 타인들과 똑같은 감정 속으로 몰입하게 된다. 그렇게 함으로써 그는 이런 결과를 초래한 타인들의 흥분을 더욱 고조시키고, 그리하여 개인의 감정적 흥분은 상호 감응으로 점점 강해진다. 여기에는 남들과 똑같이 해야 한다는 충동, 많은 사람과 조화를 이루어야 한다는 충동 같은 것이 작용하는 것이 분명하다. 감정적 충동이 노골적이고 단순할수록 이런 식으로 집단 전체에 퍼져 가기가 더욱 쉬워진다.

감정이 고양되는 이 메커니즘은 그 밖에도 집단이 발휘하는 몇 가지 영향력의 도움을 받는다. 집단은 개인에게 무한한 힘을 발휘하는 존재, 도저히 이겨 낼 수 없는 위험한 존재라는 인상을 준다. 집단은 잠시나마 인간 사회 전체를 대신한다. 그 사회는 권력을 휘두르는 권력자이고, 개인은 사회의 처벌을 두려워하며 사회를 위해 그토록 많은 금지를 감수해 왔다. 집단이 인간 사회를 대신하면, 개인이 거기에 저항하는 것은 분명 위험하고, 주위 사람들의 본보기를 따르는 편이 더 안전할 것이다. 어쩌면 〈사냥개 무리와 함께 사냥하는〉 것이 안전할지도 모른다. 새로운 권위에 복종하면 개인은 과거의 〈양심〉이 활동하지 못하게 할 수도 있고, 그리하여 억제가 사라지면 틀림없이 얻을 수 있는 쾌감의 유혹에 몸을 내맡겨도 좋다. 따라서 집단 속의 개인이 정상적인 생활 조건에서는 절대로 하지 않았을 행동을 하거나 그런 행동에 동조하는 것은 그다지 놀라운 일이 아니다. 〈암시〉라는 수수께끼 같은 말 뒤에 자주 숨어 버리는 애매한 상태도 이런 식으로 조금은 해명되기를 기대할 수 있을지 모른다.

집단 속에서는 지성이 집단적으로 억제된다는 명제에는 맥두걸도 반론을 제기하지 않는다. 낮은 지성을 가진 사람들은 높은 지성을 가진 사람들을 자기네 수준으로 끌어내린다고 맥두걸은 말한다. 더 높은 지성은 활동에 방해를 받는다. 대체로 감정의 강화는 건전한 지적 활동에 불리한 조건을 만들어 내고, 개인은 집단의 위협에 겁을 먹은 나머지 정신 활동이 자유롭지 못하게 되고, 자기 행동에 대한 개인적 책임감도 약해지기 때문이다.

〈조직화하지 않은〉 단순한 집단의 심리적 태도에 대해 맥두걸이 내린 최종 판결은 르 봉의 판결과 마찬가지로 호의적이 아니다. 그런 집단은 〈지나치게 감정적이고, 충동적이고, 난폭하고, 변덕스럽고, 불안정하고, 일관성이 없고, 우유부단하고, 행동이 극단적이고, 거친 정열과 단순한 감정만 드러내고, 암시에 걸리기 쉽고, 신중하지 못하고, 성급하게 판단을 내리고, 간단하고 불완전한 추론밖에는 하지 못하고, 어떤 방향으로 쉽게 기울어지거나 이끌리고, 자의식이 모자라고, 자존심과 책임감이 없고, 힘을 의식하여 쉽게 흥분하고, 그리하여 무책임한 절대 권력이 보여 줄 수 있는 모든 비행을 내보이는 경향이 있다. 따라서 그런 집단의 행동은 평균적 구성원의 행동과 비슷하다고 하기보다는 오히려 제멋대로 날뛰는 개구쟁이 어린아이나 정식 교육을 받지 않은 격정적 야만인이 낯선 상황에 놓였을 때의 행동과 비슷하다. 최악의 경우에는 인간의 행동이라기보다는 오히려 야수의 행동과 비슷하다.〉

맥두걸은 고도로 조직화한 집단의 행동과 방금 묘사한 집단의 행동을 대비하기 때문에, 이 조직의 본질은 어디에 있고 어떤 요인으로 형성되는가를 아는 데 특별한 관심을 갖는 것은 당연하다. 맥두걸은 집단의 정신 활동을 좀 더 높은 수준으로 끌어올리는 데 필요한 다섯 가지 〈주요 조건〉을 열거한다.

첫 번째 조건은 기본적인 것으로, 집단이 어느 정도의 지속성을 가지고 일정 기간 존속해야 한다는 것이다. 이 지속성은 실질적일 수도 있고 형식적일 수도 있다. 동일한 개인들이 얼마 동안 집단 속에 남아 있다면 그것은 실질적인 지속이고, 집단 내부에 고정된 지위 체계가 생겨나 개인들이 서로 교대하면서 연속적으로 그 지위를 차지한다면 그것은 형식적인 지속이다.

두 번째 조건은 집단 구성원들이 저마다 집단 전체와 감정적 관계를 맺을 수 있도록 집단의 본질과 구성, 역할, 기능에 대해 명확한 개념을 형성해야 한다는 것이다.

세 번째 조건은 서로 비슷하지만 많은 점에서 차이가 있는 집단들이 상호 작용(경쟁이라는 형태로)을 해야 한다는 것이다.

네 번째 조건은 집단이 전통과 관습 및 관례를 가져야 한다는 것이다. 특히 구성원들의 상호 관계를 규정하는 전통과 관습 및 관례는 꼭 필요하다.

다섯 번째 조건은 집단이 명확한 체계를 갖추고 있어야 한다는 것이다. 이 체계는 구성원들의 기능을 전문화하고 차별화하는 형태로 나타난다.

이 다섯 가지 조건이 충족되면 집단 형성이 정신에 미치는 불리한 영향은 제거된다는 것이 맥두걸의 주장이다. 지적인 작업을 집단에 맡기지 말고 집단 구성원인 개인에게 수행하도록 맡겨 두면, 지적 능력의 집단적 저하는 피할 수 있다.

맥두걸이 집단의 〈조직화〉라고 부르는 조건은 다른 방식으로 서술하는 것이 좀 더 타당한 것으로 여겨진다. 문제는 집단 형성 때문에 개인에게서 사라져 버린 바로 그 특징을 집단에 부여하는 방법에 있다. 개인은 원시적 집단 밖에서는 자신의 지속성과 자의식, 자신의 전통과 관습, 자신의 특수한 역할과 지위를 가지고 있었고 경쟁자들한테서 멀찌감치 떨어져 있었기 때문이다. 그런데 〈조직화하지 않은〉 집단에 들어가는 바람에 한동안 이 특징을 잃어버렸다. 개인의 특성을 집단에 부여하는 것이 우리의 목적임을 인정한다면, 트로터의 귀중한 의견[18]을 상기해야 할 것이다. 집단을 형성하는 경향은 수많은 세포로 이루어진 모든 고등 생물의 특성이 생물학적으로 연장된 것이라고 트로터는 말했다.[19]

4. 암시와 리비도

집단 속의 개인은 집단의 영향을 받아 정신 활동에 심각한 변화를 일으키는 경우가 많다는 기본적인 사실이 우리 논의의 출발점이었다. 감정의 영향을 받기 쉬운 경향은 엄청나게 강해지는 반면, 지적 능력은 현저하게 저하된다. 이 두 가지 과정은 분명 집단 속의 다른 개인들과 근접하는 방향으로 나아간다. 집단 속의 개인이 이런 결과에 도달할 수 있으려면, 그 특유의 본능에 대한 억제를 풀고 그의 고유한 성향이 그대로 드러나는 것을 감수해야 한다. 이런 결과는 달갑지 않은 경우가 많다. 우리는 집단의 〈조직화〉를 통해 달갑지 않은 이런 결과를 적어도 어느 정도는 막을 수

18 『평화 시와 전쟁 시의 군거 본능Instincts of the Herd in Peace and War』(1916) — 원주. 윌프레드 트로터Wilfred Trotter(1872~1939). 영국의 의사, 사회학자. 인간의 행동을 군거 본능의 관점에서 고찰하여 사회 심리학의 발전에 이바지했다.

19 (1923년에 추가된 주) 여기에 대한 한스 켈젠Hans Kelsen(1922)의 비평은 다른 점에서는 이해력 있고 날카롭지만, 집단 심리에 이런 종류의 조직을 부여하는 것이 집단 심리의 실체화를 의미한다는, 즉 집단 심리에 개인의 정신적 과정과 같은 독립성을 부여하는 것을 의미한다는 주장에는 동의할 수 없다 — 원주.

있다는 말을 들었다. 그러나 이것은 집단 심리학의 기본적인 사실 — 원시적 집단에서 일어나는 감정의 강화와 지성의 억제에 관한 두 가지 명제 — 을 부인하지는 않는다. 이제 우리의 관심은 집단 속에서 개인이 경험하는 이 정신적 변화에 대한 심리학적 설명을 찾아내는 일로 향하게 된다.

합리적 요인들(예를 들면 앞에서도 언급했듯이 개인이 집단의 위협에 겁을 먹고 자기 보존 본능을 발동시키는 것)이 실제로 관찰할 수 있는 현상을 모두 설명해 주지 않는 것은 분명하다. 그 밖에 사회학과 집단 심리학의 권위자들이 우리에게 제공하는 설명은 다양한 이름을 가지고 있지만, 그 실체는 늘 똑같다. 그것은 바로 〈암시suggestion〉라는 마술적인 낱말이다. 타르드[20]는 이것을 〈모방〉이라고 부르지만, 우리는 모방이 암시의 개념에 포함되며 사실상 암시의 결과라고 항의하는 어느 저자의 말에 동의하지 않을 수 없다.[21] 르 봉은 사회 현상의 특징들 중 아직 풀리지 않은 수수께끼로 남아 있는 모든 특징을 두 가지 요인 — 개인의 상호 암시와 지도자의 위신 — 탓으로 돌린다. 그러나 위신은 오직 암시를 불러일으키는 능력을 통해서만 우리에게 인식될 수 있다. 맥두걸이 말한 〈감정의 원시적 감응〉 원리는 암시를 전제하지 않고도 정신적 변화의 심리학적 원인을 설명할 수 있을지 모른다는 인상을 준다. 그러나 좀 더 면밀히 고찰해 보면, 이 원리는 감정적 요인을 명확하게 강조한다는 점을 빼고는 〈모방〉이나 〈전염〉에 대한 친숙한 주장을 되풀이하고 있을 뿐이라는 사실을 깨닫게 된

---

20 장 가브리엘 타르드Jean Gabriel Tarde(1843~1904). 프랑스의 사회학자. 『모방의 법칙』(1890)에서 그는 사회가 모방에 의해서만 성립된다고 보았고 사회학을 모방이라는 심리적인 것으로 귀착시켰다.

21 브뤼제유R. Brugeille의 「사회 현상의 본질: 암시L'essence du phénomène social: la suggestion」(1913) — 원주.

다. 우리는 타인에게서 어떤 감정의 징후를 알아차리면 그와 똑같은 감정에 빠지는 경향이 있는 것이 분명하다. 하지만 우리는 그 경향에 저항하고, 감정을 물리치고, 정반대로 반응하는 경우가 많다. 그런데 왜 집단 속에만 들어가면 이 전염에 몸을 내맡기는 것일까? 이 질문에 대해서는 또다시 이렇게 답할 수밖에 없다. 우리를 이런 경향에 복종시키는 것은 모방이고, 우리에게 감정을 불러일으키는 것은 집단의 암시적 영향력이라고. 이것은 접어 두고라도 어쨌든 맥두걸의 논의에서도 우리는 〈암시〉를 피해 갈 수 없다. 다른 저자들과 마찬가지로 맥두걸도 집단을 다른 것과 구별해 주는 뚜렷한 특징은 집단 특유의 피암시성이라고 말한다.

따라서 우리는 암시(좀 더 정확히 말하면 피암시성)가 사실상 다른 형태로 바뀔 수 없는 원초적 현상이며 인간의 정신생활을 이루는 기본적 사실이라는 주장을 듣게 되리라고 각오해야 한다. 1889년 내 눈앞에서 놀라운 기술을 보여 준 베르넴[22]도 같은 의견이었다. 그러나 당시에 나는 전제군주 같은 이 암시의 폭정에 적개심을 느꼈었다. 환자가 좀처럼 최면술에 걸리지 않자, 의사는 이렇게 외쳤다.

「도대체 뭘 하고 있는 거요? 자신한테 반대 암시를 걸다니!」이것을 보고 나는 명백한 권리 침해이고 폭력 행위라고 생각했다. 암시를 통해 자기를 정복하려고 드는 의사에 대해 그 환자는 자신에게 반대 암시를 걸 권리가 있었기 때문이다. 이런 생각을 하면서 나는 오래된 수수께끼[23]를 암송했다.

22　베르넴H. Bernheim은 프랑스 의사로 프로이트는 베르넴한테 최면술을 배웠다.

23　콘라트 리히터Konrad Richter의 「독일의 성 크리스토프 Der deutsche S. Christoph」(1896). *Christophorus Christum, sed Christus sustulit orbem: / Constiterit pedibus dic ubi Christophorus?* — 원주.

크리스토프는 그리스도를, 그리스도는 전 세계를 짊어졌다.

그럼 말해 보라, 크리스토프는 그때 어디에 발을 딛고 있었을까?

나는 약 30년 동안 암시의 수수께끼에서 멀어져 있다가, 이제 다시 그 수수께끼에 다가가고 있다. 내가 보기에 그동안 상황은 전혀 달라지지 않았다. (여기에는 한 가지 예외가 있는데, 그 예외는 바로 정신분석학의 영향을 입증해 준다.) 암시의 개념을 정확히 체계화하여 그 명칭의 관용법을 고정시키려는 특별한 노력이 이루어지고 있다.[24] 그리고 이것은 결코 쓸데없는 노력이 아니다. 암시라는 낱말은 쓰임새가 점점 넓어지고, 의미가 점점 모호해지고 있기 때문이다. 이런 추세로 나가면, 영어의 경우처럼 독일어의 〈암시〉도 이제 곧 모든 종류의 영향력을 나타내는 낱말이 될 것이다. 영어에서 〈암시하다suggest〉와 〈암시suggestion〉는 독일어의 〈권하다nahelegen〉와 〈자극anregung〉에 해당하는 낱말이다. 그러나 이처럼 암시의 쓰임새가 넓어지고 있는데도 암시의 본질 — 즉 충분한 논리적 근거도 없이 영향을 주고받는 일이 일어나는 상태 — 에 대한 설명은 지금까지 전혀 이루어지지 않았다. 나는 지난 30년 동안의 문헌을 분석하여 이 주장을 뒷받침하는 일을 회피할 생각은 전혀 없지만, 바로 이 일을 해내기 위한 철저한 조사가 내 주위에서 추진되고 있다는 것을 알기 때문에 여기서는 그만두기로 한다.[25]

그 대신 신경증 연구에 큰 도움을 준 〈리비도*Libido*〉라는 개념

---

24 예를 들면 맥두걸의 「암시에 관한 노트A Note on Suggestion」(『신경병학과 정신 병리학』 제1권 제1호, 1920) — 원주.

25 (1925년에 추가된 각주) 이 일은 불행히도 실현되지 않았다 — 원주.

을 이용하여 집단 심리학을 해명하도록 애써 볼 작정이다.

리비도는 감정 이론에서 유래한 낱말이다. 우리는 〈사랑〉이라는 낱말 속에 포함될 수 있는 모든 것과 관련된 본능들의 에너지를 리비도라고 부르는데, 그 에너지는 양적으로 방대한 규모에 이르는 것으로(현재로서는 그 양을 실제로 측정할 수는 없지만) 여겨진다. 사랑이라는 낱말이 의미하는 바의 핵심은 물론 성적 결합을 목적으로 삼는 성애(性愛)이다(사람들이 흔히 사랑이라 부르고, 시인들이 노래하는 것도 바로 이것이다). 그러나 이것 ― 어쨌든 〈사랑〉이라는 이름을 공유하고 있는 것 ― 에는 성애만이 아니라 다양한 사랑이 포함되어 있다. 한편으로는 자기애가 있고, 또 한편으로는 부모와 자식에 대한 사랑, 친구에 대한 우정, 보편적 인간애, 구체적인 대상과 추상적인 관념에 대한 헌신이 있지만, 우리는 이런 다양한 사랑을 구별하지 않는다. 이 모든 경향이 동일한 본능적 충동의 표현이라는 정신분석학의 연구 결과는 성애와 그 밖의 사랑을 구별하지 않는 것을 정당화해 준다. 남녀 관계에서는 이 본능이 성적 결합이라는 목적을 향해 나아가지만, 다른 상황에서는 이 목적이 다른 목적으로 방향을 바꾸거나 이 목적에 도달하지 못한다. 그러나 이 본능의 본래적 속성(예를 들면 사랑하는 대상에 접근하고자 하는 갈망이나 자기희생 같은 것)은 그 동일성을 알아볼 수 있을 만큼 충분히 보존된다.

언어가 〈사랑〉이라는 낱말에 수많은 쓰임새를 통합한 것은 지극히 적절하며, 이것을 과학적 논의와 해설의 토대로 삼는 것이 상책이라는 것이 우리의 의견이다. 정신분석학은 이런 결론에 도달함으로써 마치 양식에 어긋나는 혁신 행위라도 저지른 것처럼 맹렬한 분노를 불러일으켰다. 그러나 정신분석학이 사랑을 〈좀 더 넓은〉 의미로 해석한 것은 결코 독창적인 행위가 아니다. 나흐

만존과 피스터가 자세히 밝혔듯이, 철학자 플라톤이 말한 〈에로스Eros〉는 그 기원과 기능 및 성애와의 관계에서 정신분석학이 말하는 사랑의 힘, 즉 리비도와 정확히 일치한다.[26] 그리고 유명한 「고린도 전서」에서 사랑을 무엇보다 찬양한 사도 바울도 역시 사랑을 〈좀 더 넓은〉 의미로 이해하고 있음이 분명하다.[27] 이는 사람들이 입으로는 위대한 사상가들을 존경한다고 말하지만, 그들의 말을 항상 진지하게 받아들이지는 않는다는 사실을 보여 줄 뿐이다.

정신분석학은 이 사랑의 본능들이 지닌 주요한 특징과 그 기원 때문에 그것을 성 본능이라는 이름으로 부른다. 〈교양 있는〉 사람들은 대부분 이 명칭에 모욕감을 느끼고, 정신분석학을 〈범성욕주의Pansexualismus〉라고 비난하여 앙갚음을 했다. 〈섹스〉를 인간성에 굴욕과 창피를 주는 것으로 생각하는 사람은 좀 더 점잖은 〈에로스〉나 〈에로틱〉이라는 낱말을 사용해도 좋다. 나도 처음부터 그렇게 할 수 있었을 테고, 그랬다면 수많은 반대를 모면할 수도 있었을 것이다. 하지만 나는 그러고 싶지 않았다. 소심함 때문에 양보하고 싶지는 않기 때문이다. 그런 식으로 물러서다 보면 결국은 어떻게 될지 아무도 모른다. 처음에는 말에서 양보하지만, 나중에는 내용에서도 조금씩 양보하게 된다. 성을 부끄러워하는 것에 무슨 가치가 있는지, 나는 이해할 수 없다. 〈에로스〉라는 그리스어 낱말은 무례함을 누그러뜨릴 수 있겠지만, 결국 독일어의

26 나흐만존M. Nachmansohn의 「플라톤의 에로스론(論)과 비교한 프로이트의 리비도론(論)Freuds Libidotheorie verglichen mit der Eroslehre Platos」은 『국제 정신분석학지』 제3권(1915)에 실렸고, 피스터O. Pfister의 논문은 『국제 정신분석학지』 제7권(1921)에 실렸다.
27 〈내가 사람의 혀와 천사의 혀를 가지고 말할지라도, 사랑이 없으면 소리 나는 놋쇠나 울리는 꽹과리가 된다.〉(「고린도 전서」 제13장 제1절) — 원주.

〈*Liebe*(사랑)〉를 번역한 것에 불과하다. 기다릴 줄 아는 사람은 양보할 필요도 없다.

그러면 이제 애정 관계(좀 더 중립적인 표현을 사용하면 감정적 유대)가 집단 심리의 본질을 이룬다는 전제에 대해서는 우리의 운이 어떨지 시험해 보자. 권위자들은 그런 관계에 대해 전혀 언급하지 않았다는 사실을 기억하자. 애정 관계에 해당하는 것은 암시라는 병풍 뒤에 숨겨져 있는 것이 분명하다. 우선 문득 떠오르는 두 가지 생각이 우리의 가설을 지지해 준다. 첫째, 집단은 분명히 모종의 힘으로 묶여 있다. 그런데 세상의 모든 것을 결속시키는 에로스의 힘보다 더 훌륭하게 이런 위업을 달성할 수 있는 힘이 어디 있겠는가? 둘째, 개인이 집단 속에서 자신의 개성을 포기하고 다른 구성원들의 암시에 영향을 받는다면, 이것은 개인이 다른 구성원들과 대립하기보다는 그들과 조화를 이루어야 할 필요성을 느끼기 때문이라는 ── 결국 개인은 〈그들을 위해*ihnen zu Liebe*〉[28] 자신의 개성을 버리고 다른 구성원들의 암시에 영향을 받는다는 ── 인상을 준다.

5. 두 개의 인위적인 집단: 교회와 군대

우리는 집단의 형태에 관한 지식을 근거로 다양한 종류의 집단과 그 집단들의 상이한 발달 방향을 구별할 수 있다. 생겨났다가 덧없이 사라지는 집단도 있고, 오랫동안 존속하는 집단도 있다. 동류의 개인들로 이루어진 동질적인 집단도 있고, 이질적인 집단

---

28 이 관용구를 문자 그대로 해석하면 〈그들의 사랑을 위해〉라는 뜻이다. 마지막 세 단락에 표현된 것과 비슷한 사고방식은 거의 같은 무렵에 출판된 프로이트의 「성욕에 관한 세 편의 에세이」 제4판의 머리말에서도 찾아볼 수 있다.

도 있다. 자연 발생적인 집단도 있고, 외부의 힘이 있어야만 통합을 유지할 수 있는 인위적인 집단도 있다. 원시적인 집단도 있고, 명확한 체계를 지닌 고도로 조직화한 집단도 있다. 그러나 나중에 설명할 여러 가지 이유 때문에, 우리는 이 문제를 다룬 저자들이 거의 관심을 기울이지 않은 구별을 특히 강조하고 싶다. 그것은 바로 지도자가 없는 집단과 지도자가 있는 집단의 구별이다. 그리고 통상적인 관행과는 정반대로 우리는 비교적 단순한 집단 형성을 출발점으로 선택하지 않고, 지속적이고 고도로 조직화한 인위적인 집단을 출발점으로 삼으려고 한다. 그런 조직 가운데 가장 흥미로운 것은 신자들의 공동체인 교회와 군인들의 집단인 군대이다.

교회와 군대는 인위적인 집단이다. 다시 말해서 이 집단이 붕괴되는 것을 막고[29] 구조에 변화가 일어나는 것을 억누르려면 어떤 외부의 힘이 필요하다. 일반적으로 이런 집단에 들어가기를 원하느냐 아니냐에 대해 개인의 의사가 고려되거나 개인에게 선택권이 주어지지는 않는다. 집단을 떠나려는 사람은 대개 박해나 처벌을 받고, 그것과 관련된 일정한 조건이 규정되어 있는 것이 보통이다. 이런 집단들이 그런 특별한 안전 장치를 필요로 하는 까닭을 조사하는 것은 우리의 당면 관심사가 아니다. 우리의 관심을 끄는 것은 한 가지 상황뿐이다. 그 상황이란, 다른 경우에는 훨씬 잘 감추어져 있는 사실들을 고도로 조직화한 그런 집단 — 위에서 언급한 방법으로 붕괴가 방지되어 있는 집단 — 에서는 명확하게 관찰할 수 있다는 것이다.

교회(편의상 가톨릭 교회를 보기로 삼고자 한다)와 군대는, 다

---

29 집단에서 〈안정된〉과 〈인위적〉이라는 특성은 서로 일치하거나 적어도 밀접한 관계가 있는 것 같다 — 원주.

른 점에서는 아무리 다르다고 해도 구성원 모두에게 평등한 사랑을 똑같이 베푸는 우두머리 — 가톨릭 교회의 경우에는 그리스도, 군대의 경우에는 사령관 — 가 있다는 환상이 통용된다는 점에서는 똑같다. 모든 것은 이 환상에 달려 있다. 환상이 사라지면, 교회와 군대는 외부의 힘이 도와주지 않는 한 붕괴되고 말 것이다. 그리스도는 이 평등한 사랑을 분명히 이야기했다. 〈너희가 여기 있는 내 형제 중에 지극히 작은 자 하나에게 한 것이 곧 내게 한 것이니라〉(「마태복음」제25장 제40절). 그리스도는 신자 집단의 구성원들에게는 친절한 맏형이다. 그리스도는 신자들의 아버지 대신이다. 개인에 대한 모든 요구는 이 그리스도의 사랑에서 유래한다. 그리스도 앞에서는 만인이 평등하고 만인이 똑같이 그리스도의 사랑을 받는다는 바로 그 이유 때문에 교회에는 민주적 경향이 골고루 퍼져 있다. 기독교 공동체와 가족의 유사성이 강조되고, 신자들이 서로를 그리스도 안에서 형제라고, 즉 그리스도가 베푸는 사랑을 통해 형제가 되었다고 말하는 데에는 근거가 있다. 신자 개개인과 그리스도를 묶어 주는 관계가 신자들을 서로 묶어 주는 관계의 근원인 것은 의심할 여지가 없다. 군대도 마찬가지이다. 사령관은 모든 병사를 똑같이 평등하게 사랑하는 아버지이고, 그런 이유 때문에 병사들은 서로 동지가 된다. 군대는 이런 동지 집단이 여럿 모여 이루어져 있다는 점에서 교회와는 구조적으로 다르다. 말하자면 모든 중대장은 자기가 맡은 중대의 사령관이자 아버지이고, 분대를 지휘하는 하사관들도 마찬가지이다. 교회에도 비슷한 위계 조직이 만들어져 있는 것은 사실이지만, 교회의 위계 조직은 경제적으로[30] 군대와 똑같은 역할을 맡지는 않는다. 인간인 사령관보다는 그리스도가 개인에 대해 더

30 〈여기에 관련된 정신적 힘을 양적으로 분배하는 데 있어서〉라는 뜻.

많은 지식과 관심을 가질 것으로 여겨지기 때문이다.

군대가 리비도적 구조라는 생각에는 조국이나 국가의 영광처럼 군대를 결속시키는 데 중요한 역할을 하는 이념들이 설 자리를 찾을 수 없다는 이유로, 이 생각에 이의를 제기하는 사람도 있을 것이다. 이런 이의 제기는 지극히 당연한 것이지만, 이념으로 뭉친 군대는 그렇게 단순하지 않은 또 다른 집단적 결합의 사례라고 대답할 수밖에 없다. 카이사르나 발렌슈타인Wallenstein이나 나폴레옹 같은 위대한 장군들의 사례는 그런 이념들이 군대의 존속에 불가결한 것은 아니라는 사실을 보여 준다. 지도적 이념이 지도자를 대신할 수 있는 가능성이나 이념과 지도자의 관계에 대해서는 잠시 뒤에 다룰 예정이다. 설령 리비도적 요소가 군대에서 작용하는 유일한 요소가 아닐지라도, 군대의 리비도적 요소를 무시하는 것은 이론적인 결함만이 아니라 실질적인 위험까지 초래하는 듯싶다. 독일의 과학만큼이나 비심리학적이었던 프로이센의 군국주의는 리비도적 요소를 무시한 결과를 〈제1차〉 세계 대전에서 감수해야 했는지도 모른다. 우리가 알다시피 독일 군대를 파괴한 전쟁 신경증은 군대에서 수행하도록 요구받은 역할에 대한 개인의 반항으로 인식되었다. 지멜E. Simmel의 보고서[31]에 따르면 부하들이 상관한테 가혹한 대우를 받는 것이 전쟁 신경증을 일으키는 동기의 맨 윗자리를 차지한다. 이 점에서 리비도의 요구가 중요하다는 것을 좀 더 충분히 인식했다면, 미국 대통령의 14개 조항[32] 같은 허황된 약속을 그렇게 호락호락 믿지는 않았을

---

31 『전쟁 신경증과 〈정신적 외상〉Kriegsneurosen und 'Psychisches Trauma'』(1918) — 원주.

32 1918년 1월 미국의 우드로 윌슨Woodrow Wilson 대통령이 미래의 평화를 지키기 위해 제안한 14개 조항은 크게 수정되기는 했지만, 제1차 세계 대전을 끝낸 휴전 협정과 베르사유 평화 협정의 토대를 이루었다.

테고, 독일 지도자들이 쥐고 있던 훌륭한 병기가 못쓰게 되지도 않았을 것이다.

교회와 군대라는 인위적인 집단에서 개인은 한편으로는 지도자(그리스도나 사령관)와 리비도적 결합으로 묶여 있고, 또 한편으로는 집단의 다른 구성원들과 리비도적 결합으로 묶여 있다는 사실에 주목해야 한다. 이 두 가지 결합이 서로 어떻게 연관되어 있는지, 두 가지 결합은 같은 종류에 속하며 같은 가치를 지니는지, 심리학적으로는 두 가지 결합을 어떻게 설명해야 하는지, 이런 의문들은 앞으로 연구해야 할 과제이다. 그러나 지금도 집단 심리학을 연구한 초기 저자들이 지도자의 중요성을 충분히 인식하지 못한 점을 비난할 수는 있을 것이다. 우리는 이것을 첫 번째 연구 과제로 선택했기 때문에, 그들보다는 유리한 입장에 있다. 우리는 집단 심리학의 주요 현상 ― 집단 속에서 개인이 자유를 잃어버리는 것 ― 을 설명하기 위해 적절한 방법을 택한 듯 보일 것이다. 그처럼 강렬한 감정적 유대가 두 방향에서 집단의 모든 구성원을 묶어 놓고 있다면, 개인의 성격이 달라지고 개성이 제한되는 것을 그런 상황 탓으로 돌리기는 쉬울 것이다.

집단의 본질은 집단 속에 존재하는 리비도적 결합에 있다는 것을 시사하는 단서는 군대 집단에서 가장 잘 연구된 〈공황Panik〉 현상에서도 찾아볼 수 있다. 이런 종류의 집단이 붕괴되면 공황이 일어난다. 공황의 특징은 상관의 어떤 명령에도 더 이상 귀를 기울이지 않고, 모든 개인이 나머지 사람들은 조금도 고려하지 않고 각자 자기 자신만 염려하는 것이다. 집단 구성원들을 서로 묶어 주는 상호 관계는 더 이상 존재하지 않게 되고, 그러면 거대하고 무분별한 공포가 해방된다. 여기에 대해서도 당연히 이의를 제기하는 사람이 있을 것이다. 그것은 오히려 반대로 공포가 너무 커졌기 때문에 남을 배려하는 마음과 모든 유대 관계를 무시할 수 있게 된 것이라고 그들은 주장하리라. 맥두걸은 자신이 그토록 강조하는 전염(〈직접 감응〉)으로 말미암아 감정이 강화되는 전형적인 사례로 공황(군대의 공황은 아니지만)을 들기까지 했다. 그러나 이 합리적인 설명 방법은 여기서는 아주 부적절하다. 설명을 필요로 하는 문제는 공포가 왜 그처럼 커졌느냐 하는 것이다. 위험이 너무 커졌기 때문이라는 것은 이유가 될 수 없다. 지금 공황에 사로잡혀 있는 군대가 전에는 그와 똑같이 큰 위험이나 그보다 훨씬 큰 위험에도 성공적으로 대처했기 때문이다. 임박한 위험과는 아무 관계도 없이 지극히 사소한 계기로 일어나는 경우가 많은 것이 바로 공황의 속성이다. 남들과 감정적 유대를 맺고 있는 동안에는 아무리 큰 위험도 작아 보인다. 그러나 일단 개인이 공황에 빠지면 자기 혼자만 염려하기 시작하고, 그의 이런 행위는 감정적 유대가 더 이상 존재하지 않는다는 사실을 입증한다. 그는 이제 혼자서 위험에 직면해 있기 때문에, 필연적으로 위험을 전보다 더 크게 생각하는지도 모른다. 따라서 공황은 집단의 리비도적 구조가 이미 이완되었음을 의미하고, 그 이완에 대해 이치에 맞는 방법으로 반응하는 것이다. 반대되는 견해 — 위험에 직면하자 공포로 인해 집단의 리비도적 결합이 파괴되었다는 견해 — 에 대해서는 이런 식으로 반론을 제기할 수 있다.

이 견해는 집단 속의 공포가 감응(전염)을 통해 엄청나게 늘어난다는 주장과 조금도 모순되지 않는다. 위험이 정말로 크고 집단이 강력한 감정적 유대가 없는 경우에는 맥두걸의 견해가 전적으로 들어맞는다. 극장이나 유흥업소에서 불이 났을 때는 이런 조건들이 충족된다. 그러나 정말로 교훈적이고 우리 목적에 가장 잘 들어맞는 경우는 위에서 언급한 경우 — 위험이 평소보다 늘어나지 않았고, 그 정도의 위험은 전에도 직면한 적이 많았음에도 군대가 공황을 일으키는 경우 — 이다. 〈공황〉이라는 낱말의 쓰임새가 분명하고 명쾌하게 규정되리라고 기대할 수는 없다. 이 낱말은 어떤 집단적 공포를 가리킬 때도 있고, 모든 한계를 넘어서는 개인의 공포를 가리킬 때도 있지만, 정당한 사유가 될 만한 계기도 없이 별안간 공포가 발생하는 경우에 이 낱말을 자주 사용하는 것 같다. 집단적 공포라는 의미로 〈공황〉이라는 낱말을 사용하면, 광범위한 유추를 도입할 수 있다. 큰 위험이 닥치거나 감정적 유대(리비도 집중)가 사라지는 것은 개인에게 공포를 불러일으킨다. 감정적 유대가 사라지는 것은 신경증적 공포나 불안의 증세이다.[33] 이와 마찬가지로 공통된 위험이 증대되거나 집단을 결속시키는 감정적 유대가 소멸되면 공황이 일어난다. 그리고 감정적 유대가 사라지는 것은 신경증적 불안의 증세와 비슷하다.[34]

맥두걸처럼 공황을 집단 심리의 가장 명백한 기능으로 설명하는 사람은 역설적인 주장에 도달하게 된다. 이들의 주장에 따르면 집단 심리의 가장 현저한 표출은 공황인데, 공황이 일어나면 집단 심리가 사라져 버리기 때문이다. 공황이 집단의 붕괴를 의미한다는 것은 의심할 여지가 없다. 공황이 일어나면 필연적으로 집단 구성원들이 서로에게 보여 주는 모든 배려가 정지된다.

공황이 일어나는 전형적인 계기는 헤벨의 희곡 「유디트」를 패러디한 네스트로이의 작품에 묘사되어 있는 것과 비슷하다. 한 병사가 〈장군님 목이 달아났다!〉라고 외치자, 아시리아인들은 모

33 『정신분석 강의』 스물다섯 번째 강의를 참조할 것 — 원주. 그러나 「억압, 증상 그리고 불안」(프로이트 전집 10, 열린책들)에서는 이 견해가 부분적으로 수정되었다.

34 흥미롭지만 지나치게 상상력이 풍부한 벨러 폰 펠셰기Béla von Felszeghy의 논문 「공황과 범(汎)콤플렉스Panik und Pankomplex」(1920)를 참조할 것 — 원주.

두 앞다투어 달아난다.[35] 어떤 의미에서든 지도자를 잃어버리거나 지도자에 대한 불안이 생겨나면, 위험은 전과 다름이 없다고 해도 공황이 일어난다. 집단 구성원들 간의 상호 유대는 대개 지도자와의 유대가 사라지는 것과 동시에 사라진다. 집단은 루퍼트 왕자의 유리 구슬[36]처럼 꼬리가 잘리면 당장 산산조각이 나서 사라진다.

종교 집단의 붕괴는 관찰하기 쉽지 않다. 얼마 전에 런던 주교가 추천한 『어두워졌을 때When It Was Dark』[37]라는 영국 소설이 내 손에 들어왔다. 이 소설은 종교 집단이 붕괴될 가능성과 그 결과를 솜씨 있게, 그리고 내가 보기에는 아주 설득력있게 묘사한다. 현대가 배경인 이 소설은, 기독교 신앙의 적들이 음모를 꾸며 예루살렘에서 어떤 무덤이 발견된 것으로 조작하는 데 성공하는 과정을 이야기한다. 이 무덤 속에는 〈아리마대의 요셉〉의 고백이 새겨진 석판이 들어 있는데, 요셉은 이렇게 말한다. 자기는 신앙심 때문에 그리스도가 매장된 지 사흘째 되는 날 유해를 남몰래 무

---

35 크리스티안 프리드리히 헤벨Christian Friedrich Hebbel(1813~1863). 독일의 극작가. 「유디트Judith」(1840)는 『구약성서』 외경인 「유디트 서(書)」를 소재로 쓴 5막 희곡으로, 근대 여성의 자아에 대한 각성을 담은 작품이다. 미녀인 유디트는 바빌로니아의 영웅 홀로페르네스의 군대가 고향을 포위하자, 자신의 미모를 앞세우고 적진으로 들어가 적장의 목을 벤다. 하느님의 말씀을 실현하는 행위로 생각했으나, 그 동기가 자신의 욕정과 적장에 대한 복수 때문이었음을 깨닫고 망연자실한다는 내용이다. 요한 네스트로이Johann Nestroy(1801~1862)는 오스트리아의 배우이자 극작가로, 국내외의 명작들을 패러디한 희극으로 이름을 날렸다.

36 용해된 상태의 유리 방울을 물에 떨어뜨려 급랭시켜서 만든 꼬리 달린 유리 구슬. 잔류 응력 덕분에 좀처럼 깨지지 않지만, 표면을 긁거나 꼬리를 약간 부수면 단번에 전체가 터져 버린다. 루퍼트 왕자가 처음으로 영국에 가져왔기 때문에 〈루퍼트 왕자의 유리 구슬〉이라고 부른다. 루퍼트(1619~1682) 왕자는 독일의 팔라틴 선제후 프리드리히 5세의 아들로, 청교도 혁명으로 귀결된 영국 내전(1642~1651) 때 왕당파 군대의 지휘관으로 활약했다.

37 가이 손Guy Thorne(레인저 걸C. Ranger Gull의 필명)의 소설. 1903년에 출판된 베스트셀러였다.

덤에서 파내어 이곳에 옮겨 묻었다고. 이것으로 그리스도의 부활과 신성은 부정되고, 이 고고학적 발견으로 말미암아 유럽에는 엄청난 소동이 벌어진다. 모든 범죄와 폭력 행위도 놀랄 만큼 늘어난다. 이런 사태는 사기꾼들의 음모가 탄로난 뒤에야 겨우 진정된다.

이 소설에서 종교 집단을 덮치는 것으로 되어 있는 갑작스러운 붕괴는 공포를 수반하지 않는다. 거기에는 공포를 유발할 만한 계기가 없다. 공포 대신 타인에 대한 무자비하고 적대적인 충동 — 전에는 그리스도의 평등한 사랑 덕택에 겉으로 드러나지 못했던 충동 — 이 얼굴을 내미는 현상이 나타난다.[38] 그러나 신자 공동체에 속하지 않고, 그리스도를 사랑하지 않고, 그리스도의 사랑을 받지 못하는 사람들은, 그리스도의 왕국이 존속해 있는 동안에도 그 유대 관계 바깥에 머물러 있다. 따라서 종교가 사랑의 종교를 자칭한다고 해도, 거기에 속하지 않는 사람에게는 가혹하고 매정할 수밖에 없다. 종교는 이런 식으로 거기에 속한 사람들에게는 사랑을 베풀지만, 거기에 속하지 않은 사람들에게는 너그럽지 못하고 잔인하다. 이것이 모든 종교의 자연스러운 속성이다. 개인적으로는 신자들을 비난하지 않기가 어렵겠지만, 그래도 잔인하고 편협하다는 이유로 그들을 너무 가혹하게 비난해서는 안 된다. 종교를 믿지 않는 사람이나 종교에 무관심한 사람들이 이 〈잔인함과 편협함〉이라는 점에서는 심리적으로 훨씬 행복하기 때문이다. 오늘날에는 그런 편협함이 지난 몇 세기만큼 난폭하고 잔인하게 모습을 드러내지 않는다고 해도 인간의 태도가 부드러워졌다고 결론지을 수는 없다. 그 원인은 오히려 종교

---

38 페데른P. Federn의 『아버지 없는 사회 Die vaterlose Gesellschaft』(1919)에는 군주의 가부장적 권위가 폐지된 뒤 일어나는 비슷한 현상이 설명되어 있다 — 원주.

적 감정과 거기에 의존해 있는 리비도적 유대가 명백히 약해진 데서 찾아야 한다. 다른 집단적 결합이 종교 집단을 대신한다면 — 사회주의자들의 결합이 종교 집단을 대신하는 데 성공하고 있는 것처럼 보인다 — 집단 밖에 있는 사람들에 대해서는 종교 전쟁 시대와 같은 편협한 태도를 드러낼 것이다. 그리고 과학적인 견해 차이가 집단에 대해 이와 비슷한 의미를 가질 수 있게 된다면, 이 새로운 자극으로 말미암아 똑같은 결과가 초래될 것이다.

6. 그 밖의 과제와 연구 방향

우리는 앞에서 두 개의 인위적인 집단을 고찰했으며, 둘 다 두 종류의 감정적 유대 관계의 지배를 받는다는 사실을 알았는데, 두 종류의 유대 관계 중에서도 집단 지도자와의 관계가 집단 구성원들 간에 유지되는 관계보다 더 지배적인 요인인 것으로 보인다(어쨌든 교회와 군대의 경우에는 그렇다).

집단의 형태에 관해서는 아직도 검토하고 설명해야 할 것이 많이 남아 있다. 우선 논의의 출발점으로 삼아야 할 것은 두 종류의 감정적 유대가 확립되지 않는 한 단순한 인간 집합은 집단이 아니라는 사실이다. 그러나 사람들이 모이면 심리학적 집단을 형성하려는 경향이 쉽게 나타날 수 있다는 사실도 인정해야 한다. 우리는 자연 발생적으로 생겨나 다소 안정된 상태를 유지하는 여러 종류의 집단에 관심을 기울여야 하고, 이런 집단들이 생겨나는 조건과 붕괴되는 조건을 연구해야 한다. 우리는 특히 지도자가 있는 집단과 지도자가 없는 집단의 차이에 관심을 기울일 것이다. 지도자가 있는 집단이 더 원시적이고 완전한 집단인지 어떤지, 지도자가 없는 집단에서 이념이나 추상 관념이 지도자를 대신할 수는 없는지(눈에 보이지 않는 우두머리가 있는 종교 집단은 이런 상태로 가는 과도적 단계이다), 공통된 경향이나 대다수 사람들이 공유할 수 있는 소망이 지도자의 대역으로 기능할 수는 없는지를 고찰할 것이다. 어쩌면 이 추상 관념은 이차적 지도자의 인격 안에서 다소 구체화될 수 있을지 모르며, 이념과 지도자의 관계로부터는 흥미롭고 다양한 변화가 생겨날 수도 있을 것이다. 지도자나 지도적 이념은 소극적인 것일 수 있으며, 특정한 개인이나 제도에 대한 증오는 적극적인 애착과 마찬가지로 사람들을 통합할 수 있고, 유사한 감정적 유대를 불러일으킬 수도 있다. 그렇다면 지도자는 정말로 집단의 본질에 불가결한 요소인가 하는 의문을 비롯해 여러 가지 의문이 생길 것이다.

이런 문제들은 집단 심리학에 관한 문헌에서 일부 다루어졌을지 모른다. 그러나 우리는 집단의 구조를 고찰할 때 직면하게 되는 심리학적 근본 문제에만 관심을 기울일 작정이다. 그리고 우리의 관심은 우선 리비도적 결합이 집단의 특징이라는 증거로 우리를 곧장 데려다줄 수 있는 고찰에 쏠린다.

사람들 간에 일반적으로 유지되는 감정적 관계의 본질을 항상 염두에 두고 논의를 진행하자. 추위에 떠는 고슴도치에 관한 쇼펜하우어의 유명한 비유에 따르면 아무도 이웃에게 지나치게 접근하는 것을 참지 못한다.[39]

정신분석학이 증명한 바에 따르면 두 사람 사이에 한동안 지속

---

39 〈어느 추운 겨울날, 고슴도치 한 무리가 서로의 체온을 이용하여 얼어 죽는 것을 면하려고 가까이 모였다. 그러나 그들은 곧 다른 고슴도치의 가시를 느끼고, 다시 떨어졌다. 그런데 온기에 대한 욕구가 그들을 점점 가까이 모이게 했고, 그러자 또다시 불상사가 일어났다. 그래서 그들은 추위와 가시라는 두 가지 고통 사이를 오락가락하다가, 마침내 가장 견딜 만한 적당한 거리를 찾아냈다.〉(『여록(餘錄)과 보유(補遺)Parerga und Paralipomena』 제2부 제31장 「비유와 우화Gleichnisse und Parabeln」) — 원주.

되는 친밀한 감정적 관계 — 결혼, 우정, 부모와 자식의 관계[40] — 는 거의 다 혐오감과 적대감의 앙금을 내포하고 있지만, 억압되어 있어서 인식하지 못할 뿐이다.[41] 동료 간에 흔히 일어나는 말다툼이나 상관에 대한 부하의 불평에서는 이것이 좀 더 노골적으로 드러난다. 사람들이 좀 더 큰 단위로 모일 때에도 똑같은 일이 일어난다. 두 집안이 혼인으로 맺어질 때마다, 사람들은 서로 상대편 가문보다 자기네 가문이 더 우월하거나 좋은 혈통을 가지고 있다고 생각한다. 이웃한 두 도시는 최대의 경쟁자로서, 서로를 가장 경계하고 시샘한다. 인접한 민족들은 서로를 쌀쌀맞게 대하면서 일정한 거리를 유지하려고 애쓴다. 예를 들면 남부 독일인은 북부 독일인을 참지 못하고, 잉글랜드인은 스코틀랜드인에게 온갖 험담을 퍼붓고, 스페인인은 포르투갈인을 경멸한다.[42] 차이가 좀 더 커지면 거의 극복하기 어려운 반감이 생기는 것이 당연하다. 프랑스인이 독일인에게, 아리안족이 셈족에게, 백인종이 유색 인종에게 반감을 느끼는 것은 놀라운 일이 아니다.

이 적개심이 사랑하는 사람을 향하면, 우리는 그것을 〈양가감정Ambivalenz〉라고 부른다. 그리고 그렇게 가까운 관계에서는 이해관계가 충돌하는 기회가 많기 때문에 사랑과 미움이라는 상반된 감정을 동시에 느끼게 된다고 설명하지만, 이것은 지나치게 논리적인 방식이다. 사람들은 어쩔 수 없이 참고 견뎌야 하는 타인에게는 노골적인 반감과 혐오감을 느낀다. 우리는 그 반감과

---

40 예외가 있다면 아마 어머니와 아들의 관계일 것이다. 나르시시즘에 바탕을 둔 모자 관계는 그 후의 대립 관계에 방해받지 않고, 성적 대상을 선택하려는 초기의 시도로 더욱 강화된다 — 원주.

41 제1판(1921년)에서는 이것이 〈앙금을 남기지만……〉으로 되어 있고, 마지막 구절은 〈억압에 의해 우선적으로 제거되어야 한다〉로 되어 있다.

42 「문명 속의 불만」 제5장에 나오는 〈사소한 차이에 대한 나르시시즘〉 참조.

혐오감 속에 자기애 — 나르시시즘 — 가 드러나 있는 것을 알아볼 수 있다. 이 자기애는 개체를 보존하기 위해 애쓰고, 자신의 독특한 발달 방향에서 조금이라도 벗어나는 일은 그 방향에 대한 비판과 방향 수정 요구로 받아들여 민감한 반응을 보인다. 지극히 사소한 차이에 왜 그처럼 민감하게 반응해야 하는지는 모르지만, 이것과 관련하여 인간이 언제든지 증오와 공격성을 드러낼 준비가 되어 있는 것은 틀림없는 사실이다. 그 공격성의 원천은 알려져 있지 않지만, 우리는 거기에 기본적 성질을 부여하고 싶어 한다.[43]

그러나 집단이 형성되면, 이런 과민증은 집단 내부에서 일시적으로 또는 영구적으로 사라진다. 집단 형성이 지속되거나 확대되는 한, 집단 속의 개인들은 모두 획일적으로 행동하고, 다른 구성원들의 독특한 개성을 참아 주고, 자신을 나머지 구성원들과 동일시하고, 그들에게 전혀 혐오감을 품지 않는다. 우리의 이론적 견해에 따르면 이런 나르시시즘의 제한은 오직 한 가지 요인에 의해서만 생겨날 수 있다. 그것은 바로 타인들과의 리비도적 결합이다. 자신에 대한 사랑을 가로막는 장애물은 타인에 대한 사랑, 즉 대상애뿐이다.[44] 그러면 당장 이런 의문이 제기될 것이다. 리비도가 추가되지 않고 본질적으로 이익만을 추구하는 공동체의 구성원들은 타인에게 관용과 이해심을 보이면 안 된다는 말이냐고. 여기에 대해서는 이렇게 답할 수 있다. 그런 경우의 관용은 타인들의 협력에서 얻는 당면 이익보다 오래 지속되지는 않기 때문에, 그런 식으로 나르시시즘을 오랫동안 지속적으로 제한할 수

43 최근에 출판된 「쾌락 원칙을 넘어서」(프로이트 전집 11, 열린책들)에서, 나는 사랑과 미움의 양극성을 삶과 죽음의 본능 사이에 존재하는 것으로 가정된 대립과 관련시키려고 애썼고, 성 본능을 가장 순수한 삶의 본능으로 규정하려고 했다 — 원주.
44 「나르시시즘 서론」(프로이트 전집 11, 열린책들)을 참조할 것 — 원주.

는 없다고. 그러나 이 논의의 실질적인 중요성은 생각만큼 크지 않다. 경험으로 보건대 여러 사람이 서로 협력하는 경우에는 대개 동료들 간에 리비도적 결합이 생겨나, 그들 간의 관계를 단순한 이해관계를 넘어서는 단계까지 연장하고 강화하기 때문이다. 인간의 사회적 관계에서도 개인의 리비도가 발달하는 과정을 연구하는 정신분석학자들에게 잘 알려진 것과 똑같은 일이 일어난다. 리비도는 삶에 필요한 욕구를 만족시키는 데 참여하는데, 그 과정에 동참하는 사람들을 첫 번째 대상으로 선택한다.[45] 개인의 경우와 마찬가지로 인류 전체의 발전에서도 오직 사랑만이 이기주의에서 이타주의로의 변화를 가져온다는 의미에서 인류를 문명화하는 요인으로 작용한다. 그리고 사랑은 여성에 대한 이성애 — 여기에는 여성에게 소중한 것을 해치지 말아야 하는 의무가 필연적으로 포함된다 — 만이 아니라, 공동 작업에서 생겨나는 다른 남성에 대한 동성애 — 성적 특성이 배제된 승화된 사랑 — 에도 들어맞는다.

그러므로 집단 안에서 작용하는 자기애적 사랑이 집단 밖에서는 작용하지 않는 제한을 받는다면, 그것은 집단 형성의 본질이 집단 구성원들 간에 존재하는 새로운 유형의 리비도적 결합에 있다는 증거이다.

우리의 관심은 이제 집단 안에 존재하는 이런 결합의 본질이 무엇인가 하는 절박한 문제로 우리를 데려간다. 지금까지 신경증에 대한 정신분석적 연구는 성적 목표를 직접적으로 추구하는 사랑의 본능인 대상과의 결합에만 거의 전적으로 전념해 왔다. 그러나 집단에는 이런 종류의 성적 목표가 문제로서 존재할 수 없음이 분명하다. 여기서 우리가 주목하는 것은 원래의 대상에서

45 프로이트의 「성욕에 관한 세 편의 에세이」를 참조할 것.

방향을 전환한 사랑의 본능이지만, 원래의 대상에서 벗어났다고 해도 본능의 에너지가 줄어드는 것은 아니다. 우리는 통상적인 성적 리비도 집중의 범위 안에서 이미 성 본능이 본래의 성적 대상에서 방향을 전환한 것을 나타내는 현상을 관찰했다. 우리는 그 현상을 상대에게 반한 정도로 설명하고, 그것이 자아에 대한 어느 정도의 침해를 필연적으로 수반한다고 인정했다. 이제 우리는 사랑에 빠지는 현상 속에서 집단 속의 결합으로 전이될 수 있는 조건을 찾아낼 수 있으리라는 기대를 가지고, 이 현상에 관심을 돌려 좀 더 면밀히 검토해 보기로 한다. 하지만 이런 종류의 리비도 집중이 성생활에서와 마찬가지로 타인들과의 유일한 감정적 유대 방법을 나타내는지, 아니면 다른 종류의 메커니즘을 고려해야 하는지도 알고 싶다. 사실 우리는 정신분석적 경험을 통해 감정적 유대에 또 다른 메커니즘이 존재한다는 것을 알지만, 이른바 〈동일시Identifizierung〉라는 이 메커니즘은 그 과정이 충분히 알려져 있지 않고 또 설명하기도 어렵기 때문에, 그것을 조사하려면 집단 심리학이라는 주제에서 한동안 떠나 있어야 한다.

7. 동일시

정신분석학은 〈동일시〉를 타인과의 감정적 결합이 나타내는 초기 형태로 간주한다. 이것은 오이디푸스 콤플렉스의 초기 단계에 참여한다. 남자아이는 아버지한테 특별한 관심을 보임으로써 자신이 아버지처럼 자라고 아버지처럼 되어, 모든 면에서 아버지를 대신하고 싶어 한다. 요컨대 남자아이는 아버지를 본보기로 삼는다고 말할 수 있다. 이런 태도는 아버지에 대한(그리고 남성 전체에 대한) 수동적이고 여성적인 태도와는 아무 관계도 없을 뿐 아니라, 오히려 전형적으로 남성적이다. 그 태도는 오이디푸스 콤플렉스와 훌륭한 조화를 이루어, 콤플렉스로 가는 길을 열어 준다.

아버지와 자신을 동일시하는 것과 같은 시기에, 또는 그보다 좀 나중에 남자아이는 애착 유형에 따라 어머니에 대한 진정한 리비도 집중을 발달시키기 시작한다.[46] 따라서 남자아이는 심리학적으로 전혀 다른 두 가지 결합을 보인다. 하나는 어머니를 향해 곧장 나아가는 성적 리비도 집중이고, 또 하나는 아버지를 본보기로 삼고 아버지와 자신을 동일시하는 것이다. 이 두 가지 결합은 서로 영향을 주거나 간섭하지 않고 한동안 나란히 공존한다. 그러나 정신생활은 통일을 향해 나아가게 마련이고, 그 결과 두 가지 결합은 마침내 하나로 합쳐진다. 정상적인 오이디푸스 콤플렉스는 바로 이 합류에서 생겨난다. 남자아이는 어머니와 결합하려는 자신을 아버지가 방해하고 있다는 것을 알아차린다. 그러면 아버지와의 동일시는 적대적인 색채를 띠게 되고, 어머니에 대해서도 아버지를 대신하고 싶은 원망과 이 동일시가 일치하게 된다. 사실 동일시는 처음부터 양가감정적이어서, 부드러운 애정 표현으로 바뀔 수도 있지만 누군가를 제거하고 싶은 원망으로 바뀔 수도 있다. 동일시는 리비도가 조직화하는 첫 단계인 〈구순기(口脣期)〉의 파생물처럼 작용한다. 이 단계에서는 우리가 갈망하고 존중하는 대상을 먹음으로써 우리 것으로 만들고, 이런 식으로 그 대상을 소멸시키는 것이 특징이다. 우리가 알고 있듯이 식인종의 경우가 바로 그렇다. 식인종은 적에게 탐욕스러운 호감을 느끼고, 자기가 좋아하는 사람만 먹어 치운다.[47]

46 「나르시시즘 서론」제2부를 참조할 것.
47 내가 쓴 「성욕에 관한 세 편의 에세이」와 카를 아브라함Karl Abraham의 「리비도의 초기 발달 단계에 관한 연구Untersuchungen über die früheste prägenitale Entwicklungsstufe Libido」(『국제 정신분석 의학』지 제4권, 1916) 및 「정신분석에 대한

아버지와의 동일시가 그 후 어떻게 되는지는 모르고 지나치기 쉽다. 오이디푸스 콤플렉스가 역전되어 나타날 수도 있고, 아버지를 여성적 태도의 대상으로 삼아 직접적인 성 본능을 아버지한테서 충족시키려고 할 수도 있다. 그럴 경우 아버지와의 동일시는 아버지와의 대상 결합을 예고하는 전조가 된다. 어린 딸과 어머니 사이에도 똑같은 일이 일어날 수 있다.[48]

아버지와 자신을 동일시하는 것과 아버지를 대상으로 선택하는 것의 차이를 하나의 공식으로 말하기는 쉽다. 전자의 경우 아버지는 자기가 〈되고〉 싶어 하는 대상이다. 후자의 경우 아버지는 자기가 〈갖고〉 싶어 하는 대상이다. 다시 말해서 그 차이는 감정적 결합이 자아의 주체에 귀속되느냐 아니면 자아의 객체에 귀속되느냐에 있다. 따라서 전자의 결합은 성적 대상 선택이 이루어지기 전에 이미 일어날 수 있다. 이 차이를 초심리학적으로 명쾌하게 설명하기는 훨씬 어렵다. 동일시는 모범Vorbild으로 삼은 사람을 본받아 자신의 자아를 형성하려고 애쓰는 것이라는 것이 우리가 알 수 있는 전부이다.

신경증 체계 안에서 일어나는 동일시를 복잡한 전후 관계에서 분리하여 생각해 보자. 여자아이가 어머니와 똑같은 증세 — 예를 들면 똑같이 고통스러운 기침 — 로 고통을 겪는다고 가정해 보자. 이런 일은 다양한 방식으로 일어날 수 있다. 동일시는 오이디푸스 콤플렉스의 결과일지도 모른다. 그럴 경우 동일시는 어머니를 대신하고 싶어 하는 딸의 적대적 욕망을 의미한다. 그리고 기침이라는 증세는 아버지에 대한 대상애를 나타내며, 어머니를

임상적 소론Klinische Beiträge zur Psychoanalyse」(『국제 정신분석학』지 제10호, 1921)을 참조할 것 — 원주.

48　긍정적인 형태와 부정적인 형태를 둘 다 포함하는 〈완전한〉 오이디푸스 콤플렉스는 「자아와 이드」(프로이트 전집 11, 열린책들) 제3장에 논의되어 있다.

대신하고 싶다는 욕망을 실현시켜 주고, 이 욕망의 실현 — 〈너는 어머니가 되고 싶어 했는데, 이제 소원대로 《되었다》. 어쨌든 네 어머니와 똑같은 고통을 겪고 있다는 점에서는 그렇다〉 — 은 죄책감의 영향을 받는다. 이것은 히스테리 증세 형성의 완벽한 메커니즘이다. 반대로 이 증세는, 도라[49]가 아버지의 기침을 흉내 낸 것처럼 사랑하는 사람과 똑같은 증세를 보일 수도 있다. 이 경우 우리는 〈대상 선택 대신 동일시가 나타났고, 대상 선택은 동일시로 퇴행했다〉라는 말로 사태를 설명할 수 있을 뿐이다. 앞에서도 말했듯이 동일시는 감정적 결합이 나타내는 가장 초기의 근원적 형식이다. 히스테리 증세가 형성되는 상태 — 억압이 존재하고 무의식의 메커니즘이 우세한 상태 — 에서는 대상 선택이 동일시로 퇴행하여, 자아가 대상과 똑같은 특징을 갖게 되는 일이 흔히 일어난다. 이런 동일시에서 자아는 사랑하지 않는 사람을 모방하는 경우도 있고, 사랑하는 사람을 모방하는 경우도 있다. 이것은 상당히 주목할 만한 일이다. 두 경우에 동일시는 부분적이고 극도로 제한된 것이어서, 대상 인물의 한 가지 특징만 빌려 온다는 점도 주목할 만하다.

증세 형성의 세 번째 경우는 특히 중요하고 흔한 것으로, 그것은 동일시가 모방되는 인물과의 대상 관계를 전혀 문제 삼지 않는 경우이다. 예를 들어 이런 경우를 가정해 보자. 기숙 학교의 한 여학생이 남몰래 사랑하는 누군가로부터 편지를 받는다. 이 편지는 그녀의 질투심을 자극하고, 거기에 대한 반응으로 그녀는 히스테리 발작을 일으킨다. 그러면 이 편지에 대해 알고 있는 몇몇 친구도 심리적 전염으로 발작을 일으킬 것이다. 이 메커니즘은 자신을 똑같은 상황에 놓을 수 있는 능력이나 그렇게 하고 싶은 욕

49 「도라의 히스테리 분석」(프로이트 전집 8, 열린책들) — 원주.

망에 바탕을 둔 동일시의 메커니즘이다. 다른 여학생들도 친구처럼 은밀한 연애를 하고 싶어 하고, 죄책감 때문에 은밀한 연애에 따르게 마련인 고통까지도 받아들인다. 그 여학생들이 그런 증세를 나타내는 것은 친구에 대한 동정심 때문이라고 여긴다면, 그것은 잘못된 생각일 것이다. 그와는 반대로 동정심은 오직 동일시에서만 생겨난다. 이런 종류의 전염이나 모방은 이전부터 존재하는 동정심이 여학교 친구들 사이에 흔히 존재하는 것보다 훨씬 적은 상황에서 일어난다는 사실이 이를 증명한다. 하나의 자아가 어떤 점에서 — 우리가 예로 든 상황에서는 친구와 비슷한 감정을 쉽게 받아들일 수 있다는 점에서 — 다른 자아와 상당한 유사성을 감지하면 이 점에서 동일시가 이루어지고, 이 동일시는 증세를 일으키는 상황의 영향을 받아 하나의 자아가 일으킨 증세로 전이된다. 따라서 증세를 통한 동일시는 두 자아의 일치점을 나타내는 지표가 되지만, 이 일치점은 계속 억압되어 있어야 한다.

이 세 가지 원천에서 배운 것을 요약하면 다음과 같다. 첫째, 동일시는 대상과의 감정적 결합의 근원적 형식이다. 둘째, 동일시는 퇴행적인 방법으로, 즉 대상을 자아 속에 받아들이는 방법으로 리비도적 대상 결합의 대용물이 된다. 셋째, 동일시는 성 본능의 대상이 아닌 타인과 공유하고 있는 공통된 특성을 새롭게 지각하면 일어날 수 있다. 이 공통된 특성이 중요할수록 부분적인 동일시는 더욱 성공적으로 일어날 수 있으며, 그리하여 새로운 유대 관계의 단서가 될 수도 있다.

집단 구성원들 간의 상호 유대는 중요한 감정적 공통성에 바탕을 둔 이런 종류의 동일시와 비슷하다는 사실을 우리는 이미 통찰하기 시작했다. 집단의 경우 이 공통된 특성은 지도자와의 유대가 지닌 본질 속에 존재한다는 것도 우리는 짐작할 수 있다. 동일시라는 문제에 대해서는 아직도 규명해야 할 것이 많이 남아 있으며, 심리학에서 〈감정 이입Einfühlung〉이라고 부르는 과정이 당면 과제로 등장했다는 것도 우리는 알아차릴 수 있다. 감정 이입은 우리의 자아에 생소한 타인의 속성을 이해하는 데 가장 중요한 역할을 맡고 있다. 그러나 여기서는 동일시가 감정에 미치는 직접적인 영향만 다루고, 그것이 우리의 지적 생활에 대한 의미는 제외하기로 한다.

정신분석적 연구는 이미 정신병 중에서도 비교적 다루기 어려운 문제를 이따금 공략했기 때문에, 쉽게 이해할 수 없는 다른 사례에서 나타난 동일시를 명쾌하게 설명해 줄 수도 있었다. 여기서는 이런 사례들 가운데 두 가지만 고찰 자료로 삼아 상세히 다루기로 한다.

남성 동성애의 발생 과정을 대략적으로 예시하면 다음과 같다.[50] 오이디푸스 콤플렉스라는 의미에서 어머니에게 유난히 오랫동안 강력하게 고착된 소년이 있다고 하자. 그러나 사춘기가 지나면, 마침내 어머니 대신 다른 성적 대상을 찾는 시기가 온다. 이때 갑자기 방향 전환이 일어난다. 젊은이는 어머니를 포기하는 것이 아니라, 어머니와 자신을 동일시한다. 그는 자신을 어머니로 바꾸고, 그의 자아를 대신할 수 있는 대상 ── 어머니한테서 받은 사랑과 관심을 쏟을 수 있는 대상 ── 을 찾아다닌다. 이런 과정은 흔한 것이어서 마음만 먹으면 주위에서 얼마든지 확인할 수 있으며, 이것은 돌연한 변화의 생물적 원동력과 동기에 대한 어떤 가설과도 전혀 관계가 없다. 이 동일시에서 두드러진 점은 그 규모의 풍부함이다. 이 동일시는 자아의 중요한 특징 중 하나 ── 성

---

50 「레오나르도 다빈치의 유년의 기억」(프로이트 전집 14, 열린책들) 제3장을 참조할 것. 동성애 발생의 또 다른 메커니즘에 관해서는 같은 책 제8장을 참조할 것.

적 특성 — 안에서, 이제껏 대상이었던 모델에 맞추어 그 자아를 개조한다. 이 과정에서 대상 자체는 포기된다. 대상이 완전히 포기되는지, 아니면 무의식 속에 보존되는지는 현재의 논의에서 벗어난 문제이다. 포기되거나 잃어버린 대상의 대체물로 그 대상과 자신을 동일시하는 것 — 그 대상을 자아 속에 받아들이는 것 — 은 사실 우리에게는 더 이상 신기한 일이 아니다. 이런 과정은 종종 어린아이들한테서 직접 관찰할 수도 있다. 얼마 전에 『국제 정신분석학Internatonale Zeitschrift für Psychoanalyse』지에는 이런 종류의 관찰 기록이 발표되었다. 새끼 고양이를 잃고 상심한 어린아이가 이제부터는 자기가 새끼 고양이라고 선언하고는, 새끼 고양이처럼 네 발로 기어다니고, 밥도 식탁에서 먹지 않으려고 했다.[51]

대상을 자아 속에 받아들이는 또 다른 예는 우울증[52] 분석이 제공해 왔다. 우울증을 일으키는 원인 중 가장 중요한 것은 사랑하는 대상을 실제로 잃었거나 감정적으로 상실한 것이다. 이 증세의 주요 특징은, 무자비한 자기 비판과 가혹한 자기 질책과 결합된 자아의 잔혹한 자기 멸시이다. 정신분석은 이 비난과 질책이 실제로는 자신이 아니라 대상에게 적용되는 것이고, 대상에 대한 자아의 복수심을 나타낸다는 것을 보여 주었다. 내가 다른 글에서도 말했듯이,[53] 대상의 그림자는 자아 위에 드리워져 있다. 우울증의 경우에는 대상을 자아 속에 받아들이는 일이 일어나는 것이 분명하다.

그러나 이런 우울증은 또 다른 현상도 보여 준다. 그것은 나중

---

51 마르추셰비치R. Marcuszewicz의 「아동의 자폐적 사고에 관한 소론Beitrag zum autistischen Denken bei Kindern」(『국제 정신분석학』지 제6권, 1920).

52 프로이트는 〈억울증Depression〉이라고 부를 만한 상태를 말할 때도 늘 〈우울증Melancholie〉이라는 용어를 쓰고 있다.

53 「슬픔과 우울증」(프로이트 전집 11, 열린책들)을 참조할 것 — 원주.

에 다시 고찰할 만큼 중요한 것인데, 자아가 두 부분으로 나뉘어, 그중 하나가 다른 하나에 대해 몹시 화를 내는 현상이다. 두 번째 부분은 자아가 대상을 받아들임으로써 변화한 부분이고, 따라서 잃어버린 대상을 포함하고 있는 부분이다. 그러나 그토록 가혹한 첫 번째 부분도 우리에게 낯선 존재는 아니다. 그것은 양심 ─ 자아 속의 비판적 작용 ─ 으로 이루어져 있다. 양심은 평소에도 자아에 대해 비판적 태도를 취하지만, 그렇게 무자비하거나 부당하지는 않다. 전에[54] 우리는 이런 가설을 도출한 적이 있다. 즉 그런 비판적 기능은 우리의 자아 속에서 발달하며, 그 자아는 나머지와 분리되어 서로 갈등을 일으킬 수도 있다고. 우리는 그것을 〈자아 이상Ichideal〉이라고 부르고, 자신을 관찰하고 반성하는 자기 성찰과 도덕적 양심, 꿈을 검열하고 억압에서 주된 영향력을 행사하는 것을 자아 이상의 기능으로 생각했다. 전에도 말했듯이 자아 이상은 근원적 나르시시즘의 계승자이며, 어린이의 자아는 그 나르시시즘 속에서 만족감을 얻는다. 그러나 성장하면서 주변 환경의 영향으로 자아 이상이 형성된다. 주변 환경은 우리의 자아에 여러 가지를 요구하지만, 우리의 자아가 언제나 그 요구를 감당해 낼 수는 없다. 자아에 대한 주변 환경의 요구를 조금씩 끌어모아서 형성된 것이 자아 이상이다. 그래서 인간은 자아에 만족할 수 없을 때에도 자아에서 분화된 자아 이상 속에서 만족을 찾을 수 있다. 이런 기능의 붕괴는 자기 관찰의 망상 속에서 명백해지고, 권위의 영향, 특히 부모의 영향에서 유래한다는 것을 우리는 전에도 살펴보았다.[55] 그러나 우리는, 이 자아 이상과 실제 자아의 거리는 개인에 따라 아주 다양하며, 많은 사람의 경우에

54 「나르시시즘 서론」과 「슬픔과 우울증」 ─ 원주.
55 「나르시시즘 서론」의 제3부를 참조할 것 ─ 원주.

는 자아 내부의 이런 분화가 어린이보다 더 많이 진행되지는 않는다고 덧붙이는 것도 잊지 않았다.

그러나 집단의 리비도적 조직화를 이해하기 위해 이 자료를 이용하기 전에, 대상과 자아의 상호 관계를 보여 주는 몇 가지 또 다른 예를 먼저 고찰하지 않으면 안 된다.[56]

8. 사랑에 빠짐과 최면

언어의 관용법은 변덕스러운 성질을 가지고 있지만, 어떤 종류의 현실에 대해서는 시종일관 충실성을 보인다. 예를 들면 언어는 다종다양한 감정 관계에 〈사랑Liebe〉이라는 이름을 부여하고, 우리도 그것들을 이론상 사랑으로 분류한다. 그러나 언어는 사랑이 현실적이고 진실하고 실재적인 사랑인지에 대해 의문을 품고, 그래서 사랑이라는 현상의 영역 안에는 수많은 가능성이 온갖 크기로 존재한다는 것을 암시한다. 과학적 관찰을 통해서도 똑같은 현상을 어렵지 않게 발견할 수 있다.

사랑에 빠짐은 대개의 경우 직접적인 성적 만족을 추구하는 성

56 우리는 이런 병리적 사례와 관련하여 동일시의 본질을 철저히 규명하지 않았고, 그 결과 집단 형성의 수수께끼 중 일부는 아직도 해명되지 않은 채 고스란히 남아 있다는 것을 잘 안다. 이 문제에 관해서는 훨씬 근본적이고 포괄적인 심리학적 분석이 개입해야 한다. 동일시와 모방과 감정 이입은 하나의 길로 이어져 있다. 이 길을 따라가면, 우리는 타인의 정신생활에 대해 어떤 태도를 취할 수 있게 해주는 메커니즘을 이해할 수 있다. 또한 현재 존재하고 있는 동일시의 현상에도 설명을 필요로 하는 것이 많이 남아 있다. 동일시가 낳는 가장 중요한 결과는 자신과 동일시하는 사람들에 대해서는 공격성을 제한하고 그들을 용서하고 도와주는 것이다. 씨족사회의 근저에 놓여 있는 이런 동일시를 연구한 로버트슨 스미스Robertson Smith(『혈족과 결혼Kinship and Marriage』)는, 동일시가 공통의 물체를 인정하는 데 바탕을 두며, 따라서 함께 식사를 하는 것에서도 동일시가 생겨날 수 있다는 놀라운 발견에 이르렀다. 바로 이런 특징 때문에 나는 「토템과 터부」에서 이런 종류의 동일시를 가족의 초기 역사와 결부 지어 생각할 수 있었다 — 원주.

본능의 대상 리비도 집중에 불과하기 때문에, 성적 만족이라는 목적이 달성되면 리비도 집중은 저절로 사라진다. 이것을 평범한 관능적 사랑이라고 부른다. 그러나 리비도가 그렇게 단순한 상태로 남아 있는 경우는 극히 드물다. 방금 사라진 욕구가 되살아나리라는 것은 자신 있게 기대할 수 있었다. 이것이야말로 성적 대상에 지속적인 리비도 집중을 쏟게 된, 그리고 성욕이 없는 동안에도 그 대상을 〈사랑〉하게 된 최초의 동기였을 것이 분명하다.

여기에 또 하나의 요인을 추가해야 한다. 이 요인은 인간의 애정 생활이 거치는 지극히 이례적인 발달 과정에서 파생한 것이다. 대개 다섯 살 무렵에 끝나는 첫 단계에서 어린이는 사랑을 쏟을 첫 번째 대상을 어머니나 아버지한테서 찾아내고, 성적 만족을 요구하는 어린이의 성 본능은 이 대상에 모두 집중된다. 이어서 시작되는 억압으로 말미암아 어린이는 이 유치한 성적 목적의 대부분을 단념할 수밖에 없고, 어린이와 부모의 관계는 심각한 변화를 겪게 된다. 어린이는 여전히 부모와 연결되어 있지만, 그들을 이어 주는 것은 〈목적이 금지된〉 본능이라고 부를 수밖에 없는 본능이다. 이때부터 어린이가 사랑의 대상에게 품는 감정은 〈정애적zärtlich〉이라고 표현할 수 있다. 초기의 〈관능적sinnlich〉 경향은 무의식 속에 다소 강하게 보존되어, 어떤 의미에서는 원래의 경향이 고스란히 존속[57]한다는 것은 잘 알려진 사실이다.

사춘기에 이르면 곧바로 성적 목적를 추구하는 강력한 충동이 생겨난다. 순조롭지 못한 경우 이 충동은 이전부터 남아 있는 정애적 경향과 분리된 채 관능적 경향의 형태를 취하게 된다. 그러면 우리 앞에는 어느 문예 사조가 유형화한 두 가지 양상을 지닌 하나의 상황이 나타난다. 한 남자는 자신이 깊이 존경하는 여자

57 「성욕에 관한 세 편의 에세이」를 참조할 것 — 원주.

들에게 감정적으로 열광하지만, 그들과 성행위를 할 만큼 성적으로 자극을 받지는 않는다. 그는 〈사랑〉하지도 않고 하찮게 여기는, 심지어 경멸하는 다른 여자들하고만 성행위를 할 수 있다.[58] 그러나 청소년은 비관능적이고 성스러운 사랑과 관능적이고 세속적인 사랑을 어느 정도 통합하는 데 성공하는 경우가 많고, 그와 성적 대상의 관계는 억압되지 않은 본능과 목적이 금지된 본능 사이의 상호 작용이라고 특징지을 수 있다. 사랑에 빠지는 깊이는 목적이 금지된 정애적 본능이 순전한 관능적 욕망과 대비하여 차지하고 있는 몫의 크기로 측정할 수 있다.

사랑에 빠짐의 문제와 관련하여, 우리는 늘 성적인 과대평가 현상 — 사랑의 대상은 어느 정도 비판을 면제받는 권리를 누리며, 그 대상이 지닌 모든 특징은 사랑의 대상이 아닌 사람보다, 또는 그 대상이 아직 사랑의 대상이 되지 않았을 때보다 높이 평가된다는 사실 — 에 부딪힌다. 관능적 충동이 다소간에 효과적으로 억압되거나 무시되면, 그 대상이 지닌 정신적인 장점 때문에 관능적으로 사랑하게 되었다는 착각이 생겨나지만, 사실은 정반대로 그 대상이 지닌 관능적 매력이 일시적으로 정신적 장점을 부여해 주었을 뿐인지도 모른다.

이 점에서 판단을 왜곡하는 경향을 〈이상화Idealisierung〉 경향이라고 한다. 그러나 이제는 우리가 나아갈 방향을 찾기가 더 쉽다. 사랑의 대상은 우리 자신의 자아와 똑같이 취급되기 때문에, 사랑에 빠지면 자애적 리비도의 상당 부분이 그 대상한테로 넘쳐흐른다는 것을 알 수 있다.[59] 사랑의 대상을 선택하는 경우 그 대

---

58 「사랑의 대상에 대한 가장 보편적인 폄하에 관하여」(『신경증에 관한 논문집』 제4권, 프로이트 전집 7, 열린책들) — 원주.
59 「나르시시즘 서론」을 참조할 것.

상은 대개 자신이 도달할 수 없는 자아 이상의 대역을 맡는 것도 분명하다. 우리가 그 대상을 사랑하는 까닭은 우리 자신의 자아가 도달하려고 애쓴 완벽함을 그 대상이 구현하고 있기 때문이고, 우리는 자신의 나르시시즘을 만족시키기 위해 이런 우회적인 방법으로 그 완벽함을 손에 넣고 싶어 한다.

성적 과대평가와 사랑에 빠짐이 더욱 심해지면, 상황에 대한 해석은 훨씬 명확해진다. 감정적 열정에 사로잡힌 젊은이의 경우에 흔히 일어나는 일이지만, 직접적인 성적 만족을 추구하는 경향이 있는 충동은 완전히 뒷전으로 밀려날 수 있다. 자아는 점점 겸손해지고 수수해지며, 대상은 점점 고상하고 훌륭해져서, 마침내 자아의 자기애를 완전히 점유하게 된다. 따라서 자아의 자기희생은 그 당연한 결과이다. 말하자면 대상은 자아를 삼켜 버린다. 겸손함과 나르시시즘의 제한, 자기 손상은 사랑에 빠진 사람에게 반드시 나타나는 특징이다. 극단적인 경우에는 이 특징들이 강화되고, 관능적 요구가 후퇴한 결과 이런 특징만이 전면에 나서서 지배권을 행사하게 된다.

만족시킬 수 없는 불행한 사랑의 경우에는 이런 일이 일어나기가 더욱 쉽다. 성적 만족을 얻을 때마다 성적인 과대평가는 필연적으로 줄어들게 마련이기 때문이다. 대상에 대한 자아의 〈헌신 Hingabe〉은 이제 더 이상 추상 관념에 대한 승화된 헌신과 구별되지 않는다. 이 헌신과 동시에 자아 이상에 할당된 기능은 완전히 작동을 멈춘다. 자아 이상이 행사하는 비판 기능은 침묵하고, 대상이 하는 일이나 요구하는 것은 모두 다 옳고 흠잡을 데 없는 것이 된다. 사랑의 대상을 위해서라면 무슨 짓이든 할 수 있고, 거기에는 양심이 전혀 적용되지 않는다. 사랑에 눈이 먼 사람은 양심의 가책을 느끼지 않기 때문에 범죄까지도 태연히 저지른다. 이 모든 상황은 〈대상이 자아 이상을 대신했다〉라는 말로 완벽하게 요약할 수 있다.

동일시와 그처럼 극단적인 사랑에 빠짐 — 〈사랑의 노예〉[60]라고 표현할 수 있다 — 의 차이는 쉽게 설명할 수 있다. 동일시의 경우에는 자아가 대상의 고유한 속성을 받아들여 더욱 풍요로워진다. 페렌치[61]는 이것을 자아가 대상을 자신 속에 〈투입Introjektion〉한다고 표현했다. 극단적인 사랑에 빠진 경우에는 반대로 자아가 빈곤해진다. 자아는 대상에 굴복하고, 자체의 가장 중요한 구성 요소를 사랑의 대상이 대신한다. 그러나 좀 더 면밀히 고찰해 보면, 이런 설명은 실제로 존재하지 않는 대비가 존재하는 듯한 착각을 불러일으킨다는 것이 곧 분명해진다. 자아가 경제적으로 빈곤해지거나 풍요로워지는 것은 불가능하다. 극단적인 사랑에 빠진 경우도 자아가 대상을 자신 속에 투입한 상태라고 설명할 수 있다. 또 다른 구별이 이 문제의 본질과 더 많이 맞닿아 있는 것으로 여겨진다.

동일시의 경우에는 대상이 사라지거나 포기된다. 그런 다음 자아 속에 다시 확립되고, 자아는 사라진 대상을 모델로 삼아 부분적인 변화를 일으킨다. 반면 극단적인 사랑에 빠진 경우에는 대상이 그대로 존속하고, 자아는 자신을 희생하여 그 대상에 지나치게 리비도를 집중한다. 그러나 여기에도 어려운 문제가 제기된다. 동일시가 대상 리비도 집중의 포기를 전제로 하는 것은 확실한가? 대상이 그대로 존속하는 상태에서 동일시가 일어날 수는

60 프로이트는 「처녀성의 금기」(프로이트 전집 7, 열린책들)에서 〈사랑의 노예〉를 논한다.
61 산도르 페렌치Sándor Ferenczi(1873~1933). 헝가리의 정신분석학자. 1908년에 프로이트를 만나 정신분석학회에 가입했으며, 그 후 오랫동안 프로이트의 친구이자 협력자로 활동했다.

없는가? 이 미묘한 문제를 논하기 전에 이미 또 다른 양자택일, 즉 〈대상이 자아를 대신하느냐, 아니면 자아 이상을 대신하느냐〉가 이 문제의 진정한 본질을 포착하고 있다는 통찰이 우리 머리에 떠오르기 시작할 수도 있다.

사랑에 빠짐에서 최면까지의 거리가 그리 멀지 않은 것은 확실하다. 두 상태가 어떤 점에서 일치하는지는 분명하다. 사랑에 빠진 사람이나 최면에 걸린 사람은 사랑의 대상이나 최면술사에게 겸손하게 복종하고, 그들의 요구나 명령에 순순히 따르고, 그들을 비판하지 않는다. 자아의 주도권은 차츰 약해진다. 최면술사가 자아 이상을 대신하는 것은 누구도 의심할 수 없다. 최면 상태에서는 모든 것이 훨씬 또렷하고 강렬해질 뿐이다. 따라서 사랑에 빠짐을 통해 최면을 설명하는 것보다는 오히려 최면을 통해 사랑에 빠짐을 설명하는 편이 더 적절할 것이다. 최면술사는 유일한 대상이고, 오직 그에게만 모든 주의가 집중된다. 자아는 최면술사의 요구나 주장을 꿈처럼 경험한다. 이 사실은 우리가 자아 이상의 기능을 열거할 때 사실 검증 기능을 언급하지 않았다는 것을 상기시킨다.[62] 보통 사실 검증 의무를 이행하는 심리적 기능이 현실성을 보증하면, 자아가 어떤 지각을 현실로 받아들이는 것은 지극히 당연하다. 목적이 금지되지 않은 성적 충동이 전혀 없는 경우에는 이 현상이 더욱 극단적으로 순수해질 수 있다. 최면적 관계는 성적 만족이 배제된 무제한의 헌신과 같다. 반면에 사랑에 빠진 경우에는 성적 만족이 일시적으로만 억제되어 있을 뿐, 언젠가는 달성할 수 있는 목적으로서 뒷전에 머물러 있다.

62 「초심리학에 관한 논문들」(『신경증에 관한 논문집』 제4권, 프로이트 전집 11, 열린책들)을 참조할 것. 그러나 자아 이상에 이 기능을 부여하는 것이 정당한지에 대해서는 약간 의문이 있는 듯싶다. 이 문제는 철저한 논의를 필요로 한다 — 원주. 자아에 이 기능을 부여한 「자아와 이드」 제3장을 볼 것.

그러나 최면적 관계는 (이런 표현이 허용된다면) 두 사람으로 이루어진 집단 형성이라고 말할 수도 있다. 최면은 집단 형성과 비교하기에 알맞은 대상은 아니다. 최면은 집단 형성과 같다고 말하는 편이 더 정확하기 때문이다. 최면은 집단의 복잡한 구조 속에서 한 가지 요소 — 지도자에 대한 개인의 태도 — 만 분리해 낸다. 최면은 직접적인 성적 만족을 추구하는 경향이 없다는 점에서 사랑에 빠짐과 구별되듯, 수가 제한되어 있다는 점에서 집단 형성과 구별된다. 이 점에서 최면은 사랑에 빠짐과 집단 형성의 중간 지점을 차지한다.

　　사람들을 지속적으로 결합시켜 주는 것은 바로 목적이 금지된 성적 충동이라는 사실은 흥미롭다. 그러나 목적이 금지되지 않은 성적 충동은 목적을 달성할 때마다 에너지가 배출되어 충동의 강도가 크게 줄어들지만, 목적이 금지된 성적 충동은 완전한 만족을 얻을 수 없다는 사실을 생각해 보면, 이런 현상은 쉽게 이해할 수 있다. 욕구가 충족되면 사라지는 것이 관능적 사랑의 운명이다. 관능적 사랑이 지속될 수 있으려면, 애초부터 순수하게 정애적인 요소 — 즉 목적이 금지된 성적 충동 — 와 혼합되거나 그 사랑 자체가 그런 식으로 변형되어야 한다.

　　우리는 지금까지 최면을 직접적인 성적 추구가 배제된 채 사랑에 빠진 상태로 설명했는데, 최면이 이 논리적 설명에 들어맞지 않는 특징을 드러내 보이지 않는다면 집단의 리비도적 구조의 수수께끼를 풀어 줄 수 있을 것이다. 최면에는 아직도 이해되지 않은 신비로운 점이 많다는 것을 우리는 인정할 수밖에 없다. 게다가 최면은 강력한 사람과 무력한 사람의 관계에서 파생한 마비(痲痺)라는 요소도 포함한다. 이것은 동물들이 공포에 빠졌을 때 일어나는 최면에 이르기 전의 과도적 상태일 수도 있다. 최면이 어떤 식으로 생겨나는지, 또 최면과 수면의 관계는 무엇인지는 분명치 않다. 왜 어떤 사람은 유난히 최면에 걸리기 쉽고, 또 어떤 사람은 최면에 끝까지 저항하는지도 우리를 당혹스럽게 만드는 수수께끼이다. 이는 아직도 미지의 요인이 있다는 것을 말해 준다. 이 요소만이 최면으로 드러나는 리비도적 태도를 순수하게 만들 수 있다. 다른 점에서는 최면술사의 암시에 완전히 따르는 경우에도 최면에 걸린 사람의 도덕적 양심은 암시에 저항할 수 있다는 것은 주목할 만하다. 그러나 이것은 흔히 이루어지는 최면에서는 어떤 인식 — 지금 일어나고 있는 일은 교묘한 책략에 불과하며, 인생에 훨씬 중요한 다른 상황을 허위로 복제했을 뿐이라는 인식 — 이 그대로 보존되기 때문일 것이다.

이제 우리는 집단의 리비도적 구조에 대해 공식을 제시할 수 있는 입장에 있다. 또는 적어도 우리가 지금까지 고찰한 집단 — 즉 지도자가 있고, 지나친 〈조직화〉에 의해 개인의 특징을 이차적으로 획득하지 못한 집단 — 의 구조에 대해서는 공식을 제시할 수 있다. 〈이런 종류의 일차적 집단은 자아 이상을 하나의 공통된 대상으로 대치하고, 그 결과 자아 속에서 자신들을 서로 동일시하게 된 개인들의 집합이다.〉 이 조건은 다음과 같은 도표로 나타낼 수 있다.

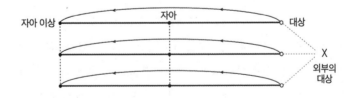

9. 군거 본능

이 공식을 가지고 집단의 수수께끼를 풀었다는 착각을 오래 즐길 수는 없다. 우리가 실제로 한 일은 집단의 문제를 최면의 문제로 바꾸었을 뿐이며, 게다가 최면에 대해서는 아직도 너무나 많은 점들이 수수께끼로 남아 있다는 심란한 생각을 떨쳐 버릴 수 없기 때문이다. 그리고 이제 또 다른 반대 의견이 우리가 나아갈 길을 보여 준다.

집단 속에서 관찰되는 강력한 감정적 유대는 집단의 특징 중 하나 — 집단 구성원들이 독립성과 주도권을 상실하고, 구성원 모두의 반응이 엇비슷해지고, 능력이 집단적 개인의 수준으로 떨어짐 — 를 충분히 설명해 준다고 말할 수도 있을 것이다. 그러나 집단 전체를 보면 그 이상의 것이 드러난다. 집단의 몇 가지 특징 — 지적 능력의 저하, 감정 억제력 결여, 온건한 태도를 유지하거나 행동을 늦추지 못함, 감정 표현에서 한도를 넘어서고 감정을 행동이라는 형태로 표출하는 경향 — 과 르 봉이 인상적으로 묘사한 이와 비슷한 특징들은 정신적 기능이 미개인과 어린아이한테서나 볼 수 있는 초기 단계로 퇴행한 상태를 분명히 보여 준다. 이런 퇴행은 특히 평범한 집단의 본질적 특징이고, 조직화한 인위적 집단에서는 퇴행을 상당히 억제할 수 있다.

집단은 개인의 감정적 충동과 지적 활동이 혼자 힘으로는 아무일도 할 수 없을 만큼 약해진 상태라는 인상을 준다. 이렇게 약해진 감정적 충동과 지적 활동이 제대로 기능을 발휘할 수 있을 만큼 강해지려면, 집단의 다른 구성원들한테서도 비슷한 감정적 충동과 지적 활동이 되풀이되어야 한다. 이러한 상호 의존 현상 가운데 얼마나 많은 부분이 인간 사회의 통상적인 구조를 이루는지,

인간 사회에서 찾아볼 수 있는 독창성과 개인적 용기가 얼마나 적은지, 모든 개인은 민족성이나 계급적 편견이나 여론 등의 형태로 나타나는 집단 심리의 태도에 얼마나 많이 지배되는지를 우리는 상기하지 않을 수 없다. 지도자만이 아니라 개인들도 제각기 다른 개인에게 암시의 영향력을 행사한다는 사실을 인정하면, 암시의 영향력은 더욱 커다란 수수께끼가 된다. 그리고 우리는 지도자와의 관계를 지나치게 강조하고 상호 암시라는 또 다른 요소를 너무 뒷전으로 밀쳐 둔 것을 자책해야 한다.

이처럼 겸손해질 것을 스스로에게 촉구하면, 훨씬 단순한 근거에 바탕을 둔 설명을 약속해 주는 다른 목소리에 귀를 기울이고 싶어질 것이다. 그런 목소리 중의 하나는 〈군거 본능herd instinct〉을 다룬 트로터의 사려 깊은 저서[63]에서 찾아볼 수 있다. 이 책에서 내가 유감으로 생각하는 것은 최근의 세계대전이 풀어놓은 적개심에서 완전히 벗어나지는 못했다는 점뿐이다.

트로터는 집단에서 일어나는 것으로 묘사된 정신적 현상의 유래를 군거 본능(군거성gregariousness)[64]에서 찾는데, 이 군거 본능은 다른 동물들과 마찬가지로 인간도 선천적으로 갖추었다. 트로터는 생물학적으로 볼 때 군거성은 다세포성과 유사하다고, 말하자면 다세포성의 연장이라고 말한다. (리비도 이론의 관점에서 보면, 개체가 모여서 점점 더 포괄적인 단위를 이루는 것은 같은 종에 속하는 모든 생물의 경향이며, 리비도에서 생겨나는 경향의 표출이다.)[65] 개인은 혼자 있으면 자신을 불완전하게 느낀다. 아이가 혼자 있을 때 보이는 공포는 종종 이 군거 본능의 표출로 여

---

63 『평화 시와 전쟁 시의 군집 본능Instincts of the Herd in Peace and War』.
64 이 낱말은 원문에도 영어로 표기되어 있다.
65 「쾌락 원칙을 넘어서」를 참조할 것 — 원주.

겨졌다. 무리에 저항하는 것은 무리에서 분리되는 것과 마찬가지이기 때문에, 고립에 불안을 느끼는 개인은 무리에 저항하기를 피한다. 그러나 무리는 새롭거나 유별난 것이면 무엇이든 거부한다. 군거 본능은 종종 원초적이고 더 이상 나눌 수 없는 것으로 여겨졌다.

트로터는 자기 보존 본능과 영양 섭취 본능, 성 본능, 군거 본능을 원초적 본능으로 열거했다. 군거 본능은 나머지 본능들과 대립하는 경우가 많다. 죄책감과 의무감은 군거성 동물이 지닌 독특한 감정이다. 트로터는 또한 정신분석이 자아 속에 존재함을 입증한 억제력의 유래를 군거 본능에서 찾으며, 따라서 의사들이 정신분석적 치료 과정에서 부딪치는 저항의 유래도 군거 본능에서 찾는다. 말이 중요한 까닭은 그것이 무리를 이룬 사람들의 상호 이해에 적합하기 때문이고, 개인들의 상호 동일시는 주로 언어에 바탕을 두기 때문이다.

르 봉은 주로 전형적이고 일시적인 집단 형성에 관심이 있었고, 맥두걸은 안정된 조직에 관심을 보인 반면, 트로터는 〈정치적 동물〉[66]인 인간이 평생을 보내는 가장 일반적인 형태의 집합에 관심의 초점을 두고, 그 집합의 심리적 기본 원리를 제시했다. 그러나 트로터는 군거 본능을 원초적이고 더 이상 나눌 수 없는 것으로 규정하기 때문에, 군거 본능의 근원을 탐색할 필요는 전혀 없다. 트로터는 군거 본능의 근원을 피암시성까지 연역하려는 보리스 시디스Boris Sidis의 시도에 대해 언급하는데, 트로터에 관한 한 이런 노력은 다행히 쓸데없는 것이다. 보리스의 설명은 잘 알려졌지만 불만족스럽고, 내가 보기에는 정반대의 명제 — 피암시성에서 군거 본능이 유래한 것이 아니라, 군거 본능에서 피암시

66 아리스토텔레스의 『정치학』에 나오는 말.

성이 유래했다 —— 가 이 문제에 훨씬 많은 빛을 던져 주는 것처럼 여겨지기 때문이다.

그러나 트로터의 서술은 집단 지도자의 역할을 지나치게 등한시했다는 반론을 면하기 어렵다. 우리는 오히려 지도자를 무시하고는 집단의 본질을 파악할 수 없다는 반대 의견에 마음이 쏠린다. 군거 본능은 지도자가 차지할 공간을 전혀 남겨 놓지 않는다. 지도자는 거의 우연하게 무리와 한패가 될 뿐이다. 당연한 일이지만, 이 군거 본능에서는 신에 대한 필요성도 생겨나지 않는다. 무리에는 목동이 없기 때문이다. 게다가 트로터의 서술은 심리학적으로도 공격을 당할 수 있다. 어쨌든 군거 본능은 더 이상 나눌 수 없는 것이 아니며, 자기 보존 본능이나 성 본능과 같은 의미에서의 원초적 본능도 아닐 가능성이 충분하다.

물론 군거 본능의 발생을 밝혀내는 것은 결코 쉬운 일이 아니다. 트로터는 어린아이들이 혼자 남겨졌을 때 보이는 두려움이 군거 본능을 나타내는 증거라고 주장하지만, 이 두려움은 오히려 다른 해석을 암시하는 경향이 있다. 두려움은 어린이의 어머니와 관련되어 있고, 나중에는 어머니 외의 친한 사람들과 관련 있다. 어린이의 두려움은 충족되지 않은 욕망의 표현이며, 어린이는 그것을 불안으로 바꾸는 것 말고는 거기에 대처할 방법을 아직 알지 못한다.[67] 어린이가 혼자 있을 때 느끼는 두려움은 우연히 다가오는 〈무리의 구성원〉을 보아도 가라앉지 않는다. 오히려 이런 〈낯선 사람〉의 접근이 두려움을 불러일으킨다. 어린이는 오랫동안 군거 본능이나 집단 정서와 비슷한 것을 전혀 보이지 않는다. 그와 비슷한 것은 부모와 어린이의 관계를 벗어난 곳, 즉 많은 어린이를 수용하고 있는 탁아소 같은 곳에서 처음으로 생겨나고,

67 『정신분석 강의』에서 불안에 관해 언급한 부분을 볼 것 —— 원주.

손위인 아이가 손아래 아이를 처음 받아들일 때 느끼는 시샘에 대한 반동으로 나타난다. 손위 아이는 질투심 때문에 손아래 아이를 제쳐 놓고 싶어 하고, 손아래 아이를 부모한테서 떼어 놓고 모든 특권을 빼앗고 싶어 한다. 그러나 이 손아래 아이가 자기 자신과 마찬가지로 부모의 사랑을 받는다는 사실에 직면하고, 손아래 아이에게 적대적인 태도를 유지하면 오히려 자기가 손해를 보기 때문에, 결국 그는 다른 아이들과 자신을 동일시할 수밖에 없다. 그리하여 아이들 사이에 공동체 의식이나 집단 정서가 생겨나는데, 이것은 그 후 학교에서 더욱 발전한다. 이 반동 형성이 가장 먼저 요구하는 것은 정의이다. 다시 말해서 모든 아이를 동등하게 대우해 달라는 것이다. 우리는 이 요구가 학교에서 얼마나 강력하게 제기되는가를 안다. 자기가 선생님의 귀여움을 받지 못하면, 다른 아이들도 귀여움을 받아서는 안 된다. 나중에 다른 상황에서 똑같은 과정을 또다시 관찰하지 못한 사람은 이 변화 — 탁아소와 학교에서 질투가 집단 정서로 대치되는 것 — 를 있을 법하지 않은 일로 생각할지도 모른다. 그런 과정을 관찰하려면, 공연을 끝낸 가수나 피아니스트 주위에 모여드는 열광적인 부인과 소녀들의 무리를 생각해 보면 된다. 이들은 하나같이 감상적인 사랑에 빠져 있다. 이들이 저마다 무리 속의 다른 사람들을 질투하기는 쉬울 것이다. 그러나 모여든 사람의 수가 너무 많아서 사랑의 대상에게 가까이 다가갈 수 없기 때문에, 그들은 대상에게 도달하기를 단념하고, 서로 머리채를 잡아당기는 대신 통일된 하나의 집단처럼 행동한다. 즉, 행사의 주인공에게 공통된 행동으로 경의를 표하는 것으로 기뻐할 것이다. 원래는 서로 연적이었음에도, 그들은 동일한 대상에게 비슷하게 사랑에 빠져 있다는 이유로 자신들을 서로 동일시하는 데 성공한 것이다. 어떤 본능적 상황이 다양한 결과를 낳을 수 있는 경우는 흔히 있다. 그럴 때 실제로 나타나는 결과는 어느 정도의 만족을 가져다줄 가능성이 있는 결과이고, 본질적으로 더 뻔한 결과일지라도 세상살이의 여러 가지 상황 때문에 그런 만족을 가져다줄 수 없는 결과는 무시되게 마련이다. 이것은 결코 놀라운 일이 아니다.

나중에 사회에서 〈Gemeingeist〉, 〈esprit de corps〉, 〈group spirit〉[68] 등의 형태로 나타나는 것은 원래 시샘에서 유래했다는 사실을 숨기지 않는다. 아무도 자신을 남보다 내세우고 싶어 해서는 안 되고, 모든 사람이 똑같아야 하며 똑같은 것을 가져야 한다. 사회 정의란, 우리도 많은 것을 단념할 테니까 당신들도 그것 없이 견뎌야 하고 또 그것을 달라고 요구해서는 안 된다는 뜻이다. 평등에 대한 이 요구는 사회적 양심과 의무감의 뿌리이다. 그것은 남에게 병균을 옮길지도 모른다는 매독 환자의 두려움 속에 예기치 않게 모습을 드러낸다. 우리는 정신분석 덕택에 이 두려움을 이해할 수 있게 되었다. 매독 환자들의 두려움은 실제로는 남에게 병균을 퍼뜨리고 싶은 무의식적 원망에 대한 격렬한 투쟁이다. 왜 나만 감염되어 많은 사람들한테 따돌림을 받아야 하는가? 다른 사람들도 감염되면 왜 안 되는가? 솔로몬의 판결에 대한 일화에서도 똑같은 근원을 발견할 수 있다. 자식을 잃은 여자는 이렇게 생각한다. 〈내 아들이 죽었다면, 저 여자도 살아 있는 아이를 가져서는 안 된다고 생각한다.〉 이런 원망 때문에 솔로몬은 어느 여자가 자식을 잃은 여자인지를 식별할 수 있었다.

따라서 사회적 감정은 처음에는 적대감이었던 것이 동일시의 성격을 띤 긍정적인 색조의 유대로 바뀌는 현상에 바탕을 두고 있다. 지금까지의 경과를 더듬어 볼 때, 이 반전 현상은 집단 밖에

68 〈집단 정신〉이라는 뜻의 독일어, 프랑스어, 영어.

있는 사람과의 공통된 정애적 유대의 영향을 받아서 일어나는 것 같다. 동일시에 대한 우리의 분석이 철저하다고는 생각하지 않지만, 우리의 당면 목표, 즉 동일시가 지닌 이 한 가지 특징 — 평등화가 일관되게 이루어져야 한다는 요구 — 으로 되돌아가야 한다는 목표에는 충분하다. 인위적인 두 집단, 즉 교회와 군대에 대한 논의에서 이미 살펴보았듯이, 집단의 필수적인 전제는 모든 구성원이 지도자 역할을 맡는 한 개인에게 똑같이 사랑을 받아야 한다는 것이다. 그러나 집단 내부의 평등에 대한 요구는 구성원들한테만 적용되고 지도자한테는 적용되지 않는다는 사실을 잊어서는 안 된다. 모든 구성원은 서로 평등해야 하지만, 그들은 모두 한 사람의 지배를 받고 싶어 한다. 서로 동일시할 수 있는 다수의 동등한 사람들과 그들보다 우월한 한 사람, 바로 이것이 생존 능력을 가진 집단에서 나타나는 상황이다. 자, 그러면 인간은 무리를 지어 사는 〈군거 동물Herdentier〉이라는 트로터의 견해를 바로잡아, 인간은 오히려 〈군집 동물Hordentier〉, 즉 한 우두머리의 통솔을 받는 집단 속의 개체라고 감히 주장해 본다.

10. 집단과 원시적 군집

1912년에 나는 다윈의 추론을, 인간 사회의 원시적 형태는 한 사람의 강력한 남성에 의해 전제적으로 지배되는 군집이었다는 취지로 이해했다. 나는 이 군집의 운명이 대대로 내려오는 인간의 역사에 지울 수 없는 흔적을 남겼다는 사실을 입증하려고 애썼다. 특히 종교와 도덕 및 사회 조직의 단서를 포함하고 있는 토테미즘의 발달은 우두머리가 살해되고 부계를 중심으로 하는 군집이 형제로 이루어진 공동체로 바뀐 것과 관련되어 있다는 것을 입증하려고 했다.[69] 물론 이것은 선사 시대의 암흑에 빛을 던지려고 애쓰는 고고학자들의 수많은 이론과 마찬가지로 하나의 가설에 불과하다. 말하자면 어느 영국인 평론가[70]가 재미있게 표현했듯이 〈그럴싸한 거짓말〉일 뿐이다. 그러나 나는 그런 가설이 새로운 영역에 일관성과 이해를 가져다줄 수 있다는 것이 입증되면 영광이라고 생각한다.

인간 집단은 대등한 동료들의 무리 속에 우세한 힘을 가진 한 개인이 끼여 있는 낯익은 상황을 또다시 보여 준다. 이 상황은 원시적 군집에 대한 우리의 개념에도 포함되어 있다. 우리가 자주 언급한 설명으로도 알 수 있듯이, 이런 집단의 심리 — 의식적인 개인의 인격이 감퇴하고, 사고와 감정이 공통된 방향으로 집중되고, 정신의 정애적 측면과 무의식적 정신생활이 우세해지고, 어떤 의도가 떠오르자마자 당장 실행에 옮기려 드는 경향 — 는 모두 원시적 정신 기능으로 퇴행한 상태와 일치한다. 우리는 원시적 군집에도 바로 그런 종류의 정신 기능을 부여하는 경향이 있다.[71]

69 「토템과 터부」— 원주. 프로이트는 비교적 적은 수의 사람이 모인 집단을 가리킬 때 〈군집Horde〉이라는 용어를 사용한다.

70 초판에만 〈크로거Kroeger〉라는 이름이 나왔는데, 이것은 〈크로버Kroeber〉의 오자임이 분명하다. 크로버는 프로이트의 책을 비평한 미국의 유명한 인류학자이다. 그러나 크로버 자신이 두 번째 서평에서 지적했듯이, 프로이트의 가설을 〈그럴싸한 거짓말〉에 비유한 것은 크로버가 아니라 영국의 인류학자인 매럿R. R. Marett이었다.

71 우리가 방금 인류의 일반적 특징 묘사에서 기술한 것은 특히 원시적 군집에 적용될 것이 분명하다. 개인의 의지는 너무 약해서 행동을 감행하지 않았다. 집단적 충동 이외에는 어떤 충동도 존재하지 않았다. 집단의 공통된 의지만 존재했고, 혼자만의 의지는 존재하지 않았다. 어떤 생각은 집단 전체로 확산되었다는 지각으로 강화되지 않으면 뚜렷한 목표가 있는 행동으로 전환되지 않았다. 생각이 이처럼 허약한 까닭은 군집의 모든 구성원이 공유하고 있는 감정적 유대가 강한 탓으로 설명될 수 있다. 그러나 그들의 생활 형편이 비슷하고 사유 재산이 없는 것은 개인의 정신 활동을 획일화하는 데 이바지한다. 어린이와 군인들한테서 볼 수 있듯이 공동 활동은 배설 기능에서도 배제되지 않는다. 중요한 예외는 성행위가 제공한다. 성행위에는 제3자가 필요 없고, 극단적인 경우에는 제3자가 사라질 때까지 고통스럽게 기다리는 상태를 강요당

그러므로 집단은 원시적 군집의 부활처럼 보인다. 모든 개인의 마음속에 원시인이 잠재적으로 살아남아 있듯이, 원시적 군집도 되는대로 모인 집합에서 또다시 생겨날 수 있다. 인간이 습관적으로 집단 형성의 영향을 받는 한, 우리는 집단 속에 살아남아 있는 원시적 군집을 알아볼 수 있다. 집단 심리는 가장 오래된 인간 심리라고 결론짓지 않을 수 없다. 우리가 집단의 흔적을 모두 무시하고 개인 심리로 분리시킨 것은 오래된 집단 심리에서 나중에야 서서히 모습을 드러낸 것이다. 이 과정은 점진적이며, 아직도 끝나지 않았다고 말할 수 있을 것이다. 우리는 나중에 이 발달의 출발점을 명확히 지정하려고 애써 볼 작정이다.

이 주장을 좀 더 고찰해 보면, 어떤 점이 수정을 필요로 하는지를 알 수 있을 것이다. 개인 심리는 집단 심리만큼 오래되었을 것이 분명하다. 처음부터 두 종류의 심리, 즉 집단을 이루는 개개인의 심리와 아버지나 우두머리나 지도자의 심리가 존재했기 때문이다. 집단 속의 개인들은 오늘날과 똑같은 유대 관계에 종속되어 있었지만, 원시적 군집의 아버지는 자유로웠다. 그의 지적 활동은 혼자 있을 때에도 강력하고 독립적이었으며, 그의 의지는 타인의 의지로 보강되어야 할 필요가 전혀 없었다. 따라서 그의 자아는 리비도적 결합을 거의 하지 않았다고 가정하는 것이 논리적 일관성이 있다. 그는 자신 이외에는 아무도 사랑하지 않았거나, 다른 사람이 그의 요구를 충족시켜 주는 경우에만 남을 사랑했다. 그의 자아는 객체한테는 꼭 필요한 것만 주었다.

그는 인류 역사가 시작되었을 때부터 〈초인Übermensch〉이었다. 니체는 초인이 미래에만 나타날 것으로 기대했지만, 사실은 먼 옛

한다. (성기적 만족을 위한) 성적 욕구가 군거성에 대해 보이는 반응에 대해서는 이하를 참조할 것 — 원주.

날에도 초인이 존재했던 셈이다. 오늘날에도 집단 구성원들은 지도자에게 똑같이 공평하게 사랑받고 있다는 환상을 필요로 한다. 그러나 지도자는 남을 사랑할 필요가 없다. 그는 절대적인 나르시시즘에 사로잡혀 있고, 자신만만하고 독립성이 강한 독불장군의 성격을 가지고 있을지도 모른다. 사랑은 나르시시즘을 억제한다는 것을 우리는 안다. 사랑이 나르시시즘을 억제하는 작용을 통해 어떻게 문명의 한 요인이 되었는가를 증명할 수도 있을 것이다.

원시적 군집의 아버지는 나중에는 신으로 숭배되었지만, 처음에는 아직 불멸의 존재가 아니었다. 그가 죽으면 누군가가 그를 대신해야 했다. 그의 자리는, 그가 죽을 때까지만 해도 다른 사람들과 마찬가지로 집단의 일원에 불과했던 막내아들이 차지했을 것이다. 따라서 집단 심리가 개인 심리로 바뀔 가능성은 당연히 존재한다. 꿀벌들이 필요한 경우에는 애벌레를 일벌이 아니라 여왕벌로 바꿀 수 있듯이, 이런 변화가 어떤 상황에서 쉽게 이루어지는지를 알아내야 한다. 우리가 상상할 수 있는 가능성은 한 가지뿐이다. 원시적 집단의 아버지는 아들들이 직접적으로 성 충동을 만족시키는 것을 금지했다. 그는 아들들에게 금욕을 강요했고, 그 결과 아들들은 목적이 금지된 성 충동에서 생겨날 수 있는 감정적 결합을 아버지나 형제들과 갖게 되었다. 말하자면 아버지는 아들들을 집단 심리 속으로 몰아넣은 것이다. 그가 성적 만족을 경계하고 용납하지 않은 것이 결국 집단 심리의 원인이 되었다.[72]

그의 후계자가 된 자에게는 성적 만족의 가능성도 주어졌고, 집단 심리의 여러 조건에서 벗어날 수 있는 길도 주어졌다. 그는

---

72 아들들은 집에서 쫓겨나 아버지와 떨어지게 되면, 서로에 대한 동일시를 동성애적 대상애로 발전시켰고, 그리하여 아버지를 죽일 자유를 얻었다고 가정할 수도 있을 것이다 — 원주.

이제 여자에게 리비도를 고착시킨 채, 성적 욕구가 생기면 언제 든지 ─ 성 충동을 나중으로 미룰 필요도 없이, 또한 성 충동이 쌓이기 전에 ─ 만족시킬 수 있게 되었다. 그러자 목적이 금지된 성 충동의 중요성은 사라지고, 그의 나르시시즘은 언제나 절정까지 올라갈 수 있었다. 사랑과 성격 형성의 관계에 대해서는 보유(補遺)에서 다시 언급할 예정이다.

인위적 집단을 통합시키는 수단으로서의 기구와 원시적 군집의 구조 사이에 존재하는 관계는 특히 교훈적인 것으로 강조해도 좋을 것이다. 앞에서도 말했듯이 군대와 교회를 단결시키는 수단은 지도자가 모든 구성원을 똑같이 공평하게 사랑한다는 환상이다. 그러나 모든 아들이 아버지에게 똑같이 〈박해당하고〉 똑같이 아버지를 〈두려워하고〉 있다는 사실을 알고 있는 원시적 군집에서는, 이 환상은 사태를 이상적으로 개조한 것에 불과하다. 모든 사회적 의무감의 토대인 이 개조는 인간 사회의 두 번째 형태인 토템적 씨족에서 이미 집단 형성의 전제가 되었다. 가족은 자연스러운 집단 형성으로서 파괴할 수 없는 불멸의 힘을 가지고 있지만, 이 힘은 집단 형성에 불가결한 전제 조건인 아버지의 공평한 사랑이 가족이라는 집단에서 실제로 적용될 수 있다는 사실에 바탕을 둔다.

그러나 우리는 원시적 군집에서 집단이 생겨났다는 견해에 대해 더 많은 것을 기대한다. 그것은 집단 형성에서 아직도 이해할 수 없는 신비로 남아 있는 것들 ─ 〈최면〉이나 〈암시〉라는 수수께끼 같은 낱말 뒤에 숨어 있는 것들 ─ 을 우리가 이해할 수 있도록 도와주어야 한다. 나는 이것도 충분히 가능한 일이라고 생각한다. 최면은 확실히 불가사의하고 으스스한 면이 있다는 것을 상기하자. 그러나 이 으스스한 특징은 오랫동안 억압되어 있던 무언가

친숙한 것을 암시한다.[73] 최면이 어떻게 유도되는가를 생각해 보라. 최면술사는 자기가 피시술자한테서 의지력을 빼앗을 수 있는 신비로운 힘을 가지고 있다고 주장한다. 또는 피시술자가 그렇게 믿는다. 이 신비로운 힘 ─ 지금도 흔히 〈동물 자기(磁氣)〉라고 부르는 것 ─ 은 원시인들이 터부의 원천으로 간주하는 것과 같은 힘, 왕이나 추장이 발산하는 힘, 거기에 접근하면 위험해지는 힘 ─ 마나 Mana[74] ─ 일 것이 분명하다. 최면술사는 이 힘을 가지고 있는 것으로 되어 있다. 그런데 그는 이 힘을 어떻게 나타내는 가? 최면술사는 피시술자에게 자기 눈을 똑바로 보라고 말한다. 최면을 거는 가장 전형적인 방법은 눈빛이다. 우두머리를 〈바라보는〉 것은 원시인들에게는 위험하고 견딜 수 없는 일이다. 나중에 신을 바라보는 것이 인간에게 위험하고 견딜 수 없는 일이 된 것처럼. 모세도 그의 민족과 여호와 사이에서 중개자 역할을 맡아야 했다. 그의 민족은 신을 바라보는 것을 견디지 못했기 때문이다. 모세가 신을 만나고 돌아왔을 때 그의 얼굴은 눈부시게 빛났다. 원시인들 속의 중개자에게 〈마나〉가 옮겨지듯이, 모세한테도 〈마나〉의 일부가 옮겨진 것이다.[75]

최면을 다른 방법으로도 유발할 수 있는 것은 사실이다. 예를 들면 반짝이는 물체에 시선을 집중하거나 단조로운 소리에 귀를 기울이면 최면에 빠질 수 있다. 이것은 오해를 불러일으키고, 부적절한 심리학 이론이 나오는 계기가 되었다. 사실상 이런 방법은 의식적 주의력을 다른 데로 돌려서 거기에 단단히 고정시키는 데 이바지할 뿐이다. 이 상황은 최면술사가 피시술자에게 〈자, 이

73 「두려운 낯섦」(프로이트 전집 14, 열린책들)을 참조할 것 ─ 원주.
74 사람이나 물건, 장소에서 발현한다고 믿어지는 초자연력.
75 「토템과 터부」 및 거기에 인용된 자료들을 참조할 것 ─ 원주.

제부터는 나한테만 관심을 가지세요. 세상의 다른 것은 전혀 중요하지 않습니다〉라고 말하는 것과 똑같다. 물론 최면술사가 그런 말을 하는 것은 기술적으로 현명하지 않은 방법일 것이다. 그런 말은 피시술자를 무의식적인 마음가짐에서 분리하고, 의식의 저항을 유발할 것이기 때문이다. 최면술사는 피시술자의 의식적 사고가 최면을 걸려는 그의 의도에 쏠리는 것을 피하고, 피시술자를 세상이 하찮아 보일 수밖에 없는 상태에 빠뜨린다. 그러나 피시술자는 이런 상태에 빠져 있으면서도 실제로는 모든 주의력을 무의식적으로 최면술사에게 집중하며, 최면술사에게 친밀감과 신뢰감을 느끼고 감정을 전이하는 상태에 빠져든다. 따라서 농담할 때 쓰이는 기술적 방법이 대부분 그렇듯이,[76] 간접적으로 최면을 거는 방법은 무의식의 작용을 방해하는 정신 에너지의 분배를 억제하는 효과를 발휘하며, 결국 피시술사의 눈을 응시하거나 몸을 쓰다듬는 방법으로 영향을 주는 직접적인 방법과 똑같은 결과를 낳는다.[77]

페렌치는 최면술에서 다음 사실을 발견했다. 즉 최면술사는 최

[76] 사람의 주의를 산만하게 만드는 농담 기법에 대해서는 프로이트의 『농담과 무의식의 관계』(프로이트 전집 6, 열린책들) 제5장 후반부에 상당히 장황하게 논의되어 있다. 이 개념은 『히스테리 연구』에 나오는 〈압력 기법〉과 관련하여 언급되었다.

[77] 이것은 피시술자의 마음이 의식적으로는 단조롭고 하찮은 지각에 사로잡혀 있지만, 무의식적으로는 최면술사에게 쏠려 있는 상태이다. 정신분석적 치료 과정에서도 이와 유사한 상태가 일어나는데, 이것은 여기서 언급할 만한 가치가 있다. 모든 정신분석 과정에서 적어도 한 번은 환자가 아무 생각도 떠오르지 않는다고 완강하게 주장하는 순간이 온다. 지금 자기 마음속에서는 어떤 일도 일어나고 있지 않다고 주장하는 것이다. 환자의 자유 연상은 중단되고, 자유 연상을 작동시키는 여느 때의 자극은 더 이상 효과를 발휘하지 못한다. 정신분석 의사가 그래도 끈질기게 자유 연상을 계속하도록 요구하면, 환자는 마침내 진찰실 창문으로 내다보이는 풍경이나 눈앞의 벽지나 천장에 매달린 가스등을 생각하고 있다고 인정한다. 그러면 정신분석 의사는 환자가 감정 전이 상태에 빠졌으며 의사와 관련된 무의식적 사고에 몰두해 있다는 것을 당장 알 수 있다. 의사가 환자에게 이것을 설명하면, 자유 연상의 장애가 당장 사라지는 현상을 보게 된다 ─ 원주.

면을 시작하면서 흔히 피시술자에게 잠을 자라고 명령하는데, 이때 최면술사는 자신을 피시술자의 부모 자리에 놓고 있다는 것이다. 페렌치는 최면술을 두 종류로 나눌 수 있다고 생각한다. 하나는 자상한 어머니를 모델로 삼아 피시술자를 진정시키는 최면술이고, 또 하나는 엄한 아버지를 모델로 삼아 피시술자를 위협하는 최면술이다. 최면술에서 잠을 자라는 명령은 세상에 대한 모든 관심을 거두고 최면술사에게 모든 관심을 집중하라는 명령을 의미한다. 그리고 피시술자는 그 명령을 그렇게 이해한다. 수면의 심리적 특징은 바로 외부 세계에서 관심을 거두는 것이고, 수면과 최면의 유사성도 거기에 바탕을 두기 때문이다.

뒤이은 조작을 통해서 최면술사는 피시술자의 마음속에 잠들어 있는 오랜 유산 가운데 일부를 눈뜨게 만든다. 그것은 피시술자로 하여금 부모에게 순종하게 만들었던 힘의 유산이며, 또한 그가 아버지와의 관계 안에서 개인적으로 재생했던 경험의 유산이다. 따라서 최면술사의 조치로 깨어난 것은 최고의 권위를 지니는 위험한 인물에 대한 관념이다. 그 인물에 대해서는 수동적이고 피학적인 태도밖에 취할 수 없고, 의지는 그 인물에게 굴복해야 한다. 그 인물과 단둘이 있는 것, 즉 〈그의 얼굴을 똑바로 바라보는 것〉은 위험한 모험처럼 보인다. 이런 방법으로만 우리는 원시적 군집의 각 구성원과 원시적 아버지의 관계를 상상해 볼 수 있다. 다른 반응에서도 알 수 있듯이 사람마다 정도의 차이는 있지만 개인은 이런 오래된 상황을 되살리는 경향을 어느 정도는 유지해 왔다. 그러나 어쨌든 최면은 이런 오래된 인상들을 속임수로 되살리는 교묘한 책략에 불과하다는 인식은 뒤에 남아서, 최면적 의지력이 일시적으로 기능을 정지한 것이 지나치게 심각한 결과를 낳지 않도록 저항할 수도 있다.

그러므로 암시 현상에서 나타나는 집단 형성의 불가사의하고 강제적인 특징은 원시적 군집에서 유래했다는 사실까지 거슬러 올라갈 수 있다. 집단의 지도자는 여전히 두려움의 대상인 원시적 아버지이고, 집단은 여전히 무제한적인 힘에 지배되기를 원한다. 집단은 권위에 대해 극단적인 애착을 가지고 있다. 르 봉의 말을 빌리면, 집단은 복종하고자 하는 열망을 가지고 있다. 원시적 아버지는 집단의 이상이고, 자아 이상을 대신하여 자아를 지배한다. 최면은 두 사람으로 이루어진 집단이라고 부를 수 있다. 그리고 암시는 지각이나 논리가 아니라 성애적 결합에 바탕을 둔 확신이라고 정의할 수 있다.[78]

11. 자아 속의 한 단계

집단 심리에 관해 저술된 권위자들의 상호 보완적인 견해들을 염두에 두고 오늘날의 개인 생활을 검토해 보면, 여러 가지 요소가 복잡하게 뒤얽힌 상태에 직면하여 포괄적인 설명을 시도해 볼 용기마저 잃어버릴지 모른다. 각 개인은 저마다 수많은 집단의 구성 요소이고, 동일시의 결합을 통해 사방팔방으로 묶여 있으며, 다양한 모델을 본떠서 자아 이상을 만들어 낸다. 따라서 각 개인은 수많은 집단 심리 — 종족, 계급, 종교, 국가 등의 집단 심리 — 에 참여하고 있으며, 집단 심리 위로 자신을 끌어올리는 만큼의 독립

---

78 이 장에서 이루어진 논의는 최면술에 대한 베르넴의 개념을 포기하고 그 이전의 〈순진한〉 개념으로 돌아가도록 유도한다는 사실은 강조해 둘 가치가 있을 것 같다. 베르넴은 모든 최면 현상의 근원을 더듬어 올라가면 암시라는 요소에 도달할 수 있고, 암시 자체는 더 이상 설명할 수 없다고 말했다. 우리는 암시가 최면의 부분적인 현상이며, 최면술은 가족의 역사가 처음 시작되었을 때부터 인간의 무의식 속에 살아남은 전제에 확고한 근거를 두고 있다는 결론에 도달했다 — 원주.

성과 독창성을 가질 수도 있다. 그처럼 획일적이고 한결같은 영향력을 가진 안정되고 지속적인 집단 형성은 순식간에 형성되었다가 금세 사라지는 일시적인 집단만큼 관찰자의 눈에 띄지 않는다. 르 봉이 집단 심리의 심리학적 특징을 뛰어나게 스케치할 때 모델로 삼았던 것은 바로 이 일시적인 집단이었다. 그리고 각 개인의 후천적 능력이 비록 잠정적이나마 완전히 사라지는 경이를 우리가 만날 수 있는 것도 바로 이 소란스럽고 덧없는 집단, 말하자면 안정되고 지속적인 다른 집단들 위에 포개진 집단에서이다.

우리가 해석한 바에 따르면 이 경이는 개인이 자아 이상을 포기하고, 그것을 지도자 안에서 구현된 집단 이상으로 대치한 것을 의미한다. 그리고 덧붙여야 할 것은, 이 경이가 모든 경우에 똑같이 위대하지는 않다는 점이다. 많은 개인의 경우 자아와 자아 이상의 분리는 별로 진척되지 않으며, 그 둘은 재빨리 재결합하며, 자아는 초기의 자기애적 자기 만족을 보존하고 있는 경우가 많다. 이런 상황 때문에 지도자 선택은 아주 쉽게 이루어진다. 대개의 경우 지도자는 관계된 개인들의 전형적 특징을 유난히 뚜렷하고 순수한 형태로 지니고 있으면 충분하고, 남들보다 더 위대한 힘과 더 자유로운 리비도를 가지고 있다는 인상만 주면 된다. 그러면 강력한 우두머리에 대한 욕구가 그를 절반쯤은 지도자로 만들어 주고, 본래의 그였다면 아마 가질 자격조차 없었을 지배력을 그에게 부여해 준다. 그리하여 집단의 다른 구성원들 — 이들이 집단에서 벗어났다면, 그들의 자아 이상은 어떤 수정을 거치지 않고는 지도자 안에서 구현되지 않았을 것이다 — 은 〈암시〉, 즉 동일시를 통해 집단의 나머지 구성원들과 함께 휩쓸리게 된다.

우리가 집단의 리비도적 구조를 해명하는 데 기여할 수 있었던 것은 우선 자아와 자아 이상을 구별한 덕택이고, 이것이 가능케 해주는 이중의 결합 — 동일시와, 자아 이상을 대상으로 대체하는 것 — 을 규정한 덕택이다. 자아 분석의 첫단계로, 자아 속에서 이런 종류의 분화 단계를 가정하는 것은 심리학의 다양한 영역에서 차츰 정당성을 확립하게 될 것이다. 나르시시즘에 관한 논문에서 나는 당시에 이 자아의 분화를 뒷받침하는 증거로 사용할 수 있었던 모든 병리학적 자료를 모았다. 그러나 정신병의 심리학 속으로 더 깊이 들어가면 그 의미가 훨씬 크다는 사실이 발견되리라고 예상할 수 있다. 자아는 이제 거기에서 발달한 자아 이상과 대상의 관계 속으로 들어가고, 신경증 연구로 우리가 알게된 것과 더불어 외적 대상과 자아 전체 사이에 일어나는 모든 상호 작용은 자아 내부의 이 새로운 활동 무대에서 되풀이될 수 있다는 점을 상기하자.

여기서는 이 관점에서 가능해 보이는 결과 중 하나만을 끝까지 추구하여, 내가 다른 논문[79]에서 미해결 상태로 남겨 둘 수밖에 없었던 문제의 논의를 다시 시작할 작정이다. 우리가 알게 된 정신적 분화는 모두 정신 기능 장애를 더욱 악화시키고, 정신 기능을 더욱 불안정하게 만들며, 정신 기능이 파괴되는 출발점, 즉 정신 질환이 시작되는 출발점이 될 수도 있다. 우리는 이 세상에 태어나면 절대적인 자기 만족에 빠지는 나르시시즘에서 한 걸음 나아가, 변화하는 외부 세계를 지각하고 대상을 발견하기 시작한다. 그리고 이것은 우리가 새로운 상황을 오래 견디지 못하고, 주기적으로 그 새로운 상황을 떠나 초기 상태로 되돌아간다는 사실과 연결되어 있다. 규칙적으로 취하는 수면 속에서 우리는 자극이 전혀 없고 외부의 대상을 회피할 수 있었던 상태로 다시 돌아가는 것이다. 물론 이 점에서도 우리가 외부 세계에서 오는 암시에

79 「슬픔과 우울증」— 원주.

따르고 있음은 사실이다. 외부 세계는 밤과 낮의 주기적인 변화를 통해 우리에게 영향을 주는 자극의 대부분을 일시적으로 제거해 준다. 초기의 나르시시즘에서 내딛는 걸음의 두 번째 예는 병리학적으로 좀 더 중요하지만, 첫 번째 예와 같은 제한을 전혀 받지 않는다. 우리는 발달 과정에서 우리의 정신적 존재를 응집성 있는 자아와 그 자아 밖에 남겨진 무의식적이고 억압된 부분으로 분리한다. 새로 얻은 이 부분의 안정은 끊임없는 충격에 노출되어 있다는 것을 우리는 알고 있다. 그렇게 자아에서 배제된 부분은 꿈이나 신경증 속에서 자아로 들어가는 문을 두드리지만, 그 문은 저항이라는 수문장이 굳게 지키고 있다. 건강한 사람은 잠을 자지 않고 깨어 있을 때는 억압된 부분이 자아의 저항을 피해 일시적으로 자아 속에 들어와 우리를 더욱 만족시켜 주도록 허용하는 특별한 계략을 이용한다. 농담과 유머, 그리고 어느 정도 일반적인 익살도 이런 관점에서 고찰해 볼 수 있다. 신경증의 심리학을 아는 사람은 누구나 이와 비슷하지만 덜 중요한 예를 생각할 것이다. 그러나 나는 서둘러 신경증 심리학을 예정된 곳에 적용하고자 한다.

자아 이상과 자아의 분리도 역시 오랫동안 지속될 수는 없고 이따금 원래 상태로 돌아가야 한다는 것은 충분히 상상할 수 있다. 온갖 억제와 제한을 받고 있는 자아가 주기적으로 금지령을 어기는 것은 정한 이치이다. 축제 제도는 사실상 이것을 여실히 보여 준다. 축제는 본디 법률로 규정된 합법적 방종에 불과하며, 축제가 유쾌한 까닭은 그것이 해방을 가져다주기 때문이다.[80] 고대 로마인들의 사투르누스 축제[81]와 오늘날의 카니발은 이 본질

---

80 「토템과 터부」 — 원주.
81 고대 로마에서 12월 중순에 며칠간 열렸던 추수제이자 동지제(冬至祭). 이 축

적인 특징에서 원시 부족의 축제와 일치한다. 원시 부족은 축제가 막판에 이르면 대개 온갖 방탕한 짓을 저지르고, 평소에는 가장 신성시하던 계율을 태연히 어긴다. 자아 이상은 자아가 순종해야 하는 온갖 제한의 집약이고, 따라서 자아 이상을 폐기하는 것은 자아에는 필연적으로 멋진 축제가 될 것이다. 자아 이상이 폐기되면, 자아는 다시 한번 자기 만족을 느낄 수 있을 것이기 때문이다.[82] 자아 속의 무엇인가가 자아 이상과 합치되면, 언제나 승리감이 생겨난다. 그리고 죄책감은 (열등감과 마찬가지로) 자아와 자아 이상 사이의 긴장이 표출된 것으로 이해할 수도 있다.

전반적인 기분이 시계추처럼 주기적으로 동요하여, 지나치게 억눌린 기분에서 일종의 중간 상태를 거쳐 한껏 고양된 기분으로 바뀌곤 하는 사람이 있다는 것은 잘 알려져 있는 사실이다. 이 동요의 진폭은 매우 다양해서, 그 변화를 겨우 알아차릴 수 있을 만큼 작은 경우도 있지만, 극단적인 경우에는 멜랑콜리*Melancholie*(울증)와 마니*Manie*(조증)의 형태로 나타나 당사자의 삶을 고통스럽게 침해하거나 방해한다. 이 주기적 우울증의 전형적인 경우에는 외적 요인이 결정적인 역할을 맡는 것처럼 보이지 않는다. 내적 동기도 특별한 것은 발견되지 않는다. 이런 환자들의 내면을 아무리 들여다보아도, 다른 사람들보다 더 강한 내적 동기나 다른 사람들이 가지고 있지 않은 동기는 전혀 찾아볼 수 없다. 그 결과 이런 증상을 심인성이 아닌 것으로 판단하는 것이 관례가

제 기간에 노예는 해방되고 죄수는 처벌을 받지 않으며, 일체의 공무를 중단하고 마음껏 즐기는 잔치가 벌어졌다.

82   트로터는 억압의 근원을 군거 본능까지 더듬어 올라갔다. 내가 나르시시즘에 관한 논문에서 〈자아 이상의 형성은 자아에는 억압을 규정하는 요인일 것이다〉라고 말한 것은 트로터의 말을 반박했다기보다 트로터의 말을 다른 표현으로 바꾼 것이다 ──원주.

되었다. 주기적 우울증과 비슷하지만 그 원인을 정신적 외상에서 쉽게 찾을 수 있는 사례에 대해서는 나중에 다시 다룰 예정이다.

이런 자연 발생적 기분 변화의 근거는 알려져 있지 않다. 우리는 울증이 조증으로 바뀌는 메커니즘을 아직 통찰하지 못했다. 그래서 우리는 이런 환자들이 우리의 추측을 실제로 적용해 볼 수 있는 대상이라고 가정할 수도 있다. 그들의 자아 이상은 전에는 유난히 엄격하게 자아를 지배하다가, 이제 일시적으로 자아 이상이 자아 속에 녹아 들어갔는지도 모른다.

명백한 사실만 이야기하자. 우리의 자아 분석을 근거로 하면, 조증의 경우 자아와 자아 이상이 하나로 합쳐진 것은 의심할 여지가 없다. 그러면 그 사람은 승리감과 자족감에 빠져 어떤 자기 비판에도 시달리지 않고, 욕망에 대한 억제와 타인에 대한 배려와 양심의 가책이 사라진 상태를 즐길 수 있다. 조증의 경우만큼 명백하지는 않지만, 우울증 환자의 비참한 기분이 자아의 두 기능 사이의 예리한 충돌 — 즉 자아 이상이 지나치게 민감해진 나머지 열등 망상과 자기 멸시에 사로잡혀 자아를 가혹하게 비난하는 것 — 의 표출일 개연성은 충분하다. 그렇다면 자아와 자아 이상의 관계가 이처럼 주기적으로 바뀌는 원인을 우리가 앞에서 가정한 것처럼 새로운 제도에 대한 주기적 반항에서 찾을 수 있느냐, 아니면 다른 상황을 그런 변화의 원인으로 생각해야 하느냐가 유일한 문제로 남는다.

조증으로의 변화는 우울증의 종합적 증세에 꼭 필요한 특징은 아니다. 조증으로 바뀌지 않는 단순한 우울증도 있는데, 우울증 발작이 단 한 번으로 끝나는 경우도 있고, 주기적으로 재발하는 경우도 있다.

반면에 갑작스러운 원인이 분명한 병인(病因)의 역할을 맡는 우울증도 있다. 죽음이나 또는 리비도를 철회할 수밖에 없는 상황의 결과로 사랑의 대상을 잃었을 때 일어나는 우울증이 바로 그런 경우이다. 이런 심인성 우울증은 결국 조증으로 바뀔 수 있고, 조증과 울증의 순환은 자연 발생적인 것처럼 보이는 경우와 마찬가지로 쉽게 되풀이될 수 있다. 따라서 사태는 약간 아리송해진다. 특히 우울증의 형태와 증세 가운데 정신분석적 연구 대상이 된 것은 극소수에 불과하기 때문에 더욱 그렇다.[83] 현 단계에서 우리가 이해하고 있는 것은, 사랑하던 대상이 사랑할 가치가 없음을 스스로 입증해 보였기 때문에 그 대상을 포기한 경우뿐이다. 포기된 대상은 동일시를 통해 다시 자아 속에 확립되어, 자아 이상의 엄격한 비난을 받는다. 대상을 향한 비난과 공격은 우울한 자기 질책의 형태로 나타난다.[84]

이런 종류의 우울증도 결국에는 조증으로 바뀔 수 있다. 이런 일이 일어날 가능성은 임상 소견의 다른 특징과는 관계없는 별개의 특징을 나타낸다.

그럼에도 불구하고 나는 자아 이상에 대한 자아의 주기적 반항이라는 요인이 자연 발생적인 우울증과 심인성 우울증이라는 두 가지 우울증에 모두 관여하고 있다고 규정하는 데 아무런 어려움도 느끼지 않는다. 자연 발생적인 우울증의 경우, 자아 이상은 유별난 엄격함을 드러내는 경향이 있고, 그 결과 자아 이상의 기능이 자동적으로 일시 정지된다고 추정할 수 있다. 심인성 우울증

---

83 아브라함,「조울증과 유사 증세에 대한 정신분석적 연구와 치료의 단서 Ansätze zur psychoanalytischen Erforschung und Behandlung des manisch-depressiven Irreseins und verwandter Zustände」(1912) ─ 원주.

84 좀 더 정확히 말하면, 대상에 대한 비난과 공격은 자신의 자아에 대한 비난 뒤에 숨어서, 자신의 자아에 대한 비난에 불변성과 끈질긴 집착과 불가피성을 부여한다. 이것들은 우울증 환자의 자기 질책이 보이는 특징들이다 ─ 원주.

의 경우 자아는 자아 이상의 학대 — 거부된 대상과 자신을 동일시했을 때 자아가 당하는 학대 — 에 시달리다 못해 반란을 일으킬 것이다.[85]

12. 보유

방금 끝낸 연구 과정에서 우리는 수많은 샛길을 만났다. 우리는 일단 이 샛길로 들어서기를 피했지만, 거기에는 우리에게 통찰을 약속해 준 것이 많이 있었다. 이제 이 길에서 한쪽에 남겨 두고 온 몇 가지 중요한 사항을 다루어 보자.

(1) 자아와 대상의 동일시와 대상이 자아 이상을 대신하는 것의 차이를 실제로 보여 주는 흥미로운 예는 우리가 처음에 연구한 두 개의 인위적 집단 — 군대와 교회 — 이다.

군인이 상관 — 사실상 군대의 지도자 — 을 자신의 이상으로 삼는 반면, 동료들과 자신을 동일시하는 것은 명백한 사실이다. 동료들끼리 서로 돕고 물품을 공유해야 하는 의무는 그들의 자아가 갖는 이런 동일성에서 유래하며, 동료 관계에는 반드시 그런 의무가 따른다. 그러나 계급이 낮은 군인이 자신을 장군과 동일시하려고 하면 우스꽝스러워진다. 「발렌슈타인」에 나오는 병사는 바로 그런 이유 때문에 중사를 비웃는다.

그분이 헛기침을 하여 가래를 뱉는 것을
자네는 그야말로 완벽하게 흉내 내는군![86]

---

85 우울증에 관한 논의는 「자아와 이드」 제5장에서도 찾아볼 수 있다.
86 실러의 희곡 「발렌슈타인Wallenstein」 제6장. *Wie er räuspert und wie er spuckt,*

교회에서는 사정이 좀 다르다. 모든 기독교 신자들은 그리스도를 자신의 이상으로서 사랑하고, 자신이 동일시를 통해 다른 모든 신자들과 결합되어 있다고 느낀다. 그러나 교회는 신자에게 더 많은 것을 요구한다. 그는 자신을 그리스도와도 동일시해야 하고, 그리스도가 신자들을 사랑했듯이 다른 모든 신자들을 사랑해야 한다. 따라서 교회는 집단 형성이 부여한 리비도의 지위를 두 가지 점에서 보완할 것을 요구한다. 다시 말해서 대상 선택이 일어나는 곳에는 동일시가 추가되어야 하고, 동일시가 이루어지는 곳에는 대상애가 추가되어야 한다. 이 추가는 분명 집단의 구조가 갖는 범주를 넘어선다. 훌륭한 기독교 신자도 자신이 그리스도를 대신하고 그리스도처럼 모든 인류를 사랑할 수 있다고는 결코 생각하지 않을 수도 있다. 언젠가는 죽어야 할 운명을 지닌 허약한 인간이 구세주처럼 웅대한 영혼과 강한 사랑을 가질 수 있다고 생각할 필요는 없다. 그러나 집단에서 리비도의 분배가 이처럼 발전한 것은 기독교가 더 높은 윤리적 수준에 도달했다고 주장하는 요인일 것이다.

(2) 우리는 인류의 정신 발달사에서 집단의 구성원들도 저마다 집단 심리에서 개인 심리로의 진보를 이룩한 시점을 특정할 수 있을 것이라고 말했다.[87] 그러기 위해서는 잠시 원시적 군집의 아버지에 대한 과학적 신화로 돌아가야 한다. 원시적 군집의 아버지는 나중에 세상을 창조한 조물주로 격상되었는데, 실제로 그는 인류 최초의 집단을 이룬 아들들을 모두 낳았기 때문에 조물

/ *Das habt ihr ihm glücklich abgeguckt!*

87 나는 오토 랑크와 의견을 교환했고, 이다음에 나오는 글은 거기에 영향을 받았다. 랑크의 논문도 참조할 것 — 원주.

주의 지위를 얻은 것은 타당하다. 그는 모든 아들의 이상으로서 두려움과 존경의 대상이었고, 이 사실은 나중에 터부의 개념으로 이어졌다. 이 많은 개인은 결국 단결하여 아버지를 죽이고, 산산조각으로 토막 냈다. 승리자 집단의 어느 누구도 그의 자리를 차지할 수 없었고, 누군가가 그 자리를 차지하면 다시 싸움이 시작되었다. 그러다가 마침내 그들은 아버지의 유산을 모두 포기해야 한다는 것을 깨달았다. 그 후 그들은 형제들로 이루어진 토템 공동체를 형성했다. 모두 동등한 권리를 가진 형제들은 살인의 기억을 보존하고 속죄하기 위한 토템적 금지를 통해 하나로 결합되었다. 그러나 이미 이루어진 일에 대한 불만은 여전히 남았고, 그것은 새로운 발전의 원천이 되었다.

이 형제 집단으로 뭉친 사람들은 옛날 상태를 새로운 차원에서 차츰 부활시키기 시작했다. 남자는 다시 한번 가족의 우두머리가 되어, 아버지가 없는 시대에 확립된 여성 지배의 특권을 무너뜨렸다. 그는 이에 대한 보상으로 그 당시에는 원시적 군집의 아버지가 보여 준 본보기에 따라 어머니 신들을 인정했을지도 모른다. 어머니 신들을 섬기는 사제들은 어머니를 보호하기 위해 거세되었다. 그러나 새로운 가족은 옛날 가족의 그림자일 뿐이었다. 새로운 가족에는 수많은 아버지가 있었고, 이 아버지들은 제각기 다른 아버지들의 권리에 의해 제한받았다.

이런 상황에서 어떤 개인은 절박한 동경에 사로잡힌 나머지, 자신을 집단에서 해방시켜 스스로 아버지 역할을 떠맡을 마음이 내켰을지도 모른다. 이렇게 한 사람은 최초의 서사 시인이었다. 그리고 진보는 그의 상상 속에서 이루어졌다. 이 시인은 자신의 동경에 따라 진실을 거짓으로 위장했다. 말하자면 영웅 신화를 만들어 낸 것이다. 영웅은 혼자서 아버지 — 아직도 신화 속에서 토템적 괴물로 등장하는 아버지 — 를 죽인 사람이었다. 아버지가 아들의 첫 번째 이상이었듯이, 시인은 이제 아버지 자리를 갈망하는 영웅의 형태로 최초의 자아 이상을 창조했다. 영웅으로 변신한 것은 아마 어머니가 가장 사랑하는 막내아들이었을 것이다. 어머니는 아버지의 질투로부터 막내아들을 보호했고, 원시적 군집 시대에는 막내아들이 아버지의 후계자였다. 선사 시대에 대한 시인의 상상 속에서 전투의 전리품이자 살인을 부추기는 존재였던 여자는 아마 적극적인 유혹자이자 범죄의 선동자로 바뀌었을 것이다.

영웅은 군집만이 감행할 수 있었던 위업을 혼자 힘으로 달성했다고 주장한다. 그러나 오토 랑크[88]가 말했듯이, 부인된 사실들은 옛날이야기 속에 뚜렷한 흔적을 남겼다. 옛날이야기에서 우리는 어려운 임무를 수행해야 하는 영웅(그는 대개 막내아들이고, 아버지 대리인에게 자기가 어리석다는, 즉 무해하다는 인상을 준 경우가 적지 않다)이 벌 떼나 개미 떼 같은 작은 동물 무리의 도움을 받아야만 비로소 임무를 수행할 수 있는 경우를 자주 발견하기 때문이다. 꿈의 상징체계에서 벌레나 해충이 (갓난아기로 여겨져 업신여김을 받는) 형제자매를 의미하는 것과 마찬가지로, 벌이나 개미 같은 동물들은 원시적 집단의 형제들일 것이다. 게다가 신화와 옛날이야기에 나오는 임무들은 모두 영웅적 위업의 대체물임을 쉽게 알아볼 수 있다.

그러므로 신화는 개인이 집단 심리에서 빠져나가는 첫걸음이다. 최초의 신화는 분명 심리학적인 영웅 신화였다. 서술적인 자

---

88   오토 랑크Otto Rank(1884~1939). 오스트리아의 정신분석학자. 프로이트의 제자로서, 프로이트 정신분석학파의 중심 인물이었다. 『영웅 탄생의 신화』를 써서 이름을 날렸으며, 정신분석학 잡지 『이마고』를 창간했다.

연 신화는 훨씬 나중에 생겨났을 것이 분명하다. 시인은 이런 걸음을 내디뎠고, 그리하여 상상 속에서는 자신을 집단에서 해방시켰지만, (오토 랑크가 말했듯이) 현실에서는 집단으로 되돌아가는 길을 찾을 수 있다. 그는 집단으로 돌아가서, 자신이 창조한 영웅의 위업을 이야기하기 때문이다. 사실 이 영웅은 시인 자신이다. 따라서 그는 자신을 현실의 수준으로 낮추고, 청중을 상상의 수준으로 끌어올린다. 그러나 청중은 시인의 말을 이해하고, 영웅과 마찬가지로 원시적 아버지를 동경하기 때문에 자신을 영웅과 동일시할 수 있다.[89]

영웅 신화의 거짓말은 영웅의 신격화에서 절정에 이른다. 어쩌면 신격화된 영웅이 하느님 아버지보다 먼저 존재했을지도 모르고, 신으로서 이 세상에 돌아온 원시적 아버지보다 앞서서 그 복귀를 알리는 전조였을지도 모른다. 따라서 신들을 연대순으로 나열하면, 어머니 여신 — 영웅 — 하느님 아버지가 될 것이다. 그러나 결코 잊히지 않은 원시적 아버지가 신으로 승격했을 때 비로소 신은 오늘날까지도 우리가 인정하는 신적 특성들을 갖게 되었다.[90]

(3) 이 논문에서 나는 직접적인 성 본능과 목적 달성이 금지된 성 본능에 대해 많은 것을 이야기했고, 이 구별은 그리 많은 반대에 부딪히지 않으리라고 기대한다. 그러나 이 문제를 자세히 논하는 것은 앞에서 이미 장황하게 설명한 것을 되풀이할 뿐일지라도, 여기서는 부적절한 일일 것이다.

어린이의 리비도가 발달하는 과정은 목적 달성이 금지된 성 본

---

89 한스 작스 「공동의 몽상Gemeinsame Tagträume」(1920)을 참조할 것 — 원주.
90 이 짧은 설명에서 나는 내 설명을 뒷받침하기 위해 전설과 신화, 옛날이야기, 풍속의 역사 등에 존재하는 자료를 제시하려고 애쓰지 않았다 — 원주.

능을 보여 주는 최초의 예이자 가장 좋은 예이기도 하다. 어린이
가 부모나 자기를 보살펴 주는 이들에게 느끼는 감정은 어린이의
성적 충동을 나타내는 소망으로 쉽게 변화한다. 어린이는 이 사
랑하는 대상에게 자신이 알고 있는 모든 애정 표현을 요구한다.
어린이는 사랑하는 대상에게 입 맞추고 싶어 하고, 그들을 만지
거나 바라보고 싶어 한다. 어린이는 사랑하는 대상의 성기를 보
고 싶어 하고, 그들이 은밀한 배설 기능을 수행할 때 그들과 함께
있고 싶어 한다. 어린이는 결혼을 어떤 식으로 이해하고 있든 간
에 나중에 자라면 어머니나 유모와 결혼하겠다고 약속한다. 또는
나중에 아버지의 자식을 낳겠다고 제안하기도 한다. 나중에 유년
시절의 잔재를 정신분석적으로 조사하거나 직접적인 관찰을 통
해 알 수 있듯이, 어린이한테서는 다정하고 시샘하는 감정과 성
적 의도가 완전히 융합되어 있다는 것은 조금도 의심할 여지가
없다. 어린이의 성적 경향은 아직 적절한 중심점을 찾지 못한 상
태이지만, 정신분석적인 조사와 직접적인 관찰은 어린이가 사랑
하는 대상을 이 성적 경향의 대상으로 만드는 기본적인 방법을
보여 준다.[91]

어린이의 사랑은 처음에는 오이디푸스 콤플렉스의 형태를 취
하는 것이 일반적이다. 이 사랑의 첫 번째 형태는 잠재기가 시작
되었을 때부터 억압의 물결에 굴복한다는 것을 우리는 알고 있다.
그 사랑의 잔재는 동일 인물에 대한 순수한 정애적 결합으로 나
타나지만, 더 이상 〈성적〉이라고 말할 수는 없다. 정신생활의 심
층을 조명하는 정신분석은 유년 시절 초기의 성적 결합이 억압된
상태로 무의식 속에 여전히 존속한다는 사실을 쉽게 입증할 수
있다. 우리는 여기에서 용기를 얻어, 정애적 감정이 존재하는 곳

91 「성욕에 관한 세 편의 에세이」를 참조할 것 ─ 원주.

에는 반드시 문제의 그 인물이나 그의 원형(또는 〈이마고〉)[92]에 대한 완전히 〈관능적인〉 대상 결합을 대신하는 것이 존재한다고 과감하게 주장할 수 있다. 어떤 사람에게 이 완전한 성적 경향이 억압된 상태로 여전히 존재하는지, 아니면 이미 고갈되었는지는 특별한 조사를 해보지 않고는 알 수 없다. 좀 더 정확히 말하면 이 경향이 가능성의 형태로 여전히 존재하며, 언제든지 퇴행이라는 방법으로 정신적 에너지를 공급받아 다시 활동할 수 있음은 분명하다. 문제는 그 경향이 현재 어느 정도의 리비도 집중과 효력을 유지하고 있느냐 하는 것뿐이고, 이 질문에 항상 답이 주어지는 것은 아니다. 이와 관련하여 잘못이 일어날 수 있는 두 가지 원인을 피하는 데에도 똑같은 주의를 기울여야 한다. 하나는 억압된 무의식의 중요성을 과소평가하는 스킬라[93]이고, 또 하나는 정상적인 사람을 완전히 병리학적인 기준으로 판단하는 카리브디스[94]이다.

억압된 무의식의 심층을 파고들지 않거나 파고들 수 없는 심리학은 정애적인 감정 결합이 성적 목적이 있는 충동에서 유래한 것일지라도, 항상 성적 목적을 전혀 갖지 않는 충동의 표현으로 간주한다.[95]

초심리학의 요구에 맞게 그런 목적 전환을 설명하기는 좀 어렵

92 부모를 이상화한 어린이의 개념. 우스의 벼락을 맞아 바다에 떨어져 괴물이 되었다고 한다. 바다의 소용돌이를 의인화한 여자 괴물.
93 Scylla. 그리스 신화에서 머리가 여섯 개 달린 바다의 여자 괴물. 카리브디스와 마주 보고 있으면서, 배가 소용돌이를 피해 가까이 다가오면 선원들을 잡아먹었다고 한다. 〈스킬라와 카리브디스 사이〉라고 하면 진퇴양난에 빠졌다는 뜻이다.
94 Charybdis. 그리스 신화에서 가이아와 포세이돈 사이에서 태어난 딸. 굉장한 대식가로 헤라클레스가 게리온의 소 떼를 몰고 지나갈 때 그 소를 훔쳐 먹고, 제우스의 벼락을 맞아 바다에 떨어져 괴물이 되었다고 한다. 바다의 소용돌이를 의인화한 여자 괴물.
95 적대감의 구조는 좀 더 복잡할 것이 분명하다 — 원주.

겠지만, 성적 목적이 없는 충동이 실제로는 성적 목적에서 다른 쪽으로 방향을 전환한 것이라고 말하는 것은 정당하다. 게다가 목적 달성이 금지된 그런 충동은 반드시 원래의 성적 목적을 어느 정도는 보존한다. 헌신적인 애정을 쏟는 사람도, 친구나 숭배자도 이제 〈사도 바울〉의 의미에서만 사랑하는 사람과 육체적으로 가까이 있고 싶어 하고, 그 사람을 눈으로 보고 싶어 한다. 우리가 원한다면 이 목적 전환에서 성 본능의 〈승화〉가 처음 시작되는 단서를 찾을 수도 있겠지만, 반대로 승화의 한계선을 좀 더 먼 지점에 고정시킬 수도 있을 것이다. 목적 달성이 금지된 성 본능은 목적 달성이 금지되지 않은 성 본능보다 훨씬 큰 기능상의 이점을 가지고 있다. 그런 성 본능은 완전한 만족을 얻을 수 없기 때문에, 항구적인 유대를 창조하는 데 특히 적합하다. 직접적인 성적 만족을 추구하는 본능은 만족을 얻을 때마다 에너지를 상실하기 때문에, 성적 리비도가 새롭게 축적되어 충동이 되살아나기를 기다려야 한다. 따라서 기다리는 동안 충동의 대상이 바뀔 수도 있다. 목적 달성이 금지된 성 본능은 금지되지 않은 성 본능과 어느 정도 혼합될 수 있다. 목적 달성이 금지된 성 본능은 금지되지 않은 성 본능에서 생겨났듯이, 금지되지 않은 성 본능으로 다시 바뀔 수도 있다. 스승과 제자, 연주자와 청중, 그리고 특히 여성들의 경우 감사와 존경에 바탕을 둔 우호적인 성격의 감정 관계가 얼마나 쉽게 성적인 소망으로 발전할 수 있는지는 잘 알려져 있다(몰리에르의 「그리스어에 대한 사랑으로 나에게 키스해 주세요」[96]와 비교해 보라). 사실 처음에는 뚜렷한 목적이 없는 이런

---

96 이 구절의 원문은 다음과 같다. 〈뭐라고요! 선생님은 그리스어를 아신다고요! 아아! 제발 허락해 주세요. / 선생님, 그리스어에 대한 사랑으로 당신께 입 맞추는 것을 *Quoi! monsieur sait du grec! Ah! permettez, de grâce, / Que, pour l'amour du grec, monsieur, on vous embrasse.*〉 — 「교양 있는 여자들 Les femmes savantes」의 제3막 제5장.

종류의 감정적 결합은 성적인 대상 선택으로 발전하는 경우가 많다. 피스터O. Pfister는『친첸도르프 백작의 경건함*Frömmigkeit des Grafen von Zinzendorf*』(1910)에서 강렬한 종교적 결합조차 열렬한 성적 흥분으로 얼마나 쉽게 바뀔 수 있는가를 명확하게 보여 주는 사례를 제공했다. 이 사례가 이례적인 것이 아님은 분명하다. 반대로 본래 수명이 길지 않은 직접적인 성적 충동이 지속적이고 순수한 정애적 결합으로 바뀌는 경우도 흔히 볼 수 있다. 열정적인 사랑의 결합이 공고해지는 것은 주로 이 과정에 바탕을 둔다.

목적 달성이 금지된 성 본능이 내적인 장애 또는 외적인 장애로 성적 목적을 달성할 수 없는 직접적인 성 본능에서 생겨났다는 말을 들어도, 우리는 놀라지 않을 것이다. 잠재기의 억압은 내적인 장애 — 또는 내면화한 장애 — 이다. 앞에서 우리는 원시적 군집의 아버지가 성적인 편협함 때문에 모든 아들에게 금욕을 강요했고, 그리하여 아들들을 목적 달성이 금지된 감정적 결합 속으로 몰아넣었지만, 그 자신은 마음대로 성적 만족을 누렸으며, 그리하여 어느 누구와도 감정적 결합을 맺지 않았을 것이라고 가정했다. 집단이 의존하는 모든 결합은 목적 달성이 금지된 본능의 성격을 띤다. 그러나 여기서 우리는 직접적인 성 본능과 집단 형성의 관계를 다루는 새로운 주제의 논의에 접근했다.

(4) 위에서 말한 두 가지 견해를 통해 직접적인 성 본능이 집단 형성에는 바람직하지 못하다는 사실을 발견할 준비가 되었을 것이다. 가족 발달사에도 집단적인 성애 관계(집단혼)가 있었던 것은 사실이다. 그러나 성애가 자아에 중요해질수록, 그리고 성애가 사랑에 빠진 상태의 특성을 더 많이 띠게 될수록 성기의 결합을 목적으로 하는 성 충동이 본질적으로 규정하는 바와 같이 성

애 관계를 두 사람으로만 ―〈우나 쿰 우노*una cum uno*〉[97] ― 제한 해야 할 필요성이 더욱 절박해졌다. 일부다처적 성향은 성적 대상을 잇달아 바꾸는 것으로 만족할 수밖에 없었다.

성적 만족을 얻기 위해 만난 두 사람은 단둘이 있기를 추구하는 한 군거 본능, 즉 집단 감정에 저항하는 시위를 벌이고 있는 것이다. 사랑에 빠지는 정도가 강할수록 그들은 서로에게 더 완전히 만족한다. 집단의 영향력에 대한 그들의 거부는 수치심이라는 형태로 표현된다. 성적 대상 선택권이 집단 결합으로 침해당하는 것을 막기 위해 격렬한 질투심이 동원된다. 애정 관계의 정애적 요소, 즉 개인적 요소가 관능적 요소로 완전히 바뀔 때에만 두 사람은 남들 앞에서 성교를 할 수 있고, 난교 파티에서처럼 여러 쌍의 남녀가 집단을 이루어 동시에 성교를 할 수 있다. 그러나 그 순간에는 성관계의 초기 단계, 즉 사랑에 빠짐이 아직 어떤 역할도 하지 못하고 모든 성적 대상이 똑같은 가치를 지닌 것으로 평가되는 단계로의 퇴행이 일어난 것이다. 버나드 쇼[98]는 사랑에 빠지는 것만큼 한 여자와 다른 여자의 차이를 크게 과장하는 것은 없다는 짓궂은 경구를 남겼는데, 그런 의미에서 사랑에 빠지기 전에는 모든 여자가 다 어슷비슷해 보인다.

사랑에 빠짐은 남녀의 성관계에서 나중에야 나타난다는 것을 암시하는 증거는 아주 많다. 따라서 성애와 집단 결합의 대립도 나중에 생겨난 것이다. 이 가정은 원시적 가족에 대한 우리의 신화와 모순되는 것처럼 보일지도 모른다. 우리가 추정했듯이 형제들이 무리를 지어 아버지를 살해한 것은 결국 어머니와 누이들에

---

97   〈여자 하나에 남자 하나〉를 뜻하는 라틴어.
98   조지 버나드 쇼George Bernard Shaw(1856~1950). 아일랜드 태생의 영국 극작가, 비평가.

대한 사랑 때문이다. 이 사랑이 분할되지 않은 원시적인 것이 아니라고, 즉 정애적 사랑과 관능적 사랑이 밀접하게 결합된 것이라고 상상하기는 어렵다. 그러나 계속 좀 더 고찰하면, 우리 이론에 대한 이 반대는 오히려 우리 이론을 뒷받침해 준다. 아버지 살해에 대한 반응 가운데 하나는 어린 시절부터 다정한 사랑을 나눈 가족 내부의 여자들과는 성관계를 금지하는 토템적 족외혼 제도였다. 이리하여 남자의 정애적 감정과 관능적 감정 사이에 쐐기가 박혔는데, 이 쐐기는 오늘날까지도 남성의 성생활에 단단히 고착되어 있다. 이 족외혼으로 말미암아 남자들은 낯설고 사랑하지도 않는 여자들을 상대로 관능적 욕구를 만족시켜야 했다.

대규모의 인위적 집단인 교회와 군대에는 성적 대상인 여자가 차지할 공간이 없다. 남자와 여자의 애정 관계는 이 조직 밖에 남아 있다. 남녀로 이루어진 집단이 형성된 경우에도 남성과 여성의 구별은 어떤 역할도 하지 못한다. 집단을 단결시키는 리비도가 동성애적 성격을 띠느냐 이성애적 성격을 띠느냐고 묻는 것은 거의 의미가 없다. 그 리비도는 성에 따라 분화되지 않고, 특히 성기라는 리비도의 목적에 대해서는 완전한 무관심을 보이기 때문이다.

다른 점에서는 집단에 완전히 흡수된 사람의 경우에도 직접적인 성 충동은 독자적인 활동을 유지한다. 성 충동이 지나치게 강해지면, 모든 집단 형성을 붕괴시킨다. 가톨릭 교회가 신자들에게 결혼하지 말 것을 권하고 성직자에게 금욕을 강요할 만한 동기는 충분했다. 그러나 사랑에 빠짐은 성직자들마저도 교회를 떠나게 하는 경우가 많았다. 이와 마찬가지로 여자에 대한 사랑은 민족과 국가 및 사회 계급의 집단적 유대를 깨뜨린다. 그리하여 사랑에 빠짐은 문명의 한 요인으로 중요한 결과를 낳는다. 동성애는 목적 달성이 금지되지 않은 성 충동의 형태를 취하고 있을 때에도 집단적 유대와 훨씬 조화를 이루는 것처럼 보인다. 이 주목할 만한 사실을 해명하면, 우리는 좀 더 앞으로 나아갈 수 있을 것이다.

신경증에 대한 정신분석적 연구가 가르쳐 준 바에 따르면, 신경증 증세의 근본 원인은 억압되어 있으면서도 여전히 활동 중인 직접적인 성 충동까지 거슬러 올라갈 수 있다. 〈또는 목적 달성이 금지되었지만, 그 금지가 완전히 성공하지 못했거나 억압된 성적 목적으로 되돌아갈 여지를 남겨 놓은 성 충동까지 거슬러 올라갈 수 있다〉라는 말을 덧붙이면, 이 공식을 완전히 마무리할 수 있다. 이에 따라 신경증 환자는 비사교적이 되고, 통상적인 집단 형성에서 떠나게 된다. 신경증은 사랑에 빠짐과 똑같이 집단을 붕괴시키는 효과가 있다고 말할 수도 있다. 반대로 집단 형성에 강력한 자극이 주어지면 신경증은 줄어들고, 어쨌든 일시적으로는 신경증이 사라지는 것처럼 보인다. 신경증과 집단 형성 간의 이 대립 관계를 이용하여 신경증을 치료하려는 시도도 이루어졌다. 오늘날의 문명 세계에서 종교적 환상이 사라진 것을 아쉬워하지 않는 사람들도 종교적 환상이 효력을 발휘하고 있을 때는 그 환상에 묶여 있는 사람들을 신경증의 위험에서 강력하게 지켜 주었다는 사실을 인정할 것이다. 사람들을 신화-종교적 종파나 철학-종교적 공동체에 묶어 놓는 유대는 모두 우회적인 신경증 치료법의 형태라는 것도 우리는 쉽게 이해할 수 있다. 이 모든 것은 직접적인 성 충동과 목적 달성이 금지된 성 충동의 대립과 관련되어 있다.

신경증 환자를 방치하면, 자신이 배제된 집단 형성을 자신의 증세 형성으로 대치할 수밖에 없다. 신경증 환자는 자기 자신을 위한 상상의 세계를 창조하고, 자신만의 종교, 자신만의 망상 체계를 만들어 낸다. 그리하여 인류의 제도를 뒤틀린 모습으로 재

현하는데, 이것은 직접적인 성 충동이 신경증에서 지배적인 역할을 맡고 있다는 분명한 증거이다.[99]

(5) 끝으로 리비도 이론의 관점에서 우리가 지금까지 고찰한 상태 — 사랑에 빠짐, 최면, 집단 형성, 신경증 — 들에 대한 비교 평가를 덧붙이겠다.

〈사랑에 빠짐〉은 직접적인 성 충동과 목적 달성이 금지된 성 충동이 동시에 존재하면서, 대상이 주체의 자애적 자아-리비도의 일부를 자기 쪽으로 끌어들이는 상태에 바탕을 둔다. 이것은 자아와 대상이 차지할 공간밖에 없는 상태이다.

〈최면〉은 두 사람만이 관여한다는 점에서 사랑에 빠짐과 비슷하지만, 전적으로 목적 달성이 금지된 성 충동에 바탕을 두며, 대상이 자아 이상을 대신한다.

〈집단〉은 이 과정을 여러 배로 증대시킨다. 집단을 결속시키는 본능의 성격은 최면과 일치하고, 대상이 자아 이상을 대신한다는 점에서도 집단과 최면은 공통점을 보인다. 그러나 집단의 경우에는 여기에 다른 개인들과의 동일시가 추가된다. 이 동일시는 원래 집단 구성원들이 같은 대상에 대해 같은 관계를 가졌기 때문에 가능했을 것이다.

최면과 집단 형성은 둘 다 인간의 리비도 발달사에서 물려받은 상속 재산이다. 최면은 성향의 형태로 물려받았고, 집단은 성향 이외에 직접적인 유물의 형태로 물려받았다. 최면과 집단 형성에서, 목적 달성이 금지된 성 충동이 직접적인 성 충동을 대신하는 것은 자아와 자아 이상의 분리를 촉진한다. 사랑에 빠진 상태는 이 분리와 함께 벌써 시작되었다.

99 「토템과 터부」제2장의 끝 부분을 참조할 것 — 원주.

〈신경증〉은 이 계열에서 벗어난 곳에 자리 잡고 있다. 신경증은 또한 인간의 리비도 발달이 가지고 있는 기묘한 특성 — 직접적인 성 기능이 두 번 되풀이하여 시작되고, 그사이에 잠재기를 거치는 것 — 에 바탕을 둔다.[100] 신경증은 사랑에 빠짐이 배제된 퇴행의 성격을 가지고 있다는 점에서, 여기까지는 최면이나 집단 형성과 비슷하다. 직접적인 성 본능에서 목적 달성이 금지된 성 본능으로의 발전이 완전히 성공적으로 이루어지지 않은 경우에는 언제나 신경증이 나타난다. 신경증은 이 발달 과정을 거친 뒤 자아 속에 받아들여진 본능과 억압된 무의식에서 생겨나는 본능, 즉 완전히 억압된 본능적 충동과 마찬가지로 직접적인 성적 만족을 추구하는 본능 사이의 〈갈등〉을 나타낸다. 신경증은 자아와 대상 사이에 존재할 수 있는 모든 관계 — 대상이 그대로 존속하는 관계와 대상이 포기되거나 자아 속으로 들어가는 관계 — 를 포괄하고 있을 뿐 아니라, 자아와 자아 이상의 대립 관계도 포괄하고 있기 때문에 그 내용이 놀랄 만큼 풍부하다.

100 「성욕에 관한 세 편의 에세이」를 참조할 것 — 원주.

어느 환상의 미래

Die Zukunft einer Illusion(1927)

이 논문은 사회 현상으로서의 종교를 고찰한 주요 저작으로, 1927년 봄에 집필을 시작하여 9월에 마무리했고, 국제 정신분석 출판사에서 출판되었으며,『전집』제14권(1948)에 실려 있다.

「나의 이력서」후기에서 프로이트는 〈「어느 환상의 미래」에서 나는 종교를 주로 부정적으로 평가했다. 후에 나는 종교에 관한 좀 더 적합한 공식을 발견했는데, 종교의 힘은 그것의 진리 내용에 근거하지만 그 진리는 실체적인 진리가 아니라 역사적인 진리〉라고 말했다.

이 논문의 영어 번역본은 1928년 롭슨-스콧 W. D. Robson-Scott 이 번역하여 *The Future of an Illusion*이라는 제목으로 런던 호가스 출판사와 정신분석학회에서 출간되었으며,『표준판 전집』제 21권(1961)에도 실렸다.

어느 환상의 미래

1

하나의 특정한 문명 속에서 오랫동안 살면서 그 문명의 발생과 발달 과정을 알아내려고 애쓴 사람은, 때로는 눈길을 다른 쪽으로 돌려, 그 문명 앞에는 어떤 운명이 놓여 있으며 앞으로 어떤 변화를 겪게 될 것인지를 묻고 싶은 유혹도 느끼게 마련이다. 그러나 이런 탐구는 여러 가지 요인 때문에 처음부터 무의미하다는 사실을 곧 알게 된다. 무엇보다도 큰 요인은 인간 활동을 모든 방위(方位)에서 총체적으로 고찰할 수 있는 사람이 거의 없다는 점이다. 대부분의 사람은 연구 범위를 하나의 영역이나 기껏해야 두세 개의 영역으로 제한할 수밖에 없다. 그러나 과거와 현재에 관한 지식이 적을수록 미래에 대한 판단도 더욱 불확실해질 것이 분명하다. 그리고 바로 이런 종류의 판단에서는 각 개인의 주관적 기대가 작용하는데, 그것이 어느 정도로 중요한 역할을 하는지를 평가하기 어렵다는 점이 두 번째 요인이다. 각 개인의 주관적 기대는 그의 경험 속에 포함되어 있는 순전히 개인적인 요소, 즉 삶에 대한 태도에 의존하고 있는데, 이것은 그가 타고난 소질이나 그동안 겪은 성공 또는 실패에 따라 더 낙관적으로 될 수도 있고 더 비관적으로 될 수도 있다. 마지막 요인은 사람들이 대개 자신의 현재를 그저 순진하게 경험하고 있을 뿐 그 내용을 제대로 판단하지 못한다는 기묘한 사실이다. 현재는, 그들이 현재와 어느 정도 거리를 둔 뒤에야, 다시 말해서 현재가 과거가 된 뒤에야 미래를 판단하는 전망대 구실을 할 수 있다.

따라서 우리 문명의 미래에 대해 어떤 의견을 말하고 싶은 유혹에 굴복하는 사람은, 예언에 일반적으로 따라다니는 불확실성뿐만 아니라, 내가 방금 지적한 난점들도 상기하는 편이 좋을 것이다. 그래서 나는, 이제까지 내 관심을 요구해 온 작은 영역이 자리 잡고 있는 지점을 대충 확인하면, 지나치게 넓은 영역에서 서둘러 물러나 그 작은 영역을 재빨리 찾아낼 작정이다.

인간의 삶이 동물적 상태를 뛰어넘어 짐승의 삶과 달라진 것은 인류 문명 — 나는 문화와 문명을 구별하는 것을 경멸한다[1] — 안에서였다. 이 인류 문명은 관찰자에게 두 가지 측면을 제시한다. 한편에는 인간이 자연의 힘을 지배하고 자연의 부를 빼내어 자신의 요구를 채우기 위해 이제까지 얻은 모든 지식과 능력이 있고, 다른 한편에는 인간의 상호 관계를 조정하고 특히 유용한 물자의 분배를 조정하기 위한 온갖 제도가 있다. 문명의 이 두 가지 경향은 서로 무관하지 않다. 그 이유로는 다음 몇 가지를 들 수 있다. 첫째, 인간의 상호 관계는 현존하는 물자를 가져다줄 수 있는 본능 충족의 양에 큰 영향을 받기 때문이다. 둘째, 개인은 타인에 의해 노동력을 이용당하거나 성적 대상으로 선택당하는 한, 그 타인과의 관계에서 일종의 물자로서 기능할 수 있기 때문이다. 셋

---

1 프로이트의 이러한 언명 덕택에, 독일어의 〈*Kultur*〉라는 낱말을 〈문화〉로 번역하느냐, 〈문명〉으로 번역하느냐는 번역자의 재량에 속한다. 이 번역서에서는, 꼭 그런 것은 아니지만, 명사일 경우에는 〈문명〉으로, 형용사일 경우에는 〈문화적〉으로 번역했다.

째, 문명은 인류의 보편적 관심의 대상으로 여겨지고 있지만 각 개인은 사실상 문명의 적이기 때문이다. 인간은 혼자서는 거의 살 수 없으면서도, 공동 생활을 위해 필요한 희생을 무거운 부담으로 생각한다. 그래서 문명은 개인과 맞서 자신을 지켜야 하며, 문명의 규율과 제도와 명령은 바로 그 과업을 수행하기 위한 장치이다. 문명의 규율과 제도와 명령은 물자를 일정하게 분배하는 것뿐만 아니라 그 분배를 유지하는 것도 목적으로 삼는다. 아니, 사실은 자연 정복과 물자 생산에 기여하는 것들을 인간의 적대적 충동에서 보호해야 하는 막중한 임무를 띤다. 인간의 창조물은 쉽게 파괴되며, 그 창조물을 만드는 데 쓰인 과학과 기술은 그것을 폐기하는 데에도 이용될 수 있기 때문이다.

따라서 문명은 권력과 강제의 수단을 손에 넣는 방법을 알고 있는 소수가 그들에게 저항하는 다수에게 강요한 것이라는 인상을 준다. 물론 이런 난점들은 문명 자체의 속성에 본래 갖추어져 있는 것이 아니라, 지금까지 발달한 문명 형태의 결점에 기인한다고 생각하는 것이 자연스럽다. 그리고 실제로 그런 결점들을 지적하기란 그리 어렵지 않다. 인류는 자연을 지배하는 일에서는 끊임없는 진보를 이룩했고, 앞으로도 훨씬 많은 진보를 이룩하리라고 기대할 수 있지만, 인간사를 처리하는 과정에서도 그와 비슷한 진보가 이루어졌는지는 확실히 입증할 수 없다. 어느 시대에나 많은 사람은 문명이 그렇게 해서 얻은 보잘것없는 것을 과연 지킬 가치가 있는지를 자문해 왔고, 그것은 지금도 마찬가지이다. 어떤 사람은 인간 관계를 재정리할 수도 있으리라고 생각할 것이다. 인간 관계를 재정리하여 강제와 본능 억제를 포기하면 문명에 대한 불만의 원인을 제거할 수 있을 테고, 그러면 더 이상 내적 부조화에 시달리지 않는 사람들은 물자를 획득하고 그것

을 누리는 데 전념할 수 있으리라는 것이 그들의 생각이다. 그것
은 아마 황금시대일 것이다. 하지만 그런 상태가 과연 실현될 수
있을지는 의문이다. 오히려 모든 문명은 강제와 본능 억제에 바
탕을 두어야 하는 것처럼 보인다. 강제가 사라졌을 때 대다수 인
간이 새로운 물자 획득에 필요한 작업을 수행할 준비가 되어 있
는지도 확실치 않아 보인다. 모든 사람에게는 파괴적인, 따라서
반사회적이고 반문화적인 경향이 있으며, 많은 사람의 경우에는
이런 경향이 인간 사회에서 그들의 행동을 결정할 만큼 강하다는
사실도 고려해야 한다.

　이러한 심리학적 사실은 인류 문명에 대한 우리의 판단에 결정
적으로 중요하다. 처음에는 물자 획득이라는 목적을 위해 자연을
지배하는 것이 문명의 본질이며, 문명을 위협하는 위험들은 그
물자의 적절한 분배를 통해 제거할 수 있다고 생각할 수도 있다.
그러나 이제는 물질적인 것에서 정신적인 것으로 중심점이 옮겨
진 것 같다. 결정적인 문제는, 인간에게 강요된 부담 — 본능을 자
제해야 하는 희생 — 을 줄일 수 있는가, 줄일 수 있다면 어느 정
도나 줄일 수 있는가, 그래도 필연적으로 남게 마련인 부담을 인
간이 감수하게 할 수 있는가, 그 희생에 대한 보상을 제공할 수 있
는가 하는 것이다. 강제가 없으면 문명이 유효하게 작용할 수 없
는 것과 마찬가지로, 대중에 대한 소수의 지배가 없으면 문명은
존속할 수 없다. 대중은 게으르고 우둔하기 때문이다. 대중은 본
능을 자제하기를 싫어하며, 그 불가피성을 아무리 역설해도 대중
을 납득시킬 수는 없기 때문이다. 또한 대중을 이루는 개인들은
고삐 풀린 망아지처럼 행동하는 것을 서로 지원해 주기 때문이다.
문명의 존속은 지속적인 생산 활동과 본능의 자제에 달려 있다.
본능 자제의 희생을 감수하고 생산 활동을 수행하도록 대중을 설

득할 수 있는 것은 대중에게 모범을 보임으로써 대중에 의해 지도자로 인정받은 개인들의 영향력뿐이다. 이 지도자들이 삶에 필요한 것을 통찰할 수 있는 탁월한 능력을 지닌 사람이라면, 그리고 자신의 본능적 원망을 자제할 수 있는 경지까지 올라간 사람이라면 만사가 순조로울 것이다. 그러나 지도자들은 영향력을 계속 유지하기 위해, 대중이 그들에게 양보하는 것보다 더 많은 것을 대중에게 양보할 위험이 있다. 따라서 지도자들은 마음대로 사용할 수 있는 권력 수단을 장악함으로써 대중으로부터 독립할 필요가 있어 보인다. 요컨대 일정 수준의 강제가 있어야만 문명적 제도가 유지될 수 있는 까닭은, 인간의 두 가지 성질 — 인간은 자발적으로는 일하기를 좋아하지 않으며, 그들의 열정에 반대하는 이유를 논리적으로 설명하는 것은 아무 소용도 없다 — 때문이다.

이런 주장에 대해 어떤 반론이 제기될 것인지를 나는 안다. 반대론자들은 아마 이렇게 말할 것이다. 당신이 묘사한 대중의 성격은 강제 없이는 문명이 제대로 작동할 수 없다는 것을 입증하는 증거가 되겠지만, 대중의 성격은 사실상 문명적 제도의 결함이 낳은 결과일 뿐이며, 그 때문에 인간은 적개심과 복수심을 품고 배타적이 되었다고. 새로운 세대는 보살핌을 받으며 성장했고, 이성을 존중하라는 가르침을 받았으며, 어린 나이에 문명의 혜택을 경험했기 때문에, 문명에 대해 우리와는 다른 태도를 가질 것이다. 그들은 문명을 자신의 소유물로 느끼고, 문명을 보존하기 위해 필요하다면 어떤 일도 마다하지 않고 또 본능 자제의 희생도 기꺼이 감수할 것이다. 그들은 강제하지 않아도 해나갈 수 있을 테고, 이런 점에서 그들은 지도자들과 별반 다르지 않을 것이다. 이제까지 어떤 문명도 이런 성격을 지닌 대중을 만들어 내지 못했다면, 그것은 아직까지 어떤 문명도 인간에게 어린 시절부터 이런 식으로 영향을 미치는 제도를 고안하지 못했기 때문이다.

이런 종류의 제도 확립이 과연 가능한 일인가, 또는 적어도 자연에 대한 지배가 현재 도달해 있는 단계에서 그것이 가능한 일인가 하는 의문도 제기될 수 있다. 미래 세대의 교육을 담당할 수 있는 사람은 탁월하고 굳건하며 공평무사한 지도자의 자질을 갖추어야 하는데, 그렇게 많은 수의 지도자를 어디서 조달할 수 있겠느냐고 반문할 수도 있다. 이런 의도를 실행하기 위해서는 얼마나 많은 강제가 필요할 것인가를 생각하고 지레 겁먹을 수도 있다. 이 계획이 원대하며, 인류 문명의 장래에 매우 중요하다는 것은 아무도 부인할 수 없다. 이 계획은, 인간의 본능은 여러 방향으로 나아갈 수 있는 소질을 갖추고 있으며, 결국 어느 방향으로 나아갈 것인지는 유아기의 경험에 따라 결정된다는 심리학적 통찰에 근거를 둔다. 그러나 유아기의 경험이 본능의 최종적인 방향을 결정한다면, 교육을 받아들일 수 있는 인간의 능력에는 한계가 있기 때문에, 문명의 그런 변화가 갖는 효용성도 제한될 수밖에 없다. 문화적 환경이 달라졌다고 해서 인간사를 처리하기 어렵게 만드는 집단의 두 가지 성격이 과연 제거될 수 있는지, 제거된다면 어느 정도나 제거될 수 있는지에 대해 의문을 제기할 수도 있다. 아직 실험은 이루어지지 않았다. 아마 인류의 일정 비율은 (병리적 소질이나 지나치게 강한 본능 때문에) 영원히 반사회적인 인간으로 남을 것이다. 그러나 현대 문명에 적대적인 다수를 소수로 줄일 수만 있다면, 커다란 업적을 이룩했다고 말할 수 있다. 아마 우리가 〈할 수 있는〉 성취는 그게 전부일 것이다.

나는 내 탐색을 위해 깔아놓은 궤도에서 한참 벗어났다는 인상을 주고 싶지 않다. 그래서 나는 유럽에서 아시아에 걸쳐 있는 광

대한 나라에서 지금 진행 중인 웅대한 문명 실험[2]을 평가하려는 의도는 추호도 없다는 점을 여기서 분명히 밝히고자 한다.[3] 나는 그 실험의 실행 가능성을 판단하거나, 거기에 채택된 방법의 효용성을 분석하거나, 의도와 실행 사이에 필연적으로 생기게 마련인 간격의 크기를 측정할 만한 능력과 지식도 없다. 거기서 준비되고 있는 실험은 아직 진행 중에 있으며, 따라서 오래전에 확고한 기반을 갖춘 우리 문명이 제공하는 자료로는 그 실험을 충분히 관찰할 수 없다.

2

우리는 이제 경제학의 영역에서 심리학의 영역으로 들어왔다. 처음에 우리의 관심은 유용한 물자의 생산과 그 물자의 분배를 위한 제도에서 문화적 자산을 찾는 데 쏠렸다. 그러나 본능을 자제하고 열심히 일하도록 강제하는 것이 모든 문명의 존립 기반이며, 따라서 이런 요구를 받은 사람들의 저항을 필연적으로 불러일으킨다는 인식과 더불어, 문명이 주로(또는 전적으로) 물자 자체나 물자 획득 수단 및 물자 분배를 위한 제도일 수는 없다는 사실이 분명해졌다. 이런 것들은 문명 참여자들의 반항이나 파괴 성향에 위협받고 있기 때문이다. 이제 우리 앞에는 문명의 방어 수단 — 강제 조치 및 사람들로 하여금 그 강제 조치를 감수하게 하고 희생을 보상해 주기 위한 조치 — 이 물자와 나란히 등장했다. 문명을 지킬 수 있는 이 수단들은 문명의 정신적 자산이라고

---

2 러시아의 사회주의 혁명을 가리킨다.
3 「문명 속의 불만」 제5장과 「왜 전쟁인가?」를 볼 것. 『새로운 정신분석 강의』의 서른다섯 번째 강의에도 이 문제가 상세히 논의되어 있다.

말할 수 있다.

용어의 일관성을 유지하기 위해 본능을 충족시킬 수 없는 사태를 〈좌절〉이라고 부르고, 이 좌절을 초래하는 규제를 〈금지〉라고 부르고, 금지가 낳는 상황을 〈박탈〉이라고 부르겠다. 첫 단계는 모든 사람에게 작용하는 박탈과 일정한 집단이나 계층 또는 심지어 한 개인에게만 작용하는 박탈을 구별하는 것이다. 가장 오래된 것은 모든 사람에게 작용하는 박탈이다. 문명은 이 박탈을 초래한 금지를 통해 인간을 태고의 동물적 상태에서 분리하기 시작했다. 그게 몇천 년 전인지는 아무도 모른다. 놀랍게도 우리는 이 박탈이 아직도 작용하며, 여전히 문명에 대한 적의의 핵심을 이룬다는 사실을 알았다. 박탈 작용 아래서 시련을 겪는 본능적 원망은 아이가 태어날 때마다 그 아이와 함께 다시 태어난다. 이 좌절에 대해 이미 사회적 행동으로 반응하는 사람들이 있으니, 신경증 환자가 바로 그들이다. 이 본능적 원망에는 근친상간, 식인(食人), 살인에 대한 욕망이 포함된다. 모든 사람이 한결같이 배척하는 것처럼 보이는 원망과 허용할 것이냐 금지할 것이냐를 놓고 우리 문명 안에서 활발한 논쟁이 벌어지는 원망을 나란히 놓는 것은 이상해 보인다. 그러나 심리학적으로는 그것이 타당한 것으로 인정된다. 가장 오래된 이 본능적 원망에 대한 문명의 반응은 결코 한결같지 않다. 단지 식인만은 보편적으로 금지되어 있고, 비(非)정신분석적 관점에서 보면 완전히 극복된 것처럼 보인다. 근친상간은 금지되어 있지만, 거기에 대한 강한 원망은 그 금지의 장막 뒤에서 아직도 발견할 수 있다. 그리고 우리 문명은 어떤 특정한 상황에서는 아직도 살인을 실행하고 사실상 살인을 명령한다. 앞으로 문명이 어떤 방향으로 발전할지는 모르지만, 오늘날에는 완전히 충족시킬 수 있는 원망이 오늘날의 식인과 마찬가지로 도저히 용납할 수 없는 원망으로 보이는 시대가 올지도 모른다.

이 최초의 본능 자제 속에는 그 후의 모든 자제에도 중요한 의미가 있는 심리학적 요인이 이미 내포되어 있다. 인간 정신은 태고 이래 조금도 발전하지 않았으며, 과학과 기술의 눈부신 진보와는 대조적으로 오늘날에도 역사가 처음 시작되었을 때와 똑같다는 말은 진실이 아니다. 우리는 이러한 정신적 진보 가운데 하나를 당장 지적할 수 있다. 외부의 강제가 차츰 내면화하는 과정은 인간의 발달 과정과 보조를 같이한다. 독자적인 정신 기능인 인간의 초(超)자아가 그 강제를 외부에서 이어받아, 그것을 자신의 명령 속에 포함시키기 때문이다. 우리는 이런 변화 과정을 모든 어린아이한테서 관찰할 수 있다. 이 과정을 거쳐야만 어린아이는 도덕적이고 사회적인 존재가 된다. 초자아의 강화는 심리학적 영역에서 가장 귀중한 문화적 자산이다. 초자아가 강화된 사람은 문명을 적대시하는 존재에서 문명을 전달하는 수단으로 탈바꿈한다. 어떤 문화권에서 이런 사람의 수가 많을수록 그 문화는 더 안정되고, 외부의 강제 조치를 덜 필요로 한다. 본능에 대한 다양한 금지들은 내면화 정도에서 큰 차이를 보인다. 앞에서 언급한 최초의 문화적 요구에 관해서 말하자면, 신경증 환자라는 달갑지 않은 예외를 고려하지 않는다면, 내면화가 매우 광범위하게 이루어진 듯싶다. 그러나 다른 본능적 요구로 눈길을 돌리면 상황이 달라진다. 우리는 대다수 사람이 외부의 압력을 받아야만, 다시 말해서 외부의 강제가 효과를 발휘할 수 있고 사람들이 그것을 두려워하는 경우에만 문화적 금지에 복종한다는 것을 알고 놀라움과 우려를 금할 수 없다. 모든 사람에게 적용되는 문명의 〈도덕적〉 요구도 마찬가지이다. 우리는 인간을 도덕적으로 믿을 수 없는 경우를 자주 경험하는데, 이런 경험의 대부분이 이 범주에 들어간다. 살인이나 근친상간 따위는 도저히 저지를 수 없는 문명인들도 탐욕이나 공격 본능이나 정욕을 충족시키는 짓은 꺼리지 않으며, 처벌만 피할 수 있다면 조금도 망설이지 않고 거짓말이나 사기나 중상모략으로 남을 해치는 경우가 많다. 그리고 이것은 인류가 문명을 갖게 된 먼 옛날부터 줄곧 이어져 온 상태일 것이 분명하다.

특정한 사회 계층에만 적용되는 제한으로 눈길을 돌리면, 우리는 너무나 명백한, 그리고 사람들이 늘 의식해 온 사태에 부딪히게 된다. 사회적으로 소외된 계층이 혜택받은 계층을 부러워하고, 자신들이 당하고 있는 여분의 박탈에서 벗어나기 위해 온갖 노력을 기울이리라는 것은 당연히 예상할 수 있다. 이것이 불가능하면 그 문명 내부에는 항구적인 불만이 존재하게 되고, 이것은 위험한 반란으로 이어질 수 있다. 그러나 현존하는 문명들 가운데, 다수 계층을 억압해야만 소수 계층에 만족을 줄 수 있는 단계를 벗어난 문명은 하나도 없다. 게다가 문명은 억압당한 계층의 노동을 통해서만 존립할 수 있음에도, 그 문명이 소유하고 있는 부에서 그 계층이 차지하는 몫은 너무나 적다. 상황이 이렇다면, 억압당한 자들이 문명에 대해 강한 적의를 품는 것은 충분히 이해할 만하다. 그리고 이런 상황에서 억압당한 자들이 문화적 금지를 내면화하리라고는 기대할 수 없다. 오히려 그들은 금지를 부정하고, 문명 자체를 파괴하는 데 열중하며, 문명의 토대인 각종 전제들을 제거하는 데 몰두할 수도 있다. 이런 계층이 문명에 대해 품고 있는 적의가 너무나 명백하기 때문에, 그들보다 혜택받은 계층의 잠재적 적의는 간과되어 왔다. 그렇게 많은 구성원의 불만을 방치함으로써 그들을 반란으로 몰아넣는 문명은, 두말할 필요도 없이 존속할 가능성도 없고 그럴 가치도 없다.

문명의 명령이 내면화한 정도 — 심리학 용어가 아닌 일반적인 말로 표현하면, 문명 참여자들의 도덕적 수준 — 는 그 문명을 평가할 때 고려 대상이 되는 유일한 정신적 자산은 아니다. 이 외에도 문명은 이상(理想)과 예술 작품이라는 형태의 자산을 가지고 있다.

　　사람들은 하나의 문명이 소유하고 있는 정신적 자산 속에 그 문명의 이상 — 어떤 성취가 가장 고귀하고 가장 추구할 만한 것인가에 대한 판단 — 을 포함시키는 경향이 있다. 처음에는 이런 이상이 그 문화권의 성취를 결정하는 듯 보일 것이다. 그러나 사실은 문명의 내적 능력과 외적 상황의 결합을 통해 최초의 성취가 이루어지며, 이상은 그 최초의 성취에 기초를 두고 그것을 더욱 발전시키려고 집착하는 것처럼 보인다. 따라서 이상이 문명 참여자들에게 주는 만족은 자기애적 성격을 띤다. 그 만족은 문명 참여자들이 이미 성공적으로 이룩한 것에 대한 자부심에 기초한다. 이 만족감을 완전한 것으로 만들기 위해서는, 다른 성취를 지향하여 다른 이상을 발전시킨 다른 문명들과 자기 문명을 비교할 필요가 있다. 모든 문명이 저마다 다른 문명들을 업신여길 권리를 주장하는 것은 바로 이런 차이 때문이다. 이리하여 문화적 이상은 서로 다른 문화권 사이에 불화와 증오를 낳는 원인이 된다. 이것은 민족의 경우에 가장 뚜렷이 드러난다.

　　문화적 이상이 제공하는 자기애적 만족은 어떤 문화권 내부에서 그 문화에 대한 적의를 억제할 수 있는 힘이기도 하다. 자기애적 만족은 문명의 혜택을 누리는 특권층뿐만 아니라 억압받는 계층도 나누어 가질 수 있다. 다른 문화권에 속하는 사람을 경멸할 수 있는 권리는 그들이 자기 문화권 안에서 당하는 부당한 대우를 보상해 주기 때문이다. 그들은 이런 식으로 생각한다. 〈나는 부채와 병역에 시달리는 불쌍한 평민이지만, 그래도 어엿한 로마 시민으로서 다른 민족들을 지배하고 그들의 법률을 강요하는 일에 참여하고 있다.〉 그러나 억압받는 계층은 자기들을 지배하고 착취하는 계층과 자신을 단지 이런 식으로만 동일시하는 것은 아니다. 억압받는 계층은 감정적으로도 자기 주인에게 매일 수 있기 때문이다. 그들은 주인에게 적의를 품으면서도, 주인을 자신의 이상으로 생각할 수 있다. 기본적으로는 모두가 만족스러운 이런 관계가 존재하지 않는다면, 수많은 대중의 정당한 적의에도 불구하고 수많은 문명이 어떻게 그토록 오랫동안 존속할 수 있었는가를 이해할 수 없을 것이다.

일반 대중은 힘든 노동에 종사할뿐더러 교육을 받지 못했기 때문에 대개는 예술에 접근하기 어렵지만, 예술은 어떤 문명에 참여하는 자들에게 또 다른 종류의 만족을 준다. 우리가 오래전에 통찰했듯이,[4] 예술은 문화적 요구에 따라 우리가 오래전에 단념했지만 아직도 마음속 깊은 곳에서는 미련을 버리지 못하는 원망에 대한 대리 만족을 제공하고, 따라서 문명을 위해 욕망을 희생한 사람의 불만을 달래기에는 가장 적합하다. 예술 작품은 또 한편으로는 귀중한 감정적 경험을 공유할 기회를 제공하여, 모든 문화권이 절실히 필요로 하는 동질감을 더욱 고조시킨다. 그리고 이런 예술 작품이 특정한 문명의 성취를 생생히 표현하여 문화적 이상을 인상적으로 전달하면, 그 문명에 속한 사람들에게 자기애적 만족을 줄 수도 있다.

문명의 정신적 재산 목록에서 무엇이 가장 중요한 항목인지에 대해서는 아직 언급한 사람이 없다. 가장 중요한 항목은 넓은 의미의 종교적 관념, 다른 말로 표현하면 문명의 환상이다.

4 「작가와 몽상」(프로이트 전집 14, 열린책들)을 참조할 것.

3

종교적 관념들의 독특한 가치는 어디에 있는 것일까?

우리는 문명이 행사하는 압력 ─ 본능 자제의 요구 ─ 이 문명에 대한 적의를 낳는다고 말했다. 문명의 금지가 해제된 상황을 상상해 보라. 예컨대 마음에 드는 여자가 있으면 아무나 닥치는 대로 성적 대상으로 삼을 수 있고, 사랑의 경쟁자나 자기를 방해하는 사람은 주저없이 죽일 수 있고, 남의 물건을 주인의 허락도 없이 마음대로 가져갈 수 있다면, 우리의 인생은 얼마나 멋지고 만족스럽겠는가! 물론 이렇게 되면 당장 최초의 어려움에 부닥칠 것이다. 다른 사람들도 모두 나와 똑같은 소망을 품고, 내가 남들을 조금도 존중하지 않는 것처럼 그들도 나를 존중해 주지 않을 것이다. 따라서 문명의 제한이 사라질 경우 무한히 행복해질 수 있는 사람은 사실상 한 사람뿐이다. 그 사람은 온갖 권력 수단을 장악한 폭군이나 독재자일 것이다. 그리고 그런 폭군은 다른 사람들이 문명의 명령 가운데 적어도 한 가지만은 지키기를 바랄 것이다. 〈살인하지 말라〉는 명령을.

그러나 문명을 폐지하려고 애쓰는 것은 얼마나 배은망덕하고 근시안적인가! 문명이 폐지되면 남는 것은 자연 상태일 테고, 그것은 훨씬 견디기 어려우리라. 물론 자연은 우리에게 어떤 본능 제한도 요구하지 않을 테고, 우리가 하고 싶은 대로 하게 내버려 둘 것이다. 그러나 자연은 우리를 제한하는 효과적인 수단을 가지고 있다. 자연은 우리에게 만족을 주는 바로 그런 일들을 통해 우리를 파괴하고, 그 방식은 우리에게는 냉혹하고 잔인하고 무자비해 보인다. 우리가 한데 모여 문명을 창조한 것은 바로 이런 자연의 위협 때문이었고, 우리의 공동 생활을 가능하게 만드는 것도 문명이 지향하는 목적 가운데 하나이다. 문명의 첫 번째 사명, 즉 문명의 실제적인 〈존재 이유 *raison d'être*〉는 인류를 자연으로부터 보호하는 것이기 때문이다.

문명이 여러 가지 점에서 이 임무를 상당히 잘 해내고 있으며, 시간이 갈수록 훨씬 잘 해내리라는 것을 우리는 모두 알고 있다. 그러나 자연이 이미 정복되었다는 환상에 사로잡혀 있는 사람은 아무도 없으며, 자연이 언젠가는 인간에게 완전히 굴복할 것이라고 기대하는 사람도 거의 없다. 자연에는 인간의 모든 통제력을 비웃는 것처럼 보이는 요소들이 있다. 진동하고 갈라져서 인간의 생명과 성취물을 매몰시키는 땅. 범람하여 모든 것을 휩쓰는 물. 앞에 있는 모든 것을 날려 보내는 폭풍. 다른 생명체의 공격으로 말미암은 질병들. 그리고 끝으로 죽음이라는 고통스러운 수수께끼가 있다. 죽음을 막는 약은 아직껏 발견되지 않았고, 앞으로도 아마 발견되지 않을 것이다. 자연은 이런 세력들을 총동원하여, 당당하고 잔인하고 냉혹하게 우리에게 저항한다. 우리는 문화적 성취를 통해 나약함과 무력함에서 벗어났다고 생각하지만, 자연은 때때로 자신의 위력을 발휘하여 그 나약함과 무력함을 우리에게 일깨워 준다. 인류가 주는 인상 가운데 우리를 우쭐하게 만드는 만족스러운 인상은 거의 없지만, 자연재해에 직면한 인류가 문명의 부조화나 내부의 불화나 적의를 모두 잊어버리고, 자연의 압도적인 힘에 맞서서 자신을 보존하는 위대한 공동 작업을 부활시킬 때는 우리에게 흐뭇한 인상을 줄 수 있다.

인류 전체와 마찬가지로 개인에게도 삶은 견디기 힘든 것이다. 개인이 참여하는 문명은 그에게 어느 정도의 박탈을 강요하고, 다른 사람들은 그에게 어느 정도의 고통을 안겨 준다. 그것은 문명의 가르침이 있다고 해도 제대로 지켜지지 않거나 문명 자체가 불완전하기 때문이다. 게다가 길들여지지 않은 자연 — 인간은 그것을 〈운명의 여신 *Fäta*〉이라고 부른다 — 도 그에게 해를 끼친다. 이런 상황은 항상 나쁜 일이 일어날 것 같은 불안한 심리 상태를 낳고, 인간이 타고난 나르시시즘을 심각하게 손상시킬 것이라고 생각할 수도 있다. 문명이나 타인이 주는 침해에 개인이 어떻게 반응하는지는 이미 알려져 있다. 개인은 문화적 규제에 상응하는 정도의 저항과 문명에 대한 적의를 키운다. 그러나 자신만이 아니라 인류 전체를 위협하는 자연의 압도적인 힘 — 〈운명의 여신〉 — 에 대해서는 어떻게 자신을 보호할까?

이 작업은 문명이 대행해 준다. 여기서는 모든 사람이 똑같이 문명의 혜택을 입는데, 거의 모든 문명이 이 점에서 똑같은 행동 양식을 보이는 것은 주목할 만하다. 문명은 인간을 자연으로부터 보호하는 일을 일시적으로 중지하는 것이 아니라, 다른 방법으로 그 임무를 수행할 뿐이다. 그 임무는 다양하고 복잡하다. 우선 심각하게 위협받는 인간의 자존심을 부추겨 주어야 한다. 생명과 우주를 사로잡은 공포를 제거해야 한다. 게다가 강력한 실제적 관심으로 발동된 인간의 호기심은 대답을 요구한다.

첫 단계는 자연을 인간화하는 것이고, 이 단계에서 이미 많은 것이 달성된다. 비인격적인 힘들과 운명들은 영원히 떨어진 곳에 있어서, 우리는 거기에 접근할 수 없다. 그러나 자연의 힘이 우리 자신의 영혼 속에서 사납게 날뛰는 것과 같은 열정을 가지고 있다면, 죽음이 자연 발생적인 것이 아니라 사악한 〈의지〉의 폭력 행위라면, 우리 사회에 있는 것과 같은 친숙한 〈존재들〉이 자연의 어느 곳에서나 우리를 둘러싸고 있다면, 우리는 자유롭게 숨을 쉬고 으스스함 속에서 편안한 기분을 느낄 수 있고, 우리의 어리석은 불안을 정신적 수단으로 다스릴 수 있을 것이다. 아마 우리는 여전히 무방비 상태이겠지만, 더 이상 무력한 상태에 빠져 있지는 않다. 적어도 반응을 보일 수는 있기 때문이다. 어쩌면 우리는 무방비 상태가 아닐지도 모른다. 우리는 인간 사회 안에서 쓰는 것과 똑같은 수단을 인간 사회 밖에 있는 이 난폭한 초인적 존재들한테도 적용할 수 있을 것이다. 예를 들면 그들을 달래거나 간청하거나 매수하려고 애쓸 수도 있고, 이런 방법으로 그들에게 영향을 줌으로써 그들이 지닌 막강한 힘의 일부를 빼앗을 수도 있다. 이렇게 자연 과학을 심리학으로 대치하는 것은 우리에게 당장 위안을 줄 뿐만 아니라, 상황을 개선시킬 수 있는 방법도 가르쳐 준다.

이 상황은 새로운 것이 아니라 우리의 유아기에 원형을 두며, 사실상 그 원형의 연장에 불과하기 때문이다. 우리는 어린 시절에 부모와의 관계에서 그와 비슷하게 무력한 상태에 놓인 적이 있었다. 우리는 부모, 특히 아버지를 두려워할 이유가 있었다. 그러면서도 아버지가 우리를 위험에서 지켜 주리라는 믿음을 가지고 있었다. 따라서 두 가지 상황을 일치시키는 것은 지극히 자연스러운 일이었다. 꿈에서와 마찬가지로 여기서도 원망이 한몫했다. 잠을 자는 사람은 금방이라도 무덤 속에 갇힐 것 같은 죽음의 예감에 사로잡힐 수 있다. 그러나 꿈의 작업은 그 무서운 사건조차도 원망 실현으로 바꾸어 주는 상황을 선택할 줄 안다. 예컨대 꿈속에서 어떤 무덤에 들어간 사람은, 그 무덤이 고대 에트루리아의 무덤이라는 것을 알고, 자신의 고고학적 흥미가 충족된 것을 기뻐한다.[5] 이와 마찬가지로 인간은 단순히 자연력을 자신과 대등한 존재처럼 사귈 수 있는 사람으로 만들기보다는 — 이것은 자연력이 인간에게 주는 압도적인 인상과는 걸맞지 않을 것이

5 『꿈의 해석』 제6장에 나오는 이 꿈은 프로이트가 실제로 꾼 꿈이었다.

다 ─ 자연력에 아버지의 성격을 부여한다. 내가 다른 책에서 입증하려고 노력했듯이[6] 인간은 유아기의 원형만이 아니라 계통 발생적인 원형에 따라 자연력을 신으로 형상화한다.

이윽고 자연 현상이 일정한 규칙성을 가지고 법칙에 순응한다는 사실이 처음으로 관찰되었고, 이와 더불어 자연력은 인간적 성격을 잃어버렸다. 그러나 인간의 무력함은 여전히 남아 있고, 이와 더불어 아버지에 대한 동경과 신들도 여전히 남아 있다. 신들은 세 가지 임무를 계속 수행하고 있다. 첫째는 자연의 공포를 제거하는 것이고, 둘째는 인간으로 하여금 특히 죽음에서 나타나는 〈운명의 여신〉의 잔인함을 감수하게 하는 것이고, 셋째는 문명 생활이 강요하는 고통과 박탈을 보상해 주는 것이다.

그러나 이 세 가지 기능 중 강조되는 부분은 때에 따라 조금씩 이동한다. 첫 번째 기능에 관해서 말하자면, 자연 현상은 내적 필요에 따라 자동적으로 일어난다는 사실이 관찰되었다. 신들은 자연의 주인이었을 것이 분명하다. 신들은 자연을 그런 상태로 미리 조정해 놓았고, 일단 조정이 끝난 뒤에는 그냥 내버려 두어도 자연은 신들이 만든 법칙에 따라 움직였다. 신들은 어쩌다 한 번씩만, 마치 본래의 세력권을 조금도 양보하지 않았다는 사실을 분명히 하려는 것처럼 자연의 진로에 개입했다. 우리는 이것을 기적이라고 부른다. 운명의 할당에 관해서 말하자면, 인류가 운명 앞에서 느끼는 당혹감과 무력감은 도저히 치료될 수 없는 것이 아닐까 하는 불쾌한 의혹이 끈질기게 지속되었다. 신들이 임무를 수행할 때 가장 실패하기 쉬운 부분은 바로 이 점이었다. 신들이 〈운명의 여신〉을 창조했다면, 신들의 의도는 심오한 수수께끼 같다고 생각할 수밖에 없다. 고대의 가장 재능 있는 민족의 머

6 「토템과 터부」 제4장을 볼 것.

리에는 모이라[7]가 다른 신들보다 지위가 높으며, 신들도 제각기 자신의 운명을 지니고 있다는 생각이 떠올랐다. 자연이 더 자동적이 되고 신들이 자연에서 후퇴할수록, 인류는 더욱 진지하게 신들의 세 번째 기능에 모든 기대를 걸었고, 도덕은 신들의 진정한 영역이 되었다. 이제는 문명의 결함과 폐해를 없애고, 인간이 공동 생활에서 서로에게 주는 고통을 치유하고, 인간이 그토록 불완전하게 복종하는 문명의 가르침이 실행되도록 감시하는 것이 신들의 임무가 되었다. 그 가르침 자체는 신들이 만든 것으로 여겨졌고, 그 적용 범위는 인간 사회를 초월하여 자연과 우주에까지 확대되었다.

그리하여 자신의 무력함을 그런대로 견딜 만한 것으로 만들고자 하는 인간의 욕구를 모태로 하고, 자신과 인류의 유아기 때의 무력했던 기억을 재료로 한 수많은 개념이 만들어진다. 이런 개념을 갖는 것이 두 가지 방향 — 하나는 자연과 〈운명의 신〉의 위협, 또 하나는 인간 사회 자체가 인간에게 주는 피해 — 에서 인간을 보호해 준다는 것은 쉽게 이해할 수 있다. 문제의 요점은 이것이다. 현세의 삶은 더 고귀한 목적에 이바지한다. 그 목적이 무엇인지는 짐작하기 어렵지만, 인간성의 완성을 의미하는 것은 확실하다. 수준이 높아지고 고상해지는 대상은 아마 인간의 정신적 부분인 영혼 — 세월의 흐름과 더불어 서서히 인간의 육신으로부터 분리되는 부분 — 일 것이다.

이 세상에서 일어나는 모든 일은 우리보다 우월한 지성적 존재

---

7 Moira. 고대 그리스 신화에 나오는 운명의 여신. 흔히 복수형인 〈모이라이 *Moirae*〉가 사용된다. 모이라이는 세 명의 늙은 여신으로, 클로토는 운명의 실을 잣고, 라케시스는 운명을 분배하여 실의 길이를 정하고, 아트로포스는 운명의 실을 재단한다. 원래 모이라는 〈할당〉의 뜻으로, 삶과 죽음에 결부되었는데 운명의 여신으로 의인화되었다. 영어의 〈*Fate*〉, 독일어의 〈*Fäta*〉에 해당한다.

의 의도가 표현된 것이고, 그 존재는 인간의 능력으로는 이해하기 어려운 방법으로 결국 만사를 좋은 방향으로, 즉 우리에게 유쾌한 방향으로 조정한다. 자비로운 신의 섭리는 우리를 일일이 보살펴 주며, 겉으로만 엄격해 보일 뿐, 실제로는 우리가 강력하고 무자비한 자연력의 장난감이 되는 것을 내버려두지 않는다. 죽음은 생명이 없는 무기물 상태로 돌아가는 소멸이 아니라, 더 고귀한 존재로 발전하는 과정에 놓여 있는 새로운 존재의 시작이다. 다른 방향에서 보면, 이 견해는 우리 문명이 세운 도덕률이 우주 전체도 지배한다는 선언이다. 다만 우주 전체를 지배하는 도덕률은 우주를 관장하는 최고 법정이 인류 문명과는 비교도 안될 만큼 강력하고 일관성 있게 지지하고 있다는 점이 다를 뿐이다. 결국 모든 선은 보상받고, 모든 악은 처벌받는다. 이승에서 이루어지지 않으면 죽음 뒤에 시작되는 내세에서라도 보상과 처벌은 반드시 이루어진다. 삶의 모든 공포와 고통과 고난은 결국 이런 식으로 소멸할 운명에 있다. 마치 스펙트럼에서 불가시광선이 가시광선과 이어져 있는 것처럼 이승과 이어져 있는 저승의 삶은 우리가 이승에서는 갖추지 못했던 완전함을 우리에게 가져다준다. 그리고 이 과정을 관장하는 탁월한 지혜, 그 과정에서 드러나는 무한한 자비, 그 과정에서 자신의 목적을 달성하는 정의, 이것들은 인류와 우주를 창조한 신적 존재들의 속성들이다. 아니, 우리 유럽 문명에서는 고대의 모든 신이 하느님이라는 하나의 신적 존재로 집약되었으니까 하느님의 속성이라고 말해야 할 것이다. 신적 속성들을 그런 식으로 응축시키는 데 맨 처음 성공한 유대 민족은 그 진보를 상당히 자랑스러워했다. 유대 민족은 처음부터 모든 신적 형상들 뒤에 그 핵심으로 숨어 있었던 아버지를 시야에 드러내 놓았다. 기본적으로 이것은 역사상 〈하느님〉의 개념이 생겨난 발단으로 돌아가는 것이었다. 이제 신은 하나가 되었기 때문에 인간과 신의 관계는 자식과 아버지의 관계와 같은 친밀감과 강도를 되찾을 수 있었다. 그러나 아버지를 위해 그토록 많은 일을 한 사람은 보상을 받거나 적어도 아버지의 사랑을 독차지하고 싶어 했다. 말하자면 아버지의 〈선민(選民)〉이 되고 싶어 한 것이다. 훨씬 나중의 일이지만, 신앙심 깊은 미국은 〈신의 나라 God's own country〉임을 자처했다. 그리고 인간이 신성을 경배하는 여러 가지 형태 중 하나에 관해서는 이 주장이 정당성을 갖는 것이 분명하다.

지금까지 요약한 종교적 관념들은 물론 오랜 발전 과정을 거쳤고, 다양한 문명이 다양한 관점에서 그 사상을 신봉했다. 나는 그런 관점들 중 오늘날 백인 기독교 문명이 택한 마지막 형태와 대체로 일치하는 한 가지 관점만 추려서 살펴보았다. 이 그림의 모든 부분이 서로 균등하게 부합되지는 않는다는 것, 대답을 요구하는 모든 의문이 대답을 얻지는 못했다는 것, 그리고 일상적으로 경험하는 모순을 하찮은 것으로 치부하기는 어렵다는 점은 쉽게 알 수 있다. 그러나 이렇게 변변치는 못하지만, 가장 넓은 의미에서 종교적인 그런 관념들은 문명의 가장 귀중한 자산 — 문명 참여자들에게 제공할 수 있는 가장 귀중한 것 — 으로 소중히 여겨지고 있다. 땅속에 묻힌 보물을 캐내거나 인간에게 식량을 제공하거나 인간의 질병을 예방하는 장치보다도 그런 종교적 관념들이 훨씬 높은 평가를 받는다. 이런 관념들이 갖고 있다고 주장하는 가치를 거기에 부여하지 않으면 삶은 견딜 수 없는 것이 될 것이라고 사람들은 생각한다. 그러면 이런 문제가 제기된다. 심리학적 관점에서 종교적 관념들은 무엇인가? 종교적 관념들이 누리고 있는 평판은 어디서 유래하는가? 여기서 조심스럽게 한 발짝 더 나아간다면, 종교적 관념들의 진정한 가치는 무엇인가?

4

누구의 방해도 받지 않고 마치 독백처럼 진행되는 연구는 위험
에서 완전히 벗어날 수 없다. 이런 식으로 연구하는 사람은 금방
이라도 비집고 들어오려는 생각들을 옆으로 밀쳐 내고 싶은 유혹
에 빠지기 쉽고, 오히려 불안감에 사로잡혀 결국에는 지나치게
단정적인 태도로 그 불안감을 억누르려고 든다. 그래서 나는 내
주장을 의혹의 눈길로 주시하는 반대론자가 있다고 상정하고, 그
반대론자의 의견을 중간중간에 끼워넣을 생각이다.

반대론자는 아마 이렇게 항변할 것이다.

당신은 〈문명이 종교적 관념들을 만들어 낸다〉거나 〈문명은 그
문명의 구성원들에게 종교적 관념들을 증여한다〉는 식의 표현을
되풀이해서 사용했다. 그런데 그 말이 나한테는 좀 이상하게 들린
다. 이유는 잘 모르겠지만, 당신의 표현은 문명이 노동 생산물을
분배하는 규칙이나 여성과 아동의 권리에 관한 규칙을 만들었다
고 말하는 것만큼 자연스럽게 들리지 않는다.

그렇다면 나는 조금도 망설이지 않고 이렇게 대답할 것이다.

나는 종교적 관념들도 문명의 다른 성취들과 똑같은 필요, 즉
압도적으로 우월한 자연력에서 자신을 지켜야 할 필요에서 생겨
났다는 점을 입증하려고 애썼다. 그리고 여기에 두 번째 동기, 즉
인간이 고통스럽게 느끼는 문명의 결함을 수정하려는 충동이 추
가되었다. 게다가 종교적 관념들은 문명이 개인에게 주는 것이라
는 표현이 특히 적절한 까닭은 개인이 문명 속에서 이미 종교적
관념들의 존재를 발견하기 때문이다. 종교적 관념들은 이미 만들

어진 상태로 개인에게 주어진다. 개인이 혼자 힘으로 그런 종교적 관념들을 발견할 수는 없을 것이다. 개인은 수많은 세대가 남긴 유산 속으로 들어가, 구구단이나 기하학 같은 것들을 받아들이듯 종교적 관념들을 이어받는다. 물론 구구단이나 기하학을 받아들이는 것과 종교적 관념들을 받아들이는 것은 차이가 있지만, 그 차이는 다른 데 있으며, 지금은 거기에 대해서 검토할 자리가 아니다. 당신은 생소하게 들린다고 말하는데, 그것은 종교적 관념들이 대개 신의 계시라는 형태로 제시되기 때문이기도 할 것이다. 그러나 종교적 관념들을 이런 식으로 제시하는 것 자체가 종교 체계의 일부이며, 그것은 지금까지 알려진 종교적 관념들의 역사적 발전 과정이나 다른 시대와 다른 문명에 존재한 종교적 관념들의 차이를 완전히 무시하고 있다.

또 한 가지 문제가 있는데, 내가 보기에는 이것이 더 중요하게 생각된다. 당신은 자연의 인간화가 난폭한 자연력에 직면한 인간의 당혹감과 무력감을 없애고 자연력과 관계를 맺고 결국에는 자연력에 영향을 주어야 할 필요성에 근원을 둔다고 주장한다. 그러나 이런 동기는 불필요해 보인다. 원시인에게는 선택권이 전혀 없다. 다른 식으로는 생각할 수가 없으니까. 자기 존재를 바깥 세계에 투사하고, 눈에 보이는 모든 사태를 근본적으로 자신과 똑같은 존재들의 징후로 여기는 것은 원시인한테 지극히 자연스러운 일이다. 말하자면 그것은 원시인이 타고난 본유 관념이다. 그것이 원시인의 유일한 이해 방식이다. 그리고 원시인이 자연스러운 경향을 발휘한 결과 자신의 가장 큰 필요성 중 하나를 만족시키는 데 성공한다면, 그것은 결코 자명한 것이 아니라 놀랄 만한 우연의 일치이다.

나는 그것이 그렇게 놀라운 일이라고는 생각하지 않는다. 당신은 인간의 사고 활동이 이해관계가 없는 단순한 호기심의 표현일 뿐 실제적 동기는 전혀 없다고 생각하는가? 그것은 거의 있을 법하지 않은 일이다. 오히려 나는 인간이 자연력을 인간화할 때는 유아기의 원형을 모델로 삼는다고 생각한다. 인간은 최초의 환경에서 주위 사람들과 관계를 맺는 것이야말로 그들에게 영향을 주는 방법이라는 것을 배웠다. 그래서 그는 나중에 마주치는 모든 것에 대해서도 영향력을 발휘하기 위해, 어렸을 때 주위 사람들을 대한 것과 똑같은 방식으로 그것들을 대한다. 따라서 나는 당신이 말한 관찰 결과에 대해서는 반대하지 않는다. 나중에 무언가를 지배하기 위해서는 우선 그것을 이해해야 하고(정신적 지배는 물리적 지배를 위한 준비 단계이다), 자신이 이해하고 싶은 것을 모두 인간화하는 것은 사실상 자연스러운 일이다. 그러나 나는 인간의 사고방식이 지닌 이 특징에 동기와 기원을 추가로 부여하고 싶다.

세 번째 문제는 이것이다. 당신은 전에 「토템과 터부」라는 글에서 종교의 기원을 다룬 적이 있다. 하지만 거기서는 종교의 기원이 다른 관점에서 제시되었다. 가장 중요한 것은 아버지와 아들의 관계였다. 신은 고귀한 아버지였고, 그 아버지에 대한 동경이 종교에 대한 욕구의 근원이었다. 그 후 당신은 인간의 나약함과 무력함이라는 요인을 찾아내어, 사실상 종교 형성의 주역을 대체로 이 요인에 맡기고 있는 것 같다. 그리고 이제 당신은 과거에는 아버지 콤플렉스였던 것을 죄다 무력감이라는 용어로 바꾸어 놓았다. 이 변화의 이유가 무엇인지, 설명해 주겠는가?

기꺼이 설명하겠다. 이 질문은 내가 오히려 기다리고 있던 것이다. 하지만 그것이 정말로 변화일까? 「토템과 터부」에서 내 목적은 종교의 기원을 설명하는 것이 아니라 토테미즘의 기원을 설명하는 것이었다. 인간을 보호하는 신이 인간에게 처음 모습을 드러냈을 때는 동물의 모습이었을 것이라는 사실, 그 동물을 죽이거나 먹는 것을 금지하는 터부가 있었다는 사실, 그런데도 매년 한 번씩 엄숙한 의식을 거행하여 공동으로 그 동물을 잡아먹는 풍습이 있었다는 사실을 당신이 알고 있는 견해로 설명할 수 있는가? 이것이 바로 토테미즘에서 일어나는 일이다. 토테미즘을 종교라고 부르는 것이 적절한지에 대해 왈가왈부하는 것은 거의 의미가 없다. 토테미즘은 후세의 신(神) 신앙과 밀접한 관계가 있다. 토템 동물은 신성한 동물이 되었고, 살인과 근친상간을 금지하는 인류 최초의 도덕률은 토테미즘에 기원을 둔다. 당신이 「토템과 터부」의 결론에 찬성하든 반대하든 그 책에서는 주목할 만하고 단편적인 수많은 사실이 모여 일관성 있는 하나의 체계를 이룬다는 것만은 인정하리라고 생각한다.

인간이 동물신에 만족하지 못하고 결국 인간신으로 교체한 이유가 무엇인지의 문제는 「토템과 터부」에서는 거의 다루어지지 않았고, 종교 형성과 관련된 다른 문제들도 그 책에서는 전혀 언급되지 않았다. 그런 식으로 논의를 제한하는 것이 논의를 거부하는 것과 마찬가지라고 당신은 생각하는가? 내 저술은 정신분석적 논의가 종교의 본질을 해명하는 데 이바지할 수 있는 특정 분야만을 엄격하게 구분해 낸 좋은 사례이다. 앞에서 당신은 내가 편파적이라고 비난했지만, 이제 내가 그만큼 깊이 감추어져 있지 않은 다른 부분을 덧붙이려고 한다 해도 내가 모순된 짓을 한다고 비난해서는 안 된다. 물론 앞에서 말한 것과 지금 제시하는 것의 연결 고리를 지적하고, 의식의 심층에 더 깊이 숨어 있는 동기와 의식에 나타난 동기, 아버지 콤플렉스와 인간의 무력함 및 보호받아야 할 필요성이 서로 어떤 고리로 이어져 있는가를 지적하는 것은 내 의무이다.

이 연결 고리를 찾아내기는 그리 어렵지 않다. 그것은 어린아이의 무력함과 그 연장인 어른의 무력함이 맺은 관계에 있다. 따라서 당연히 예상할 수 있는 일이지만, 종교 형성에 관한 정신분석적 동기는 〈의식에 나타난〉 동기를 형성하는 유아기의 원인과 같다. 이제 어린아이의 정신생활 속으로 들어가 보자. 정신분석학이 말하는 애착 유형에 따른 대상 선택을 기억하는가?[8] 여기서 리비도는 자기애적 욕구가 가는 길을 따라가고, 그 욕구 충족을 확실히 보장해 주는 대상에 달라붙는다. 그리하여 어린아이의 배고픔을 채워 주는 어머니는 사랑의 첫 번째 대상이 되고, 또한 외부 세계의 온갖 막연한 위험으로부터 그 아이를 지켜 주는 최초의 보호자 ─ 불안으로부터 지켜 주는 최초의 보호자라고 말할 수도 있다 ─ 가 되기도 한다.

어머니의 이런 역할은 곧 어머니보다 강한 아버지가 떠맡게 되고, 유아기가 끝날 때까지 아버지는 그 지위를 유지한다. 그러나 아버지에 대한 아이의 태도는 독특한 이중성을 띠게 된다. 아버지 자체가 아이에게는 위험을 내포하는 존재인데, 이는 아마 아이가 그 전에 어머니와 맺는 관계 때문일 것이다. 그래서 아이는 아버지를 동경하고 존경하는 만큼 아버지를 두려워한다. 「토템과 터부」에서 입증되었듯이, 아버지에 대한 이 이중적 태도를 암시하는 것은 모든 종교에 깊이 각인되어 있다. 인간은 성장하면서 자신이 영원히 어린아이로 남을 운명이며 미지의 우월한 힘으로

8 「나르시시즘 서론」 제2장을 볼 것.

부터 보호받지 않고는 결코 살아갈 수 없다는 것을 알고 아버지라는 인격의 속성을 그 힘에 부여한다. 그는 스스로 신을 만들고, 그 신을 두려워하면서도 자신의 보호자 역할을 그 신에게 맡긴다. 따라서 아버지에 대한 동경은 인간의 나약함 때문에 일어나는 결과로부터 보호받고자 하는 욕구와 똑같은 동기이다. 〈어른〉은 자신의 무력함을 인정할 수밖에 없고, 그에 대한 반응으로 종교를 형성하게 되는데, 유아기의 무력함에 대한 자기 방어의 자세가 종교 형성이라는 어른의 반응에 독특한 성격을 부여한다. 그러나 신의 개념이 발전한 과정을 더 깊이 탐구하는 것은 내 의도가 아니다. 여기서 우리의 관심사는 문명이 개인에게 전달하는 완성된 형태의 종교적 관념이다.

5

잠시 끊겼던 탐색의 맥을 이어 보자. 그렇다면 종교적 관념들의 심리학적 의미는 무엇이며, 우리는 그 관념들을 어떤 표제로 분류할 수 있는가? 이 질문에 당장 답하기는 어렵다. 수많은 공식들을 퇴짜 놓은 뒤, 우리는 결국 다음 공식을 우리 입장의 바탕으로 삼게 될 것이다. 종교적 관념들은 외적(또는 내적) 현실의 사실과 상황들에 대한 가르침과 주장들이며, 우리가 혼자서는 발견하지 못했던 것을 말해 주고 그것을 믿으라고 요구한다. 종교적 관념들은 우리 인생에서 가장 중요하고 흥미로운 것에 대한 정보를 제공하기 때문에, 특히 높은 평가를 받는다. 종교적 관념들을 전혀 모르는 사람은 무지한 반면, 잘 아는 사람은 지식이 한결 풍부해졌다고 생각할 수 있다.

물론 세계의 다양한 사상들에 관해 알려 주는 가르침은 많이 있다. 학교 수업은 그런 가르침으로 가득 차 있다. 지리를 예로 들어 보자. 우리는 콘스탄츠라는 도시가 보덴호[9] 연안에 있다는 것을 배운다. 그러면 학생들은 이렇게 노래한다. 〈믿지 못하겠거든 직접 가서 보세요.〉 나는 콘스탄츠에 가본 적이 있기 때문에, 그 아름다운 도시가 드넓게 펼쳐진 호수 연안에 있고, 그 호숫가에 사는 사람들은 모두 그 호수를 보덴호라고 부른다는 사실을 증언할 수 있다. 그래서 지금 나는 이 지리적 주장이 옳다는 것을 추호도 의심하지 않는다. 이와 관련하여 또 하나의 인상적인 경험이 생각난다. 나는 중년이 된 뒤에야 처음으로 아테네의 아크로폴리스 언덕에 올라가, 신전의 폐허 속에 서서 눈앞에 펼쳐진 푸른 바다를 바라보았다. 내 마음속에는 놀라움과 기쁨이 뒤섞여 있었다. 그 놀라움은 이렇게 말하는 것 같았다. 〈정말로 사실이군. 학교에서 배운 그대로야!〉 내가 지금 아크로폴리스에 와서 이토록 놀랄 수 있다면, 학교에 다닐 때 선생님한테 배운 진실을 거의 믿지 않았던 것이 분명하다. 당시에 내가 얻은 믿음은 얼마나 얕고 약한 것이었을까! 그러나 이 경험의 의미를 지나치게 강조하지는 않겠다. 내 놀라움은 다르게 해석될 수도 있었을 것이기 때문이다. 물론 그 해석은 당시에는 떠오르지도 않았던 것이고, 주관적인 성격을 띠었으며, 아크로폴리스라는 장소의 특수성과 관계가 있다.[10]

이런 가르침은 모두 그 내용을 믿으라고 요구하지만, 그 내용이 진실이라는 주장의 근거를 제시하지 않는 것은 아니다. 가르침은 관찰과 추론에 바탕을 둔 오랜 사색의 결과가 요약된 형태로 제시되는 것이다. 남의 사색 결과를 그대로 받아들이기보다는

---

9 독일 남부에 있는 독일 최대의 호수.

10 이 일은 프로이트가 50대에 접어든 1904년에 일어났다. 그는 이 논문을 쓴 지 약 10년 뒤에 프랑스의 작가 로맹 롤랑Romain Rolland(1866~1944)에게 보낸 편지에서 이 경험담을 자세히 보고했다.

그 과정을 몸소 거치고 싶어 하는 사람이 있다면, 가르침은 사색을 어떻게 시작할 것인가를 그에게 알려 준다. 게다가 가르침이 전달하는 지식의 원천이 지리적 주장의 경우처럼 자명하지 않을 때에는 그 지식의 원천까지도 추가로 제공된다. 예컨대 지구는 공처럼 생겼다는 주장의 경우, 푸코의 진자 실험[11]과 수평선의 변화, 배를 타고 지구를 일주할 수 있다는 사실 등이 그 증거로 제시되는 것이다. 그렇다고 모두가 세계 일주 항해를 떠날 수는 없기 때문에, 학생들은 학교에서 가르치는 것을 무조건 믿는 데 만족한다. 그러나 원한다면 자신이 직접 실험을 통해 확신을 얻을 수 있는 길은 언제나 열려 있다.

종교의 가르침에도 이와 똑같은 표준을 적용해 보자. 가르침을 믿으라는 요구의 근거가 뭐냐고 물으면, 세 가지 답을 얻을 수 있다. 그런데 이 세 가지 답은 놀랄 만큼 서로 어울리지 않는다. 첫 번째 답은 원시적 조상들이 이미 믿었으니까 믿을 만하다는 것이다. 두 번째 답은 원시 때부터 전해져 내려온 증거가 있다는 것이다. 세 번째 답은 종교적 가르침의 진정성에 의문을 제기하는 것 자체가 금지되어 있다는 것이다. 과거에는 그렇게 주제넘은 짓을 하면 가혹한 처벌을 받았고, 오늘날에도 사회는 새삼스럽게 의문을 제기하려는 시도를 백안시한다.

이 세 번째 답의 경우는 강한 의혹을 불러일으킬 수밖에 없다. 의문을 제기하는 것조차 금지하는 이유는 결국 한 가지밖에 없다. 종교적 교리를 믿으라고 요구하는 사회가 그 주장의 불확실성을 너무나 잘 알고 있기 때문이다. 그렇지 않다면 사회는 확신을 얻

11 푸코Jean Bernard Léon Foucault(1819~1868). 프랑스의 물리학자. 1851년에 〈푸코의 진자〉라고 부르는 단진자(單振子)를 고안하여 지구의 자전을 실험적으로 증명했다.

고 싶어 하는 사람에게 필요한 자료를 기꺼이 제시할 것이 분명하다. 그런데 실상이 이렇기 때문에 우리는 다른 두 가지 답을 검토할 때에도 지우기 어려운 의혹을 품을 수밖에 없다. 조상들이 믿었으니까 우리도 믿어야 한다지만, 그 조상들은 우리보다 훨씬 무지해서 오늘날에는 도저히 받아들일 수 없는 것들을 믿었고, 종교적 교리도 이 범주에 들어갈 가능성이 있다. 조상들이 남긴 증거는 문서로 기록되어 있지만, 그 문서 자체가 믿을 수 없다는 것을 나타내는 온갖 증거가 있다. 그것은 가필과 변조의 흔적들과 모순으로 가득 차 있으며, 사실을 확인하는 증거에 대해 이야기할 때에도 그 증거 자체는 전혀 확인되지 않은 것들이다. 문서에 적힌 말이나 내용이 신의 계시에서 유래한다는 주장은 별로 도움이 되지 않는다. 이 주장 자체가 진정성을 검사받고 있는 교리의 일부이고, 그 주장을 입증하는 명제는 존재할 수 없기 때문이다.

따라서 우리는 문화적 자산이 제공하는 모든 정보 가운데 우리에게 가장 중요할 수도 있는 종교적 교리, 우주의 수수께끼를 풀고 삶의 고통을 달래 주는 임무를 맡고 있는 종교적 교리가 하필이면 진정성이 가장 입증되지 않은 요소라는 기묘한 결론에 도달하게 된다. 고래가 난생 동물이 아니라 태생 동물이라는 사실처럼 우리와 거의 관계가 없는 것도, 이렇게 근거가 박약한 경우에는 받아들일 수 없을 것이다.

이런 사태는 그 자체가 주목할 만한 심리학적 문제이다. 독자들한테 바라건대 종교적 교리의 진실성을 입증할 수 없다는 내 말이 무언가 새로운 내용을 담고 있다고는 생각하지 말아 달라. 그것은 어느 시대에나 느끼고 있었던 것이다. 우리에게 이 유산을 물려준 조상들도 틀림없이 그것을 느꼈을 것이다. 그들 대부분은 아마 우리와 똑같은 의혹을 품었겠지만, 가해진 압력이 너무 강해서 그 의혹을 감히 입 밖에 내지 못했을 것이다. 그 이후에도 수많은 사람이 비슷한 의혹에 시달렸지만, 교리를 믿는 것이 의무라고 생각했기 때문에 의혹을 억누르려고 애썼다. 수많은 지성인들이 이 갈등에 짓눌려 좌절했고, 타협으로 탈출구를 찾으려고 애쓴 수많은 인재가 그 타협에 상처를 입었다.

종교적 교리의 진정성을 입증하기 위해 제시된 증거가 모두 과거에서 유래한 것이라면, 현재는 그런 증거를 제공할 수 없을까? 현재에 대해서는 판단을 내리기가 더 쉬우니까, 주위를 둘러보며 그런 증거를 찾는 것은 자연스럽다. 이런 방법으로 종교 체계의 한 부분만이라도 입증하여 의혹을 풀어 줄 수 있다면, 종교 체계 전체의 신뢰성이 크게 높아질 것이다. 심령주의자들의 방법은 이 점에서 우리의 요구를 충족시켜 준다. 그들은 영혼이 사후에도 존속한다는 것을 확신하고, 종교적 교리의 진실성을 의심할 여지 없이 입증하려고 애쓰고 있다. 그러나 그들은 불행히도 심령 현상 — 영혼들의 출현과 발언 — 은 그들 자신의 정신 활동의 산물에 불과하다는 주장을 논리적으로 반박하지 못한다. 그들은 인류가 낳은 가장 위대한 인물과 가장 저명한 사상가들의 영혼을 불러냈지만, 그들이 영혼한테서 받은 지식과 정보는 모두 어리석고 하찮은 것들이어서, 영혼은 그들을 불러낸 사람에 맞추어 행동하는 능력을 지녔다는 점을 빼고는 확실한 증거를 전혀 찾아낼 수 없다.

이제는 이 문제를 회피하기 위한 두 가지 시도 — 둘 다 필사적인 노력이라는 인상을 준다 — 를 언급해야겠다. 고대에 이루어진 시도는 억지스러운 성격을 띠는 반면, 현대에 이루어진 시도는 좀 더 교묘하다. 최초의 시도는 초기 기독교 교부의 〈불합리하기 때문에 나는 믿는다Credo quia absurdum〉12라는 선언이다. 이 말은 종교적 교리가 이성보다 위에 있다고, 즉 이성의 관할권 밖에 있다고 주장한다. 종교적 교리의 진실성은 마음으로 느껴야 하며, 이성으로 이해할 필요는 없다는 것이다. 그러나 〈나는 믿는다〉라는 고백으로서만 흥미로울 뿐, 권위 있는 의견으로서는 전혀 구속력을 지니지 못한다. 나는 〈모든〉 불합리한 것을 믿어야 하는가? 그렇지 않다면, 왜 이것만은 믿어야 하는가? 이성의 법정보다 더 위에 있는 법정은 없다. 종교적 교리의 진실성이 그 진실성을 입증하는 내적 경험에 달려 있다면, 그런 희귀한 경험을 하지 못한 수많은 사람은 어떻게 해야 하는가? 모든 사람에게 타고난 이성을 활용하라고 요구할 수는 있지만, 극소수의 사람에게만 존재하는 동기를 근거로 모든 사람에게 적용될 의무를 제정할 수는 없다. 한 사람이 황홀경에 빠져 종교적 교리의 진실성에 대해 확고한 믿음을 얻고 깊이 감동했다고 해도, 그것이 다른 사람들에게 무슨 의미가 있겠는가?

두 번째 시도는 〈마치Als ob〉 철학13이 행한 시도이다. 이 철학은 우리의 사고 활동 속에는 수많은 전제가 내포되어 있으며, 우리는 그 전제들이 아무 근거도 없을뿐더러 불합리하기까지 하다는 사실을 충분히 알고 있다고 주장한다. 그것들은 〈의설Fiktions〉이라고 불리지만, 여러 가지 실제적 이유 때문에 우리는 〈마치〉 그 의설(擬說)을 믿는 것처럼 행동해야 한다. 이것은 종교적 교리에도 적용된다. 종교적 교리는 인간 사회를 유지하는 데 무엇과

12 카르타고 태생의 기독교 신학자 테르툴리아누스Tertullianus(155~222)의 말로 전해진다.
13 독일의 철학자 한스 파이힝거Hans Vaihinger(1852~1933)는 『마치 철학Die Philosophie des Als Ob』(1911)에서 〈의설Fiktions〉 이론을 채택함으로써 칸트주의 철학을 실용주의적 방향으로 발전시켰다.

도 비교할 수 없을 만큼 중요한 구실을 맡고 있기 때문이다.[14] 이 주장이 따르고 있는 노선은 〈불합리하기 때문에 나는 믿는다〉라는 고백에서 그리 멀리 떨어져 있지 않다. 그러나 〈마치〉 철학의 요구는 오직 철학자만이 제시할 수 있는 것이라고 나는 생각한다. 철학의 농간에 휘둘리지 않는 사고방식을 가진 사람은 절대로 그 요구를 받아들일 수 없을 것이다. 그런 사람은 무언가가 불합리하거나 이성에 어긋난다고 인정하면 거기에 대해서는 더 이상 말할 필요가 없다고 생각한다. 일상적인 활동에 대해서도 그것이 합리적이라는 보증을 필요로 하는 그런 사람이 가장 중요한 관심사를 다룰 때 그 보증을 그만두리라고는 생각할 수 없다. 내 자식 중 하나가 어렸을 때 유난히 실제적인 면이 있었던 것이 생각난다. 아이들한테 옛날이야기를 해주면, 다른 아이들은 넋을 잃고 열심히 귀를 기울이는데, 유독 그 녀석만은 나한테 다가와서 이따금 살짝 물었다. 〈정말로 있었던 이야기인가요?〉 실화가 아니라고 말해 주면, 그 녀석은 종종 표정을 찌푸리며 돌아섰다. 〈마치〉 철학이 아무리 종교적 교리를 옹호해도, 사람들은 이제 곧 종교의 옛날이야기에 대해 이 아이처럼 행동할 것이라고 예상된다.

그러나 아직까지는 여전히 이와는 전혀 다르게 행동하고 있다. 과거에 종교적 관념들은 논란의 여지가 없을 만큼 진정성이 부족했는데도 인류에게 가장 강력한 영향력을 행사했다. 이것은 새로운 심리학적 문제이다. 우리는 그런 교리의 내적인 힘이 어디에

14 다른 철학자들에게도 생소하지 않은 견해의 대표자로 〈마치〉 철학자를 택한 것이 그에게 부당한 처사가 아니기를 바란다. 〈내가 의설이라고 부르는 것에는 대수롭지 않은 이론적 조작만이 아니라 가장 고귀한 정신에서 나온 관념적 복합 개념도 포함된다. 인류 가운데 가장 고귀한 사람들은 이런 복합 개념에 집착하고, 무슨 일이 있어도 그것을 박탈당하려고 하지 않을 것이다. 그것을 박탈하는 것이 우리의 목적도 아니다. 우리는 그것들을 《실제적 의설》로 고스란히 놓아두고 있기 때문이다. 그것들은 《이론적 진리》가 되었을 때에만 소멸한다〉(한스 파이힝거) ― 원주.

있고, 이성의 승인과는 관계없이 유효성이 있는 것은 무엇 때문인가를 자문해야 한다.

6

우리는 이 두 가지 질문에 대답할 준비가 충분히 되어 있다고 생각한다. 종교적 관념들의 정신적 기원으로 관심을 돌리면, 답은 쉽게 발견될 것이다. 교리의 형태로 주어지는 종교적 관념들은 경험의 침전물도 아니고 사색의 최종 결과도 아니다. 그것들은 환상이며, 인류의 가장 오래되고 강력하고 절박한 원망의 실현이다. 종교적 교리가 그토록 강력한 힘을 발휘하는 비결은 원망의 강력함에 있다. 앞에서도 말했듯이, 유아기의 무력감은 아버지의 보호를 받고 싶은 욕구 — 사랑을 통해 보호받고 싶은 욕구 — 를 불러일으켰다. 이 무력감이 평생 동안 지속된다는 인식은 아버지라는 존재에 매달려야 할 필요성을 낳았지만, 이번에는 훨씬 강력한 아버지가 그 대상이 되었다. 그리하여 신의 섭리의 자애로운 지배는 삶의 위험에 대한 우리의 두려움을 달래 주고, 도덕적인 세계 질서 확립은 인류 문명 속에서는 대체로 실현되지 않은 정의의 요구를 확실하게 실현시켜 준다. 이승에서의 생존이 내세에서 연장된다는 개념은 이 원망 실현이 일어날 공간적 시간적 체제를 제공해 준다. 인간의 호기심을 자극하는 수수께끼 — 예를 들면 우주는 어떻게 시작되었으며, 육체와 정신의 관계는 무엇인가 — 에 대한 답은 이 체제의 기본적인 전제에 따라 전개된다. 유아기의 아버지 콤플렉스에서 생겨나는 갈등이 마음에서 제거되고 보편적으로 인정되는 형태로 해결된다면, 개인의 마음은 커다란 위안을 얻을 것이다.

이런 것들을 모두 환상이라고 부르려면, 환상이라는 낱말의 의미를 정의할 필요가 있다. 환상은 오류와는 다르다. 그리고 환상이 반드시 오류인 것도 아니다. 해충은 오물에서 생겨난다는 아리스토텔레스의 믿음(무지한 사람들은 아직도 이 믿음을 버리지 못한다)은 오류였다. 〈척수 매독〉이 지나친 성행위의 결과라는 구세대 의사들의 믿음도 오류였다. 이런 오류를 환상이라고 부르는 것은 타당하지 않으리라. 반면에 인도로 가는 새로운 항로를 발견했다는 콜럼부스의 믿음은 환상이었다. 그의 원망이 이 오류에서 맡은 역할은 분명하다. 인도-게르만족만이 문명 창조의 능력을 지닌 유일한 민족이라는 일부 민족주의자들의 주장도 환상이라고 부를 수 있다. 어린아이에게는 성욕이 없다는 믿음은 얼마 전에야 정신분석학이 깨뜨린 환상이었다. 환상의 특징은 바로 인간의 원망에서 유래한다는 점이다. 이 점에서 환상은 정신병적 망상과 비슷하다. 그러나 망상의 구조가 더 복잡하다는 점은 별도로 하더라도, 망상과 환상은 여러 가지로 다르다. 망상의 경우에는 현실과 모순된다는 점이 불가결한 요소로 강조된다. 환상은 반드시 허위일 필요는 없다. 다시 말해서 실현 불가능하거나 현실과 모순될 필요는 없다. 예를 들면 평민 출신의 아가씨는 왕자가 찾아와서 자기와 결혼할 것이라는 환상을 품을 수 있다. 이것은 충분히 가능한 일이다. 그런 일이 실제로 일어난 적도 있다. 구세주가 와서 황금 시대를 열리라는 것은 그보다 훨씬 있을 법하지 않은 일이다. 이런 믿음을 환상으로 보느냐 아니면 일종의 망상으로 보느냐의 판단은 각자의 개인적 견해에 달려 있을 것이다. 환상이 사실로 입증된 사례를 찾기는 쉽지 않지만, 모든 쇠붙이를 금으로 바꿀 수 있다는 연금술사들의 환상은 그런 사례 중 하나일지도 모른다. 부(富)를 결정하는 요소에 대한 오늘날의 인식이 되도록 많은 금을 갖고 싶다는 소망을 약화시킨 것은 사실이지만, 화학은 쇠붙이를 금으로 바꾸는 것을 더 이상 불가능한 일로 보지 않는다. 따라서 우리는 어떤 믿음을 갖게 된 주요 동기가 원망 실현일 때 그 믿음을 환상이라 부르고, 환상 자체가 입증을 중시하지 않기 때문에 환상과 현실의 관계는 고려하지 않는다.

이렇게 우리의 위치를 확인했으니까, 종교적 교리 문제로 다시 돌아가 보자. 모든 종교적 교리는 입증할 수 없는 환상이라는 말을 다시 한번 되풀이해도 좋을 것이다. 종교적 교리를 진실로 여기고 그것을 믿으라고 남에게 강요해서는 안 된다. 일부 교리는 진실성이 의심되고, 우리가 세계 현실에 대해 애써 발견한 모든 사실과 완전히 모순되기 때문에, 망상과 비교할 수도 있을 정도이다. 물론 종교적 교리와 망상을 비교할 때는 그 심리학적 차이에 충분한 주의를 기울여야 한다. 대부분의 종교적 교리에 대해서는 현실적 가치를 판단할 수 없다. 그것들은 입증할 수 없는 것과 마찬가지로, 반박할 수도 없기 때문이다. 종교적 교리에 비판적으로 접근하기에는 우리의 지식이 너무 빈약하다. 우주의 수수께끼는 우리가 아무리 열심히 탐구해도 좀처럼 정체를 드러내지 않는다. 오늘날의 과학으로는 도저히 해명할 수 없는 문제가 많이 있다. 그러나 우리가 외부 현실을 인식할 수 있는 길은 오직 과학적 연구뿐이다. 직관이나 내적 성찰에 무언가를 기대하는 것도 역시 환상에 불과하다. 직관과 내적 성찰은 우리 자신의 정신생활에 대해 자세히 알려 줄 수 있을 뿐이지만, 이것은 해석하기 어렵고, 종교적 교리가 쉽게 답할 수 있는 문제에 대해서는 어떤 정보도 주지 않는다. 우리의 자의적인 의도가 이 문제에 끼어들게 하여, 우리의 개인적 판단에 따라 종교 체계의 이런 부분은 인정할 만하고 저런 부분은 인정하기 어렵다고 주장하는 것은 오만한 짓일 것이다. 그러기에는 문제가 너무 중대하다. 아니, 너무 신성하다고 말할 수도 있을 것이다.

여기서 우리는 다음과 같은 반론에 부닥칠 것을 당연히 예상해야 한다.

완고한 회의론자조차도 종교적 단언은 이성으로 반박할 수 없다고 인정했는데, 왜 내가 종교적 교리를 믿으면 안 되는가? 종교적 교리는 오랜 전통과 인류의 합의, 그리고 그것이 제공하는 위안 등 많은 것을 덤으로 가지고 있지 않은가?

물론 믿으면 안 될 이유는 전혀 없다. 믿음을 강요당해서는 안 되는 것과 마찬가지로, 믿지 말라는 강요를 받아서도 안 된다. 하지만 이런 식의 반론이 우리를 올바른 사고방식으로 이끌어 간다는 자기기만에 빠져, 그것으로 만족해서는 안 된다. 설득력 없는 핑계라는 것이 존재한다면, 이것이 바로 그런 경우이다. 모르는 것은 어디까지나 모르는 것이다. 모르니까 믿을 권리가 있다는 논리는 성립될 수 없다. 분별력 있는 사람이라면, 다른 문제에서는 그토록 무책임하게 행동하지 않을 것이고, 자기 의견과 행동 방침의 근거가 그토록 박약한데도 거기에 만족하여 그냥 내버려 두지는 않을 것이다. 그런데 가장 숭고하고 신성한 문제에서만큼은 유독 무책임하게 행동하고 박약한 근거에 만족하는 것이다. 사실 위에서 말한 반론은 오래전에 종교를 떠난 사람이 아직도 종교를 믿고 있는 척 자신이나 남을 속이려는 시도일 뿐이다. 종교 문제에 관한 한 사람들은 온갖 부정직과 지적 비행을 저지른다. 철학자들은 낱말이 원래의 뜻을 거의 잃어버릴 정도로 그 의미를 확대 해석한다. 그들은 스스로 창조해 낸 모호한 추상 개념에 〈신〉

이라는 이름을 붙이고, 그리하여 세상 사람들 앞에서 이신론자(理神論者)로 가장할 수 있다. 그들의 신은 이제 실체가 없는 그림자에 불과하며 더 이상 종교적 교리를 가진 강력한 인격적 존재가 아닌데도 불구하고, 그들은 자신들이 더 숭고하고 순수한 신의 개념을 인지했다고 자랑까지 할 수 있다. 비평가들은 우주에 비하면 인간이 얼마나 하찮고 무력한 존재인가 하는 인식을 받아들이는 사람한테는 〈철처히 종교적인〉이라는 수식어를 붙이지만, 종교적 태도의 본질을 이루는 것은 종교적인 감정이 아니라 그 감정의 다음 단계, 즉 종교적 감정에 반발하여 그 감정에 대한 치유책을 찾으려고 애쓰는 노력이다. 이 거대한 우주에서 인간이 맡고 있는 사소한 역할을 그저 겸손하게 받아들일 뿐, 거기서 한 발짝도 나아가지 않는 사람은 말의 가장 진정한 의미에서 비종교적이다.

종교적 교리의 진리값을 매기는 것은 이 논문의 주제에서 벗어난다. 여기서는 종교적 교리가 심리학적 속성에서는 환상이라는 사실을 인정한 것으로 충분하다. 그러나 이 발견이 많은 사람에게 가장 중요하게 여겨지는 문제에 대한 우리의 태도에도 강한 영향을 미치고 있다는 사실을 감추어서는 안 된다. 우리는 어떤 시대에 어떤 부류의 사람들이 종교적 교리를 만들었는가를 대충 알고 있다. 게다가 그 동기까지 찾아낸다면, 종교 문제에 대한 우리의 태도는 뚜렷이 달라질 것이다. 세상을 창조한 신이 존재하고, 신의 자비로운 섭리가 존재한다면, 그리고 우주와 내세에 도덕적 질서가 존재한다면, 그것은 정말 멋지고 신나는 일일 것이다. 그러나 이 모든 존재가 우리의 원망과 정확히 일치한다는 것은 놀라운 사실이다. 비참하게 짓밟힌 무지한 우리 조상들이 우주의 난해한 수수께끼를 푸는 데 성공했다면, 그것은 훨씬 놀랄 만한 일일 것이다.

종교적 교리를 환상으로 인정하면, 우리는 당장 또 다른 문제에 부닥치게 된다. 우리가 높이 평가하는, 그리고 우리의 삶을 이끌고 있는 다른 문화적 자산들도 종교적 교리와 비슷한 속성을 가지고 있는 것이 아닐까? 정치적 규제들을 결정하는 전제들도 역시 환상이라고 불러야 하지 않을까? 우리 문명에서는 하나의 (또는 수많은) 성애적 환상이 남녀 관계를 어지럽히고 있는 것이 아닐까? 이런 의문이 제기되면, 우리가 과학적 연구에서 관찰과 추론을 이용하여 외적 현실에 대해 무언가를 배울 수 있다는 확신이 과연 근거가 있는 것인가 하는 의문도 회피하지 말아야 한다. 그 어떤 것도 우리 자신의 본질을 관찰하지 못하게 방해하거나, 우리의 사고 활동을 비판하는 데 우리 자신의 사고력을 동원하는 것을 방해해서는 안 된다. 이 분야에서는 수많은 연구가 이루어질 가능성이 열려 있고, 그 결과는 〈세계관Weltanschauung〉 형성에 결정적인 요인이 될 수밖에 없다. 게다가 그런 노력은 결코 헛수고로 끝나지 않을 것이며, 적어도 부분적으로는 우리의 의혹을 풀어 주리라고 생각한다. 그러나 필자에게는 그렇게 광범위한 문제를 다루는 데 필요한 수단이 없다. 따라서 이런 환상 중 한가지, 즉 종교만 추적하는 것으로 작업의 범위를 한정할 수밖에 없다.

그러나 이 순간 반대론자가 큰 소리로 우리를 불러 세운다. 그는 우리의 잘못된 행위에 대해 해명할 것을 요구한다.

고고학적 관심을 갖는 것은 물론 칭찬할 만한 일이다. 하지만 발굴 때문에 지금 살고 있는 사람들의 주거지가 무너져, 그 폐허 밑에 주민들이 생매장될 위험이 있다면, 그 발굴은 당장 그만두어야 한다. 종교적 교리는 다른 것과는 달리 공연한 트집을 잡아서 이러쿵저러쿵 비판할 수 있는 문제가 아니다. 우리 문명은 종교적 교리 위에 세워져 있고, 인간 사회는 종교적 교리의 진실성을 믿는 대다수 사람을 기반으로 유지된다. 전능하고 정의로운 신이나 신에 의한 세계 질서나 내세 따위는 존재하지 않는다고 가르치면, 사람들은 문명의 명령에 복종해야 할 모든 의무를 면제받았다고 생각할 것이다. 그러면 모든 사람이 망설임이나 두려움도 없이 반사회적이고 이기적인 본능에 따라 자신의 힘을 행사하려고 들 것이고, 인류가 수천 년에 걸친 문화적 작업을 통해 추방한 〈혼돈Chaos〉이 다시 찾아들 것이다. 종교가 진실성이 없다는 것을 우리가 알고 또 증명할 수 있다고 해도, 우리는 우리 모두를 보존하기 위해 그 사실을 감추고 〈마치〉 철학이 지시한 대로 행동해야 한다. 당신이 하려고 하는 일은, 그 위험성은 제쳐 놓고라도, 무의미하고 잔인한 짓이다. 이 세상에는 종교적 교리에서 위안을 찾고 그것의 도움을 받아야만 겨우 삶을 견뎌 낼 수 있는 사람이 많다. 당신은 그 사람들한테 좀 더 나은 뭔가를 주기는커녕, 오히려 정신적 지주를 빼앗으려고 한다. 지금까지 과학이 그리 많은 것을 성취하지 못했다는 것은 인정된 사실이지만, 과학이 지금보다 훨씬 많이 진보했다고 해도 인간에게는 만족스럽지 않을 것이다. 인간에게는 냉정한 과학으로는 결코 만족시킬 수 없는 절대적인 욕구가 있다. 당신은 심리학자로서 본능적 생활에 비하면 지성이 인간사에서 맡고 있는 역할은 지극히 사소하다고 주장해 왔다. 그런 터에 이제 와서는 거꾸로, 그 소중한 원망 실현을 인류한테서 박탈하고 지적 영양분으로 보상하겠다고 제안하다니, 너무나 이상한—사실 말하면 너무나 일관성 없는—짓이 아닌가?

그렇게 많은 비난을 한꺼번에 퍼붓다니! 그래도 나는 그 많은 비난에 대해 이미 반론을 준비하고 있다. 게다가 나는, 인류가 종교에 대한 현재의 태도를 포기하지 않고 계속 고집한다면 문명이 더 큰 위험에 직면하게 된다는 견해를 강력히 주장할 작정이다.

하지만 어디서부터 답변을 시작하면 좋을까? 나 자신은 내가 하고자 하는 일이 해롭거나 위험하다고는 결코 생각하지 않는다는 장담으로 시작할까? 지성을 과대평가하고 있는 것은 내가 아니라 오히려 반대론자이다. 그가 묘사한 대로 사람들이 종교적 교리에 깊이 의존해 있다면 ─ 나는 구태여 거기에 반대하고 싶지 않다 ─ 내 주장이 그렇게 독실한 신자를 압도하여 그의 신앙을 박탈할 위험은 전혀 없다. 게다가 내가 말한 것들은 이미 다른 사람들이 말한 것들이다. 나보다 더 훌륭한 사람들이 나보다 먼저, 그리고 나보다 훨씬 완전하고 강력하게 말한 것들이다. 그들의 이름은 잘 알려져 있지만, 누구라고는 말하지 않겠다. 나를 감히 그들과 같은 반열에 넣으려고 한다는 인상을 주고 싶지 않기 때문이다. 나는 다만 위대한 선배들의 비판에 심리학적 근거를 약간 추가했을 뿐이고, 내 설명에서 새로운 것은 이것뿐이다. 이 추가된 부분이 위대한 선배들의 노력도 얻지 못했던 결과를 낳으리라고는 거의 기대할 수 없다. 내 주장이 아무 효과도 없을 것이라고 확신한다면 도대체 이런 글을 쓰는 목적이 뭐냐고 물을 것이다. 그러나 이 문제는 나중에 다시 거론하겠다.

이 글이 발표되었을 때 피해 입을 사람이 있다면, 그것은 나 자신이다. 나는 천박하고 속이 좁으며, 이상이 결여되었거나 인류의 최고 관심사에 대한 이해가 부족하다는 따위의 신랄한 비난을 들어야 할 것이다. 그러나 그런 항변에는 익숙해져 있고, 젊은 나이에 이미 동시대인의 비난에 끄떡하지 않는 법을 배웠는데, 이

제 곧 모든 호평과 악평이 미치지 못하는 곳으로 떠나갈 노년에 비난 좀 듣는 것이 무슨 대수겠는가? 과거에는 달랐다. 그때는 나 같은 발언을 한 사람은 이승에서 사는 기간이 확실히 단축되었고, 내세를 직접 경험할 수 있는 시기가 훨씬 빨라졌다. 그러나 되풀이 말하지만, 그때는 과거였고, 오늘날에는 이런 글도 독자들에게 위험을 초래하지 않는 것처럼 필자에게도 위험을 가져오지 않는다. 기껏해야 어떤 나라, 정확히 말하면 자국의 문명이 높은 수준에 도달했다고 자부하고 있는 나라에서 그 책의 번역과 배포가 금지되는 것이 고작이다. 그러나 온갖 원망을 단념하고 운명을 순순히 받아들이라고 호소할 수 있는 사람이라면, 이런 종류의 부당한 대우도 충분히 견뎌 낼 수 있을 것이다.

이 글을 발표하면 결국은 누군가가 불이익을 당할 수도 있지 않을까 하는 의문이 문득 떠올랐다. 그러나 내가 염려하는 것은 특정한 개인이 아니라 정신분석학이다. 정신분석학을 창시한 사람이 나라는 것은 부인할 수 없는 사실이고, 정신분석학은 지금까지도 수많은 불신과 악의에 부닥쳤기 때문이다. 그런데 내가 이제 그렇게 불쾌한 견해를 가지고 나타나면, 사람들은 기다렸다는 듯이 나에 대한 비난의 화살을 정신분석 쪽으로 돌릴 것이다. 그러고는 이렇게 말할 것이다.

〈이제 알겠다. 정신분석학이 결국 어디로 가는지. 가면이 벗겨졌다. 우리가 줄곧 의심했듯이, 정신분석학은 신과 도덕적 이상을 부정하는 쪽으로 나아가고 있다. 우리는 그런 줄도 모르고, 정신분석학의 속임수에 넘어가 이렇게 생각해 왔다. 정신분석학은 어떤《세계관》도 가지고 있지 않으며, 앞으로도 결코 세계관을 형성할 수 없을 것이라고.〉

나의 수많은 동료 연구자들을 생각하면, 이런 종류의 항의야말로 나한테는 참으로 불편한 노릇이 아닐 수 없다. 종교 문제에 관해서는 내 동료들 중 대다수가 내 입장과 다르기 때문이다. 그러나 정신분석학은 이미 수많은 폭풍우를 뚫고 나왔으니까, 이 새로운 폭풍과도 용감하게 맞설 것이 분명하다. 사실 정신분석학은 미적분학처럼 하나의 방법론이고, 불편부당한 하나의 수단일 뿐이다. 어느 물리학자가 미적분을 사용하여 지구가 얼마 뒤에는 멸망하리라는 것을 알아낸다고 해도, 우리는 미적분학 자체가 파괴적인 경향을 지닌다고 비난하면서 그것을 금지하지는 않으리라. 나는 앞에서 종교의 진리값을 부인하는 말을 했지만, 그 발언 중 정신분석학의 뒷받침을 필요로 하는 것은 하나도 없었다. 내가 한 말은 정신분석학이 등장하기 오래전에 이미 다른 사람들이 말한 것들이다. 정신분석학적 방법론을 이용하여 종교의 진실성에 대한 새로운 반대 논리를 찾아낼 수 있다면, 종교는 그만큼 더 불리해진다. 그러나 종교 옹호론자들에게도 종교적 교리가 지닌 감정적 의미에 충분한 가치를 부여하기 위해 정신분석학을 이용할 수 있는 동등한 권리가 있다.

그러면 이제 우리의 변호를 시작해 보자. 종교가 인류 문명에 크게 공헌한 것은 분명하다. 종교는 반사회적 본능을 길들이는 데 크게 이바지했다. 그러나 그 성과가 충분한 것은 아니다. 종교는 수천 년 동안 인류 사회를 지배해 왔기 때문에, 실력을 발휘할 수 있는 시간적 여유가 충분했다. 종교가 인류의 대다수를 행복하게 만들고, 위로해 주고, 삶과 조화를 이루게 하고, 문명의 수단으로 만드는 데 성공했다면, 현재 상태를 바꾸려고 생각하는 사람은 아무도 없을 것이다. 그러나 우리 눈앞에 전개되고 있는 현실은 어떠한가? 놀랄 만큼 많은 사람이 문명에 불만을 품고, 문명 속에서 불행을 느끼며, 문명을 벗어던져야 할 멍에로 여긴다. 그래서 사람들은 그 문명을 변화시키기 위해 전력을 쏟거나, 아니면 문명에 대한 적개심이 너무 강해진 나머지 문명이나 본능 제한과는 일체의 관계도 맺지 않으려고 한다. 여기서 이런 사태가 야기된 것은 바로 과학의 진보가 낳은 개탄스러운 결과 때문에 종교가 대중에 대한 영향력을 일부 잃어버린 탓이라는 반론이 제기될 것이다. 우리는 종교의 영향력이 줄어들었다는 이 고백과 그 이유를 기억해 두었다가 나중에 우리 목적을 위해 이용할 작정이다. 그러나 그 반론 자체는 설득력이 전혀 없다.

종교적 교리가 절대적인 지배력을 발휘하고 있었을 때 인류가 지금보다 더 행복했는지는 의문이지만, 그들이 지금보다 더 도덕적이 아니었던 것은 확실하다. 그들은 종교의 명령을 외면화하여 그 의도를 유명무실하게 만드는 법을 알고 있었다. 이 점에서 그들을 도와준 것은 종교에 대한 복종을 감독할 의무를 지고 있는 성직자들이었다. 신의 자비가 신의 정의를 제한한 것이 분명하다. 사람들은 죄를 짓고, 그러면 제물을 바치거나 고해성사를 하여 속죄하고, 그러면 다시 마음대로 죄를 지을 수 있었다. 내면적 경향을 중요시한 러시아에서는, 신의 은총을 누리기 위해서는 반드시 죄를 지어야 하고, 따라서 죄는 근본적으로 신을 즐겁게 해드린다는 결론에 도달했다. 성직자들이 인간의 본능적 성향에 이 정도까지 양보하지 않고는 대중을 종교에 복종시킬 수 없었다는 것은 결코 비밀이 아니다. 따라서 오직 신만이 강하고 선하며, 인간은 약하고 죄 많은 존재라는 데에는 모든 사람의 의견이 일치했다. 어느 시대에나 종교는 도덕성 못지않게 부도덕성도 지원해 주었다. 인간의 행복과 문화에 대한 감수성[15] 및 도덕적 규제라는

15 프로이트는 「전쟁과 죽음에 대한 고찰」에서 〈문화에 대한 감수성〉의 본질을 논하고 있다.

점에서 종교가 이룩한 것이 고작 이 정도라면, 우리가 종교의 필요성을 과대평가하고 있는 것은 아닐까 하는 의문과, 문화적 요구의 토대를 종교에 두는 것이 과연 현명한 일일까 하는 의문이 제기될 수밖에 없다.

그렇다면 오늘날의 영락없는 상황을 생각해 보자. 우리는 종교가 더 이상 과거와 같은 영향력을 사람들에게 행사하지 못한다는 고백을 들었다. (여기서 우리가 논하고 있는 것은 유럽의 기독교 문명이다.) 그리고 그 이유는 종교가 약속하는 것들이 줄어들었기 때문이 아니라, 사람들이 그 약속들을 과거만큼 신뢰하지 않기 때문이다. 이런 변화의 원인 — 유일한 원인은 아니겠지만 — 이 사회의 상류 계층에서 과학 정신이 높아진 데 있다는 것은 인정한다. 비판주의는 종교 문서의 증거력을 점점 깎아내렸고, 자연 과학은 종교 문서에 들어 있는 오류를 폭로했으며, 비교 연구는 우리가 받드는 종교적 관념들과 원시인 및 원시 시대의 정신적 산물 사이에 존재하는 치명적인 유사성을 발견했다.

과학 정신은 지상의 세속적인 문제에 대해 어떤 태도를 갖게 한다. 종교 문제 앞에서는 잠시 멈춰서서 머뭇거리지만, 여기서도 결국에는 그 문지방을 넘는다. 이 과정은 무엇으로도 막을 수 없다. 지식의 보물 창고에 접근할 수 있는 사람의 수가 많아질수록 종교적 믿음에서 멀어지는 현상은 더욱 광범위하게 일어난다. 처음에는 고루하고 불쾌한 겉치레에서 멀어질 뿐이지만, 나중에는 신앙의 기본적인 전제에서도 멀어진다. 데이턴에서 〈원숭이 재판〉[16]을 연 미국인들만이 일관성 있는 태도를 보여 주었다. 그밖의 다른 곳에서는 임시방편과 불성실한 태도로 이 불가피한 과도기를 넘겼다.

16 1925년 미국 테네시주의 작은 도시 데이턴에서 고등학교 생물 교사인 존 스코프스John T. Scopes가 진화론을 가르쳤다는 이유로 기소되어 재판을 받았다.

문명은 교양인이나 정신 노동자들에 대해서는 두려워할 필요가 거의 없다. 그들의 경우에는 문화적 행동을 촉구하는 종교적 동기가 다른 세속적 동기에 의해 대체되는 과정이 순조롭게 이루어지기 때문이다. 게다가 그런 사람들은 대부분 문명의 전달 수단이다. 그러나 문명을 적대시할 충분한 이유가 있는, 교육받지 못하고 억압당하는 대중의 경우에는 문제가 다르다. 사람들이 더 이상 신을 믿지 않는다는 사실을 대중이 알아차리지 못하는 동안은 아무 문제도 없다. 그러나 내가 지금 쓰고 있는 이 논문이 발표되지 않는다고 해도, 그들은 언젠가는 그 사실을 알아 낼 것이다. 그들은 과학적 사고의 결과를 받아들일 준비가 되어 있지만, 과학적 사고가 사람들 마음에 일으키는 변화가 그들한테서는 아직 일어나지 않았다. 문명에 대해 적의를 품고 있는 대중이 그들을 혹사하는 작업 감독의 약점을 발견하고, 그 약점을 향해 적개심을 터뜨릴 위험은 없을까? 이웃을 죽이면 안 되는 유일한 이유가 신이 살인을 금지했기 때문이고, 살인을 하면 이승이나 내세에서 가혹한 처벌을 받을 것이라는 두려움 때문이라고 하자. 그런데 신 따위는 존재하지 않으며, 따라서 신의 징벌을 두려워할 필요도 없다는 것을 알게 되면, 사람들은 주저없이 이웃을 죽일 테고, 그들을 막을 수 있는 것은 오직 지상의 권력뿐이다. 따라서 이 위험한 대중을 최대한 엄하게 다스림으로써 그들이 지적 깨달음을 얻을 수 있는 모든 기회를 철저히 봉쇄하거나, 아니면 문명과 종교의 관계를 근본적으로 고쳐야 한다.

8

문명과 종교의 관계를 근본적으로 바꾸는 데에는 특별한 어려움이 없을 것이라고 생각해도 좋다. 어느 정도의 단념이 뒤따를 수밖에 없겠지만, 잃는 것보다는 얻는 것이 많을 테고, 커다란 위험을 피할 수도 있을 것이다. 그런데도 사람들은 문명과 종교의 관계를 바꾸면 문명이 훨씬 큰 위험에 노출되기라도 하듯 두려워한다. 작센 사람들이 신성하게 여기는 나무를 성 보니파티우스[17]가 베어 버렸을 때, 이를 본 사람들은 그 신성 모독으로 말미암아 무서운 사건이 일어날 것이라고 생각했다. 그런데 아무 일도 일어나지 않자, 작센 사람들은 기독교도로 개종했다.

밉거나 방해된다는 이유로, 또는 재물이 탐나서 이웃을 죽이면 안 된다고 문명이 명령했을 때, 이것은 분명 인간의 공동 생활을 보장하기 위한 조치였다. 살인을 금지하지 않으면 인간의 공동 생활은 성립할 수 없을 것이다. 살인자는 피살자의 피붙이들에게 보복을 당하거나, 그런 폭력을 저지르고 싶은 충동을 느끼는 다른 사람들의 은밀한 부러움을 살 것이기 때문이다. 따라서 살인자는 남을 죽여서 원한을 풀거나 재물을 강탈했다고 해도, 그 만족감을 오래 누리지 못하고 조만간 자신도 살해당할 가능성이 많다. 그가 공격해 오는 적들을 남다른 힘과 경계심으로 막아 냈다고 해도, 약한 자들이 힘을 모아 공격하면 굴복할 수밖에 없을 것이다. 약자들이 이런 식으로 단결하지 않으면 살인은 끊임없이 계속될 테고, 결국에는 인류가 전멸될 것이다. 코르시카에서는 집안과 집안 사이에 서로 죽이는 일이 아직도 행해지고 있지만, 그 밖의 곳에서는 국가와 국가 사이에만 존속해 있는 이런 사태가 개인과 개인 사이에 벌어지게 될 것이다. 모든 사람을 똑같이

17 보니파티우스Bonifatius(680~754). 영국의 선교사. 717년에 로마 교황 그레고리오 2세로부터 이교도 전도의 허가와 보니파티우스(선행을 하는 자)라는 이름을 받고 독일로 건너가 활동하여 수천의 영세자를 얻었다. 프리슬란트에서 선교 활동을 펴다가 이교도의 습격을 받고 순교했다. 〈독일인의 사도〉로 불린다.

위협하는 생명의 위험은 이제 사람들을 결합시켜 사회를 구성한다. 사회는 개인의 살인을 금지하고, 이 금지를 어기는 사람을 공동으로 죽일 수 있는 권리가 있다. 그래서 우리는 사법과 형벌 제도를 두고 있다.

그러나 우리는 살인에 대한 금지를 이렇게 이성적으로 설명하지 않고, 살인에 대한 금지령은 신이 내렸다고 주장한다. 그래서 우리는 신의 의도를 추측하기 시작하여, 결국 인간이 서로를 전멸시키는 것은 신도 역시 바라지 않는다는 사실을 발견한다. 우리의 이런 접근 방법은 문화적 금지에 특별한 엄숙함을 부여하지만, 그와 동시에 문화적 금지를 지키느냐의 여부가 신을 믿느냐 안 믿느냐에 좌우될 위험이 생긴다. 이 단계 이전으로 거슬러 올라가면, 문화적 금지를 신의 뜻으로 이상화하는 것은 포기해야 했지만, 거기에 따르는 위험도 피할 수 있었다. 몇 가지 기본적 금지에 부여된 신성성과 불가침성 — 이것은 이승과는 다른 세상의 속성이라고 말할 수 있다 — 은 일종의 확산이나 전염을 통해 그 밖의 모든 문화적 제도와 법률과 법령으로 퍼져 갔다. 그러나 그 제도와 법률과 법령들 중에는 신의 뜻이라는 후광이 전혀 어울리지 않아 보이는 것도 많다. 때와 장소에 따라 서로 모순되는 결정을 내림으로써 설득력을 잃어버린다는 점은 제쳐 놓고라도, 인간적인 불완전함의 징후를 곳곳에서 드러내고 있기 때문이다. 거기에서 근시안적인 불안의 산물이나 이기적이고 편협한 이해타산의 표출이나 불충분한 전제들에 따른 결론이라고 볼 수밖에 없는 것들을 찾아내기는 어렵지 않다. 우리는 그것들을 비판하지 않을 수 없고, 일단 비판하기 시작하면 좀 더 정당성이 있는 다른 문화적 요구를 존중하는 마음까지도 크게 줄어드는 바람직하지 않은 사태가 일어난다. 신 자신이 요구한 것과 입법부나 사법부라는 막강한 권력 기관에서 나온 요구를 구별하는 것은 골치 아픈 일이기 때문에, 차라리 신을 완전히 배제시키고 문명의 모든 제도와 명령은 순전히 인간이 만든 것이라는 사실을 정직하게 인정하는 편이 이로울 것이다. 신의 뜻을 자처했던 이런 명령과 법률이 그 후광을 잃어버리면, 경직성과 불변성도 함께 잃어버릴 것이다. 사람들은 그런 명령과 법률이 그들을 다스리기 위해서가 아니라 오히려 그들의 이익에 봉사하기 위해 만들어졌다는 것을 깨달을 수 있을 것이다. 그러면 거기에 좀 더 우호적인 태도를 취하게 될 테고, 명령과 법률을 폐지하려고 애쓰기보다는 개선만을 지향하게 될 것이다. 이것은 문명이 우리에게 안겨 주는 부담을 감수하는 방향으로 나아가는 하나의 중요한 진보일 것이다.

그러나 문명의 명령에 순수 이성적 이유를 제시하자는, 즉 사회적 필요에서 나온 것으로 설명하자는 우리의 호소는 돌연히 나타난 의혹으로 방해를 받는다. 우리는 살인 금지의 발생을 예로 들었다. 그러나 거기에 대한 우리의 설명은 과연 역사적 진실에 부합되는 것일까? 아무래도 그렇지는 않은 것 같다. 우리의 설명은 이성적 해석에 불과한 것처럼 보인다. 우리는 정신분석학의 도움을 얻어 인류 문화사의 바로 이 부분을 연구했고,[18] 그 성과를 토대로 한다면 현실에서는 일이 그런 식으로 일어나지 않았다고 말할 수밖에 없다. 현대인의 경우에도 순수 이성적 동기는 열정적 충동에 대해 거의 억제 효과를 발휘하지 못한다. 원시 시대의 인간 동물의 경우에는 이성적 억제력이 훨씬 약했을 것이다. 이 인간 동물들이 저지른 살인 행위들 가운데 아버지 살해 — 이것은 중대한 결과를 수반하는, 저항할 수 없는 감정적 반응을 불러일으켰을 것이다 — 가 없었다면, 그들의 후손인 현대인들은

18 「토템과 터부」의 제4장을 참조할 것.

아마도 주저하지 않고 태연히 서로를 죽이고 있을 것이다. 아버지 살해에 대한 감정적 반응에서 〈살인하지 말라〉는 명령이 생겨났다. 토테미즘에서는 이 명령이 아버지 대역을 맡은 사람에게만 한정되었고, 나중에는 다른 사람한테까지 확대되었지만, 오늘날에도 이 명령이 보편적으로 지켜지고 있는 것은 아니다.

여기서 다시 되풀이 말할 필요는 없지만, 앞에서도 입증되었듯이 원시 시대의 아버지는 신의 원형이었고, 후세 사람들은 이 원형에 따라 신의 형상을 만들었다. 따라서 신은 살인 금지의 발생 과정에 실제로 참여했다는 종교 측의 해석은 옳다. 그 금지의 원인이 된 것은 사회적 필요에 대한 통찰이 아니라 신의 영향력이었다. 그리고 인간의 의지를 신에게 전가하는 것은 충분히 정당화된다. 인류는 자기가 아버지를 폭력으로 제거했다는 것을 알고, 그 사악한 행위에 대한 반작용으로 앞으로는 아버지의 뜻을 존중하기로 결심했기 때문이다. 따라서 우리의 이성적 설명은 역사적 진실과의 관계를 부인하지만, 종교적 교리는 역사적 진실 — 여기에는 약간의 수정과 은폐가 섞여 있는 것도 사실이지만 — 을 우리에게 말해 준다.

오랫동안 축적된 종교적 관념들 중에는 원망 실현만이 아니라 중요한 역사적 사실들도 포함되어 있다는 것을 우리는 관찰했다. 과거와 현재가 함께 행사하는 이 영향력은 무엇과도 비교할 수 없을 만큼 풍부한 힘을 종교에 부여할 것이 분명하다. 그러나 유추 작용의 도움을 받으면 또 다른 깨달음이 우리 마음속에 떠오르기 시작할지도 모른다. 어떤 개념을 그것이 자라난 토양에서 멀리 떨어진 곳으로 이식하는 것은 좋은 계획이 아니지만, 여기서 우리는 그와 비슷한 사례를 지적하지 않을 수 없다. 어린아이는 신경증 단계를 거치지 않고는 문명적 단계로의 발달을 무사히 마칠 수 없다. 이 신경증은 더욱 두드러지게 나타날 때도 있고 그 렇게 뚜렷하지 않을 때도 있지만, 어쨌든 반드시 그 단계를 거쳐 야 한다. 어린아이는 나중에는 쓸모없게 될 수많은 본능적 요구 들을 지성의 합리적 작용으로 억제하지 못하고, 억압 행동으로 그 요구들을 억누를 수밖에 없는데, 억압 행동 뒤에는 대개 불안 을 불러일으키는 동기가 숨어 있기 때문이다. 이 유아 신경증은 대부분 성장 과정에서 저절로 극복되고, 특히 유아기의 강박 신 경증은 이런 경향이 뚜렷하다. 극복되지 않고 남은 부분은 좀 더 나중에 정신분석적 치료를 통해 깨끗이 없앨 수 있다. 이와 마찬 가지로 인류 전체도 오랜 세월 동안 발달해 오는 과정에서 신경 증과 비슷한 상태에 빠졌다고 생각할 수 있다.[19] 인류가 신경증에 걸린 이유도 어린아이의 경우와 같다. 즉 인류가 무지하고 지능 이 낮았던 시대에는 공동 생활에 불가결한 본능 자제가 순전히 감정적인 힘을 통해서만 이루어졌기 때문이다. 원시 시대에 이루 어진 이 과정은 유아기의 억압과 비슷하고, 그 침전물은 오랫동 안 문명에 달라붙은 채 남아 있었다. 따라서 종교는 인류의 보편 적인 강박 신경증일 것이다. 어린아이의 강박 신경증과 마찬가지 로 종교는 오이디푸스 콤플렉스, 즉 아버지와의 관계에서 생겨났 다. 이 견해가 옳다면, 성장 과정이 불가피한 운명인 것처럼 인류 가 종교를 떠나는 것도 필연적으로 일어날 수밖에 없고, 지금 우 리는 그 발달 단계의 한복판에서 종교를 막 떠나려고 하는 중대 한 시점에 서 있다. 따라서 우리는 현명한 교육자의 태도를 본받 아, 닥쳐오는 새로운 발전에 저항하지 말고, 그 발전이 갑작스럽

19　프로이트는 「문명 속의 불만」과 『새로운 정신분석 강의』(서른다섯 번째 강 의)에서 다시 이 문제로 돌아갔고, 「인간 모세와 유일신교」 제3장에서는 이 문제를 더 욱 상세히 다루었다.

고 격렬하게 이루어지기보다는 서서히 순조롭게 진행되도록 애써야 한다. 물론 이러한 유추는 종교의 본질을 철저히 규명하지는 못한다. 종교가 한편으로는 개인의 강박 신경증처럼 강제적인 제약을 가져오고, 또 한편으로는 현실 부정[20]과 더불어 원망 환상의 체계를 이룬다면, 그와 같은 상태가 고립된 형태로 나타나는 것은 아멘티아*Amentia*, 즉 행복에 넘친 환각적 정신 착란 상태에서만 찾아볼 수 있다. 그러나 이것들은 우리가 사회 현상을 이해할 수 있도록 도와주는 유추일 뿐이다. 개인의 병리 가운데 사회 현상과 완전히 대응하는 것은 존재하지 않는다.

종교와 강박 신경증의 유사성을 얼마나 자세히 규명할 수 있는지, 그리고 종교 형성에서의 특징과 변천 가운데 그런 관점에서 이해할 수 있는 것이 얼마나 많은지는 (나 자신과 특히 테오도어 라이크에 의해)[21] 되풀이 지적되어 왔다. 그리고 이것은 독실한 신자들이 어떤 신경증에도 걸릴 위험이 거의 없다는 사실과 잘 부합된다. 그들은 보편적 신경증을 받아들이기 때문에, 개인적 신경증을 형성하지 않아도 되는 것이다.[22]

어떤 종교적 교리의 역사적 가치를 알고 나면 그것을 더욱 존중하게 되지만, 그렇다고 해서 그런 종교적 교리가 이제 더 이상 문명이 부과하는 명령의 이유로 제시되면 안 된다는 우리의 주장이 설득력을 잃어버리는 것은 아니다. 오히려 그와는 정반대다!

20 「페티시즘」(프로이트 전집 7, 열린책들)에 관한 논문을 볼 것.
21 프로이트의 「강박 행동과 종교 행위」(프로이트 전집 13, 열린책들) 및 라이크 Theodor Reik의 「교리와 강박관념: 종교 발달에 관한 하나의 정신분석학적 연구Dogma und Zwangsidee: eine psychoanalytische Studie zur Entwicklung der Religion」(1927)를 참조할 것.
22 프로이트는 전에도 자주 이 주장을 내세웠다. 예를 들면 「레오나르도 다빈치의 유년의 기억」과 이 책에 실린 「집단 심리학과 자아 분석」에서도 이 점을 역설했다. 다음에 나올 「문명 속의 불만」에도 이 주장이 상세히 언급되어 있다.

그런 역사적 잔재는 우리가 종교적 가르침을 신경증의 잔재로 볼 수 있도록 도와준다. 이제 우리는 정신분석적 치료 과정에서 볼 수 있듯이, 억압의 결과를 지성의 이성적 작용의 결과로 대치해야 할 때가 왔다고 주장할 수 있다. 이 개조 과정은 문명의 명령을 신의 뜻으로 이상화하는 것을 포기하는 단계에서 멈추지 않고, 그 명령을 전반적으로 개정하면 많은 문명의 명령이 제거되는 결과가 나타나리라고 예상할 수 있지만, 이것은 별로 유감스러운 일이 아니다. 이렇게 되면, 인간과 문명을 화해시키는 우리의 임무는 거의 달성될 것이다. 문명의 명령에 합리적 근거를 제시하면 역사적 진실을 포기해야 한다고 슬퍼할 필요는 없다. 종교적 교리에 포함되어 있는 진실은 결국 심하게 왜곡되어 있고 체계적으로 위장되어 있어서, 일반 대중은 그것이 진실임을 알아볼 수도 없기 때문이다. 이것은 새로 태어난 아기를 황새가 가져왔다고 어린아이한테 말할 때 일어나는 일과 비슷하다. 여기서도 우리는 상징적인 옷을 걸친 진실을 말하고 있다. 그 커다란 새가 무엇을 의미하는지를 우리는 알고 있기 때문이다.[23] 그러나 아이는 그것을 모른다. 아이는 우리가 말하는 것의 왜곡된 부분만 듣고, 자기가 속았다고 느낀다. 어른에 대한 어린아이의 불신과 반항이 실제로 어른한테 속았다는 느낌에서 비롯되는 경우가 많다는 것을 우리는 알고 있다. 그래서 우리는, 어린아이한테 이야기할 때는 진실을 그렇게 상징적으로 위장하지 말고, 그 아이의 지적 수준에 맞는 표현으로 진상을 알려 주는 편이 더 낫다고 확신하게 되었다.[24]

23 이 점에 대해서는 프로이트의 「레오나르도 다빈치의 유년의 기억」을 참조할 것.
24   프로이트는 나중에 여러 단락에서 〈실체적〉 진실과 〈역사적〉 진실을 구별했다. 특히 「인간 모세와 유일신교」 제3장을 볼 것. 「불의 입수와 지배」(프로이트 전집 13, 열린책들)에도 신화 형성과 관련하여 비슷한 생각이 제시되어 있다.

9

〈당신은 서로 조정되기 어려운 모순을 태연히 늘어놓고 있다. 처음에는 당신의 논술이 전혀 해롭지 않다고, 이 글에 제시되어 있는 사고방식 때문에 신앙을 버릴 사람은 아무도 없을 것이라고 말했다. 그런데 나중에는 그 신앙을 뒤엎는 것이 당신의 의도라는 것이 분명해졌기 때문에, 우리는 이런 글을 발표하는 진짜 이유가 뭐냐고 당연히 물을 수 있다. 게다가 다른 단락에서는, 사람들이 더 이상 신을 믿지 않는다는 사실을 누군가가 알아내면 아주 위험할 수 있다고 당신도 인정했다. 그때까지는 문명의 명령에 고분고분 따르던 사람이 이제는 순종적인 태도를 벗어던진다. 그러나 문명의 명령이 종교적 근거에 기초를 두는 것은 문명에 위험하다는 당신의 주장은 전적으로 신자가 신앙을 버릴 수 있다는 전제에 기초를 둔다. 분명히 그것은 완전한 모순이다.

모순은 그것만이 아니다. 당신은, 한편에서는 지성이 인간을 이끌어 갈 수는 없으며, 인간을 지배하는 것은 열정과 본능적 요구라고 주장했다. 그러나 다른 한편에서는 문명에 복종하는 감정적 근거를 이성적 근거로 바꾸라고 제안했다. 이것을 이해할 수 있는 사람은 그렇게 해보라고 하라. 하지만 나한테는 이 두 가지가 결코 양립할 수 없는 것처럼 보인다.

게다가 당신은 역사에서 아무 교훈도 얻지 못했단 말인가? 종교를 이성으로 대체하려는 시도는 전에도 공식적으로 그리고 대규모로 이루어진 적이 있었다. 설마 프랑스 혁명과 로베스피에르[25]를

25 로베스피에르Robespierre(1758~1794). 프랑스 혁명의 지도자. 마라, 당통과 더불어 자코뱅 당의 중심 인물이 되어 공포 정치를 행하다가 반대파에 체포되어 처형 당했다.

잊지는 않았으리라. 그 실험이 얼마나 덧없는 실패로 끝났는지도 기억하고 있을 것이다. 똑같은 실험이 현재 러시아에서 되풀이되고 있지만, 그 결과에 대해 호기심을 느낄 필요는 없다. 결과는 너무나 뻔하니까. 인간은 종교가 없으면 살아갈 수 없다는 것을 당연시해도 좋다고 당신은 생각하지 않는가?

당신은 종교가 강박 신경증 이상의 것이라고 말했다. 하지만 당신은 종교의 다른 측면에 대해서는 전혀 다루지 않았다. 당신은 신경증과 종교의 유사성을 제시하는 것으로 만족한다. 인간은 신경증에서 해방되어야 한다고 당신은 말한다. 그러나 그 과정에서 신경증 외에 또 무엇을 잃어버릴 수 있는지에 대해서는 전혀 관심을 기울이지 않고 있다.〉

내 주장이 모순된 것처럼 보인다면, 그 까닭은 아마 내가 복잡한 문제를 너무 성급하게 다루었기 때문일 것이다. 그러나 이 점은 어느 정도 바로잡을 수 있다. 하지만 다음 한 가지 점에서만큼은 내 글이 전혀 무해하다는 주장을 바꿀 생각이 없다. 어떤 신자도 내 글이나 이와 비슷한 주장 때문에 신앙을 버리지는 않을 것이다. 신자들은 모종의 감정적 유대로 종교적 교리에 묶여 있다. 그러나 이런 의미에서 신자가 아닌 사람도 헤아릴 수 없이 많을 것이 분명하다. 이들은 종교의 위협에 겁을 먹기 때문에 문명의 명령에 복종하며, 종교를 자신들이 꼼짝 못하게 갇혀 있는 현실의 일부분으로 여기는 한 종교를 두려워할 수밖에 없다. 이들은 종교의 현실적 가치에 대한 믿음을 버리는 것이 허용되면 당장에 종교와 관계를 끊고 달아날 사람들이다. 그러나 이들도 이성적 주장에는 영향을 받지 않는다. 이들이 종교에 대한 두려움을 버리는 것은 다른 사람들도 종교를 두려워하지 않는다는 것을 알았을 때이다. 그리고 이들은, 앞에서도 말했듯이, 내가 이 글을 발표하지 않는다고 해도 종교의 영향력이 쇠퇴한 것을 언젠가는 알게 될 것이다.

그러나 당신은 내가 또 다른 모순을 범했다고 비난하면서, 그 모순에 더 많은 비중을 두고 있는 것 같다. 인간이 이성적 주장에는 거의 영향을 받지 않고 전적으로 본능적 원망에 지배되는 존재라면, 인간한테서 본능 만족을 박탈하고 그것을 이성적 주장으로 대치하려는 이유가 무엇이냐고 당신은 따지고 있다. 인간이 그런 존재인 것은 사실이다. 그러나 인간이 〈반드시〉 그럴 수밖에 없는 존재인지, 인간의 가장 깊숙한 본성이 과연 그것을 강요하고 있는지를 자문해 본 적이 있는가? 어린아이의 머리에 일찍부터 붕대를 감아 머리 모양을 기형으로 만드는 풍습을 가진 부족의 두개지수(頭蓋指數)²⁶를 인류학자가 제시할 수 있는가? 건강한 아이의 눈부신 총명함과 평범한 어른의 약한 지적 능력을 비교해 보면, 기분이 우울해질 만큼 현격한 차이가 있다는 것을 생각해 보라. 이 상대적 퇴화를 초래한 책임에 종교 교육이 큰 몫을 차지하지 않는다고 확신할 수 있는가? 종교 교육의 영향을 받지 않은 어린아이가 신이나 다른 세상의 일에 대해 고민하기 시작하려면 오랜 시간이 걸릴 것이라고 나는 생각한다. 일단 고민하기 시작하면 그 아이의 생각은 조상들과 똑같은 방향으로 나아갈 것이다. 그러나 우리는 그런 발달이 자연스럽게 일어날 때까지 기다리지 않는다. 우리는 어린아이가 종교적 교리에 관심도 없고 그 의미를 이해할 수도 없는 나이에 종교적 교리를 그 아이한테 가르친다. 오늘날 아동 교육 과정에서 가장 중요한 두 가지는 성적 발달을 지연시키고 조기에 종교적 영향을 주는 것이 아닐까? 따라서 아이의 지성이 눈을 뜰 때쯤이면 종교적 교리는 이미 공

26　머리 높이에 대한 머리 폭의 비율.

격할 수 없는 절대적 존재가 되어 있다. 그러나 그렇게 중요한 분야를 지옥불의 위협으로 봉쇄해 버리는 것이 과연 지적 능력을 강화하는 데 도움이 된다고 생각하는가? 인간이 종교적 교리가 제시하는 온갖 불합리를 무비판적으로 받아들이고, 그것들 사이의 모순을 알아차리지도 못한다면, 지적 능력이 약해진다고 해도 그렇게 놀랄 필요는 없다. 그런데 우리가 본능을 다스릴 수 있는 수단은 오직 지성뿐이다. 사고를 억제당한 사람들이 심리적으로 이상적인 상태, 즉 지성이 가장 우위를 차지하는 상태에 도달하기를 어떻게 기대할 수 있겠는가? 여성들은 대체로 〈생리적인 정신박약〉[27]에 시달리고 있다고, 즉 남성보다 지적 능력이 떨어진다고 한다. 이 사실 자체는 논란의 여지가 있으며 사실에 대한 해석도 의심스럽지만, 지적 퇴화가 여성의 이차적 본성이라는 주장에 유리한 한 가지 논거는 그들이 성생활에 많은 관심을 가지고 있음에도 그 문제를 생각하는 것이 일찍부터 금지되는 가혹한 상황에 놓여 있다는 점이다. 어린 시절부터 사고력이 성적인 면에서 억압될 뿐 아니라 여기서 파생한 또 다른 억제 — 종교적인 면에서의 억제와 정치적인 면에서의 억압[28] — 에도 영향을 받는 한, 그의 본래 모습이 실제로 어떠한지는 도저히 알 수 없다.

그러나 이제 흥분을 가라앉히고, 나 역시 환상을 쫓고 있을 가능성을 솔직히 인정하겠다. 종교적인 면에서 사고력을 억제하는 것은 내가 생각하는 것만큼 나쁜 결과를 초래하지는 않을지도 모른다. 사람들을 종교에 복종시키기 위해 교육이 남용되지 않는다

---

27 이 표현은 뫼비우스가 사용했다. 종교가 사고를 억제하거나 금지한다는 명제는 앞에 나온 「〈문명적〉 성도덕과 현대인의 신경병」에 예고되어 있고, 「왜 전쟁인가?」에서도 다루어져 있으며, 『새로운 정신분석 강의』서른다섯 번째 강의에는 좀 더 상세히 논의되어 있다.
28 군주제에 충성할 것을 강요당한다는 점에서의 억압.

고 해도, 인간의 본성은 여전히 지금과 같을지도 모른다. 그건 나도 모르고 당신도 알 수 없다. 현재 해결할 수 없는 듯 보이는 것은 이 세상의 중대한 문제들만이 아니다. 그보다 하찮은 수많은 문제들도 대답하기 어려운 것은 마찬가지이다. 그러나 우리는 미래에 희망을 걸 수 있는 타당한 근거가 있다는 점 — 미래에는 문명을 풍요롭게 해줄 수 있는 보물이 묻혀 있고, 비종교적 교육은 충분히 실험해 볼 가치가 있다는 것 — 을 당신은 인정해야 한다. 그 실험이 만족스러운 성과를 거두지 못하면, 나는 기꺼이 개혁을 포기하고 〈인간은 본능적 원망의 지배를 받는 지적 능력이 약한 동물〉이라는 과거의 서술적 판단으로 돌아갈 준비가 되어 있다.

또 다른 점에 대해서는 나도 당신의 의견에 전적으로 동의한다. 종교를 힘으로 단번에 제거하려고 덤벼드는 것은 확실히 어리석은 짓이다. 무엇보다도 그것은 성공할 가망이 없기 때문이다. 논쟁이나 금지로 신자한테서 신앙을 빼앗을 수는 없을 것이다. 설령 일부 신자의 신앙을 빼앗는 데 성공한다고 해도, 그것은 잔인한 짓일 것이다. 수십 년 동안 수면제를 복용해 온 사람한테서 수면제를 빼앗으면 잠을 이루지 못하는 것은 당연하다. 종교가 주는 위안의 효과를 마취제 효과에 비유할 수 있다는 것은 지금 미국에서 벌어지고 있는 사태가 잘 보여 준다. 지금 미국인들은 — 분명 여권 신장의 영향을 받아서 — 흥분제와 중독성 마취제를 비롯하여 사람들에게 쾌감을 주는 모든 물질을 금지하고, 그것을 보상하기 위한 수단으로 경건한 신앙을 포식시키려고 애쓰고 있다. 이것도 역시 결과가 뻔한 실험이다.[29]

따라서 나는, 인간은 종교적 환상의 위안 없이는 도저히 살아갈 수 없으며, 그 위안 없이는 삶의 어려움과 현실의 잔인함도 견

29   이 논문은 미국에서 금주법이 시행되던 시대(1920~1933)에 쓰였다.

딜 수 없다는 당신의 주장에는 반대할 수밖에 없다. 물론 어린 시절부터 줄곧 종교적 환상이라는 달콤한 — 또는 달콤씁쓸한 — 독을 주입받은 사람들에 대해서는 그렇게 말할 수도 있겠지만, 분별 있게 키워진 다른 사람들은 어떤가? 신경증에 시달리지 않는 사람들은 신경증을 가라앉히기 위한 마취제도 필요로 하지 않을 것이다. 그들이 어려운 상황에 놓일 것은 분명하다. 그들은 우주라는 거대한 체계 안에서 자신이 얼마나 무력하고 하찮은 존재인가를 절실히 깨달아야 한다. 그들은 더 이상 우주의 중심일 수 없고, 자비로운 신의 섭리가 보살펴 주는 대상일 수도 없다. 그들은 따뜻하고 안락한 부모의 집을 떠난 어린아이와 똑같은 처지에 놓이게 될 것이다. 그러나 유아 상태는 결국 극복될 수밖에 없는 운명이다. 인간은 영원히 어린아이로 남아 있을 수는 없다. 결국에는 〈적대적인 생활〉 속으로 나아가야 한다. 우리는 이것을 〈현실에 대한 교육〉이라고 부를 수 있을 것이다. 이러한 진보의 필요성을 지적하는 것이 이 책의 유일한 목적이라고 굳이 고백할 필요가 있을까?

인간이 시련을 견뎌 내지 못할까 봐 당신은 두려운 모양인데, 그래도 견뎌 낼 것이라는 기대만은 버리지 말자. 어쨌든 인간은 자신의 능력에만 의지하여 살아갈 수밖에 없다는 사실을 깨닫는 것만으로도 의미 있는 일이다. 그렇게 되면 자신의 능력을 적절히 활용하는 법을 배우게 된다. 게다가 인간이 어떤 도움도 받지 못하는 것은 아니다. 과학적 지식은 노아의 홍수 시대부터 인간에게 많은 것을 가르쳤고, 앞으로도 인간의 힘을 한층 강화해 줄 것이다. 인간은 〈운명의 여신〉 앞에서는 무력하지만, 그래도 운명을 감수하는 법을 배울 것이다. 달의 수확물을 목격한 사람이 아직껏 아무도 없는데, 달에 있는 드넓은 논밭의 신기루가 인간에게 무슨 소용이 있겠는가? 인간은 이 지구상에 작은 땅을 가지고 있는 정직한 농부로서 그 땅을 경작하여 그 수확으로 생계를 유지하는 법을 배우게 될 것이다. 다른 세상에 대한 기대를 버리고, 해방된 에너지를 이 세상의 삶에 쏟음으로써, 모든 사람이 견딜 만한 삶과 더 이상 아무도 억압하지 않는 문명을 이룩하는 데 성공할 것이다. 그렇게 되면 그들은 우리의 비(非)신자 동료 한 사람과 함께 선선히 이렇게 말할 수도 있을 것이다.

우리는 천국을
천사와 참새들에게 맡긴다.[30]

10

〈환상을 버리면 지상의 삶을 견딜 만한 것으로 만들 수 있다니, 참 멋진 소리다! 그러나 나는 그런 기대를 가질 수가 없다. 내가 당신이 생각하듯이 완고한 반동주의자라서가 아니라, 분별있는 사람이기 때문이다. 이제 우리 역할이 뒤바뀐 것 같다. 당신은 환상에 휩쓸리는 광신자처럼 보이고, 나는 이성의 요구와 회의론의 권리를 옹호하고 있으니 말이다. 당신이 여태 설명한 것은 오류에 바탕을 둔 것처럼 보인다. 당신을 본받는다면 이 오류를 환상이라고 부를 수도 있겠다. 그것은 당신의 원망에 영향을 받았다는 것을 너무나 명백하게 드러내고 있으니까. 당신은 어린 시절에 종교적 교리의 영향을 받지 않은 세대는 지성이 본능적 삶보

30 *Den Himmel überlassen wir/ Den Engeln und den Spatzen* — 원주. 하이네의 시 『독일 *Deutschland*』에 나오는 한 구절. 여기서 〈비신자 동료*Unglaubensgenossen*〉라는 표현은 스피노자Baruch Spinoza를 지칭하여 하이네가 사용한 것이다. 프로이트는 농담에 관한 책에서 독특한 농담 기법을 보여 주는 예로 이 구절을 인용했다.

다 우위를 차지하는 바람직한 상태에 쉽게 도달할 수 있으리라는 가능성에 희망을 걸고 있다. 이것은 분명 환상이다. 바로 이 결정적인 점에서 인간의 본성은 거의 바뀔 것 같지 않으니까 말이다. 내가 잘못 알고 있는 것이 아니라면 오늘날에도 종교 체계의 중압을 받지 않고 어른으로 자라는 민족이 있지만, 그런 민족도 당신의 이상에 더 가까이 다가가지 못한다는 점에서는 다른 민족들과 마찬가지이다. 우리 유럽 문명에서 종교를 추방하고 싶으면, 그 방법은 다른 교리 체계로 종교를 대체하는 것뿐이다. 그런데 그런 교리 체계는 자신을 지키기 위해 처음부터 종교의 심리적 특성 — 신성함, 경직성, 불관용, 사고의 금지 — 을 모두 이어받을 것이다. 교육의 필요조건을 충족시키기 위해서는 그런 특성을 가진 것이 절대 필요하다. 그리고 교육은 필수 불가결한 것이다. 젖먹이가 문명인으로 성장하기까지는 참으로 먼 길을 걸어야 한다. 그들을 이끌어 주지 않고 제멋대로 자라도록 내버려두면, 많은 청소년이 그 과정에서 길을 잃고 빗나가 제때에 인생의 과업을 달성하지 못할 것이다. 지금까지 청소년 교육에 이용된 교리는 으레 성숙한 뒤의 사고방식에 일정한 한계를 설정하곤 했고, 당신은 오늘날 종교가 바로 이런 일을 하고 있다고 비난하는 것이다. 본능에 내몰리고 지적 능력이 약한 어린아이한테 성숙한 지성을 지닌 어른만이 해낼 수 있는 결정을 내리도록 강요하는 것은 우리 문명이나 그 밖의 모든 문명이 본질적으로 지닌 뿌리 깊은 결함이라는 것을 모르는가? 그러나 문명은 그렇게 할 수밖에 없다. 오랜 세월에 걸쳐 이루어진 인류의 발달이 불과 몇 년 동안의 어린 시절에 압축되어 있기 때문이다. 그리고 어린아이로 하여금 제 앞에 놓인 힘겨운 일을 해내고 싶은 마음이 내키게 하려면 감정적인 힘을 동원할 수밖에 없다. 따라서 당신이 말하는

《지성의 우위》가 확립될 전망은 그리 밝지 않다.

이제 내가 종교적 교리 체계를 인간의 공동생활과 교육의 토대로 유지하자고 주장해도, 놀라서는 안 된다. 이것은 현실적 가치 문제가 아니라 실제적인 문제이다. 우리 문명을 보존하기 위해서는 개인이 문명에 걸맞게 성숙해질 때까지 개인에게 영향을 주는 것을 미룰 수 없기 때문에(아무리 기다려도 대다수 사람은 어쨌든 그만큼 성숙하지 못할 것이다), 비판할 여지가 없는 절대적 원칙으로 작용할 교리 체계를 자라나는 어린아이들에게 부과하는 것은 우리의 의무이고, 내가 보기에 이 목적에 가장 걸맞는 교리 체계는 적어도 지금까지는 종교 체계인 것 같다. 이것은 물론 종교 체계가 우리의 원망을 실현해 주고 우리에게 위안을 주는 힘을 지녔기 때문이지만, 당신은 바로 그런 이유 때문에 종교 체계를 《환상》으로 인정하자고 주장한다. 현실에 대해 무언가를 발견하기는 어렵다는 점 — 사실상 우리가 현실에 대해 무언가를 발견할 수 있는지도 의심스럽다는 점 — 을 고려해 볼 때, 인간의 욕구도 현실의 중요한 일부이며 우리와 특히 밀접한 관계가 있는 부분이라는 사실을 간과해서는 안 된다.

종교적 교리가 지닌 또 하나의 장점은 당신이 특별한 예외로 여기고 있는 특징들 중 하나인 듯싶다. 종교적 교리는 개념의 순화와 승화를 허용하기 때문이다. 이를 통해 종교적 교리가 지닌 원시적이고 유아적인 사고방식의 흔적이 대부분 제거될 수 있다. 그런 다음에 남는 것은 과학이 더 이상 반박하지 않고 또한 반박할 수도 없는 일련의 개념들이다. 종교적 교리를 이처럼 수정하는 것은 임시방편의 타협이라고 당신은 비난해 왔지만, 이것은 무지한 대중과 철학적 사상가가 완전히 갈라지지 않고 공통된 유대를 유지할 수 있게 해준다. 문명을 안전하게 지키기 위해서는 이것이 매우 중요하다. 공통된 유대가 유지되면, 상류 계층이《더 이상 신을 믿지 않는다》는 사실을 대중이 알게 될까 봐 두려워할 필요도 전혀 없을 것이다. 당신의 노력은 감정적으로 가치가 있고 검증이 끝난 환상을 감정적 가치도 없고 검증되지도 않은 또 다른 환상으로 바꾸려는 시도에 불과하다는 것을 이제는 당신도 알았으리라고 생각한다.〉

　당신의 비판을 나는 달갑게 받아들이겠다. 환상을 피하기가 얼마나 어려운지는 나도 잘 안다. 어쩌면 내가 고백한 희망도 일종의 환상일지 모른다. 그러나 나는 한 가지 차이를 단호히 고집한다. 나와 똑같은 환상을 품지 않는다고 해도 벌을 받지는 않는다는 점은 제쳐 놓고라도, 내 환상은 종교적 환상과는 달리 수정할 수가 있다. 내 환상은 망상적 성격을 갖지 않는다. 내 생각이 잘못되었다는 것을, 내가 아니라 나와 같은 생각을 하는 후학들이 경험을 통해 알게 된다면, 나는 그 기대를 미련 없이 버릴 것이다. 내 시도를 있는 그대로 받아들여 달라. 이 세상에서 자신의 상대적 위치를 확인하기가 얼마나 어려운가를 솔직히 시인하는 심리학자는, 아이에서 어른으로 성장하는 동안 개인에게 일어나는 심리적 변화를 연구하여 얻은 약간의 지식에 비추어 인간의 발달 정도를 평가하려고 애쓴다. 그 과정에서 심리학자는 종교가 유아 신경증과 유사점이 있다고 생각하지 않을 수 없지만, 그는 많은 어린아이가 신경증에서 벗어났듯이 인류도 언젠가는 신경증 단계를 극복하리라고 생각할 만큼 낙천적이다. 물론 개인 심리학에서 나온 이 통찰은 부적절할 수도 있고, 개인의 심리를 인류 전체에 적용하는 것은 정당지 않을 수도 있으며, 나의 낙관론은 근거 없는 것일 수도 있다. 이런 불확실성은 모두 인정한다. 그러나 사람은 자기 생각을 말로 표현하기를 삼갈 수 없는 경우가 많고, 자기 생각이 지닌 가치를 과장하고 있지 않다는 이유로 자신을 변명한다.

내가 좀 더 강조해야 할 점이 두 가지가 있다. 첫째, 내 입장이 약하다고 해서 당신의 입장이 강해지는 것은 아니다. 당신은 성공할 가망이 없는 주장을 옹호하고 있다. 지성이 본능에 비해 무력하다는 것은 얼마든지 강조해도 좋고, 이 점에서는 우리 주장이 옳을 것이다. 그러나 이 약점에는 독특한 특징이 있다. 지성의 목소리는 낮고 부드럽지만, 주인이 들어 줄 때까지 쉬지 않는다. 수없이 퇴짜를 맞은 뒤, 마침내 지성은 주인이 자기 목소리에 귀를 기울이게 하는 데 성공한다. 이것은 인류의 미래를 낙관할 수 있는 몇 가지 이유 중 하나이지만, 그 자체도 적지 않은 중요성을 지닌다. 여기서 우리는 또 다른 희망도 끌어낼 수 있다. 지성이 우위를 차지하는 날은 머나먼 미래일 것이 분명하지만, 〈끝없이〉 먼 미래는 아닐 것이다. 지성은 인간이 서로 사랑하고 삶의 고통이 줄어드는 것을 목표로 설정할 것이다. 그리고 당신은 당신의 신이 (외부 현실 — 아난케[31] — 이 허락하는 한, 당연히 인간의 한계 안에서) 이 목표를 실현해 주기를 기대한다. 이처럼 목표가 같기 때문에, 우리의 대립은 타협할 수 없는 것이 아니라 일시적인 것에 불과하다고 말할 수 있다. 당신과 나는 똑같은 것을 바라고 있지만, 당신은 나보다 성급하고 강제적이며 이기적이다. (당신을 이기적이라고 말하면 안 될 이유가 어디 있는가?) 당신은 죽은 직후부터 행복에 넘치는 상태가 시작되기를 바라고 있다. 당신은 불가능한 것을 기대하고, 개인의 요구를 포기하지 않을 것이다. 우리의 신인 로고스[32]는 이런 원망 중 외부의 자연계가 허용하는

---

31 Ananke. 그리스 신화 및 문학에 나오는 숙명의 여신.
32 네덜란드의 작가인 물타툴리Multatuli가 말한 쌍둥이 신 〈로고스(이성)〉와

것은 무엇이든 실현하겠지만, 예측할 수 없는 미래 안에서, 그리고 신세대를 위해서만, 그 원망을 점진적으로 실현할 것이다. 로고스는 삶의 고통에 시달리는 우리에게는 어떤 보상도 약속하지 않는다. 그 먼 목표를 향해 가는 도중에 당신의 종교적 교리는 버림받을 운명이다. 초기의 시도가 실패해도, 또는 종교적 교리를 대신하는 초기의 대용품이 적절하지 않은 것으로 밝혀져도, 어쨌든 당신의 종교적 교리는 버림받을 수밖에 없을 것이다. 그 이유는 당신도 알고 있다. 어떤 것도 결국에는 이성과 경험에 저항할 수 없으며, 종교가 이성이나 경험과 모순된다는 것은 너무나 명백하기 때문이다. 아무리 순화된 종교적 관념들도 인간에게 위안을 주는 종교의 속성을 잃지 않으려고 애쓰는 한 이 운명을 면할 수는 없다. 특성을 명확히 설명할 수도 없고 목적도 분명히 이해할 수 없는 뛰어난 영적 존재를 믿는 것에만 종교적 관념들이 한정된다면, 분명 과학의 도전도 견뎌 낼 수 있을 것이다. 그러나 그렇게 되면 종교적 관념들은 인간의 관심도 잃게 될 것이다.

둘째, 환상에 대한 당신의 태도와 내 태도의 차이에 주목하기 바란다. 당신은 전력을 다해 종교적 환상을 지켜야 한다. 종교적 환상이 깨져 버리면 — 실제로 그렇게 될 위험은 아주 크다 — 당신의 세계도 허물어진다. 당신에게 남는 것은 모든 것 — 문명과 인류의 미래 — 에 대한 절망뿐이다. 그 굴레에서 나는 자유롭다. 나만이 아니라, 나와 같은 생각을 하는 사람들은 모두 자유롭다.

〈아난케(숙명)〉— 원주. 물타툴리(라틴어로 〈나는 많은 것을 낳았다〉는 뜻)는 네덜란드의 소설가인 데커르Eduard Douwes Dekker(1820~1887)의 필명이다. 네덜란드 식민지인 인도네시아에서 10년 동안 관리로 근무했으며, 이때의 경험을 토대로 쓴 자전적 소설 『막스 하벨라르Max Havelaar』(1860)는 식민지 통치의 기만성을 폭로한 그의 대표작이다. 프로이트는 이 작가를 무척 애독했는데, 〈좋은 책 10권〉을 추천해 달라는 설문 조사에서 물타툴리의 책을 첫 번째로 꼽을 정도였다.

우리는 유아적 원망을 대부분 포기할 각오가 되어 있기 때문에, 우리의 기대 중 일부가 환상으로 밝혀지더라도 견뎌 낼 수 있다.

종교적 교리의 부담에서 해방되더라도 교육은 인간의 심리적 본성에 그리 많은 변화를 가져오지는 않을 것이다. 우리의 신인 로고스는 아마 전능한 존재는 아닐 것이며, 그 이전의 신들이 약속한 것을 극히 일부밖에 실현하지 못할 것이다. 이 사실을 인정해야 한다면, 우리는 체념하고 받아들일 것이다. 그것 때문에 세상과 인생에 대한 관심을 잃어버리지는 않을 것이다. 우리한테는 당신이 가지고 있지 않은 확고한 토대가 있기 때문이다. 우리는 과학적 연구를 통해 세계의 현실을 어느 정도 알 수 있고, 그 지식을 통해 우리의 힘을 강화할 수 있으며, 그 지식에 따라 우리의 삶을 조정할 수 있다고 믿는다. 이 믿음이 환상이라면, 우리는 당신과 같은 처지이다. 그러나 과학은 그동안 중요한 성공을 많이 거두었으며, 이를 통해 그것이 결코 환상이 아니라는 것을 입증했다. 과학은 공개된 적을 많이 가지고 있고, 은밀한 적은 그보다 훨씬 많다. 그들은 과학이 종교적 믿음을 약화시켰고 신앙을 뒤엎으려고 한다는 이유로 과학을 용서하지 못한다. 과학은 우리에게 가르쳐 준 것이 너무 적은 반면, 애매한 상태로 남겨 둔 분야는 그것과 비교할 수도 없을 만큼 많다는 비난을 받는다. 그러나 이 점에서 사람들은 과학이 아직 얼마나 어린지, 과학이 얼마나 어렵게 태어났고 초기에 얼마나 큰 어려움을 겪었는지를 잊고 있다. 게다가 인간의 지성은 불과 얼마 전에야 과학이 명령하는 과업을 수행할 수 있을 만큼 강해졌다는 것도 사람들은 잊고 있다. 그렇게 짧은 기간을 토대로 판단을 내리는 것은 잘못이 아닐까? 우리는 지질학자를 본보기로 삼아야 한다. 사람들은 과학을 믿을 수 없다고 불평한다. 과학이 오늘날 법칙으로 선언한 것을 다음 세대는 오류로 인정하고 새로운 법칙으로 대치하지만, 이 새로운 법칙의 효력도 그리 오래 지속되지는 않는다는 것이다. 그러나 이런 불평은 부당할 뿐 아니라, 부분적으로는 사실도 아니다. 과학적 견해가 변화하는 것은 혁명이 아니라 발전과 진보이다. 처음에는 보편적 타당성을 가진 것으로 여겨진 법칙이 실제로는 좀 더 포괄적인 일관성을 지닌 특수한 사례로 밝혀지기도 하고, 나중에야 발견된 또 다른 법칙이 전에 발견된 법칙을 제한하기도 한다. 처음에는 진리에 대체로 접근했던 것이 좀 더 진리에 가깝게 면밀히 다듬어진 것으로 대치되고, 이것은 더욱 완전하게 다듬어지기를 기다린다. 다양한 분야에서 우리는 금방 부적절한 것으로 물리칠 수밖에 없는 가설들을 이것저것 시험해 보는 연구 단계를 아직 벗어나지 못했지만, 그 밖의 분야에서는 거의 확고부동한 지식의 핵심을 이미 가지고 있다. 그러자 마침내 과학적 노력의 평판을 떨어뜨리려는 시도가 이루어졌다. 과학적 노력도 어차피 우리 자신의 육체적 조건에 묶여 있기 때문에 주관적인 결과밖에 낳을 수 없으며, 우리 외부에 있는 사물의 진정한 본질에는 여전히 도달할 수 없다는 것이다. 그러나 이 주장은 과학적 연구 방법을 이해하는 데 결정적으로 중요한 몇 가지 요소를 무시하고 있다. 첫째, 우리의 유기체 — 즉 심리적 기관 — 는 외부 세계를 탐구하려는 노력으로 발달해 왔고, 따라서 자신의 구조 속에 어느 정도의 합목적성을 실현했을 것이 분명하다. 둘째, 우리의 유기체는 그 자체가 우리의 연구 대상인 세계를 이루는 하나의 구성 요소이며, 따라서 과학적으로 연구해 볼 여지가 충분하다. 셋째, 세계는 우리 자신의 육체가 지닌 특수성으로 말미암아 우리에게 어떻게 보일 수밖에 없는가 하는 것만을 연구 대상으로 삼는다고 해도, 과학이 할 일은 사실상 그것이 전부이다. 넷째, 과학의 궁극적 결과를 얻는 데 사용한 방법 때문에, 우리 자신의 유기체만이 아니라 거기에 영향을 준 외부의 사물도 과학의 결과를 결정하는 요인이 된다. 끝으로 세계의 본질과 관련된 문제는, 그 세계를 지각하는 우리의 심리적 기관을 무시할 경우, 하나의 공허한 추상 개념에 불과하다.

아니, 우리의 과학은 결코 환상이 아니다. 그러나 과학이 우리에게 줄 수 없는 것을 다른 데서 얻을 수 있으리라고 생각하는 것은 환상이다.

문명 속의 불만

Das Unbehagen in der Kultur(1930[1929])

본능의 욕구와 문명의 제약 사이에 존재하는 대립 관계를 다루는 이 논문은 1930년 국제 정신분석 출판사에서 출판되었으며, 『전집』제14권(1948)에 실려 있다.

제1장이 『정신분석 운동』 제1권(1929년, 11~12월호)에 먼저 발표되고, 제5장은 같은 잡지의 다음 호인 제2권(1930년, 1~2월호)에 따로 발표된 바 있다.

프로이트가 원래 채택한 제목은 〈문명 속의 불행 Das Unglück in der Kultur〉이었으나, 나중에 〈불행 Unglück〉이 〈불만 Unbehagen〉으로 바뀌었다.

이 논문의 영어 번역본은 1930년 존 리비어 Joan Riviere가 번역하여 Civilization and its Discontents라는 제목으로 런던의 호가스 출판사와 정신분석학회, 뉴욕의 케이프 스미스 출판사에서 출간되었다. 또한 1961년 『표준판 전집』제21권에도 수록되었다.

문명 속의 불만

1

사람들이 일반적으로 잘못된 평가 기준을 사용한다는 인상 ─ 즉 사람들은 스스로 권력과 성공과 부를 추구하고, 그것을 손에 넣은 사람을 존경하며, 인생에서 정말로 가치 있는 것은 과소평가한다는 인상 ─ 은 피할 수 없다. 그러나 이런 일반적인 판단을 내릴 때, 우리는 인간 세상과 인간의 정신생활이 얼마나 다양한가를 잊어버릴 위험이 있다. 동시대인에게 존경받는 위인들 중에는 그 위대함이 대중의 목표나 이상과는 동떨어진 성질이나 업적에 바탕을 둔 경우도 있다. 그런 위인들의 가치를 정당하게 평가하는 사람은 결국 소수에 불과하며 대다수 사람은 그런 위인들한테 전혀 관심이 없다고 생각하기 쉽지만, 문제는 그렇게 단순하지 않다. 사람들은 생각과 행동이 서로 일치하지 않고, 원망 충동도 놀랄 만큼 다양하기 때문이다.

그런 소수의 예외적인 위인 중 한 사람은 친구를 자처하며 나에게 편지를 보낸다. 나는 종교를 환상으로 다룬 내 글[1]을 그에게 보낸 적이 있다. 그러자 그는 답장에서 이렇게 말했다. 종교에 대

1 「어느 환상의 미래」를 말한다.

한 내 견해에는 전적으로 동의하지만, 내가 종교적 감정의 진정한 원천을 정당하게 평가하지 않은 점이 아쉽다고. 그의 말에 따르면 종교적 감정의 진정한 원천은 어떤 독특한 느낌에 있다. 그 자신은 한시도 이 느낌에서 벗어난 적이 없고, 그 밖에도 많은 사람이 이 느낌을 확인했으며, 수많은 사람에게 이 느낌이 존재한다고 생각할 수 있다는 것이다. 그는 이 느낌을 〈영원〉에 대한 감각 ― 한계와 경계가 없는, 말하자면 〈망망대해 같은〉 느낌 ― 이라고 부르고 싶어 한다. 이 느낌은 신앙상의 교의가 아니라 순전히 주관적인 사실이라고 그는 덧붙인다. 이 느낌은 개인의 불멸을 약속해 주지는 않지만, 종교적 에너지의 원천이다. 여러 교회와 종교 체계는 이 종교적 에너지를 포착하여 각자의 수로로 끌어들이고, 에너지를 고갈시키기도 한다. 모든 신앙과 모든 환상을 거부하는 사람도 이 망망대해 같은 느낌을 가지고 있는 경우에는 자신을 종교적이라고 불러도 좋다는 것이 그의 생각이다.

환상의 마력을 시[2]에서 찬양한 적도 있는 이 존경하는 친구의 견해는 나에게 적지 않은 어려움을 안겨 주었다. 나 자신한테서는 어디서도 이 〈망망대해 같은〉 느낌을 찾을 수가 없기 때문이다. 느낌을 과학적으로 다루기는 쉽지 않다. 단지 느낌의 생리학적 징후를 설명하려고 시도할 수 있을 뿐이다. 이것마저 불가능한 경우에는 ― 내 생각에는 망망대해 같은 느낌도 이런 종류의 특성 묘사를 허용하지 않을 것 같다 ― 그 느낌과 가장 쉽게 결부되는 관념적 내용에 의지할 수밖에 없다. 친구의 말을 내가 맞게 이해했다면, 그가 말하는 망망대해 같은 느낌은 독창적이고 약간

2 『릴륄리Liluli』(1919)를 말한다. 『라마크리슈나의 생애La vie de Ramakrishna』 (1929)와 『비베카난다의 생애La vie de Vivekananda』(1930)가 출판된 이상, 내가 본문에서 말하는 친구가 로맹 롤랑이라는 사실을 더 이상 숨길 필요는 없을 것이다 ― 원주.

괴팍한 극작가가 자살을 앞두고 있는 주인공을 위로하는 말 ―
〈우리는 이 세상 밖으로 떨어질 수는 없다〉[3] ― 과 같다. 다시 말
해서 그것은 외부 세계 전체와 결코 풀 수 없는 끈으로 단단히 묶
여 있다는 느낌이다. 나에게는 이것이 오히려 지적 통찰의 성격
을 띠는 것처럼 보인다고 말할 수 있다. 물론 지적 통찰도 어느 정
도는 감정적 색채를 띠는 것이 사실이지만, 그와 동등한 범위를
지닌 사고 행위와 함께 존재할 수 있는 감정적 색채만을 수반할
뿐이다. 나 자신의 경험으로는 그런 망망대해 같은 느낌이 일차
적 성격을 가지고 있다고는 확신할 수 없었다. 그렇다고 해서 다
른 사람이 실제로 그런 느낌을 갖는다는 것을 내가 부인할 권리
는 없다. 유일한 문제는 그 느낌이 정확하게 해석되느냐, 그 느낌
을 종교적 욕구의 〈원천이자 기원 fons et origo〉으로 간주해야 하느
냐 하는 것이다.

내게는 이 문제 해결에 결정적인 영향을 미칠 수 있는 의견이
없다. 그러나 인간이 처음부터 그 목적을 지향하는 직관적인 느낌
을 통해 주위 세계와 자신의 밀접한 관계를 암시받는다는 생각은
너무 이상하고 우리 심리학의 구조에 잘 들어맞지 않기 때문에,
그런 느낌을 정신분석적 ― 즉 발생론적 ― 으로 설명할 수 있는
방법을 찾으려고 애쓰는 것은 당연하다. 그러면 다음과 같은 생
각이 떠오른다. 일반적으로 우리 자신 ― 우리 자신의 자아 ― 에
대한 감각만큼 확실한 것은 없다. 자아는 자율성과 통일성을 가

3 크리스티안 디트리히 그라베Christian Dietrich Grabbe(1801~1836)의 『한니발
Hannibal』에 나오는 말. 〈물론 우리는 이 세상 밖으로 떨어지지는 않을 것이다. 어쨌든
우리는 지금 이 세상 안에 있다〉 ― 원주. 그라베는 독일의 비극 시인이고, 『한니발』은
1835년에 쓴 작품이다. 비티니아 왕국에 망명 중이던 한니발이 프루시아스왕에게 배
신을 당한 뒤, 로마의 추적을 피하기 어렵게 되었다는 것을 알고 충직한 흑인 부하인
투르누와 함께 독약을 먹고 자결하기 직전에 한 말이다.

지고 있으며, 다른 모든 것과 뚜렷이 구별되는 것처럼 보인다. 그런 겉모습은 믿을 수 없다는 것, 그와는 반대로 자아는 내면으로 연장되어 우리가 〈이드Id〉라고 부르는 무의식적인 정신적 실체와 뚜렷한 경계선 없이 이어진다는 것, 자아는 그 〈이드〉의 겉포장 구실을 하고 있다는 것, 이것이 정신분석적 연구가 처음 발견한 것들이었다. 정신분석적 연구는 자아와 이드의 관계에 대해 그 밖에도 많은 것을 밝혀낼 것이다. 그러나 어쨌든 자아는 적어도 외부 세계에 대해서는 분명하고 뚜렷한 경계를 유지하는 것처럼 보인다. 예외가 있다면 사랑에 빠져 있을 때뿐이다. 이 상태는 분명 이례적이지만, 병리적이라고 낙인찍을 수는 없다. 한창 사랑에 빠졌을 때는 자아와 대상의 경계가 금방이라도 녹아 버릴 것만 같다. 감각 기관은 자아와 대상이 별개의 존재라는 온갖 증거를 제공하는데도, 사랑에 빠진 남자는 그 증거를 무시한 채 〈나〉와 〈너〉는 하나라고 선언하고, 그것이 사실인 듯 행동할 준비가 되어 있다. 자아와 대상의 경계가 생리적(즉 정상적) 작용으로 말미암아 일시적으로 제거될 수 있다면, 병리적 작용을 통해서도 혼란에 빠질 수 있을 것이 분명하다. 병리학적 연구를 통해 우리는 자아와 외부 세계의 경계가 불확실해지거나 실제로 경계선이 부정확하게 그려져 있는 상태를 많이 알게 되었다. 어떤 환자는 자신의 신체 부위, 심지어는 자신의 정신생활을 이루는 부분들 — 지각, 사고, 감정 — 까지도 자신의 자아에 속하지 않고 이질적인 것으로 여긴다. 또 어떤 환자는 분명히 자신의 자아에서 비롯되는 일이고, 자아가 마땅히 책임을 인정해야 하는 일들을 모두 외부 세계 탓으로 돌리기도 한다. 따라서 우리 자신의 자아 감각도 얼마든지 혼란에 빠질 수 있고, 자아의 경계도 변함없이 일정한 것은 아니다.

계속 고찰해 보면, 어른의 자아 감각이 처음부터 지금과 같았을 리는 없다는 것을 알 수 있다. 자아 감각은 여러 단계를 거쳐 발달해 왔을 것이 분명하다. 물론 이 발달 과정을 실증할 수는 없지만, 상당히 개연성 있게 재구성할 여지는 있다.[4] 유아는 자신에게 흘러들어오는 감각의 원천인 외부 세계와 자신의 자아를 아직 구별하지 못한다. 그러다가 다양한 자극에 반응하여 차츰 외부 세계와 자아를 구별하는 법을 배운다.[5] 유아는 자극의 다양한 원천 중 일부 — 나중에는 그것이 자신의 신체 기관임을 알게 될 것이다 — 는 언제든지 그에게 감각을 제공할 수 있는 반면, 다른 원천 — 그중에서도 특히 그가 가장 간절히 원하는 어머니의 젖가슴 — 은 이따금 그를 피하고, 칭얼대는 소리로 도움을 청해야만 다시 나타난다는 사실에 강한 인상을 받을 것이 분명하다. 이리하여 유아는 처음으로 〈대상〉을 자아의 맞은편에 놓게 된다. 이 대상은 〈밖〉에 존재하며, 특별한 행동을 통해서만 나타나게 할 수 있는 존재이다. 감각의 총체에서 자아를 떼어 내도록, 즉 〈밖〉에 있는 외부 세계를 인식하도록 유도하는 또 다른 자극은 자주 찾아오는 다양한 고통과 불쾌감이다. 무제한의 지배권을 행사하는 쾌감 원칙은 이 불가피한 불쾌감을 제거하고 피하라고 명령한다. 따라서 그런 불쾌감의 원천이 될 수 있는 모든 것을 자아에서 분리하여 밖으로 내던지고, 낯설고 위협적인 〈밖〉과 대결하는 순수한 쾌감-자아를 창조하려는 경향이 생겨난다. 이 원시적 쾌감-자

4 자아 발달과 자아 감각이라는 주제에 대해서는 페렌치의 「현실 감각의 발달 단계Entwicklungsstufen des Wirklichkeitssinnes」에서부터 페데른의 「자아 감각의 몇 가지 변형들Einige Variationen des Ichgefühls」(1926)과 「자아 구조 속의 나르시시즘Narzißmus im Ichgefüge」(1927)에 이르기까지 많은 문헌이 발표되었다 — 원주.

5 이 단락에서 프로이트는 잘 알려진 견해를 되풀이했다. 예를 들면 『꿈의 해석』과 「본능과 그 변화」(프로이트 전집 11, 열린책들) 및 「부정」(프로이트 전집 11, 열린책들)을 참조할 것.

아의 경계선은 경험을 통해 수정되는 것을 피할 수 없다. 어떤 것은 쾌감을 주기 때문에 포기하고 싶지 않지만, 자아가 아니라 대상이기 때문에 어쩔 수 없이 자아의 경계선 밖으로 밀려 나간다. 또 어떤 것은 고통을 주기 때문에 자아의 경계선 밖으로 쫓아 내고 싶지만, 고통의 원인이 내면에 있기 때문에 자아와 분리할 수 없는 경우도 있다. 어린이는 활동의 의식적인 통제와 적절한 근육 운동을 통해 내적인 것 — 자아에 속하는 것 — 과 외적인 것 — 바깥 세계에서 오는 것 — 을 구별할 수 있는 방법을 배우게 된다. 이리하여 어린이는 장차의 발달을 지배하게 되는 현실 원칙의 도입을 향해 첫걸음을 내딛는다.[6] 물론 이 구별은 우리가 실제로 느끼는 불쾌감이나 느낄 것으로 예상되는 불쾌감에서 자신을 보호하는 실제적인 목적에 이바지한다. 내부에서 생겨나는 불쾌한 자극을 물리치기 위해 자아가 사용할 수 있는 수단은 밖에서 오는 불쾌감을 물리치기 위해 사용할 수 있는 수단뿐이고, 바로 이것이 중요한 병리적 장애의 출발점이다.

어쨌든 이런 식으로 자아는 외부 세계에서 자신을 분리한다. 아니, 좀 더 정확히 표현하면, 원래 자아는 모든 것을 포함하지만 나중에 자신한테서 외부 세계를 분리한다. 따라서 우리가 현재 가지고 있는 자아 감각은 훨씬 포괄적인 감각 — 자아와 그 주변 세계가 맺고 있던 좀 더 친밀한 유대에 어울리는 감각 — 의 위축된 잔해에 불과하다. 정신생활 속에 이 원초적 자아 감각을 어느 정도 유지하는 사람이 많다고 가정하면, 그 원초적 자아 감각은 더 범위가 좁고 뚜렷한 경계선을 지닌 성숙한 자아 감각과 한 쌍을 이루어 나란히 존재할 것이다. 그런 경우 원초적 자아 감각에 어울리는 관념적 내용은 무한함 및 우주와의 유대감 — 내 친구

6 「정신적 기능의 두 가지 원칙」(프로이트 전집 11, 열린책들)을 참조할 것.

가 〈망망대해 같은〉 느낌을 설명할 때 사용한 것과 같은 개념 ―
일 것이다.

그러나 원래부터 존재한 것이 나중에 거기서 파생된 것과 나란
히 살아남아 있다는 생각이 과연 올바른 것일까? 물론이다. 정신
영역만이 아니라 다른 영역에서도 그런 현상이 나타나는 것은 결
코 이상하지 않다. 예를 들면 우리는 고등 동물이 최하등 동물에
서 진화했다는 견해를 고집한다. 그러나 오늘날에도 지극히 단순
한 형태의 하등 동물은 여전히 존재한다. 공룡은 멸종하여 포유
류에게 자리를 내주었지만, 공룡의 직계 후손인 악어는 여전히
우리와 함께 살고 있다. 이 비유는 현재의 논의와는 별로 관계가
없을지도 모르고, 오늘날 살아남아 있는 하등 동물이 대부분 고
등 동물의 직계 조상이 아니라는 상황도 비유의 타당성을 약화시
킨다. 고등 동물과 하등 동물을 잇는 중간 고리는 대개 절멸했기
때문에, 우리는 복원을 통해서만 알 수 있다. 반면에 정신 영역에
서는 원시적인 것이 거기서 생겨난 변형과 나란히 보존되는 것이
보통이기 때문에, 구태여 실례를 들어 증명할 필요도 없을 정도
이다. 이런 일은 대개 발달 과정에서 원시적 요소가 여러 갈래로
갈라져 제각기 다른 방향으로 발달한 결과이다. 어떤 태도나 본
능적 충동의 일부(양적인 의미에서)는 변화되지 않은 상태로 남
아 있지만, 다른 부분은 계속 발달한 것이다.

이것은 정신 영역에서의 보존이라는 좀 더 일반적인 문제를 제
기한다. 이 문제는 아직까지 거의 연구되지 않았지만, 워낙 매력
적이고 중요하기 때문에 잠시 그쪽으로 관심을 돌려도 좋을 것이
다. 본론에서 벗어나는 핑계가 충분치 않다고 해도, 정상이 참작
되리라고 믿는다. 우리는 누구한테나 흔히 일어나는 망각이 기억
흔적의 파괴 ― 즉 기억 흔적의 소멸 ― 를 의미한다고 생각하는

잘못을 바로잡은 이후, 정신생활에서는 일단 형성된 것은 결코 사라질 수 없다는 정반대의 견해 — 모든 기억은 어떻게든 보존되고, 적절한 상황(예를 들면 퇴행이 충분히 이루어진 경우)에서는 그 기억을 다시 한번 끌어낼 수 있다는 견해 — 를 채택하는 경향이 있었다. 다른 분야에서 비슷한 예를 들어 이 가정이 필연적으로 무엇을 내포하고 있는가를 파악해 보자. 우리가 예로 들 것은 〈영원한 도시〉[7] 로마의 역사이다. 역사가들에 따르면 최초의 로마는 팔라티노 언덕에 울타리를 두른 촌락, 즉 〈로마 콰드라타Roma Quadrata〉였다. 그다음 단계가 일곱 언덕 위에 있는 촌락들의 연합체인 〈일곱 언덕의 도시Septimontium〉이고, 그다음이 세르비우스 성벽으로 둘러싸인 도시였다. 그 후 공화정 시대와 제정 초기에 많은 변화를 겪은 뒤, 로마는 아우렐리아누스 황제가 쌓은 성벽으로 둘러싸였다. 이제는 로마가 겪은 변화를 추적하는 것은 그만두고, 방문객 — 이 사람은 로마의 역사와 지형에 대해 완벽한 지식을 가지고 있다고 가정하자 — 이 오늘날의 로마에서 이런 초기 시절의 흔적을 얼마나 찾아낼 수 있을지 자문해 보자. 몇 군데 파괴된 곳은 있지만, 아우렐리아누스 성벽은 거의 원형 그대로 남아 있다. 방문객은 발굴되어 햇빛을 본 세르비우스 성벽도 일부 발견할 수 있을 것이다. 방문객이 충분한 지식, 그러니까 오늘날의 고고학이 지닌 것보다 더 많은 지식을 가지고 있다면, 도시 설계도에 완전한 세르비우스 성벽과 〈로마 콰드라타〉의 윤곽을 그려 넣을 수도 있을 것이다. 한때 이 고대 지역을 차지했던 건축물은 더 이상 존재하지 않기 때문에, 방문객은 거기에 대해서는 아무것도 발견하지 못하거나 희미한 흔적만 찾아낼 수 있

---

7 『케임브리지 고대사The Cambridge Ancient History』 제7권(1928), 휴 래스트Hugh Last의 『로마의 건국』에 근거함 — 원주.

을 것이다. 방문객이 공화정 시대의 로마에 대해 아무리 많은 정보를 가지고 있어도, 기껏해야 그 시대의 신전과 공공 건축물이 서 있던 자리를 지적할 수 있을 뿐이다. 지금 그 자리를 차지하는 유적은 당시 건축물의 유적이 아니라, 불타거나 파괴된 원래의 건축물을 복원한 후세 건축물의 유적이다. 고대 로마의 이 모든 유적이 르네상스 이후 몇 세기 동안 생겨난 대도시의 혼잡 속에 뒤섞여 있다는 것은 말할 필요도 없다. 지하나 현대식 건물 밑에 아직도 묻혀 있는 고대 건물이 적지 않은 것은 분명하다. 로마 같은 역사적 유적지에는 과거가 이런 식으로 보존되어 있다.

자, 이제는 상상력을 한껏 발휘하여, 로마가 인간의 주거지가 아니라 그만큼 길고 풍부한 과거를 지닌 정신적 실체 — 이 실체 안에서 일단 생겨난 것은 절대로 사라지지 않고 발달의 초기 단계가 말기 단계와 나란히 존재한다 — 라고 하자. 이것은 로마에 황제들의 궁전이 아직도 남아 있고, 셉티미우스 세베루스 황제의 궁전이 아직도 팔라티노 언덕 위에 옛날과 똑같은 높이로 우뚝 서 있고, 산탄젤로 성의 흉벽에는 고트족의 포위 공격을 받을 때까지 성을 장식했던 아름다운 조상(彫像)들이 아직도 서 있다는 것을 의미한다. 그러나 그것만이 아니다. 오늘날 카파렐리 궁전이 자리 잡은 카피탈리노 언덕에는 주피터 신전이 다시 한 번 들어서게 될 것이다. 제정 시대의 로마인들이 보았던 최후의 모습만이 아니라 최초의 모습으로도. 초기의 주피터 신전은 에트루리아 건축 양식의 영향을 받아, 처마 끝이 테라코타로 장식되어 있었다. 오늘날 원형 경기장이 서 있는 곳에서는 네로 황제의 황금 궁전을 동시에 감상할 수 있을 것이다. 판테온 광장에서는 하드리아누스 황제가 남긴 오늘날의 판테온만이 아니라 아그리파가 같은 자리에 세웠던 원래의 건물도 볼 수 있을 것이다. 산타 마리아 소프라 미네르바 교회와 그 토대가 된 고대의 신전이 같은 터에 서 있을 것이다. 그리고 방문객은 시선을 돌리거나 자세만 바꾸면 어느 시대의 풍경도 불러낼 수 있을 것이다.

이런 공상을 더 이상 전개하는 것은 무의미하다. 공상을 계속하다 보면 황당무계한 것으로 이어지기 때문이다. 시간적으로 연속된 역사적 사건들을 공간적 관점에서 묘사하고 싶으면, 공간에 그 사건들을 나란히 늘어놓을 수밖에 없다. 그러나 서로 다른 두 가지 내용이 같은 공간에 담길 수는 없다. 따라서 우리의 시도는 무의미한 장난에 불과한 것처럼 보인다. 그것을 정당화할 수 있는 근거는 하나뿐이다. 그것은 정신생활의 특징을 생생하게 묘사함으로써 그 특징들을 완전히 파악하기가 얼마나 어려운가를 보여 준다. 우리는 정신생활의 특징을 거의 이해하지 못한다.

고려해야 할 난점이 또 하나 있다. 정신의 과거와 비교하는 대상으로 왜 하필이면 〈도시〉의 과거를 선택했느냐는 의문이 제기될 수 있다. 과거의 모든 것이 보존된다는 가정은, 도시만이 아니라 정신생활에서도 정신 작용을 하는 신체 기관이 어떤 영향도 받지 않은 채 원형 그대로 고스란히 남아 있고 두뇌 조직이 정신적 외상이나 염증으로 손상되지 않았다는 조건에서만 성립된다. 그러나 이런 질병의 원인에 비유할 수 있는 파괴적 영향력은 어느 도시의 역사에도 반드시 존재한다. 로마처럼 파란만장한 과거가 없거나 런던처럼 적의 침공을 거의 받지 않은 도시도 예외는 아니다. 건물을 헐고 다른 건물을 세우는 것은 도시가 가장 평화롭게 발전하는 과정에 일어난다. 따라서 도시는 〈선험적으로〉 정신적 유기체와 이런 비교를 하기에 적당한 대상이 아니다.

이 항의에는 우리도 동의할 수밖에 없다. 따라서 인상적인 대비를 제시하려는 시도는 포기하고, 그 대신 좀 더 밀접한 관계가

있는 비교 대상 — 동물이나 인간의 신체 — 으로 눈길을 돌리기
로 한다. 그러나 여기서도 우리는 똑같은 문제를 발견한다. 발달
의 초기 단계는 어떤 의미에서도 전혀 보존되어 있지 않다. 초기
단계는 후기 단계에 재료를 공급한 뒤, 후기 단계에 완전히 흡수
되어 버린다. 어른한테서 태아의 모습을 발견할 수는 없다. 어린
시절의 흉선(胸腺)[8]은 사춘기가 지나면 결합 조직으로 바뀌지만,
그 자체는 더 이상 존재하지 않는다. 성인의 골격에서 유아 골격
의 윤곽을 찾아낼 수 있는 것은 사실이지만, 유아의 뼈는 최종적
인 형태에 도달할 때까지 길어지고 굵어져서 원래의 뼈 자체는
사라져 버린다. 오직 정신 속에서만 모든 초기 단계가 최종 형태
와 나란히 보존될 수 있으며, 우리가 이 현상을 생생하게 묘사할
수 있는 처지가 아니라는 사정은 여전히 남아 있다.

옆길로 너무 멀리 들어온 것 같다. 정신생활에서 과거의 것은
보존될 수도 있고, 어쨌든 〈반드시〉 파괴되지는 않는다고 주장하
는 것으로 만족하자. 정신 속에서도 오래된 것의 일부가 말소되
거나 흡수되어 — 그것이 흔히 일어나는 정상적인 일이든, 예외
적인 일이든 간에 — 결코 복구되거나 되살아나지 못할 수도 있
다. 또는 일반적으로 오래된 것이 보존되느냐의 여부는 유리한
조건이 존재하느냐의 여부에 달려 있을 수도 있다. 그것은 충분
히 가능하지만, 거기에 대해서는 아직 알려진 것이 없다. 우리는
다만 정신생활에서 과거가 보존되는 것은 예외가 아니라 원칙이
라는 사실에 매달릴 수 있을 뿐이다.

따라서 많은 사람에게 〈망망대해 같은〉 느낌이 존재한다는 것
은 기꺼이 인정한다. 이것을 인정하고 나면, 그 근원을 자아 감각

---

8 복장뼈 뒤쪽에 있는 내분비선. 편평한 삼각형이고 좌엽과 우엽으로 나뉘어 있
다. 어릴 때의 신체 발육과 밀접한 관계가 있으나 사춘기 이후에는 차츰 퇴화한다.

의 초기 단계까지 더듬어 올라가고 싶은 마음이 든다. 그런데 여기서 또 다른 문제가 제기된다. 이 〈망망대해 같은〉 느낌을 종교적 욕구의 원천으로 간주하는 근거가 무엇이냐는 문제이다.

내가 보기에는, 이런 느낌이 종교적 욕구의 원천이라는 주장은 설득력을 얻기 힘들 것 같다. 결국 어떤 느낌이 에너지의 원천이 될 수 있으려면, 그 느낌 자체가 강한 욕구의 표현이어야 하기 때문이다. 따라서 유아기의 무력함과 그것이 불러일으키는 아버지에 대한 동경에서 종교적 욕구가 유래하는 것은 논란의 여지가 없을 만큼 명백해 보인다. 특히 무력감은 유아기에서 나중까지 연장될 뿐 아니라, 압도적인 운명의 힘에 대한 두려움으로 말미암아 영원히 지속되기 때문에 더욱 그러하다. 어린 시절에 아버지의 보호를 받고 싶은 욕구보다 더 강한 욕구가 있다고는 생각할 수 없다. 따라서 〈망망대해 같은〉 느낌은 무제한한 나르시시즘의 회복 같은 것을 추구할지 모르지만, 그 느낌이 맡는 역할은 뒷전으로 밀려난다. 종교적 태도의 기원은 유아기의 무력감까지 뚜렷한 윤곽을 그리며 거슬러 올라갈 수 있다. 유아기의 무력감 너머에도 무언가가 더 있을지 모르지만, 그것은 현재로서는 어둠의 장막에 싸여 있다.

〈망망대해 같은〉 느낌이 나중에 종교와 연결된다는 것은 충분히 상상할 수 있는 일이다. 이런 느낌의 관념적 내용을 이루는 〈우주와의 합일〉은 종교에서 위안을 얻으려는 최초의 시도처럼 보인다. 다시 말해 그것은 외부 세계에서 자아를 위협하는 위험을 거부하는 또 다른 방법처럼 보인다. 다시 한번 인정하건대 거의 실체가 없는 이 미지수의 것들을 연구하기는 무척 어렵다. 만족할 줄 모르는 지식욕으로 유별난 실험을 되풀이하여 결국 백과사전 같은 지식을 얻은 내 친구는, 세상에서 한 발짝 물러나 신체 기능에 주의를 기울이고 독특한 호흡법을 실행하는 요가 수련을 하면 자신 속에 새로운 감각과 체감을 불러일으킬 수 있다고 장담했다. 그는 이런 감각과 체감을 오래전에 매몰된 원초적 정신 상태로의 퇴행으로 생각한다. 그는 거기에서 신비주의의 지혜가 근거를 두고 있는 생리적 토대를 발견한다. 여기서 정신생활의 몽롱한 변화 — 예를 들면 최면 상태 같은 무아지경과 황홀경 — 와의 관계를 찾아내기는 어렵지 않을 것이다. 그러나 나는 실러의 잠수부가 한 말을 그대로 외치고 싶다.

……기뻐하라,
이 밝은 장밋빛 햇빛 속에서 숨 쉬는 자여.[9]

2

내가 「어느 환상의 미래」에서 다룬 것은 종교적 감정의 원천이 아니라, 보통 사람이 자신의 종교라고 생각하는 것 — 한편으로는 이 세상의 수수께끼를 부러울 만큼 완벽하게 설명해 주고, 다른 한편으로는 신의 섭리가 그의 삶을 주의 깊게 지켜보고 이승에서 그가 당하는 어떤 좌절도 내세에서 보상해 줄 것이라고 장담하는 교리와 약속의 체계 — 이었다. 보통 사람은 이 신의 섭리를 엄청나게 지위가 높아진 아버지의 모습으로 상상할 수밖에 없다. 그런 존재만이 인간 아이들의 욕구를 이해할 수 있고, 인간의 기도를 듣고 태도를 누그러뜨리거나 인간이 뉘우치는 모습을 보고 노여움을 가라앉힐 수 있다. 모든 것은 명백히 유아적이고 비

---

9   실러F. Schiller의 시 「바다에 뛰어든 젊은이Der Taucher」에 나오는 한 구절. *Es freue sich, / Wer da atmet im rosigten Licht.*

현실적이기 때문에, 인류에게 우호적인 사람은 대다수 인간이 이런 인생관에서 끝내 벗어나지 못하리라고 생각하면 가슴이 아프다. 오늘날 이 세상에 살고 있는 수많은 사람 가운데 이 종교가 공격을 견뎌 낼 수 없다는 것을 알면서도 종교를 지키기 위해 이리 뛰고 저리 뛰면서 비참한 지연 작전을 펴는 사람이 얼마나 많은가를 알면 굴욕감까지 느껴진다. 신을 비인격적이고 추상적인 원리로 대치하면 종교의 신을 구할 수 있다고 생각하는 철학자들을 만나 〈너의 주 하느님의 이름을 망령되이 일컫지 말라!〉라고 경고하기 위해 신자 대열에 합류하고 싶을 정도이다. 과거의 위인들 가운데 일부가 똑같이 행동했다고 해도, 그들을 본보기로 삼을 수는 없다. 그들이 그럴 수밖에 없었던 이유를 우리는 알고 있기 때문이다.

보통 사람과 그의 종교 — 종교라는 이름을 가질 수 있는 유일한 종교 — 로 돌아가자. 우리가 맨 먼저 생각해야 할 것은 위대한 시인이자 사상가의 유명한 말이다. 그는 종교와 예술 및 과학의 관계에 대해 이렇게 말했다.

과학과 예술을 소유하는 사람은 종교도 가지고 있다.
그러나 과학도 예술도 소유하지 않은 사람은 종교를 가져라![10]

이 말은 한편으로는 인간의 가장 중요한 업적인 과학과 예술을 종교와 대립시키고, 또 한편으로는 인생에서의 가치와 관련하여 그 업적과 종교는 서로를 대신하거나 대체할 수 있다고 주장한다. 우리가 과학도 예술도 소유하지 못한 보통 사람한테서 종교까지

10   괴테의 『얌전한 크세니엔Zahme Xenien』 IX. *Wer Wissenschaft und Kunst besitzt, hat auch Religion; / Wer jene beide nicht besitzt, der habe Religion!*

박탈하려고 하면, 이 위대한 시인의 권위를 우리 편으로 끌어들이지 못할 것은 분명하다. 우리는 그의 말을 좀 더 정확히 이해하기 위해 특별한 방법을 택할 것이다.

누구나 알고 있듯이, 인생은 우리한테 너무 힘들다. 인생은 우리에게 너무 많은 고통과 실망과 과제를 안겨 준다. 인생을 견뎌 내기 위해서는 고통을 일시적으로 완화하는 수단이 필요하다. 테오도어 폰타네가 말했듯이, 〈우리는 보조적인 구조물 없이는 해나갈 수 없다.〉[11] 그런 수단으로는 세 가지가 있을 것이다. 첫째는 우리의 관심을 다른 데로 돌려 고통을 가볍게 생각하도록 만드는 강력한 편향, 둘째는 고통을 줄여 주는 대리 만족, 셋째는 고통에 무감각하게 만드는 마취제이다. 이런 고통 완화제는 반드시 필요하다.[12]

볼테르가 『캉디드』[13]의 마지막 부분에서 정원을 가꾸라고 충고한 것은 관심을 다른 데로 돌리는 〈편향〉을 염두에 둔 말이고, 과학적 활동도 이런 부류의 편향에 속한다. 예술이 제공하는 대리 만족은 현실과 대비되는 환상이지만, 공상이 정신생활에서 맡는 역할 덕분에 정신적으로 상당히 효과 있다. 술이나 마약 같은 마취제는 우리의 몸에 영향을 주어 몸의 화학 작용을 일으킨다. 종교가 이 세 가지 부류 중 어디에 속하는지는 그렇게 간단히 알 수 있는 문제가 아니다. 당면 문제에서 눈을 들어 좀 더 먼 곳을

11　테오도어 폰타네Theodor Fontane(1819~1898)의 소설『에피 브리스트*Effi Briest*』(1895)에 나오는 말이다. 폰타네는 19세기 독일 리얼리즘 문학을 대표하는 작가.

12　빌헬름 부슈Wilhelm Busch(1832~1908)는『독실한 헬레네*Die fromme Helene*』에서 하층 계급에 대해 똑같은 말을 했다. 〈근심을 가진 사람은 브랜디도 갖는다〉 — 원주. 부슈는 독일의 화가이면서 시인. 풍자적 삽화를 곁들인 작품으로 인기를 누렸다.

13　볼테르Voltaire(1694~1778). 프랑스 계몽주의 시대의 문학가, 사상가. 『캉디드*Candide*』는 그의 최고 걸작으로 꼽히는 철학적 소설로, 〈그러나 정원을 가꾸지 않으면 안 된다〉라는 말로 끝난다.

바라보아야만 알 수 있을 것이다.

인생의 목적이 무엇인가 하는 문제는 수없이 제기되었지만, 아직도 만족스러운 대답을 얻지 못했고 그런 대답을 허용하지도 않는다. 이 문제를 제기한 사람들 가운데 일부는 인생이 〈아무〉 목적도 없는 것으로 드러나면 인생은 모든 가치를 잃어버릴 것이라고 덧붙였다. 그러나 이렇게 위협해 봤자 사태는 조금도 달라지지 않는다. 반대로 그 의문은 인간의 건방짐 — 이 건방짐은 수없이 다양한 형태로 나타나며, 건방짐의 다른 징후에 대해서는 우리도 이미 잘 알고 있다 — 에서 유래하는 것처럼 보이기 때문에, 그 의문은 아예 무시해도 좋은 것처럼 보인다. 동물의 존재 이유는 인간에게 봉사하는 데 있다고 여겨질 뿐, 그 목적이 무엇인지에 대해서는 아무도 이야기하지 않는다. 그러나 동물이 인간에게 봉사하기 위해 존재한다는 견해도 공격을 면할 수 없다. 인간이 묘사하거나 분류하거나 연구하는 대상이 될 수 있을 뿐, 그 밖에는 전혀 쓸모가 없는 동물도 많기 때문이다. 그리고 수많은 동물은 인간이 지구상에 등장하기 전에 존재했다가 인간이 미처 보기도 전에 절멸해 버렸기 때문에, 그런 식으로 이용당하는 것도 모면했다. 그렇다면 인생의 목적이 무엇이냐는 질문에 대답할 수 있는 것은 역시 종교뿐이다. 인생이 목적을 갖는다는 생각이 종교 체계와 운명을 함께한다고 결론지어도 틀림이 없을 것이다.

이제 좀 덜 야심적인 문제로 관심을 돌려 보자. 인간이 자신의 행동을 통해 보여 주는 인생의 목적과 의도는 무엇인가? 인간은 인생에 무엇을 요구하고, 인생에서 무엇을 성취하기를 바라는가? 이 의문에 대한 대답은 뻔하다. 인간은 행복을 얻으려고 애쓴다. 인간은 행복해지기를 원하고, 그 행복을 유지하고 싶어 한다. 이 노력은 적극적인 목표와 소극적인 목표라는 양면을 지닌다. 인간은 한편으로는 고통과 불쾌감이 없는 상태에 도달하려 하고, 다른 한편으로는 강렬한 쾌감을 경험하려고 애쓴다. 좁은 의미의 〈행복〉은 두 번째 상태만을 가리킨다. 목표가 이처럼 양분되기 때문에, 두 가지 목표 중 어느 쪽을 ― 주로 또는 오로지 ― 실현하려고 하느냐에 따라 인간의 행동도 두 방향으로 전개된다.

우리가 알고 있듯이, 인생의 목적을 결정하는 것은 쾌락 원칙의 프로그램이다. 이 원칙은 처음부터 인간의 정신 작용을 지배한다. 이 원칙의 유효성은 의심할 여지 없지만, 그 프로그램은 소우주만이 아니라 대우주도 포함하는 전 세계와 적대 관계에 있다. 이 프로그램이 완수될 가능성은 전혀 없다. 우주의 모든 규칙이 그것과는 반대 방향으로 움직이기 때문이다. 인간을 〈행복〉하게 하려는 의도는 〈천지창조〉의 계획에 포함되어 있지 않다고 말하고 싶을 정도이다. 엄격한 의미의 행복은 극도로 억제되어 있던 욕구가 (되도록이면 갑자기) 충족되는 것에서 오고, 이런 일은 그 성격상 어쩌다 일어나는 일시적 현상으로만 가능하다. 쾌락 원칙이 간절히 바라는 상황도 오래 지속되면 강렬한 쾌감이 아니라 가벼운 만족감을 낳을 뿐이다. 인간은 오직 대조(對照)에서만 강렬한 즐거움을 얻을 수 있고, 상태에서는 거의 즐거움을 얻지 못하도록 되어 있다.[14] 따라서 우리가 행복해질 가능성은 우리 자신의 그런 심리 구조 때문에 이미 제한되어 있는 셈이다. 게다가 불행을 경험하기는 훨씬 쉽다. 다음의 세 방향에서 오는 고통이 우리를 위협하고 있기 때문이다. 첫째는 우리 자신의 육체 ― 이것은 결국 썩어 없어질 운명이고, 그나마도 고통과 불안이 경고 신호를 보내지 않으면 살아갈 수 없다. 둘째는 외부 세계 ― 이것은

14 실제로 괴테는 〈화창한 날이 계속되는 것만큼 견디기 어려운 것은 없다〉라고 경고한다. 물론 이것은 과장일 수도 있다 ― 원주.

압도적이고 무자비한 파괴력으로 우리를 덮칠 수 있다. 셋째는 타인들과의 관계 — 우리에게 가장 고통스러운 것은 아마 타인들과의 관계에서 오는 고통일 것이다. 우리는 이 고통을 불필요한 사족으로 생각하는 경향이 있지만, 사실은 다른 원인에서 오는 고통 못지않게 숙명적으로 불가피한 고통이다.

이런 고통의 가능성에 짓눌려 있다면, 쾌락 원칙 자체도 외부 세계의 영향을 받아 좀 더 절도 있는 현실 원칙으로 바뀐 것처럼 인간이 행복에 대한 요구를 적당히 완화하는 데 익숙해진다고 해도, 단지 불행을 면했거나 고통을 이겨 낸 것만으로도 다행으로 생각한다고 해도, 고통을 피하는 것이 우선이고 쾌락을 얻는 일은 대개 뒷전으로 밀려난다고 해도 결코 놀랍지 않다. 생각해 보면, 고통을 피하고 쾌락을 얻기 위해서는 다양한 방법을 시도할 수 있고, 사람들은 다양한 처세술이 추천하는 온갖 방법을 실천해 왔다. 모든 욕구를 무제한 만족시키는 것은 가장 유혹적인 생활 방식처럼 보이지만, 그것은 신중함보다 즐거움을 우선하는 것을 의미하기 때문에 머지않아 그 대가를 받게 된다. 불쾌감을 피하는 것을 주요 목적으로 하는 방법들은 주로 관심을 기울이는 불쾌감의 원천이 무엇이냐에 따라 구별된다. 개중에는 극단적인 방법도 있고 온건한 방법도 있다. 어떤 방법은 일면적이고, 또 어떤 방법은 문제를 여러 방향에서 동시에 공격한다. 대인 관계에서 오는 고통을 가장 쉽게 막을 수 있는 안전 장치는 타인과 아예 관계를 맺지 않는 자발적인 고립이다. 이 방법으로 얻을 수 있는 행복은 조용하고 평온한 행복이다. 무서운 외부 세계에 대해 혼자 힘으로 문제를 해결할 작정이라면, 외부 세계에 등을 돌리는 방법으로 자신을 지킬 수 있을 뿐이다. 그러나 사실은 그보다 더 나은 방법이 있다. 인간 공동체의 일원이 되어, 과학 기술의 도움으로 자연을 오히려 공격하는 쪽으로 전향하고 자연을 인간의 의지에 굴복시키는 방법이다. 그럴 경우 인간은 모든 사람의 이익을 위해 모든 사람과 협력하게 된다. 그러나 고통을 피하는 방법 중 가장 흥미로운 것은 우리 자신의 유기체에 영향을 주려고 애쓰는 방법이다. 모든 고통은 결국 감각에 불과하다. 감각은 우리가 그것을 느끼는 경우에만 존재하며, 우리가 감각을 느끼는 것은 우리 유기체가 조절되는 어떤 방법 때문이다.

우리 유기체에 영향을 미치는 방법 중 가장 조잡하지만 가장 효과적인 것은 화학적인 방법, 즉 중독이다. 이 현상의 메커니즘을 완전히 이해하고 있는 사람은 없다고 생각되지만, 혈액이나 조직에 들어가면 당장 유쾌한 감각을 자아내는 이물질이 있는 것은 사실이다. 그 이물질은 또한 우리 감각력을 지배하는 조건까지 변화시키기 때문에, 우리는 불쾌한 자극을 받아들일 수 없게 된다. 이 두 가지 효과는 동시에 일어날 뿐 아니라, 서로 밀접하게 결부되어 있는 듯하다. 그러나 우리 몸의 화학 작용에도 비슷한 효과가 있는 물질이 존재하는 것이 분명하다. 적어도 조증(躁症)이라는 일종의 병리적 상태는 알려져 있기 때문이다. 조증의 경우에는 마취약을 투여하지 않아도 마취된 것과 비슷한 상태가 일어난다. 게다가 정상적인 정신생활은 쾌감을 비교적 쉽게 발산시키는 상태와 비교적 어렵게 발산시키는 상태 사이를 오락가락하고, 그에 대응하여 불쾌감에 대한 감수성도 줄어들거나 늘어난다. 정신 작용의 한 측면인 이 중독이 아직까지 과학적으로 연구되지 않은 것은 유감스러운 일이다. 몸을 마취시키는 수단, 특히 술은 행복을 얻고 불행을 멀리하려는 노력에 이바지하며, 개인과 민족은 그 유익한 활동을 커다란 이익으로 높이 평가하여 그들의 리비도 경제학에서 거기에 확고한 지위를 부여했다. 흥분제는 당장 쾌감을 줄 뿐만 아니라, 우리가 간절히 바라는 외부 세계로부터의 독립도 어느 정도 얻을 수 있게 해준다. 〈근심을 잊게 해주는 술〉의 힘을 빌리면 언제든지 현실의 압력에서 벗어나, 좀 더 기분 좋은 자신의 세계 속에서 피난처를 찾을 수 있기 때문이다. 잘 알려져 있듯이, 흥분제의 이런 특성이 그 위험과 해독의 원인이기도 하다. 흥분제는 인류의 운명을 개선하는 데 쓰였을 수도 있는 막대한 에너지를 쓸데없이 낭비시키는 원인이 된다.

그러나 우리 정신 기관은 구조가 워낙 복잡해서, 그 밖에도 수많은 영향력이 작용할 여지가 있다. 본능 충족이 우리에게 행복을 가져다주는 것처럼, 외부 세계가 우리를 굶주리게 하면, 즉 우리의 욕구를 충족시켜 주기를 거부하면 심한 고통이 생겨난다. 따라서 인간은 본능적 충동에 영향을 주어 고통에서 조금이나마 벗어나기를 바랄 수도 있다. 이러한 고통 방지법은 욕구의 내적 원천을 지배하려고 애쓰는 것이기 때문에, 감각 기관과는 더 이상 관계가 없다. 이것이 극단으로 치달으면, 동양 철학에서 가르치고 요가 수행에서 실천하는 방법처럼 본능을 완전히 죽이는 방지법이 생겨난다. 여기에 성공한 사람은 다른 활동들도 정지해 버리는 것이 사실이다. 요컨대 자신의 인생을 희생하는 것이다. 그런 사람은 방법을 바꾸어도 조용하고 평온한 행복으로 돌아갈 수 있을 뿐이다. 목표가 그렇게 극단적이지 않고 단지 본능적 생활을 〈제어〉하는 것만을 목표로 삼을 때에도 우리는 같은 방법을 택한다. 그 경우, 본능을 제어하는 요소는 현실 원칙에 복종하는 좀 더 고귀한 정신 작용이다. 여기서는 본능을 충족시킨다는 목표는 결코 포기되지 않지만, 억제되지 않은 본능이 좌절로 끝났을 때보다 다른 것에 종속되어 있는 본능이 좌절되었을 때가 덜 고통스럽게 느껴진다는 점에서 고통을 막는 장치는 어느 정도 확보되어 있다. 이와 대비하여 즐거움을 얻을 수 있는 잠재적 가능성도 줄어드는 것은 부인할 수 없다. 자아에 길들여지지 않은 본능적 충동을 만족시키는 것은 길들여진 본능을 충족시키는 것과는 비교할 수도 없을 만큼 강렬한 행복감을 준다. 비뚤어진 본능이 저항할 수 없는 매력을 가지고 금지된 일들이 대체로 매력적인 것은, 적은 투자로 많은 이익을 올릴 수 있다는 경제적 이유로 설명할 수 있다.

고통을 막는 또 다른 방법은 우리의 정신 기관이 허용하는 범위 안에서 리비도의 방향을 다른 쪽으로 돌리는 것이다. 이를 통해 정신 기관의 기능은 유연성이 크게 높아진다. 여기서는 본능적 목표가 외부 세계의 방해를 받을 수 없는 쪽으로 이동한다. 본능의 승화가 그것을 돕는다. 정신적 지적 작업이 낳는 쾌감의 산출량을 충분히 높일 수 있으면 가장 많은 이익을 얻을 수 있다. 그렇게 되면 운명도 인간에게 거의 해를 끼치지 못한다. 예술가가 작품을 창작하면서 자신의 공상을 구체화할 때, 또는 과학자가 문제를 풀거나 진리를 발견했을 때 느끼는 기쁨이 이런 부류의 만족인데, 이런 만족이 가지고 있는 독특한 성질은 언젠가는 초심리학의 관점에서 설명될 수 있겠지만, 현재로서는 그런 만족이 〈더 고급으로〉 보인다고 말할 수 있을 뿐이다. 그러나 이 만족감은 조잡하고 일차적인 본능적 충동을 충족시켰을 때 얻는 만족감에 비하면 강도가 약해서, 온몸을 진동시킬 정도는 아니다. 그리고 이 방법의 약점은 일반적으로 적용할 수 없다는 것이다. 이 방법을 쓸 수 있는 사람은 극소수에 불과하다. 실제로 흔치 않은 특수한 소질과 재능을 가지고 있어야 한다는 것이 이 방법을 채택할 때의 전제 조건이다. 게다가 그런 소질과 재능을 지닌 소수조차도 이 방법을 통해 고통에서 완전히 벗어날 수는 없다. 이 방법은 운

명의 화살을 완벽하게 막아 내는 갑옷이 아니며, 고통의 원천이
그 사람 자신의 몸인 경우에는 전혀 고통을 막아 주지 못한다.[15]

이 방법은 내적·정신적 작용에서 만족을 추구함으로써 자신
을 외부 세계에서 독립시키려는 의도를 분명히 보여 주지만, 다
음 방법은 이런 특징을 훨씬 강하게 나타낸다. 여기서는 현실과
의 관계가 더욱 느슨해진다. 이 방법을 채택한 사람은 환상에서
만족을 얻고 그것이 환상임을 인식하지만, 환상과 현실 사이의
괴리가 즐거움을 방해하지는 않는다. 이 환상이 생겨나는 영역은
상상력의 세계이다. 현실 감각이 발달하기 시작했을 때 이 영역은
현실성을 검증받으라는 요구를 특별히 면제받고, 현실에서는 성
취되기 어려운 원망을 실현하는 임무를 부여받았다. 공상을 통한
만족의 선두에 서 있는 것은 예술 작품을 즐기는 것 — 창조력을
지니지 못한 사람도 예술가라는 대리인을 통해 누릴 수 있다 —
이다.[16] 예술의 영향을 쉽게 받아들이는 사람은 인생에서 쾌락과

---

15 특수한 기질 때문에 관심의 방향이 미리 정해져 있는 경우를 제외하면, 누구
나 가질 수 있는 평범한 직업이 볼테르의 현명한 충고 — 정원을 가꾸라는 충고 — 가
부여한 역할을 맡을 수 있다. 짧은 개론의 테두리 안에서 노동이 리비도 경제학에 대해
갖는 의미를 충분히 논할 수는 없다. 삶을 영위하는 방법 중 노동에 중점을 두는 것만
큼 개인을 현실에 단단히 붙들어 매는 것은 없다. 노동은 적어도 현실의 일부분 — 인
간 공동체 — 에 안전한 자리를 확보해 주기 때문이다. 노동은 사회에서 생계를 유지
하고 자신의 존재를 정당화하는 데 불가결한 것으로서 가치를 지니고 있지만, 자기애
적이거나 공격적이거나 관능적인 리비도의 구성 요소 중 상당 부분을 전문적인 일이
나 그 일과 관련된 인간 관계로 돌릴 수 있게 해준다는 점에서도 그에 못지않은 가치가
있다. 직업 활동은 자유롭게 선택된 경우 — 즉 승화를 통해 기존의 경향을 이용할 수
있고, 오래전부터 지속되고 있거나 끊임없이 강화되는 본능적 충동을 이용할 수 있는
경우 — 에는 특별한 만족감을 준다. 그러나 사람들은 노동을 행복의 수단으로 높이
평가하지 않는다. 사람들은 다른 만족의 원천을 추구하는 것만큼 열심히 노동을 추구
하지 않는다. 대다수 사람은 필요성 때문에 어쩔 수 없이 일할 뿐이고, 일하기를 싫어
하는 이 타고난 기질은 가장 해결하기 어려운 사회 문제를 일으킨다 — 원주.

16 「정신적 기능의 두 가지 원칙」 및 『정신분석 강의』의 스물세 번째 강의를 참
조할 것 — 원주.

위안을 주는 예술의 가치를 아무리 높이 평가해도 지나치지 않다. 그러나 예술이 우리에게 불러일으키는 가벼운 마취 상태는 중대한 욕구의 압력에서 잠시 벗어날 수 있게 해줄 뿐, 현실의 비참함을 잊게 해줄 만큼 강력하지는 않다.

또 다른 방법은 그보다 강력하고 철저하게 작용한다. 이 방법은 현실을 유일한 적으로 간주한다. 모든 고통의 원천인 현실과는 함께 살 수 없기 때문에, 어떤 식으로든 행복해지려면 현실과의 모든 관계를 끊어야 한다. 은자는 세상에 등을 돌리고 어떤 관계도 맺지 않으려고 한다. 그러나 거기서 한 걸음 더 나아가 세상을 개조하려고 노력할 수도 있다. 세상에서 가장 참을 수 없는 특징들을 모조리 제거하고, 자신의 원망과 일치하는 특징을 갖춘 다른 세상을 건설하려고 애쓰는 것이다. 그러나 세상에 대한 필사적인 반항으로 행복에 이르는 이 길을 걷기 시작하는 사람은 대개 아무것도 얻지 못할 것이다. 현실은 그가 도전하기에는 너무 강하다. 그는 미치광이가 되고, 자신의 망상을 실현하려고 해도 그를 도와주는 사람은 아무도 없는 것이 보통이다. 그러나 어떤 면에서는 우리 각자가 모두 편집광처럼 행동하며, 하나의 원망을 형성하여 자신이 견딜 수 없는 세상의 측면을 바로잡고, 이 망상을 현실에 도입한다는 주장도 있다. 현실을 망상에 따라 개조하여 행복을 확실히 손에 넣고, 고통으로부터 보호받기 위해 상당수의 사람들이 공동으로 노력하는 경우는 특별히 중요하다. 인류의 종교들은 바로 이런 부류의 집단 망상으로 분류되어야 한다. 말할 나위도 없는 일이지만, 하나의 망상을 공유하는 사람들은 그것을 망상으로 인식하지 못한다.

인간이 행복을 얻고 고통을 막기 위해 사용하는 방법을 내가 빠짐없이 열거했다고는 생각하지 않는다. 내가 아직 언급하지 않은 방법이 하나 있는데, 그것은 내가 잊어버렸기 때문이 아니라 나중에 다른 문맥에서 다룰 예정이기 때문이다. 인생을 살아가는 요령 중 다른 것은 몰라도 어떻게 그 방법을 잊을 수 있겠는가? 이 방법은 독특한 특징들의 진기한 결합으로 유난히 눈길을 끈다. 이 방법도 역시 운명으로부터의 독립 — 이렇게 부르는 것이 가장 적절하다 — 을 지향하고, 그 목적을 달성하기 위해 내적인 정신 작용에서 만족을 찾으며, 그 과정에서 우리가 앞에서 언급한 리비도의 이동성을 이용한다. 그러나 이 방법은 외부 세계에 등을 돌리지 않는다. 그와는 반대로 외부 세계에 속해 있는 대상에게 집착하고, 그 대상과의 감정적 관계에서 행복을 얻는다. 이 방법은 불쾌감을 피하는 것 — 이것은 행복을 얻으려고 애쓰다가 지쳐서 그것을 체념하고 그 대신 세우는 목표라고 말할 수 있다 — 을 지향하지도 않는다. 이 방법은 그 목표에는 눈길도 주지 않고, 행복을 적극적으로 실현하려는 본래적이고 열정적인 노력을 고집한다. 그리고 실제로 다른 어떤 방법보다 이 목표에 가까이 다가가 있다. 내가 말하고 있는 이 방법은 물론 사랑을 모든 것의 중심으로 만드는 삶의 방식, 사랑하고 사랑받는 것에서 모든 만족을 찾는 삶의 방식이다. 이런 부류의 심리적 태도는 우리 모두에게 아주 자연스럽게 느껴진다. 사랑의 표현 방식 중 하나인 성애는 압도적인 쾌감을 가장 강렬하게 경험할 수 있게 해주고, 그리하여 행복 추구의 원형을 제공해 준다. 처음으로 행복을 만난 길에서 또다시 행복을 찾으려고 고집하는 것보다 더 자연스러운 일이 어디 있겠는가? 이 삶의 방식이 지닌 약점은 쉽게 알 수 있다. 그렇지 않다면 아무도 행복으로 가는 이 길을 버리고 다른 길을 택하려고 생각하지는 않았을 것이다. 우리는 사랑하고 있을 때만큼 고통에 무방비 상태가 될 때도 없고, 사랑하는 대상을 잃거나 그 대상의 사랑을 잃었을 때만큼 무력하게 불행할 때도 없다는 것이 이 삶의 방식이 지닌 약점이다. 그러나 행복을 얻는 수단으로서 사랑이 지니고 있는 가치에 바탕을 둔 삶의 방식이 이것으로 완전히 처리되는 것은 아니다. 이 방법에 대해서는 아직도 할 말이 많다.

여기서 한 걸음 더 나아가면, 주로 미(美)를 즐기는 것에서 인생의 행복을 찾는 흥미로운 사례를 생각할 수 있을 것이다. 이 경우의 미는 우리의 감각과 판단에 아름답게 느껴지는 모든 것 — 인간의 모습과 몸짓의 아름다움, 자연물과 풍경의 아름다움, 예술 작품과 과학적 창조물의 아름다움 — 이다. 삶의 목표에 대한 이 미학적 태도는 고통의 위협으로부터 우리를 거의 보호해 주지 못하지만, 많은 것을 보상해 줄 수 있다. 미를 즐기는 것은 감각을 가볍게 도취시키는 독특한 성질을 지녔다. 미 자체는 사실 두드러진 쓸모가 전혀 없다. 미에 대한 문화적 필요성도 분명치 않다. 그러나 미가 없이는 문명이 존속할 수 없을 것이다. 미학은 사물이 아름답게 느껴지는 조건을 연구하지만, 미의 본질과 기원에 대해서는 아직까지 어떤 설명도 제시하지 못했다. 흔히 있는 일이지만, 이 실패는 요란스럽게 울려퍼지는 공허한 말의 홍수 뒤에 감추어져 있다. 불행히도 정신분석학 역시 미에 대해서는 할 말이 거의 없다. 분명해 보이는 것은 미가 성적 감각의 영역에서 유래한다는 것뿐이다. 미에 대한 사랑은 목적 달성이 금지된 충동을 완벽하게 보여 주는 예처럼 보인다. 〈미〉와 〈매력〉[17]은 원래 성적 대상의 속성이다. 그러나 성기를 보는 것은 언제나 자극적

17 독일어의 〈Reiz〉는 〈매력〉만이 아니라 〈자극〉이라는 뜻도 있다. 프로이트는 「성욕에 관한 세 편의 에세이」 초판과 1915년판에 덧붙인 주에서도 똑같은 주장을 되풀이했다.

이지만, 성기 자체는 아름답다고 평가될 때가 거의 없다는 사실은 주목할 만하다. 미의 속성을 지닌 것은 성기가 아니라 어떤 부차적인 성적 특징인 듯하다.

인간이 행복을 얻고 고통을 멀리하기 위해 채택하는 방법을 내가 빠짐없이 열거하지는 못했지만, 그래도 우리 연구의 결론으로 감히 몇 가지 견해를 말하고자 한다. 쾌락 원칙은 행복해지기 위한 프로그램을 우리에게 부과하지만, 이 프로그램은 결코 완수될 수 없다. 그러나 우리는 어떤 방법으로든 거기에 다가가려는 노력을 포기해서는 안 되고, 사실상 포기할 수도 없다. 그 방향으로 나아가는 길은 매우 다양하며, 우리는 목표의 적극적인 측면 ─ 쾌감의 획득 ─ 을 우선할 수도 있고 소극적인 측면 ─ 불쾌감의 회피 ─ 을 우선할 수도 있다. 어느 길을 택해도 우리가 원하는 것을 모두 얻을 수는 없다. 우리가 가능하다고 인정하는 제한된 의미에서의 행복은 개인의 리비도 경제학의 문제이다. 모든 사람에게 똑같이 적용되는 황금률은 존재하지 않는다. 사람들은 저마다 자신이 구원받을 수 있는 특정한 방식을 스스로 찾아내야 한다.[18] 온갖 다양한 요소가 개인적 선택의 지침으로 작용한다. 그것은 당사자가 외부 세계에서 진정한 만족을 얼마나 얻으리라고 기대할 수 있는가, 외부 세계에서 자신을 얼마나 독립시킬 수 있는가, 자신의 원망에 맞추어 세상을 바꿀 수 있는 힘을 얼마나 가지고 있다고 느끼는가 하는 문제이다. 이 점에서 그의 정신적 소질은 외부 상황과는 관계없이 결정적인 역할을 할 것이다. 주로 관능적인 사람은 타인과의 감정 관계에 최우선권을 줄 테고, 자만에 빠지는 경향이 있는 자기애적인 사람은 주로 자기 내면의 정신

18 이것은 〈내 나라에서는 모든 사람이 자신의 방식에 따라 구원받을 수 있다〉라는 프리드리히 대왕의 말을 인용한 것이다.

작용에서 만족을 찾을 테고, 행동형인 사람은 자신의 힘을 시험해 볼 수 있는 영역인 외부 세계를 절대로 포기하지 않을 것이다.[19] 두 번째 유형에 관해서 말하자면, 그가 어디에 관심을 둘 것인지는 그가 지닌 재능이 어떤 성질을 가지고 있으며, 그가 본능을 얼마나 많이 승화시킬 수 있느냐에 따라 결정된다. 극단적인 선택을 하면, 삶의 유일한 방식으로 선택된 처세술이 부적당한 것으로 밝혀질 경우 발생하는 위험에 노출되는 대가를 치러야 한다. 신중한 사업가가 전 재산을 한 가지 사업에 묶어 놓기를 피하는 것과 마찬가지로, 처세술은 한 가지 목표에서 모든 만족을 찾으려고 하지 말라고 우리에게 충고한다. 목표가 달성될지 어떨지는 불확실하다. 그것은 많은 요소의 집합점이 어디냐에 달려 있고, 정신 구조의 기능을 환경에 적응시켜 그 환경을 쾌감 획득에 이용하는 능력에 달려 있기 때문이다. 유난히 불리한 본능 구조를 가지고 태어났거나, 나중에 목표를 달성하기 위해서는 반드시 거쳐야 하는 과정 — 리비도를 구성하는 요소들이 변형되고 재배치되는 과정 — 을 제대로 겪지 못한 사람은 외부 상황에서 행복을 얻기 어려울 것이다. 특히 그런 사람이 무언가 어려운 일에 직면해 있을 때는 더욱 그렇다. 적어도 그에게 대리 만족을 가져다줄 수 있는 마지막 삶의 방식은 신경병으로 도피하는 것이고, 그런 사람은 아직 어렸을 때 그렇게 하는 것이 보통이다. 열심히 행복을 찾아다녔지만 나중에 그 노력이 헛수고라는 것을 깨달은 사람은 만성적 중독이 낳는 쾌감 속에서 위안을 찾거나, 정신병에서 볼 수 있는 절망적 형태의 반항을 시도할 수도 있다.[20]

19 프로이트는 〈리비도의 유형〉에 관한 논문에서 이 여러 가지 유형에 대한 견해를 전개한다.

20 위의 설명에서 거론하지 않은 몇 가지 점 중 적어도 한 가지는 지적하지 않을 수 없다. 인간이 행복을 얻을 가능성을 논할 때는 나르시시즘과 대상 리비도의 관계를

종교는 행복을 얻고 고통으로부터 보호받는 방법을 모든 사람에게 똑같이 강요하기 때문에, 선택과 적응이 작용할 여지를 제한한다. 종교가 채택하는 방법은 삶의 가치를 끌어내리고 현실 세계의 그림을 망상으로 왜곡시키는데, 이것은 본질적으로 지성에 대한 위협을 의미한다. 그 대가로 종교는 인간을 강제로 심리적 유아 상태에 묶어 놓고 그들을 집단 망상으로 끌어들임으로써, 많은 사람을 신경증에서 구제하는 데 성공한다.[21] 그러나 그 이상의 성공은 거의 거두지 못한다. 앞에서도 말했듯이 인간이 얻을 수 있는 행복으로 통해 〈있을지도 모르는〉 길은 수없이 많지만, 확실하게 행복으로 통하는 길은 하나도 없다. 종교조차도 약속을 지키지 못한다. 신자가 마침내 신의 〈헤아릴 수 없는 의지〉에 대해 말하지 않을 수 없게 되면, 고통 속에서 그에게 위안과 쾌감을 줄 수 있는 마지막 원천으로 남아 있는 것은 무조건 항복뿐이라는 사실을 스스로 인정하는 것과 마찬가지이다. 그리고 그럴 각오가 되어 있다면, 자신이 만든 〈우회로〉로 멀리 돌아갈 필요도 없었을 것이다.

3

이제까지 행복에 대한 우리의 연구에서 밝혀진 바는 이미 잘 알려져 있는 것이 대부분이다. 여기에서 인간이 행복해지기가 왜 그토록 어려운가 하는 문제로 한 걸음 더 나아간다고 해도, 새로운 것을 알게 될 가능성은 그리 많지 않은 듯싶다. 우리는 그 문제

반드시 고려해야 한다. 우리는 본질적으로 자기의존적인 것이 리비도 경제학에 무엇을 의미하는가를 알 필요가 있다 — 원주.
21 「어느 환상의 미래」를 참조할 것 — 원주.

에 대해서는 고통의 세 가지 원천 — 자연의 압도적인 힘, 우리 자신의 신체적 허약함, 가족·국가·사회에서 인간의 상호 관계를 조정하는 제도의 불완전함 — 을 지적함으로써 이미 대답을 주었다. 첫 번째와 두 번째 원천에 대해서는 오랫동안 판단을 망설일 수 없다. 우리는 그 원천을 인정하고, 불가피한 것으로 감수할 수밖에 없다. 인간은 결코 자연을 완전히 지배할 수는 없을 것이고, 그 자연의 일부인 우리의 신체 조직은 제한된 적응력과 작업 능력을 지닌 일시적 유기체로 영원히 남을 것이다. 이런 인식은 우리를 무기력하게 만들지 않는다. 그와는 반대로 이 인식은 우리의 행동 방향을 가리켜 준다. 우리는 모든 고통을 제거할 수는 없다고 해도, 일부는 제거할 수 있고, 또 일부는 완화할 수 있다. 수천 년 동안의 경험으로 우리는 그것을 확신할 수 있다. 세 번째 원천, 즉 고통의 사회적 원천에 대해서는 우리의 태도가 달라진다. 우리는 그것을 전혀 인정하지 않는다. 우리 자신이 만든 제도가 우리 모두에게 보호와 이익을 제공하지 못하는 이유를 이해할 수 없기 때문이다. 그러나 고통을 막는다는 바로 이 분야에서 우리가 얼마나 성공하지 못했는가를 생각하면, 여기에도 역시 정복하기 어려운 자연의 일부 — 이번에는 우리 자신의 심리적 형태로 나타난 자연의 일부 — 가 배후에 숨어 있는 게 아닐까 하는 의혹이 떠오른다.

이 가능성을 검토하기 시작하면, 깊이 생각해 볼 필요가 있는 놀라운 주장에 부딪히게 된다. 이 주장에 따르면 우리를 비참하게 만드는 책임의 대부분은 우리가 문명이라고 부르는 것에 있으며, 따라서 문명을 포기하고 원시적 상태로 돌아가면 우리는 훨씬 행복해질 것이라고 한다. 이것을 놀라운 주장이라고 말한 까닭은, 우리가 문명의 개념을 어떤 식으로 정의한다고 해도, 고통의 원천에서 오는 위협에 대해 우리 자신을 지키기 위해 채택하는 모든 수단이 바로 그 문명의 일부라는 것은 명백한 사실이기 때문이다.

그토록 많은 사람이 문명에 대해 이처럼 기묘한 적대적 태도를 취하게 된 이유는 무엇일까?[22] 나는 당시의 문명 상태에 대한 깊고도 장기간에 걸친 불만이 이 적대적인 태도의 토대이며, 문명에 대한 비난은 어떤 특정한 역사적 사건을 계기로 그 토대 위에 세워졌다고 믿는다. 나는 이런 역사적 계기들 중 비교적 최근에 속한 두 개의 계기가 무엇인지는 안다고 생각한다. 그 일련의 계기들을 인류 역사의 초창기까지 거슬러 올라가기에는 역부족이지만, 문명에 적대적인 요소는 기독교 신앙이 이단 종교에 승리를 거두었을 때 이미 작용했을 것이 분명하다. 그 요소는 지상의 생활에 대한 기독교 교리의 낮은 평가와 밀접하게 관련되어 있었기 때문이다. 이 역사적 계기들 중 마지막에서 두 번째 계기는 미지의 세계를 발견하는 항해가 진행되면서 원시적 민족이나 종족과 접촉하게 되었을 때이다. 유럽 인들은 이들의 풍속과 관습을 관찰하기는 했지만, 관찰이 불충분한 탓에 잘못된 인식을 가지게 되었다. 그 결과 유럽인에게는 이들이 부족한 것이 거의 없는 소박하고 행복한 생활 — 우월한 문명을 지닌 방문객들이 도달할 수 없는 생활 — 을 하고 있는 듯이 보였다. 그 후의 경험을 통해 유럽인들은 이 판단의 일부를 바로잡았다. 원시적인 민족이나 종족의 생활이 그처럼 태평스러운 것은 실제로는 자연의 풍부한 혜택 덕분에 인간의 주된 욕구가 쉽게 충족되기 때문이었지만, 관찰자들은 그것을 복잡한 문화적 요구가 없는 탓으로 잘못 생각했다. 가장 최근의 계기는 특히 잘 알려져 있는데, 그것은 문명인들

22 프로이트는 「어느 환상의 미래」의 앞부분에서 이 문제를 상당히 길게 다루었다.

이 누리는 약간의 행복마저 무너뜨리려고 하는 신경증의 메커니즘에 대해 사람들이 알게 되었을 때 일어났다. 사회가 자신의 문화적 이상을 실현하기 위해 강요하는 욕망 단념을 견디지 못하는 사람은 신경증 환자가 된다는 사실이 밝혀졌고, 여기에서 사회의 요구를 폐지하거나 줄이면 다시 행복해질 가능성이 생길 것이라는 결론이 나왔다.

문명이 우리를 실망시킨 요인은 그것만이 아니다. 지난 몇 세대 동안 인류는 자연 과학과 그 기술적 응용에서 놀라운 진보를 이룩했고, 전에는 상상할 수도 없었던 방법으로 자연에 대한 지배권을 확립했다. 이 진보의 한 걸음 한 걸음은 잘 알려져 있기 때문에, 구태여 열거할 필요는 없을 것이다. 인간은 그 성취를 자랑스럽게 여기고 있으며, 그럴 자격도 있다. 자연력을 지배하는 것은 인간이 수천 년 전부터 품었던 갈망이고, 공간과 시간에 대한 지배력을 얻은 것은 그 오랜 갈망의 실현이다. 그러나 인간은 새로 얻은 이 지배력이 인생에서 기대할 수 있는 유쾌한 만족의 양을 늘려 주지 못했고, 더 많은 행복감을 경험하게 해주지도 못했다고 생각한 듯싶다. 이 사실을 인식하면 우리는, 자연에 대한 지배력이 문화적 노력의 〈유일한〉 목표가 아닌 것처럼 인간 행복의 〈유일한〉 필수 조건도 아니라는 결론에 만족할 수밖에 없다. 그러나 기술상의 진보가 우리 행복의 경제학에는 아무 가치도 없다고 결론지으면 안 된다. 여러분은 이렇게 묻고 싶을 것이다. 멀리 떨어져 사는 자식의 목소리를 듣고 싶을 때마다 들을 수 있다면, 또는 친구가 목적지에 도착한 뒤 길고 힘든 항해를 무사히 끝냈다는 소식을 가장 빠른 시간 안에 들을 수 있다면, 기쁨이 배가되고 행복감이 확실히 커지지 않는가? 의학이 유아 사망률과 산욕열의 위험을 크게 줄이는 데 성공하고, 문명인의 평균 수명을 상당히 연장하는 데 성공한 것은 아무 의미도 없다는 말인가? 과학과 기술이 눈부시게 진보한 시대는 많은 경멸을 받고 있지만, 그 시대 덕분에 우리가 얻은 이익은 이런 부류의 혜택 외에도 얼마든지 열거할 수 있다. 그러나 여기서 비관적인 비판의 목소리가 들린다. 그 목소리는 이런 만족의 대부분이 에피소드에서 찬양되는 〈값싼 즐거움〉— 추운 겨울 밤 이불 속에서 벌거벗은 다리를 뺐냈다가 다시 이불 속에 집어넣을 때 얻는 즐거움 — 을 본뜨고 있다고 경고한다. 거리를 줄이는 철도가 없다면 자식은 애당초 고향을 떠나지 않았을 테고, 자식의 목소리를 듣기 위해 전화를 놓을 필요도 없었을 것이다. 대양을 횡단하는 여행이 도입되지 않았다면 친구는 애당초 항해를 떠나지도 않았을 테고, 친구가 무사히 도착했다는 전보를 받고 친구에 대한 걱정을 덜어 줄 필요도 없었을 것이다. 유아 사망률이 줄어든 것도 마찬가지이다. 출산을 가장 크게 제약하고 있는 것이 바로 유아 사망률 감소인데, 그래서 유아 사망률이 줄었는데도 우리가 키우는 자녀의 수는 전체적으로 보면 위생학이 군림하기 전과 마찬가지이고, 한편으로는 부부의 성생활에 불리한 상황이 만들어졌을 뿐 아니라 자연 도태의 유익한 효과도 줄어들었는데, 유아 사망률을 줄이는 것이 도대체 무슨 소용이 있는가? 평균 수명이 늘어난 것도 마찬가지이다. 그 긴 인생이 힘들고 기쁨이 없다면, 고통으로 가득 차 있어서 죽음을 오히려 해방자로 환영할 수밖에 없을 정도라면, 긴 인생이 우리에게 무슨 가치가 있다는 말인가?

우리가 현재의 문명에서 편안함을 느끼지 못하는 것은 확실한 것 같지만, 옛날 사람들이 우리보다 더 행복했었는지, 얼마나 더 행복하게 느꼈는지, 그들의 문화적 상황이 이 문제에서 어떤 역할을 했는지는 판단하기 어렵다. 우리는 항상 사람들의 고통을 객관적으로 생각하는 경향, 즉 자신의 고유한 필요와 정서를 가지고 있는 자기 자신을 〈그들의〉 상황에 놓은 다음 그들이 어떤 경우에 행복이나 불행을 느끼는가를 검토하는 경향이 있다. 사물을 보는 이런 방식은 주관적 정서의 다양성을 무시하기 때문에 객관적인 것처럼 보이지만, 알지도 못하는 다른 사람의 정신 상태 대신 자신의 정신 상태를 놓기 때문에 사실은 가장 주관적이다. 그러나 행복은 본래 주관적인 것이다. 우리가 어떤 상황, 예컨대 고대의 갤리선 노예, 30년 전쟁 시대의 농민, 신성한 종교 재판의 희생자, 대학살을 앞둔 유대인 등이 놓인 상황에 공포를 느끼고 뒷걸음질을 친다고 해도, 그런 사람들 속으로 들어가서 그들의 감정을 그대로 느낄 수는 없다. 그런 상황에 놓인 사람들은 처음에는 둔감하다가 차츰 망연자실해지고, 모든 기대를 포기한 다음, 거칠거나 세련된 방법으로 감각을 마비시킨다. 이런 과정이 유쾌함과 불쾌함을 받아들이는 그들의 감수성에 낳은 변화를 우리가 꿰뚫어 보는 것은 불가능하다. 게다가 고통을 당할 가능성이 극도로 커졌을 경우에는 특수한 정신적 보호 장치가 작용한다. 문제의 이 측면을 더 이상 추구해도 별 이익이 없을 것 같다.

이제는 행복을 얻는 수단으로서의 효용성에 의문이 제기된 문명의 본질로 관심을 돌려야 할 때이다. 문명의 본질을 검토하여 무언가를 알아내기 전에는 그 본질을 몇 마디 말로 표현하는 공식을 찾지 않을 작정이다. 따라서 〈문명〉이라는 낱말은 동물적 상태에 있었던 우리 조상의 삶과 우리의 삶을 구별해 주고, 인간을 자연에서 보호해 주고 인간의 상호 관계를 조정해 주는 두 가지 목적에 이바지하는 규제와 성취의 총량을 가리킨다는 말을 다시 한번 되풀이하는 것으로 만족하겠다.[23] 더 많은 것을 알기 위해

23 「어느 환상의 미래」를 볼 것 ― 원주.

인간 공동체에서 찾아볼 수 있는 문명의 여러 특징을 하나씩 주워 모으기로 하자. 이 특징들을 주워 모을 때, 우리는 언어 관습 — 또는 어감(語感)이라고도 부른다 — 의 안내를 받는 것을 조금도 망설이지 않을 것이다. 언어 관습의 안내를 받으면, 추상적인 표현을 여전히 거부하는 내면적 통찰을 정당하게 다룰 수 있다고 확신하기 때문이다.

첫 단계는 쉽다. 우리는 지구를 인간에게 쓸모 있게 만들고 자연력의 폭력에서 인간을 보호하는 데 도움이 되는 모든 활동과 자원을 문화적인 것으로 인정한다. 문명의 이 측면에 대해서는 거의 의심할 여지가 없다. 과거로 거슬러 올라가면, 도구를 사용하고 불에 대한 지배력을 획득하고 주거지를 세운 것이 최초의 문명적 행위라는 것을 알 수 있다. 이 가운데 불에 대한 지배력은 놀랍고 유례없는 성취로 특히 두드러지지만,[24] 다른 두 가지는 인간이 그 후에 줄곧 걸어온 길을 열어 주었다. 그것을 자극한 요인이 무엇인지는 쉽게 짐작할 수 있다. 인간은 온갖 도구를 사용하

24 정신분석 자료는 아직 불완전해서 명쾌하게 해석할 수도 없지만, 그래도 인간이 달성한 이 위업의 기원에 대해 추측해 볼 여지는 있다. 이 추측은 공상적으로 들리지만, 원시인은 불과 마주치면 오줌 줄기로 불을 꺼서 불과 관련된 유아적 원망을 만족시키는 습관이 있었던 것 같다. 전설에 따르면 높이 솟구쳐 오르며 날름거리는 불길이 남근의 상징으로 여겨진 것은 의심할 여지가 없다. 따라서 오줌으로 불을 끄는 것 — 소인국을 찾아간 걸리버와 라블레Rabelais의 가르강튀아도 이 주제로 돌아가고 있다 — 은 남자를 상대로 하는 일종의 성행위이고, 동성인 경쟁자에 대한 성적 권위를 즐기는 것이다. 이 욕망을 포기하고 불을 살린 최초의 인간은 불을 가지고 돌아와서 유용하게 쓸 수 있었다. 그는 자신의 성적 흥분이라는 불을 끔으로써 불이라는 자연력을 길들인 것이다. 따라서 이 위대한 문화적 정복은 본능을 자제한 보상이었다. 게다가 집 안의 화덕에 갇힌 불을 지키는 일은 여자가 맡았다. 여자의 해부학적 구조는 남자와 달라, 오줌으로 불을 끄고 싶은 욕망에 굴복하기가 애당초 불가능했기 때문이다. 정신분석을 해보면, 야심과 불과 요도애(尿道愛) 사이의 관계가 완전히 입증되는 것도 주목할 만하다 — 원주. 프로이트는 〈도라〉에 대한 분석 사례에서 방뇨와 불의 관계를 지적했다. 요도애와 야심의 관계는 「성격과 항문 성애」(프로이트 전집 7, 열린책들)에서 처음으로 명백하게 언급되었다. 「불의 입수와 지배」도 참조할 것.

여 자신의 신체 기관 — 운동 기관이든 감각 기관이든 — 을 완전하게 하거나 신체 기관의 기능에 대한 제한을 제거한다. 모터 덕분에 인간은 거대한 힘을 손에 넣어, 자신의 근육처럼 그것을 어느 방향으로든 사용할 수 있다. 배와 비행기 덕분에 인간은 물이나 공기의 방해를 받지 않고 자유롭게 이동할 수 있다. 인간은 수정체에 생긴 결함을 안경으로 교정한다. 먼 곳을 볼 때는 망원경을 이용하고, 현미경은 망막의 구조가 설정해 놓은 시력의 한계를 극복할 수 있게 해준다. 인간은 사진기라는 도구를 발명함으로써 덧없는 시각적 인상을 보존하는 데 성공했으며, 축음기라는 도구를 발명함으로써 역시 덧없는 청각적 인상을 보존하는 데 성공했다. 둘 다 근본적으로는 인간이 지닌 회상 능력 — 기억력 — 을 구체화한 것이다. 전화의 도움을 빌리면, 동화의 세계에서도 도달할 수 없는 것으로 여겨질 만큼 먼 거리에 있는 사람의 목소리를 들을 수 있다. 글은 원래 그 자리에 없는 사람의 목소리였고, 집은 인간이 안전하고 편안함을 느꼈던 최초의 거처인 어머니의 자궁의 대용품이었다.

인간은 처음에는 연약한 동물로 지구상에 등장했고, 각 개인은 태어날 때마다 다시 한번 무력한 젖먹이로 ((오오, 자연의 극히 일부에 불과한 존재여*oh inch of nature!*)[25] 지구상에 등장해야 한

25   원문에도 영어로 되어 있다. 지극히 셰익스피어적인 이 구절은 사실상 셰익스피어의 작품에서는 찾아볼 수 없다. 그러나 〈자연의 극히 일부*Poore inch of Nature*〉라는 구절은 조지 윌킨스George Wilkins의 소설 『티루스의 왕자 페리클레스의 고단한 모험 *The Painfull Adventures of Pericles Prince of Tyre*』에서 페리클레스가 어린 딸에게 하는 말 중 나온다. 이 작품은 윌킨스가 협력한 것으로 여겨지는 셰익스피어의 희곡 『페리클레스*Pericles*』가 발표된 직후인 1608년에 처음 발행되었다. 프로이트가 뜻밖에 이 구절을 알고 있는 것은 덴마크의 문예평론가인 게오르그 브라네스Georg Brandes(1842~1927)가 『셰익스피어*Shakespeare*』(1896)에서 『페리클레스』를 논할 때 이 구절을 인용했기 때문이다. 브라네스의 『셰익스피어』는 명저로 알려졌고, 프로이트는 이 책의 독일어 번역본을 가지고 있었다.

다. 그런 인간이 과학과 기술을 통해 이 지구상에 가져온 이런 것들은 동화처럼 들릴 뿐 아니라, 모든 — 또는 거의 모든 — 동화적 원망을 실제로 실현한 것들이다. 인간은 자신의 문화적 획득물로서 이 모든 자산에 대한 권리를 주장할 수 있다. 오래전에 인간은 전지전능이라는 이상적 개념을 형성했고, 그 개념을 신으로 구체화했다. 그리고 인간이 아무리 소망해도 도달할 수 없을 것처럼 보이거나 인간에게 금지되어 있는 모든 것을 이 신들의 속성으로 부여했다. 따라서 이 신들은 문화적 이상이었다고 말할 수 있다. 오늘날 인간은 이 이상에 가까이 도달하여, 그 자신이 거의 신이 되었다. 물론 그것은 인간의 막연한 판단에 따라 이상이 대개 실현되는 방식으로 실현될 뿐, 완전히 그 이상에 도달하는 것은 아니다. 어떤 점에서는 전혀 도달하지 못하고, 또 어떤 점에서는 절반만 도달한다. 말하자면 인간은 일종의 인조신(人造神)이 된 셈이다. 인간이 모든 보조 기관을 부착하면 정말로 신처럼 당당하다. 그러나 그런 보조 기관들은 인간의 성장에 맞춰 자라지 못했고, 아직도 이따금 인간에게 많은 어려움을 안겨 준다. 그래도 인간은 발전이 서기 1930년이라는 현재 시점에서 끝나지는 않으리라는 생각으로 자위할 자격이 있다. 미래에는 문명 분야에서 상상할 수 없을 만큼 크고 새로운 진보가 이루어질 테고, 인간은 지금보다 훨씬 신을 닮게 될 것이다. 그러나 우리의 연구를 위해서는 현재 인간이 신에 버금가는 지위에 있으면서도 거기에서 행복감을 느끼지 못한다는 사실을 잊지 말아야 한다.

우리는 인간이 지구를 개발하고 자연력에 대해 자신을 보호할 수 있도록 도와주는 모든 것 — 요컨대 인간에게 쓸모 있는 모든 것 — 이 주의 깊게 효율적으로 실행되고 있는 나라는 높은 문명 수준에 도달했다고 인정한다. 그런 나라에서는 범람할 우려가 있는 하천의 유량을 조절하고, 남는 강물은 수로를 통해 물이 부족한 곳으로 보낸다. 토지는 주의 깊게 경작하여 그 토양에 적합한 작물을 심는다. 지하의 광물 자원은 부지런히 파내서, 필요한 도구와 기구로 가공한다. 교통수단은 풍부하고 빠르고 안전하다. 위험한 야생 동물은 멸종되었고, 가축 사육은 번창한다. 그러나 우리가 문명에 요구하는 것은 이것만이 아니다. 우리가 높은 문명 수준에 도달한 나라에서 이 두 번째 요구도 실현되리라고 기대하는 것은 주목할 만한 사실이다. 우리는 사람들이 마치 첫 번째 요구를 물리치려고 애쓰는 것처럼 실용적 가치가 전혀 없는 쓸모없는 것에도 관심을 기울이는 것을 보면, 그것도 역시 문명의 증표로 기꺼이 받아들인다. 예를 들면 도시에서 운동장과 녹지대에 화단이 아울러 배치되거나, 주택의 창문이 화분으로 장식되는 경우가 그것이다. 우리는 문명이 이런 쓸모없는 것들을 존중해 주기를 기대하는데, 그 쓸모없는 것들이 아름다움이라는 사실은 금방 알 수 있다. 우리는 자연에서 발견하는 아름다움을 존중하고 어떤 물건을 만들 때도 최대한 아름다움을 창조하라고 문명인에게 요구한다. 그러나 우리가 문명에 요구하는 것은 아직도 많이 남아 있다. 우리는 문명이 청결과 질서의 증표도 보여 주기를 기대한다. 스트랫퍼드에 있는 셰익스피어의 생가 앞에 거름더미가 쌓여 있었다는 이야기를 읽으면, 우리는 셰익스피어 시대의 영국 지방 도시의 문화 수준을 높이 평가하지 않는다. 비너 발트[26]의 오솔길에 휴지가 흩어져 있는 것을 보면, 우리는 분개하면서 그것을 〈야만적〉이라고 부른다. 이 경우 〈야만적〉은 〈문명적〉의 반대 개념이다. 우리에게는 어떤 종류의 불결도 문명과 양립할 수 없는 것처럼 보인다. 우리는 청결에 대한 요구를 인체에까

26 오스트리아의 수도 빈의 교외에 있는 나무가 울창한 언덕.

지 확대한다. 우리는 〈태양왕〉[27]이 늘 악취를 풍겼다는 것을 알면 놀라고, 이솔라 벨라[28]를 방문하여, 나폴레옹이 아침마다 사용한 작은 세숫대야를 보면 믿을 수 없다는 듯이 고개를 젓는다. 실제로 우리는 비누 소비량을 문명의 척도로 삼자는 생각에 놀라지 않는다. 질서도 마찬가지이다. 청결과 마찬가지로 질서도 오직 인간의 행위에만 적용된다. 그러나 자연에서는 청결을 기대할 수 없는 반면, 질서는 자연을 흉내 낸 것이다. 인간이 관찰한 천체 운행의 놀라운 규칙성은 인간이 생활에 도입한 질서의 본보기가 되었을 뿐 아니라, 질서를 도입하는 최초의 출발점도 제공했다. 질서는 일종의 강박적 반복 행동이다. 일단 규칙이 정해지면, 언제 어디서 어떻게 일을 할 것이냐가 결정되기 때문에, 모든 비슷한 상황에서는 주저와 동요를 피할 수 있다. 질서의 이점은 논의할 여지가 없을 만큼 명백하다. 질서 덕분에 인간은 정신력을 낭비하지 않고 공간과 시간을 최대한 이용할 수 있다. 따라서 질서는 처음부터 인간의 행위 속에 어려움 없이 자리 잡았을 것이라고 생각해도 좋다. 그런데 사실은 그렇지 않았다는 것을 알면, 의아하게 생각하는 것도 당연하다. 그와는 반대로 인간은 원래 경솔하고 불규칙하고 믿을 수 없는 경향을 타고났으며, 자기 행동에서 이런 경향을 그대로 드러낸다. 그런 인간이 자신의 본보기인 천체를 본받아 질서 있게 행동하는 법을 배우려면 힘든 훈련이 필요하다.

아름다움과 청결과 질서는 문명의 요구 중 분명 특별한 지위를 차지한다. 그것들이 자연력에 대한 지배만큼, 또는 앞으로 우리가 알게 될 다른 요인들만큼 우리 인생에 중요하다고는 아무도 주장

27　프랑스의 루이 14세.
28　이탈리아 북부와 스위스 남부 사이의 마조레 호수에 있는 유명한 섬. 마렝고 전투가 시작되기 며칠 전에 나폴레옹이 방문한 곳이다.

하지 않을 것이다. 그러나 그것들을 하찮은 것으로 뒷전에 밀쳐놓고 싶어 할 사람도 없을 것이다. 문명이 오로지 유용한 것에만 흥미를 갖지는 않는다는 사실은 아름다움의 예에서 이미 밝혀졌고, 우리는 아름다움을 문명의 관심사에서 배제하기를 거부한다. 그리고 질서의 유용함은 논란의 여지가 없을 만큼 명백하다. 청결에 관해서 말하자면, 위생학도 역시 우리에게 청결을 요구한다는 사실을 명심해야 한다. 과학적인 질병 예방 시대 이전에도 인간이 청결과 위생의 관계를 전혀 모르지는 않았을 것이라고 생각할 수 있다. 그러나 청결에 대한 노력은 유용성만으로는 완전히 설명할 수 없고, 무언가 다른 요인도 작용하고 있을 것이 분명하다.

그러나 문명의 특성을 가장 잘 드러내는 특징은 문명이 고도의 정신 작용 ── 인간의 지적·학문적·예술적 성취 ── 을 높이 평가하고 격려하며 인간 생활에서 관념에 지도적 역할을 부여하고 있다는 점이다. 이런 관념 중 가장 중요한 것은 종교 체계이다. 나는 다른 곳[29]에서 종교 체계의 복잡한 구조를 해명하려고 애썼다. 그다음으로 중요한 것이 철학의 고찰이고, 마지막이 인간의 〈이상〉 ── 개인이나 민족이나 인류 전체가 도달할 수 있는 완전성에 대한 인간의 개념, 그리고 그 개념을 바탕으로 인간이 제시하는 여러 가지 요구 ── 이라고 부를 수 있는 것이다. 인간이 만든 이런 창조물들은 서로 독립하여 존재하지 않고 밀접하게 얽혀 있기 때문에, 그것들을 설명하기가 더욱 어려울 뿐 아니라 심리적 기원을 밝혀내기도 어렵다. 모든 인간 행동의 동기는 이익과 쾌감 획득이라는 두 가지 목표 ── 이 목표는 결국 서로 합류한다 ── 를 달성하기 위한 노력이라고 일반적으로 가정하면, 이것은 우리가 지금까지 논한 문명의 징후에도 적용된다고 생각해야 한다. 물론

29 「어느 환상의 미래」를 말한다.

이 동기를 쉽게 알아볼 수 있는 분야는 학문적 활동과 예술적 활동뿐이지만, 다른 활동들도 인간의 강한 욕구 — 아마 소수만이 지닌 욕구 — 에 대응한다는 것은 의심할 여지가 없다. 우리는 또한 특정한 종교나 철학 체계나 이상에 대한 가치 판단에 현혹되어서는 안 된다. 우리가 그것을 인간 정신의 가장 고귀한 성취로 찬미하든, 상궤를 벗어난 미친 짓이라고 개탄하든 간에, 그런 종교나 철학 체계나 이상이 존재하는 곳 — 특히 그것들이 지배적인 곳 — 에는 고도의 문명도 반드시 존재한다는 것을 인정하지 않을 수 없다.

문명의 특징 가운데 마지막, 그러나 다른 것 못지않게 중요한 특징을 평가하는 작업이 남아 있다. 그것은 바로 인간의 상호 관계 — 즉 인간을 이웃으로, 도움의 수단으로, 성애 대상으로, 가족과 국가의 일원으로 취급하는 사회 관계 — 를 규제하는 방식이다. 여기서 특히 어려운 점은 특정 관념의 요구를 배제하고 일반적으로 무엇이 문명적인가를 파악하는 일이다. 우선 문명의 요소는 이런 사회 관계를 규제하려는 최초의 시도와 함께 무대에 등장한다는 사실을 설명하는 일부터 시작하자. 이런 시도가 이루어지지 않으면, 사회 관계는 각자의 자의에 맡겨질 것이다. 즉 육체적으로 더 강한 사람이 자신의 이익과 본능에 따라 사회 관계를 결정할 것이다. 이 강한 사람이 자기보다 더 강한 사람을 만난다고 해도 이 점은 전혀 달라지지 않을 것이다. 인류의 공동 생활은 다수가 모여 어떤 개인보다 강한 집단을 이루고 모든 개인에 대항하여 결속을 유지할 때에만 가능하다. 개인의 힘이 〈폭력〉으로 매도되는 반면, 공동체의 힘은 이 폭력과 맞서는 〈정의〉로 여겨진다. 이처럼 개인의 힘이 공동체의 힘으로 대치되면, 문명은 결정적인 걸음을 내딛게 된다. 문명의 본질은 개인적으로는 만족을 얻을 수 있는 가능성을 전혀 제한하지 않았던 사람들이 공동체 구성원으로서는 그 가능성을 스스로 제한한다는 사실에 있다. 따라서 문명의 첫 번째 필수 조건은 정의이다. 다시 말해 일단 만들어진 법률은 모든 사람에게 평등하게 적용되고, 특정한 개인에게 유리하도록 바뀌거나 효력이 정지되지 않는다는 보장이다. 이것은 그런 법률의 윤리적 가치와는 아무 관계도 없다. 법률이 작은 공동체 — 하나의 계급이나 계층, 또는 하나의 민족 집단 — 의 의지를 표현할 때는 그보다 수가 많은 다른 집단에 대해 난폭한 개인처럼 행동하지만, 문명은 법률이 더 이상 소수 집단의 뜻을 대변하지 않도록 하는 방향으로 발전하는 경향이 있는 것 같다. 그 최종 결과는 법의 지배일 것이다. 공동체에 들어갈 수 없는 사람을 제외하고는 모든 사람이 자신의 본능을 희생하여 법의 지배에 이바지해 왔고, 법이 지배하는 사회는 공동체에 들어갈 수 없는 사람을 제외하고는 아무도 폭력의 처분에 내맡기지 않는다. 개개인의 자유는 문명이 주는 선물이 아니다. 개인이 가장 많은 자유를 누린 것은 문명이 존재하지 않았을 때였지만, 그때는 개인이 자신의 자유를 지킬 수 있는 처지가 아니었기 때문에 그 자유는 대부분 아무 가치도 없었던 것이 사실이다. 문명의 발달은 개인의 자유를 제한하고, 정의는 모든 사람이 그 제한에 복종할 것을 요구한다. 인간의 공동체에서 나타나는 자유에 대한 욕망은 사회에 존재하는 불공평에 대한 반항일 수도 있고, 따라서 문명이 더욱 발전하는 데에는 오히려 바람직한 것일지도 모른다. 자유에 대한 욕망은 문명과 공존 관계를 유지할 수도 있다. 그러나 자유에 대한 욕망은 원래의 개성 중 아직도 문명에 길들지 않고 남아 있는 부분에서 나온 것일 수도 있고, 따라서 문명에 대한 적개심의 토대가 될 수도 있다. 그러므로 자유에 대한 욕망은 문명의 특정한 형태나 요구에 저항하거나 문명 전체에 저항한다. 어떤 영향력도 인류의 본성을 흰개미의 본성으로 바꿀 수는 없는 것 같다. 인류는 앞으로도 영원히 집단의 의지에 맞서서 개인의 자유를 누릴 권리를 옹호할 것이 분명하다. 인류의 노력 가운데 상당 부분은 개인의 이런 요구와 집단의 문화적 요구를 합리적으로 조정한 타협안 — 즉 행복을 가져오는 타협안 — 을 찾아내는 한 가지 일에 집중되어 있다. 특정한 문명 형태를 통해 그런 타협에 도달할 수 있는지, 아니면 이 갈등은 결코 타협할 수 없는 것인지는 인류의 운명에 영향을 주는 중대한 문제 중 하나이다.

인간 생활의 어떤 특징을 문명적인 것으로 간주할 수 있느냐를 결정할 때, 우리는 일반 대중의 느낌을 지침으로 삼아 문명의 전체상에 대한 명확한 인상을 얻었다. 그러나 보편적으로 알려져 있지 않은 것은 전혀 발견하지 못한 것도 사실이다. 그와 동시에 우리는 문명이 완성과 동의어이고 인간에게 예정된 완성으로 가는 길이라는 편견에 빠지지 않도록 조심했다. 그러나 이제 다른 방향으로 우리를 데려갈지도 모르는 관점이 나타난다. 문명의 발달은 인류가 겪는 독특한 과정처럼 보이고, 그 과정에서 일어나는 몇 가지 일은 우리에게 친숙하게 느껴진다. 우리는 문명의 발달 과정이 인간의 본능적 기질 — 우리가 잘 알고 있는 이 기질을 만족시키는 것이 결국 우리 인생의 경제적 과업이다 — 에 일으키는 변화와 관련하여 이 과정의 특징을 묘사할 수 있다. 이런 본능 가운데 일부는 그 대신 다른 것이 나타나는 방식으로 처리되는데, 개인의 경우에는 본능 대신 나타나는 이것을 성격이라고 부른다. 그런 과정을 보여 주는 가장 두드러진 사례는 어린이의 항문 성애에서 찾을 수 있다. 어린이는 처음에는 배설 기능과 배설 기관 및 배설물에 관심을 갖지만, 성장 과정에서 이 관심은 검약과 질서 의식과 청결벽처럼 우리에게 친숙한 특징으로 변해 간다. 이런 특징들은 그 자체로는 유익하고 환영할 만하지만, 모든 인격을 지배하게 될 만큼 강해져서 이른바 〈항문 성격〉을 낳을 수도 있다. 어떻게 이런 일이 일어나는지는 모르지만, 조사 결과의 정확성은 의심할 여지가 없다.[30] 질서와 청결이 생명 유지에 꼭 필요한지 어떤지는 분명치 않고, 쾌감의 원천이 될 수 있는지도 분명치 않지만, 그것이 문명의 본질적인 요구라는 사실은 이미 확인했다. 이 시점에서 우리는 문명의 발달 과정과 개인의 리비도가 발달하는 과정의 유사성을 깨닫지 않을 수 없다. 다른 본능의 경우에는 그것을 만족시켜 주는 조건을 바꾸어 다른 길로 나아가도록 유도할 수 있다. 대부분의 경우 이 과정은 우리가 잘 알고 있는 〈승화〉 과정과 동시에 일어나지만, 일부 경우에는 승화 과정과 분리될 수도 있다. 본능의 승화는 문명 발달이 지닌 특징 중 특히 두드러진 특징이다. 승화는 좀 더 고급한 정신 활동 — 학문적이거나 예술적이거나 이념적인 활동 — 이 문명 생활에서 중요한 역할을 맡을 수 있게 해준다. 첫인상에 따른다면, 승화는 전적으로 문명이 본능에 강요한 변화라고 말할 수 있을 것이다. 그러나 여기에 대해서는 좀 더 심사숙고하는 편이 현명할 것이다. 세 번째이자 마지막으로(이것이 가장 중요해 보인다), 문명이 본능 억제에 얼마나 의존하는지, 문명이 강력한 본능을 만족시키지 않는다는(억압이나 억제나 그 밖의 다른 수단으로) 전제 조건에 얼마나 많이 의존하는지는 간과할 수 없다. 이 문화적 〈욕구 단념〉은 인간의 사회 관계의 대부분을 지배한다. 이미 알고 있듯이, 욕구를 단념하는 것이야말로 모든 문명이 맞서 싸워야 하는 적개

---

30 내가 쓴 「성격과 항문 성애」 및 어니스트 존스를 비롯한 여러 사람이 쓴 수많은 논문을 참조할 것 — 원주.

심의 원인이다. 그것은 또한 우리의 학문적 연구에 많은 것을 요구할 테고, 이 분야에 대해서는 우리도 해명해야 할 것이 많으리라고 생각한다. 어떻게 하면 본능에서 만족을 박탈할 수 있게 되는지는 이해하기 어렵다. 그 일을 위험하지 않게 해내기도 어렵다. 그 손해가 경제적으로 보상되지 않으면, 심각한 정신 장애가 일어날 것은 확실하다.

그러나 문명의 발달이 개인의 정상적인 성숙에 비하면 특별한 과정이라는 우리의 견해에 어떤 가치를 부여할 수 있는가를 알고 싶으면, 또 다른 문제에 도전해야 한다. 우리는 애당초 문명이 발달하기 시작한 것은 어떤 영향력 덕분인지, 문명의 발달은 어떻게 일어났고 그 발달 경로를 결정한 것은 무엇인지를 자문해야 한다.[31]

4

이 문제는 너무 거창해서, 거기에 직면했을 때 기가 죽는 것은 당연하다. 그러나 내가 추측할 수 있었던 것은 다음과 같다.

원시인이 노동을 통해 지상에서의 자기 운명을 향상시킬 수 있느냐의 여부가 문자 그대로 자기 손에 달려 있다는 것을 발견한 뒤, 타인이 그와 협력하느냐 아니면 그를 방해하느냐는 그에게 하찮은 문제일 수 없었을 것이다. 타인은 함께 일하는 동료로서 그에게 중요한 가치를 갖게 되었고, 그런 타인과 함께 사는 것은 여러 가지로 도움이 되었다. 그 전 단계, 즉 인간이 원숭이 같은

---

31 프로이트는 「문명 속의 불만」 제6장과 제8장에서 〈과정〉으로서의 문명이라는 주제를 다시 다룬다. 그리고 「왜 전쟁인가?」에서도 아인슈타인에게 보낸 공개 편지에서 다시 한번 이 문제를 언급했다.

생활을 하던 시대에 그는 가족을 형성하는 습관을 채택했고, 가족 구성원들은 아마 그를 도와준 최초의 협력자였을 것이다. 가족 제도의 창설은, 성욕이 과객처럼 — 즉 불쑥 찾아왔다가 떠나면 오랫동안 소식이 없는 손님처럼 — 나타나지 않고, 지속적으로 함께 사는 하숙인처럼 인간에게 자리 잡은 순간이 왔다는 사실과 관련되어 있었다고 생각할 수 있다. 이런 일이 일어나자, 수컷은 암컷 — 좀 더 일반적으로 말하면 성적 대상 — 을 계속 가까이에 놓아 두어야 할 필요가 생겼다. 한편 무력한 자식 곁을 떠나고 싶지 않았던 암컷은 자식들을 위해 암컷보다 힘센 수컷 곁에 남을 수밖에 없었다.[32] 이 원시적 가족은 아직도 문명의 본질

32 가족이 형성된 뒤에도 유기체로서 인간의 성적 과정은 여전히 주기성을 유지한 것이 사실이지만, 그 주기성이 심리적 성욕에 미치는 영향은 완전히 바뀌었다. 이 변화는 월경 현상이 남성의 심리에 영향을 미치는 수단이었던 후각적 자극이 쇠퇴한 것과 주로 관련되어 있다. 후각적 자극이 맡고 있던 역할은 시각적 흥분이 대신 떠맡았고, 시각적 자극은 간헐적 성질을 가진 후각적 자극과는 달리 항구적 효과를 유지할 수 있었다. 월경에 대한 터부는 이미 극복된 발달 단계로 돌아가는 것을 막기 위한 〈기질성 억압〉에서 유래한다. 그 밖의 동기는 모두 이차적인 속성을 가지고 있을 것이다. (『이마고』 제13권에 실린 C. D. 달리의 「힌두 신화와 거세 콤플렉스」를 참조할 것.) 문명의 발달 단계에서 과거의 신들이 악마로 변하는 것도 차원은 다르지만 똑같은 과정이라고 생각할 수 있다. 후각적 자극이 쇠퇴한 현상 자체는 인간이 대지에서 몸을 일으켜 직립 보행한 결과인 것 같다. 이렇게 되자 전에는 감추어져 있던 생식기가 눈에 띄게 되어 보호할 필요가 생겼으며, 그것은 인간에게 수치심을 불러일으켰다.

따라서 문명의 결정적인 변화는 인간이 직립 보행 자세를 채택한 것과 함께 시작되었다. 그때부터 후각적 자극의 가치가 떨어지고 월경 중인 여자를 격리하는 시대를 거쳐 시각적 자극이 우세해지고 생식기가 눈에 띄게 되는 시대까지, 거기서 다시 성적 흥분이 지속되고 가족이 형성되는 시대를 거쳐 인간 문명의 문지방에 도달할 때까지 일련의 사건이 진행되었을 것이다. 이것은 이론상의 가설에 불과하지만, 인간과 가까운 동물들의 생활 조건과 관련하여 주의 깊게 검토해 볼 가치가 있을 만큼 중요하다.

청결을 지향하는 문화적 경향에는 사회적 요인도 분명 존재한다. 청결은 위생상의 이유로 〈사후에〉 정당성을 얻었지만, 청결을 지향하는 경향은 위생상의 이유가 발견되기 전에 이미 나타났다. 청결을 자극한 동기는 감각적 지각에 불쾌감을 주게 된 배설물을 제거하려는 충동에서 생겨난다. 유년 시절에는 사정이 다르다는 것을 우리는 알고 있다. 배설물은 어린이에게 전혀 혐오감을 불러일으키지 않는다. 어린이는 배설물을 제 몸의 일부로 보고 소중히 여긴다. 여기서 교육은 다음 발달 단계를 촉진할 것

적 특징 중 하나를 갖추지 못했다. 가장 — 아버지 — 의 자의는 전혀 제한되어 있지 않았다. 「토템과 터부」에서 나는 이 가족이 공동생활의 다음 단계인 형제 무리로 발전하는 과정을 보여 주려고 애썼다.[33] 아들들은 아버지를 힘으로 압도하는 과정에서 여러 개인의 결합체가 한 사람의 개인보다 강할 수 있다는 것을 발견했다. 토템 문화는 아들들이 이 새로운 상태를 유지하기 위해 서로에게 부과한 각종 제약을 바탕으로 한다. 터부를 지키는 것은 최초의 〈법Recht〉이었다. 따라서 인류의 공동생활은 두 가지 토대, 즉 노동에 대한 강요와 사랑의 힘을 가지고 있었다. 전자는 외적 필요성에 따라 생겨났으며, 후자는 남성으로 하여금 성적 대상인 여성을 빼앗기기 싫어하게 만들고 여성으로 하여금 자신의 분신인 자식을 빼앗기기 싫어하게 만들었다. 에로스(사랑)와 아난케(숙명)는 인류 문명을 낳은 부모가 되었다. 문명이 낳은 첫 번째 결과는 상당히 많은 수의 사람도 이제 하나의 공동체 안에서 함께 살 수 있게 되었다는 것이었다. 사랑과 숙명이라는 두 가지 막

을 강력히 요구한다. 이 단계에서 배설물은 아무 가치도 없을 뿐더러 구역질과 혐오감을 불러일으키는 것이 된다. 몸에서 배출된 물질이 그 강렬한 냄새로 말미암아 인간이 직립 보행 자세를 채택한 뒤에 후각적 자극을 덮친 것과 똑같은 운명에 놓이지 않았다면, 이런 가치 전도는 거의 일어날 수 없을 것이다. 따라서 항문 성애는 우선 문명에 길을 열어 준 〈기질성 억압〉에 맨 먼저 굴복한다. 항문 성애를 더욱 변화시키는 사회적 요인이 존재한다는 사실은 모든 인간이 성장한 뒤에도 〈자기 자신의〉 배설물 냄새에는 거의 혐오감을 느끼지 않고 타인의 배설물 냄새만 혐오스럽게 느낀다는 사실이 입증한다. 따라서 불결한 사람 — 자신의 배설물을 감추지 않는 사람 — 은 남에게 불쾌감을 주고, 남을 전혀 존중하지 않는 사람이다. 이것은 가장 강력하고 가장 흔히 쓰는 욕설이 뒷받침한다. 동물 중 인간의 가장 충실한 친구 — 개 — 가 욕설에 자주 등장하는 것도 그 동물의 두 가지 특징 — 후각이 특히 발달했고 배설물을 전혀 혐오하지 않는다는 것, 자신의 성 행동을 조금도 부끄러워하지 않는다는 것 — 때문에 인간의 경멸을 사지 않는다면 이해할 수 없는 일일 것이다 — 원주.

33 프로이트는 〈원시적 가족〉이라는 용어보다 〈원초적 군집〉이라는 용어를 더 자주 사용한다. 앳킨슨J. J. Atkinson의 영향을 많이 받은 이 개념은 앳킨슨이 〈키클롭스 가족Cyclopean family〉이라고 부른 것에 해당한다. 「토템과 터부」 제4장 참조할 것.

강한 힘이 여기에 함께 작용했기 때문에, 앞으로 문명은 외부 세계를 더 잘 통제하고 공동체에 속해 있는 사람의 수를 더욱 늘리는 방향으로 순조롭게 발달하리라고 기대해도 좋을 것이다. 이 문명이 어떻게 구성원들에게 행복 이외의 것을 가져올 수 있는지도 납득하기 어렵다.

어떤 분야에서 방해가 일어날 수 있는가를 조사하기 전에, 제2장에서 서술하지 않고 남겨 둔 공백을 메우기로 하자. 사랑이 문명의 토대 중 하나라는 인식은 본론에서 잠시 벗어나는 데 대한 핑계가 될 수 있을 것이다. 제2장에서 우리는 이렇게 말했다. 인간은 성애(성기의 결합)가 가장 강렬한 만족을 주고 사실상 모든 행복의 원형을 제공한다는 것을 발견했고, 이 발견은 인간이 성적 관계에서 계속 만족스러운 행복을 추구하고 성애를 자기 생활의 중심점으로 삼는 계기가 되었을 것이 분명하다. 그렇게 함으로써 인간은 외부 세계의 극히 일부 — 즉 그가 선택한 사랑의 대상 — 에 위험하게 의존하게 되었고, 그 사랑의 대상에게 퇴짜를 맞거나 배신이나 죽음으로 사랑의 대상을 잃어버리면 심한 고통을 겪게 되었다. 그런 이유 때문에 모든 시대의 현인들은 이런 생활 방식을 택하지 말라고 강력하게 경고했다. 그러나 이 경고에도 불구하고 이런 생활 방식은 여전히 많은 사람에게 매력을 잃지 않았다.

소수의 사람은 타고난 기질 덕택에 어쨌든 사랑에서 행복을 찾을 수 있다. 그러나 사랑에서 행복을 찾을 수 있으려면, 우선 사랑의 기능에 광범위한 정신적 변화가 일어나야 한다. 사랑에서 행복을 얻는 사람들은 사랑받는 것보다 사랑하는 것을 더 중시하는 쪽으로 방향을 바꾸어, 사랑하는 대상의 태도에서 자신을 독립시킨다. 사랑하는 대상이 그의 사랑을 받아들이든 거부하든 관계없이, 그는 사랑하는 것에서 행복을 얻을 수 있다. 그는 하나의 대상이 아니라 모든 사람을 똑같이 사랑함으로써, 대상을 잃었을 때 겪는 고통으로부터 자신을 보호한다. 그들은 성애의 성적 목적을 떠나 성 본능을 〈목적 달성이 금지된〉 충동으로 바꿈으로써 성애의 불확실성과 좌절을 피한다. 이런 식으로 그들은 차분하게 정지되고 안정된 정애적 감정 상태에 도달하는데, 이런 상태는 겉보기에는 그 모태인 성애의 격렬한 흥분과는 닮은 점이 거의 없다. 아시시의 성 프란체스코는 내면의 행복감을 얻기 위해 이런 식으로 사랑을 이용한 대표자일 것이다. 게다가 우리가 쾌감 원칙을 실행하는 방법으로 인정한 이 사랑은 종교와 관련되는 경우가 많았다. 자아와 대상의 구별이나 대상들 사이의 구별이 무시되는 외딴 지역에는 이런 관계가 존재할지도 모른다. 어느 윤리적 견해 — 이 견해가 나온 더 깊은 동기는 잠시 후에 밝혀질 것이다 — 에 따르면, 인류와 세상에 대한 이 보편적 사랑은 인간이 도달할 수 있는 최고의 경지를 나타낸다. 논의는 아직 초기 단계지만, 나는 이 견해에 대해 두 가지 반론을 제기하고 싶다. 첫째, 대상을 구별하지 않는 보편적 사랑은 대상을 부당하게 대우함으로써 사랑이 지닌 고유한 가치의 일부를 상실하는 것 같다. 둘째, 모든 인간이 사랑받을 가치가 있는 것은 아니다.

가족의 토대인 사랑은 문명 속에서 두 가지 형태 — 직접적인 성적 만족을 단념하지 않는 원래의 형태와 목적 달성이 금지된 정애라는 수정된 형태 — 로 계속 작용한다. 모든 문명에서 사랑은 제각기 상당수의 사람을 한데 묶어 주는 기능을 계속 수행하며, 공동 작업의 이익이 초래할 수 있는 것보다 더 강력하게 사람들을 묶어 준다. 언어가 〈사랑〉이라는 낱말을 부주의하게 사용하는 것은 그 낱말의 발생 과정을 보면 당연하다. 사람들은 성욕 때문에 가족을 이룬 남자와 여자의 관계를 〈사랑〉이라고 부른다. 또한 부모와 자식, 형제자매 사이에 존재하는 절대적인 감정 ─ 〈우리〉는 이것을 〈목적 달성이 금지된 사랑〉이나 〈정애〉라고 부른다 ─ 도 사람들은 흔히 〈사랑〉이라고 부른다. 목적 달성이 금지된 사랑은 원래는 완전히 관능적인 사랑이었고, 인간의 무의식속에서는 여전히 관능적인 사랑이다. 완전히 관능적인 사랑과 목적 달성이 금지된 사랑은 가족 밖으로 확대되어, 전에는 모르는 사이였던 사람들과 새로운 유대를 형성한다. 성애는 새로운 가족형성으로 이어지고, 목적 달성이 금지된 사랑은 성애가 지닌 한계 ─ 예를 들면 배타성 ─ 를 피할 수 있기 때문에 문화적 관점에서 중요한 가치를 지니는 〈우정〉으로 이어진다. 그러나 사랑과 문명의 관계는 발달 과정에서 초기의 명백함을 잃어버린다. 한편으로는 사랑이 문명의 이익과 대립하게 되고, 또 한편으로는 문명이 상당한 제약으로 사랑을 위협한다.

사랑과 문명의 이런 균열은 피할 수 없는 것처럼 보이지만, 그이유를 금방 알 수는 없다. 사랑과 문명의 균열은 처음에는 개인이 속해 있는 가족과 그보다 더 큰 공동체 간의 갈등이라는 형태로 나타난다. 우리는 문명이 사람들을 더 큰 단위로 통합하려고 애쓴다는 것을 이미 알아차렸다. 그러나 가족은 개인을 포기하지 않을 것이다. 가족 구성원들이 더 깊은 애정으로 더 긴밀하게 묶여 있을수록 외부 세계에서 자신들을 고립시키는 경향이 더 자주 나타나고, 그들이 더 넓은 생활 영역에 들어가기는 더욱 어려워진다. 더 오래전에 생겨났고 어린 시절에 존재하는 유일한 공동생활 방식인 가족은 절대로 나중에 획득한 문화적 생활 방식에 자리를 빼앗기지 않을 것이다. 가족으로부터 독립하는 것은 모든 젊은이가 직면하게 되는 문제이고, 사회는 사춘기와 성년식을 통해 젊은이가 그 문제를 해결할 수 있도록 도와주는 경우가 많다. 우리는 이것이 모든 정신적 발달 — 아니, 근본적으로는 모든 유기적 발달 — 에 으레 따라다니는 고유한 어려움이라는 인상을 받는다.

게다가 여자들 — 처음에는 사랑을 요구함으로써 문명의 기초를 쌓은 바로 그 여자들 — 은 곧 문명과 대립하게 되어, 문명 발달을 지연시키고 억제하는 영향력을 발휘한다. 여자들은 가족과 성생활의 이익을 대변한다. 문명과 관련된 일은 점점 남자들의 일이 된다. 문명은 남자들에게 갈수록 점점 어려운 임무를 맡기고, 여자들이 거의 할 수 없는 본능의 승화를 강요한다. 인간에게 주어진 정신적 에너지는 한정되어 있기 때문에, 남자들이 그런 임무를 수행하려면 자신의 리비도를 알맞게 분배해야 한다. 그가 문화적 목적에 사용하는 리비도는 대부분 여성과 성생활에 쏟아야 할 리비도를 전용한 것이다. 그는 다른 남자들과 끊임없이 교제하고 다른 남자들과의 관계에 크게 의존하기 때문에, 남편과 아버지로서의 의무에서는 더욱 멀어지게 된다. 따라서 여성은 문명의 요구 때문에 자신이 뒷전으로 밀려난 것을 깨닫고, 문명에 대해 적대적인 태도를 취하게 된다.

성생활을 제한하는 문명의 경향은 문화적 단위를 확대하는 경향 못지않게 뚜렷하다. 문명의 첫 단계인 토테미즘 단계에서 이미 문명은 근친 중에서 성적 대상을 선택하는 것을 금지했는데, 이것은 지금까지 남자의 성생활이 경험한 제약 중 가장 과감한 제약일 것이다. 터부와 법률과 관습은 남자만이 아니라 여자한테도 작용하는 더 많은 제약을 부과한다. 이 점에서는 모든 문명이 똑같은 보조를 취하지는 않는다. 사회의 경제 체계도 성적 자유의 허용 범위에 영향을 미치기 때문이다. 이미 알고 있다시피 이

점에서 문명은 경제적 필요의 법칙에 복종한다. 문명은 자신의 고유한 목적에 사용하는 정신적 에너지를 대부분 성욕에서 전용해야 하기 때문이다. 이 점에서 문명이 성욕을 대하는 태도는 다른 민족이나 계층을 착취해 온 민족이나 계층의 태도와 마찬가지이다. 억눌린 자들이 반란을 일으킬지도 모른다는 두려움 때문에, 문명은 더욱 엄격한 예방 조치를 취하게 된다. 서유럽 문명에서는 그런 발달이 최고 수준에 이르렀다. 문화적 공동체가 유아 성욕의 발현을 우선적으로 금지하는 것은 심리학적으로 보면 지극히 당연하다. 유년 시절에 그 기반이 마련되지 않으면, 어른의 성욕을 제한할 수 있는 가능성은 전혀 없기 때문이다. 그러나 그런 공동체가 쉽게 증명할 수 있는 두드러진 현상인 유아 성욕을 실제로 〈부인〉하는 것은 어떤 식으로도 정당화될 수 없다. 또한 성적으로 성숙한 사람이 반드시 이성만을 성적 대상으로 선택하는 것은 아니지만, 성기를 사용하지 않는 성적 만족은 대부분 성도착이라 하여 금지되어 있다. 이런 금지는 모든 사람이 한 가지 종류의 성생활만을 영위해야 한다는 요구를 분명히 하는데, 이것은 인간의 성적 소질이 지닌 선천적 차이나 후천적 차이를 무시하는 요구로서 심각한 불공평의 원인이 된다. 이 요구로 말미암아 상당수의 사람이 성생활을 즐길 수 있는 통로를 봉쇄당해 버리기 때문이다. 이런 제한 조치는 정상적인 사람들 — 성적 기질 때문에 성적 즐거움을 봉쇄당하지 않은 사람들 — 이 모든 성적 관심을 유일하게 열려 있는 통로로 모조리 쏟아 붓는 결과를 낳을 수도 있다. 그러나 금지되지 않은 이성 간의 성애도 역시 또 다른 제약 조건으로 제한되어 있다. 이 제약 조건은 합법성과 일부일처제에 대한 강요라는 형태를 취한다. 오늘날의 문명은 단둘만의 확고한 유대를 바탕으로 한 남자와 한 여자 사이에 이루어지는 성관계만을 허용하고, 성행위 자체가 쾌락의 원천이 되는 것은 원치 않으며, 지금까지는 인류의 번식 수단으로 성행위를 대신할 수 있는 것이 없기 때문에 어쩔 수 없이 성행위를 용인할 뿐이라는 점을 분명히 한다.

물론 이것은 극단적인 상황이다. 누구나 알고 있듯이 짧은 기간이나마 그런 금지를 실제로 집행하는 것은 불가능하다. 성적 자유를 광범위하게 침해하는 그런 금지에 복종한 것은 심약한 사람들뿐이었고, 좀 더 강한 기질을 지닌 사람은 보상을 얻는다는 조건으로 복종했을 뿐이다. 이 보상 조건에 대해서는 나중에 다시 언급하겠다.[34] 문명 사회는 자신의 법령에 충실히 따르려면 마땅히 처벌했어야 하는 수많은 탈선을 눈감아 줄 수밖에 없었다. 그러나 이것을 잘못 판단하여, 사회의 그런 태도는 목적을 모두 달성하지 못하기 때문에 전적으로 무해하다고 생각해서는 안 된다. 사회의 금지가 제대로 집행되지 않는데도 문명인의 성생활은 심하게 훼손되어 있다. 때로는 우리의 이와 머리털이 신체 기관으로서 쇠퇴 과정을 밟고 있는 듯 보이는 것과 마찬가지로, 성생활도 하나의 기능으로서 쇠퇴 과정을 밟고 있는 듯한 인상을 준다. 성생활은 행복감의 원천으로서 중요하고, 따라서 인생의 목적 달성에 중요한 의미를 지니지만, 이제 그 중요성이 상당히 줄어들었다고 생각해도 좋을 것이다.[35] 우리에게 완전한 만족을 주지 않고 계속 다른 방향으로 우리를 몰아대는 것은 문명의 압력만이 아니라, 성 기능 자체의 본질 속에 원래 그런 요소가 갖추어

---

34 보상은 어느 정도의 안전을 얻는 것이다.

35 오늘날 널리 인정받는 영국 작가 존 골즈워디John Galsworthy의 작품 중 내가 일찍부터 높이 평가한 단편 소설이 하나 있다. 「사과나무The Apple-Tree」라는 제목의 그 소설은 오늘날 문명인의 삶에는 두 사람의 단순하고 자연스러운 사랑이 끼어들 여지가 전혀 없다는 것을 절실히 깨닫게 해준다 — 원주.

져 있기 때문이라고 생각하는 사람도 있는 것 같다. 이 생각은 잘
못일지도 모르지만, 잘못인지 아닌지는 판단하기 어렵다.[36]

36 다음과 같은 고찰은 위의 견해를 뒷받침한다. 인간은 (다른 동물과 마찬가지
로) 분명한 양성(兩性) 기질을 지닌 동물이다. 개인은 대칭적인 두 부분의 융합체인데,
일부 연구자에 따르면 절반은 완전히 남성적이고 절반은 완전히 여성적이라고 한다.
각 절반이 원래 상반되는 두 가지 성질을 아울러 가지고 있었을 가능성도 있다. 성은
생물학적 사실이고, 정신생활에서 두드러진 중요성을 가지고 있지만 심리학적으로는
파악하기 어렵다. 우리는 모든 인간의 본능적 충동과 욕구 및 속성에는 남성적인 면과
여성적인 면이 뒤섞여 있다고 말하곤 한다. 그러나 해부학은 남성성과 여성성의 특징
을 지적할 수 있지만, 심리학은 그렇지 못하다. 심리학에서 남성과 여성의 차이는 점
점 희미해져 결국 능동성과 수동성의 차이가 되는데, 여기서 우리는 너무 쉽사리 능동
성을 남성적 성격과 동일시하고 수동성을 여성적 성격과 동일시하지만, 이것은 동물
계에서는 결코 보편적으로 입증되지 않은 견해이다. 양성 이론은 아직도 밝혀지지 않
은 점을 많이 가지고 있으며, 특히 양성 이론과 본능 이론을 연결하는 고리가 아직까
지 발견되지 않은 것은 정신분석에서 심각한 장애가 된다고 생각하지 않을 수 없다.
어쨌든 모든 개인이 자신의 성생활에서 남성적 원망과 여성적 원망을 둘 다 만족시키
려고 애쓰는 것이 사실이라고 가정하면, 같은 대상이 그 두 가지 요구를 모두 만족시
키지 못할 가능성은 충분하고, 두 가지 요구를 서로 분리하여 남성적 충동과 여성적
충동을 제각기 거기에 알맞는 특정한 방향으로 이끌어 가지 못하는 한두 가지 요구는
서로를 방해할 가능성도 있다. 성애 관계는 그 자체의 가학적 요소 외에 명백한 공격
적 성향과 결부되는 경우가 많다는 사실도 또 다른 어려움을 낳는다. 어떤 시골 아낙
네는 남편이 일주일 동안이나 자기를 때리지 않은 것을 보면 더 이상 자기를 사랑하지
않는 것이 분명하다고 불평했다지만, 모든 사랑의 대상이 성애 관계와 공격적 성향의
결합에 대해 그녀와 같은 이해심과 관용을 보여 주지는 않을 것이다.
    그러나 가장 깊은 곳까지 파고드는 추측은 각주 32에서 출발하는 추측이다. 각주
32의 내용을 요약하면, 인간이 직립 보행 자세를 채택하고 후각의 가치가 떨어지면서
항문 성애만이 아니라 인간의 성생활 전반이 기질성 억압에 희생될 위기에 놓였다는
것이다. 그래서 그 후 성 기능은 설명할 수 없는 혐오감을 수반하게 되었고, 이 때문에
성 기능은 완전한 만족을 얻지 못할 뿐만 아니라, 본래의 성적 목적을 승화하고 리비
도를 다른 방향으로 돌릴 것을 강요당한다. 언젠가 블로일러는 성생활에 대한 이런 원
초적 혐오감의 존재를 지적한 적이 있다(『정신분석학적·정신 병리학적 연구 보고』제
5권에 실린 「성적 혐오」를 참조할 것). 모든 신경증 환자를 비롯하여 많은 사람이 〈오
줌과 똥 사이에서 태어났다inter urinas et faeces nascimur〉는 사실을 참을 수 없는 일로 생
각한다. 성기도 역시 강렬한 냄새를 풍기는데, 이 냄새는 많은 사람에게 역겨움을 주
어 그들의 성교를 망친다. 따라서 우리는 과거의 동물적 생활에 맞서서 직립 보행으로
얻은 새로운 생활 형태를 지키려는 기질적 방어가 문명과 함께 발달하는 성적 억압의
깊은 뿌리임을 알 수 있다. 이 과학적 연구 결과는 자주 들을 수 있는 진부한 편견과
놀랄 만큼 일치한다. 그런데도 불구하고 이런 편견들은 아직 과학으로 입증되지 않은
막연한 가능성에 불과하다. 후각적 자극의 가치가 떨어진 것은 부인할 수 없는 사실이

5

정신분석 작업을 통해 우리는 신경증 환자들이 참지 못하는 것은 바로 성생활의 이런 좌절임을 알 수 있었다. 신경증 환자는 신경증 증세 속에서 스스로 대리 만족을 찾지만, 이런 증세는 그 자체가 고통을 주거나 아니면 그가 속한 주위 환경이나 사회와의 관계를 어렵게 만들어 고통의 원인이 된다. 후자는 쉽게 이해할 수 있지만, 전자는 새로운 문제를 제기한다. 그러나 문명이 희생하라고 요구하는 것은 비단 성적 만족만이 아니다.

우리는 문명 발달의 어려움이 리비도의 관성에서 유래한다고, 즉 리비도가 과거의 자세를 버리고 새로운 자세를 택하기를 싫어하기 때문에 문명 발달이 어려움을 겪는다고 말함으로써, 문명 발달의 어려움을 모든 발달이 겪는 일반적인 어려움으로 취급해 왔다.[37] 성애는 두 개인 사이의 관계이고 제삼자는 필요없거나 오히려 방해가 될 뿐이지만, 문명은 상당히 많은 개인의 관계에 의존하고 있다는 사실에서 문명과 성행위가 대립하게 된 유래를 찾는 것도 그와 거의 같은 태도라고 말할 수 있다. 애정 관계가 절정에 이르면, 주위에 관심을 기울일 여지가 전혀 남지 않는다. 한 쌍의 연인은 자신들만으로 충분하고, 두 사람 사이에 태어나는 아이조차도 그들이 행복해지기 위해 반드시 필요한 존재는 아니다. 에로스가 자기 본질의 핵심 — 복수의 인간을 하나로 만들려는

지만, 유럽인들 중에도 우리에게 그토록 강한 혐오감을 주는 강렬한 성기 냄새를 성적 흥분제로 높이 평가하고 그것을 포기하기를 거부하는 사람이 있다는 사실도 잊어서는 안 된다. (프리드리히 S. 크라우스가 편찬한 『안트로포피테이아*Anthropophyteia*』에는 이반 블로흐의 설문 조사에서 얻은 「성생활에서의 후각에 관하여」라는 민간 전승 모음이 실려 있으니 참조할 것) — 원주.

37 「문명 속의 불만」 제4장을 볼 것. 일반적인 〈정신적 관성〉이라는 개념에 관해서는 「정신분석 이론에 반하는 편집증의 사례」(프로이트 전집 10, 열린책들)를 볼 것.

의도 — 을 이렇게 분명히 드러내는 경우는 없다. 그러나 두 인간의 사랑을 통해 잘 알려진 방식으로 자기 목적을 달성하면, 에로스는 더 이상 앞으로 나아가기를 거부한다.

여기까지 왔을 때 우리가 상상할 수 있는 것은 이런 한 쌍의 개인들로 이루어진 문화 공동체, 즉 리비도적으로 서로에게 만족하고 공동 작업과 공통된 관심이라는 유대를 통해 서로 연결되어 있는 개인들로 이루어진 문화 공동체이다. 정말로 그렇다면 문명은 성욕으로 돌려져 있는 에너지를 빼앗을 필요가 없을 것이다. 그러나 이런 바람직한 상태는 현재 존재하지 않으며, 과거에도 존재한 적이 없었다. 현실은 문명이 지금까지 우리가 허용한 유대만으로는 만족하지 않는다는 것을 보여 준다. 문명은 공동체의 모든 구성원을 리비도적으로 한데 묶으려 하고, 그 목적을 이루기 위해 모든 수단을 동원한다. 문명은 공동체 구성원들 간에 강력한 동일시를 확립할 수 있는 모든 방법을 지지하고, 우정 관계로 공동체의 유대를 강화하기 위해 목적 달성이 금지된 리비도를 대규모로 불러일으킨다. 이 목적을 달성하기 위해서는 성생활을 제한하지 않을 수 없다. 그러나 우리는 문명이 이 방법을 택해야 할 필요성이 무엇이며, 문명이 성행위에 적개심을 품을 필요가 어디 있는가를 이해할 수 없다. 여기에는 우리가 아직 발견하지 못한 골치 아픈 요인이 있는 것이 분명하다.

어쩌면 문명 사회의 이상적 요구[38]가 단서를 제공할지도 모른다. 그것은 〈네 이웃을 네 몸처럼 사랑하라〉는 요구이다. 이것은 전 세계에 널리 알려져 있고, 이 요구를 가장 자랑스러운 가르침으로 내세우는 기독교 신앙보다 더 오래된 것이 분명하다. 그러나 아주 먼 옛날로 거슬러 올라가지 않는 것도 분명하다. 역사 시

38 「〈문명적〉 성도덕과 현대인의 신경병」을 볼 것.

대에 접어든 뒤에도 이 요구는 인류에게 아직 생소했다. 이 요구를 난생처음 듣는 것처럼 순진한 태도로 생각해 보자. 그러면 우리는 놀라움과 당혹감을 억누를 수 없을 것이다. 왜 이웃을 내 몸처럼 사랑해야 하는가? 그것이 우리한테 무슨 이익이 되는가? 무엇보다도 우선, 어떻게 그 요구를 달성할 것인가? 그것이 어떻게 가능할 수 있는가? 내 사랑은 나한테 너무나 소중해서, 잘 생각해 보지도 않고 아무렇게나 내던져 버리면 안 된다. 사랑은 나에게 의무를 부과하고, 그 의무를 수행하기 위해서라면 기꺼이 희생할 각오가 되어 있어야 한다. 내가 누군가를 사랑한다면, 그 사람은 어떤 식으로든 내 사랑을 받을 자격이 있어야 한다. (그가 나한테 쓸모가 있다거나 성적 대상으로서 나에게 의미가 있어야 한다는 것은 고려하지 않겠다. 이 두 가지 관계는 이웃을 사랑하라는 명령이 관심을 가지고 있는 분야에서는 문제가 되지 않기 때문이다.) 그 사람이 중요한 점에서 나와 너무 비슷하기 때문에 그를 사랑하는 것은 곧 나 자신을 사랑하는 것과 마찬가지라면, 그 사람은 내 사랑을 받을 자격이 있다. 그 사람이 나보다 훨씬 완벽하기 때문에 그를 사랑하는 것은 곧 나 자신의 이상을 사랑하는 것과 마찬가지라고 해도, 역시 그 사람은 내 사랑을 받을 자격이 있다. 그 사람이 내 친구의 아들이라면, 나는 그를 사랑해야 한다. 자기 아들이 재난을 당하면 내 친구는 고통을 느낄 테고, 친구의 고통은 곧 나의 고통이기도 하기 때문이다. 나는 친구의 고통을 나누어 가져야 할 것이다. 그러나 그 사람이 내가 전혀 모르는 사람이라면, 그리고 자신의 가치로 나를 매혹하지 못하거나 내 감정 생활에 이미 중요한 의미를 얻지 못했다면, 내가 그 사람을 사랑하기는 어려울 것이다. 아니, 그런 사람을 사랑하는 것은 잘못이다. 내 가족은 모두 내 사랑을 내가 자기들을 좋아한다는 증거로 소중히 여기고 있는데, 내가 알지도 못하는 사람을 내 가족과 동등하게 대한다면 그것은 내 가족에게 부당한 처사이기 때문이다. 그러나 그 사람도 역시 벌레나 지렁이나 율모기처럼 이 지구상에 살고 있다는 이유만으로 내가 그 사람을 (보편적인 사랑으로) 사랑해야 한다면, 내 사랑 가운데 그의 몫으로 돌아가는 양은 아주 조금밖에 안 될 것이다. 이성적으로 판단할 때, 도저히 그 사람을 내 몸처럼 사랑할 수는 없다. 도저히 이성적이라고 생각할 수 없는 명령을 그토록 엄숙하게 선언해 봤자 무슨 소용이 있는가?

좀 더 면밀히 검토해 보면, 더 많은 난점이 발견된다. 낯선 사람은 내 사랑을 받을 가치가 없을 뿐 아니라, 솔직히 고백하면 내 적개심과 증오까지도 받아 마땅하다. 그 사람은 나에 대한 사랑을 조금도 가지고 있지 않은 것 같고, 나를 조금도 존중해 주지 않는다. 나를 해치는 것이 자기에게 이로우면, 그 사람은 망설이지 않고 나를 해칠 것이다. 자기가 얻는 이익이 나에게 끼치는 손해와 균형을 이루고 있는지 어떤지도 자문하지 않을 것이다. 아니, 나를 해침으로써 이익을 얻을 필요도 없다. 제 욕망을 만족시킬 수만 있다면, 그 사람은 나를 비웃고 모욕하고 중상하고 자신의 우월한 힘을 과시하는 것을 아무렇지도 않게 생각할 것이다. 나를 해쳐도 자신은 안전하다고 느낄수록, 그리고 내가 더 무력할수록, 그 사람이 나에게 이런 태도를 취할 가능성은 더욱 커진다. 그 사람이 다른 식으로 행동하면, 다시 말해서 낯선 사람인 나를 존중해 주고 너그럽게 대하면, 〈네 이웃을 네 몸처럼 사랑하라〉라는 명령과는 관계없이 나도 기꺼이 그 사람을 그렇게 대할 것이다. 그 젠체하는 명령이 〈네 이웃이 너를 사랑하는 만큼 네 이웃을 사랑하라〉라는 것이었다면, 나도 거기에 이의를 제기하지는 않을 것이다. 그런데 이보다 훨씬 이해하기 어렵고 나에게 훨씬 강한 반감을 불러일으키는 두 번째 명령이 있다. 그것은 바로 〈원수를 사랑하라〉라는 명령이다. 그러나 곰곰이 생각해 보면, 이 명령을 첫 번째 명령보다 더 무거운 부담으로 다루는 것은 잘못임을 알 수 있다. 첫 번째 명령과 두 번째 명령은 근본적으로는 똑같은 것이기 때문이다.[39]

이제 나를 나무라는 위엄 있는 목소리가 들리는 것 같다. 「네이웃이 사랑받을 가치가 없기 때문에, 아니 오히려 네 원수이기때문에 너는 네 몸처럼 그를 사랑해야 하는 것이다.」 이제야 나는이것이 〈불합리하기 때문에 나는 믿는다Credo quia absurdum〉[40]와마찬가지라는 것을 깨닫는다.

그런데 내 이웃이 자기 자신만큼 나를 사랑하라는 명령을 받는다면 나와 똑같이 대답하고, 내가 내세운 것과 똑같은 이유로 나를 물리칠 개연성은 충분하다. 그 사람은 내가 제시한 것과 같은객관적 근거는 가지고 있지 않겠지만, 생각은 나와 똑같을 것이다. 그래도 인간의 행동은 다양한 차이를 보이고, 윤리는 그런 차이를 결정하는 사실들을 무시한 채 인간의 행동을 단순히 〈선〉과〈악〉으로 분류한다. 이 부인할 수 없는 차이가 제거되지 않는 한,고상한 윤리적 요구에 복종하는 것은 〈악〉에 절대적인 이익을 주

39 풍부한 상상력을 지닌 위대한 작가는 엄격하게 금지된 심리적 진실을 어쨌든 농담으로라도 표현할 수 있을 것이다. 하이네는 이렇게 고백한다. 〈나는 가장 평화로운 기질을 가지고 있다. 내 소망은 이렇다. 집은 이엉을 인 초라한 오두막이라도, 좋은 침대와 맛있는 음식이 있고, 신선한 우유와 버터를 먹을 수 있고, 창문 앞에는 꽃이 피고, 현관 앞에는 아름다운 나무가 몇 그루 서 있으면 만족한다. 그리고 신이 내 행복을 완전한 것으로 만들어 주고 싶으면, 예닐곱 명쯤 되는 내 적들이 그 나무에 매달리는 꼴을 보는 즐거움을 나에게 허락하실 것이다. 그들이 죽기 전에 나는 마음이 움직여, 그들이 평생 동안 나에게 저지른 잘못을 모두 용서할 것이다. 물론 사람은 자기 원수를 용서해야 한다. 하지만 그들이 교수형을 당하기 전에 용서해서는 안 된다.〉(하이네의 『생각과 경구』 제1부) — 원주.

40 「어느 환상의 미래」 제5장을 볼 것. 프로이트는 이웃을 제 몸처럼 사랑하라는 명령의 문제를 「문명 속의 불만」 제8장에서도 다시 다룬다.

기 때문에 필연적으로 문명의 목적을 해치게 된다. 우리는 프랑스 의회에서 사형 제도를 논의했을 때 벌어진 사태를 상기하지 않을 수 없다. 한 의원이 사형 제도를 폐지해야 한다고 열변을 토하여 우레 같은 박수갈채를 받았다. 그러자 어떤 목소리가 외쳤다. 〈우선 살인자들부터 그 동의에 재청하시오!*Que messieurs les assassins commencent!*〉

사람들은 이 모든 것 뒤에 숨어 있는 진실을 부인하는 경향이 있지만, 인간은 사랑받기를 원하고 공격을 받아도 기껏해야 자신을 방어할 수 있을 뿐 상대를 반격하지도 못하는 유순한 동물이 아니다. 반대로 인간은 강력한 공격 본능을 타고난 것으로 추정되는 동물이다. 따라서 이웃은 그들에게 잠재적인 협력자나 성적 대상일 뿐 아니라, 그들의 공격 본능을 자극하는 존재이기도 하다. 인간은 이웃을 상대로 자신의 공격 본능을 만족시키고, 아무 보상도 주지 않은 채 이웃의 노동력을 착취하고, 이웃의 동의도 받지 않은 채 이웃을 성적으로 이용하고, 이웃의 재물을 강탈하고, 이웃을 경멸하고, 이웃에게 고통을 주고, 이웃을 고문하고 죽이고 싶은 유혹을 느낀다. 〈인간은 인간에게 늑대다*Homo homini lupus.*〉[41] 인생 경험과 역사에 대한 지식 앞에서 누가 감히 이 주장을 반박할 수 있겠는가? 이 잔인한 공격 본능은 대개 도발을 기다리거나, 좀 더 온건한 수단을 사용해도 충분히 달성할 수 있는 다른 목적에 이바지한다. 공격 본능을 발휘하기에 유리한 상황, 즉 평소에 공격 본능을 억누르는 정신적 억제력이 작용하지 않는 상황에서는 공격 본능이 자연스럽게 표출되어, 인간의 본래 모습은 같은 종족을 존중하는 마음이 전혀 없는 야수임을 폭로한다. 훈족의 대이동이나 침입, 칭기즈 칸과 티무르가 이끄는 몽골족의

---

41 로마의 희극 작가 플라우투스Plautus의 「아시나리아Asinaria」에서 인용한 말.

침입, 신앙심 깊은 십자군의 예루살렘 점령, 또는 최근에 일어난 세계대전의 참화 속에서 저질러진 잔학 행위를 기억하는 사람이라면, 이 견해의 진실 앞에 겸손히 고개를 숙여야 할 것이다.

우리 자신 속에서도 감지할 수 있고, 다른 사람한테도 당연히 존재한다고 생각해야 할 이런 공격 성향은 이웃과 우리의 관계를 저해하고, 문명에 많은 에너지 소모를 강요하는 요인이다. 인간이 원초적으로 지닌 이 상호 적개심 때문에 문명 사회는 끊임없이 붕괴 위기를 맞고 있다. 공동 작업의 이익은 문명 사회를 단결시키지 못할 것이다. 본능적 열정은 이성적 이익보다 더 강하기 때문이다. 문명이 인간의 공격 본능을 제한하고 정신적 반응 형성을 통해 공격 본능의 표출을 억제하기 위해서는 최대한의 노력을 기울여야 한다. 그래서 문명은 동일시와 목적 달성이 금지된 애정 관계를 부추기기 위한 수단을 사용하고, 성생활을 제한한다. 이웃을 자기 자신처럼 사랑하라는 이상적인 명령 — 이 명령이 정당화되는 것은 사실상 인간의 본성과는 정반대의 경향을 가장 뚜렷이 드러내 보이기 때문이다 — 도 그런 의도에서 나온 것이다. 그러나 이런 노력에도 불구하고 문명의 노력은 지금까지는 별로 많은 성과를 거두지 못했다. 범죄자에 대해 폭력을 행사할 권리를 가지면 세련되지 못한 형태의 무절제한 폭력은 막을 수 있으리라고 기대하지만, 좀 더 신중하고 세련된 형태로 표출되는 인간의 공격 본능에 대해서는 법률도 전혀 영향력을 발휘하지 못한다. 우리는 성장 과정에서 어린 시절에 타인에게 걸었던 기대가 환상임을 깨닫고 그 기대를 버려야 하는 순간을 맞이한다. 타인의 악의 때문에 자기 인생이 얼마나 더 어렵고 고통스러워졌는가를 알게 되는 순간이 올지도 모른다. 그러나 문명이 인간의 행동에서 갈등과 경쟁을 제거하려 한다고 문명을 비난하는 것은 옳지 않다. 갈등과 경쟁은 분명 필수 불가결하다. 그러나 대립이 반드시 적대 관계일 필요는 없다. 대립은 단지 악용되어 적대 관계의 〈계기〉가 될 뿐이다.

공산주의자들은 인류를 악에서 구하는 길을 발견했다고 믿는다. 인간은 전적으로 선하고 이웃에 호의를 가지고 있지만 사유 재산 제도가 인간의 본성을 타락시켰다는 것이 그들의 주장이다. 사유 재산을 지닌 사람은 권력을 갖게 되고, 그 힘으로 이웃을 학대하고 싶은 유혹을 느낀다. 한편 무산자는 억압자에 대한 적개심에 사로잡혀 반항할 수밖에 없다. 사유 재산이 폐지되고 모든 재화가 공유화되어, 모든 사람이 그 재화를 누리는 데 참여할 수 있게 되면, 인간들 사이의 악의와 적개심은 사라질 것이다. 모든 사람의 욕구가 충족되기 때문에 아무도 남을 적대시할 이유가 없어질 테고, 해야 할 일이 있으면 모두 기꺼이 그 일을 떠맡을 것이다. 나는 공산주의 체제를 경제학적으로 비판하는 것에는 관심이 없다. 사유 재산의 폐지가 합당하거나 유리한지는 내가 검토할 수 있는 문제가 아니다.[42] 그러나 공산주의 체제가 근거로 삼는 심리학적 전제가 변호할 여지가 없는 환상에 불과하다는 것은 인정할 수 있다. 사유 재산을 폐지하면, 인간의 공격 본능이 이용하는 도구 가운데 하나를 빼앗을 수 있다. 그 도구는 가장 강력하지는 않지만, 상당히 강력한 것은 분명하다. 그러나 사유 재산을 폐지해도, 공격 본능이 악용하는 힘과 영향력의 차이를 바꿀 수는

42 유년 시절에 가난의 비참함을 맛보고, 부자의 무관심과 오만을 경험한 사람은 부의 불평등과 그 결과에 맞서 싸우는 노력을 이해하지 못하거나 그 노력을 호의적으로 보지 않는다는 의혹을 면할 수 있다. 그러나 정의의 이름으로 모든 사람에게 평등한 사회를 이룩하자는 추상적인 요구를 이런 싸움의 근거로 삼으려고 하면, 너무나 뻔한 반론 ― 자연은 각 개인에게 지극히 불평등한 육체적 특징과 정신적 재능을 부여함으로써, 결코 구제할 수 없는 불평등을 도입했다는 반론 ― 이 제기될 것이 분명하다 ― 원주.

없고, 공격 본능의 본질을 바꿀 수도 없다. 공격 본능은 재산이 만들어 낸 것이 아니다. 재산이 극히 빈약했던 원시 시대에는 공격 본능이 거의 무제한으로 맹위를 떨쳤고, 유아는 자기 배설물에 대한 원초적인 소유권을 포기하기도 전에 이미 공격 본능을 드러 낸다. 공격 본능은 사람들 간의 모든 정애 관계와 애정 관계의 토대를 이룬다(한 가지 예외가 있다면, 어머니와 아들의 관계일 것이다).[43] 물적 재산에 대한 개인의 권리를 배제한다고 해도, 성관계에는 여전히 개인의 특권이 존재할 것이다. 성관계에서의 특권은 다른 점에서는 평등한 발판 위에 서 있는 남자들 사이에 가장 강한 혐오감과 가장 격렬한 적개심을 불러일으키는 원인이 될 수밖에 없다. 이 요인마저 제거하려면 성생활에 완전한 자유를 허용하고, 그리하여 문명의 기초 단위인 가족을 폐지해야 하지만, 거기에 성공한다고 해도 문명이 어느 방향으로 발달할지는 쉽게 예상할 수 없는 것이 사실이다. 그러나 한 가지는 예상할 수 있다. 즉 인간 본성의 결코 파괴할 수 없는 특징인 공격 본능은 문명의 새로운 발달 방향을 따라가리라는 것이다.

인간이 이 공격 본능을 단념하는 것은 쉽지 않다. 인간은 이 본능을 만족시키지 않고는 편안함을 느끼지 못한다. 비교적 작은 문화 집단은 침입자에게 적개심을 발산하는 형태로 이 본능의 배출구를 제공하는데, 그 이점은 결코 얕볼 수 없다. 공격 본능을 발산할 수 있는 대상이 남아 있는 한, 상당수의 사람을 사랑으로 단결시키는 것은 그리 어렵지 않다. 전에 나는 스페인인과 포르투갈인, 남부 독일인과 북부 독일인, 잉글랜드인과 스코틀랜드인처럼 서로 이웃해 살고 있을 뿐만 아니라 그 밖의 점에서도 서로 가

---

43 「집단 심리학과 자아 분석」 각주 40을 참조할 것. 『새로운 정신분석 강의』의 서른세 번째 강의는 이 문제를 좀 더 자세히 논한다.

까운 공동체들이 오히려 끊임없이 반목하고 서로를 경멸하는 현상을 논한 적이 있다.[44] 나는 이 현상을 〈사소한 차이에 대한 나르시시즘〉이라고 불렀지만, 사실상 이 명칭은 현상을 별로 설명해 주지 못한다. 인접한 공동체끼리 반목하는 것은 공격적 성향을 비교적 해롭지 않고 편리하게 만족시키는 방법이고, 그 덕택에 공동체 구성원들이 더 쉽게 단결할 수 있다는 것을 이제 우리는 알 수 있다. 이 점에서 전 세계에 흩어져 사는 유대 민족은 자기가 사는 나라의 문명에 크게 기여했다고 말할 수 있다. 그러나 중세에 일어난 유대인 대학살 사건들은 불행히도 기독교도들에게 더 평화롭고 안전한 시대를 만들어 주기에는 충분치 못했다. 사도 바울이 인류의 보편적 사랑을 기독교 공동체의 토대로 삼은 이상, 기독교도들이 기독교 공동체 밖에 남아 있는 사람들을 극단적으로 배척하게 된 것은 필연적인 결과였다. 로마인에게 종교는 국가적 관심사였고 국가 전역에 종교가 퍼져 있었지만, 그들은 국가라는 공동체의 생활 기반을 사랑에 두지 않았기 때문에 종교적 편협함과는 관계가 없었다. 게르만족의 세계 지배라는 꿈이 그것을 더욱 완전하게 해주는 보충물로 반유대주의를 필요로 한 것도 불가사의한 우연은 아니었다. 러시아에 새로운 공산주의 문명을 건설하려는 시도가 부르주아에 대한 박해에서 심리적 뒷받침을 찾는 것도 충분히 이해할 수 있는 일이다. 다만 소련 사람들이 부르주아를 말살한 뒤에는 어떻게 할지, 그것이 걱정스러울 뿐이다.

문명이 인간의 성욕만이 아니라 공격 본능에도 그렇게 많은 희생을 강요한다면, 인간이 그 문명 속에서 행복해지기 어려운 이

---

44 「집단 심리학과 자아 분석」과 「처녀성의 금기」(프로이트 전집 7, 열린책들)를 볼 것. 「인간 모세와 유일신교」의 제3장에도 반유대주의와 관련하여 이 개념이 다시 언급되어 있다.

유도 더 잘 이해할 수 있다. 사실 원시인은 본능에 어떤 제약도 받지 않았다는 점에서 우리보다 훨씬 행복했다. 다만 원시인이 이 행복을 오랫동안 누릴 가능성은 매우 희박했다는 것이 그 효력을 없애 버린다. 문명인은 행복해질 가능성의 일부를 희생하고, 그 대신 약간의 안전을 얻었다. 그러나 원초적 가족에서는 우두머리만이 본능을 마음껏 만족시킬 수 있는 자유를 누렸다는 사실을 잊어서는 안 된다. 따라서 문명이 막 싹튼 그 시대에는 문명의 이익을 누리는 소수와 그 이익을 박탈당한 다수가 극단적인 대조를 이루었다. 오늘날 존재하는 원시적 부족을 주의 깊게 연구한 결과, 본능에 따라 생활하는 그들은 결코 우리가 부러워할 만큼 자유롭지 않다는 것이 밝혀졌다. 그들의 생활은 현대 문명인에게 따라다니는 제약과는 종류가 다르지만 훨씬 엄격한 제약을 받고 있다.

우리는 우리를 행복하게 만들어 줄 생활 설계도를 요구하지만, 현재의 문명 상태가 그 요구를 제대로 충족시켜 주지 못할 뿐 아니라 피할 수도 있는 수많은 고통을 방치한다고 불평한다. 이것은 사실 당연한 불만이다. 우리가 문명을 가차없이 비판하면서 문명이 그토록 불완전한 원인을 파헤치려고 애쓰는 것은 분명 우리의 고유한 권리 행사이고, 우리가 문명의 적임을 증명하는 것은 결코 아니다. 우리는 우리 문명이 우리의 요구를 더 잘 만족시키고 우리의 비판을 면할 수 있는 방향으로 차츰 변화하리라고 기대해도 좋다. 그러나 문명의 본질 속에는 문명을 개혁하려는 어떤 시도에도 굴복하지 않는 장애가 존재한다는 생각에도 익숙해져야 한다. 우리는 본능을 제한당하는 것은 각오하고 있지만, 그 밖에도 〈집단의 심리적 빈곤〉이라고 부를 수 있는 상태가 생겨날 위험에 주목해야 한다. 사회의 유대가 주로 구성원들 사이의 동일시로 이루어져 있고 지도자들은 집단 형성에서 마땅히 가져야 할 중요성을 얻지 못할 경우, 이런 상태가 생겨날 위험이 가장 크다.[45] 현재 미국의 문명 상태는 문명을 그런 상태에 빠뜨릴 우려가 있는 유해 요소가 무엇인가를 연구할 수 있는 좋은 기회를 제공한다. 그러나 미국 문명을 비판하고 싶은 유혹은 피하기로 한다. 나 자신도 미국식 방법을 이용하고 싶어 한다는 인상은 주고 싶지 않기 때문이다.

6

이 논문을 쓰면서, 내가 말하고 있는 것은 세상이 다 알고 있는 지식이며, 나는 자명한 사실들을 설명하기 위해 종이와 잉크를 낭비하고 있을 뿐 아니라 결국에는 식자공과 인쇄공의 노동력과 재료까지 낭비하고 있다는 느낌을 지울 수 없다. 이런 느낌이 지금만큼 강하게 나를 사로잡았던 적은 일찍이 없었다. 그렇기 때문에 특별하고 독자적인 공격 본능을 인정하는 것이 정신분석학의 본능 이론을 수정하는 결과를 낳는 것처럼 보인다면 나는 기꺼이 거기에 덤벼들 것이다.

그러나 사실은 그렇지 않으며, 오래전에 도달한 해석에 좀 더 정확하게 초점을 맞추어 그 결과를 철저히 규명하는 문제에 불과하다는 사실을 알게 될 것이다. 서서히 발달하는 정신분석 이론 가운데서도 특히 본능 이론은 가장 힘들게 길을 더듬으며 전진한 이론이다. 그러나 본능 이론은 정신분석학의 전체 구조에 절대 불가결한 요소였기 때문에, 무엇으로든 그 자리를 채워야 했다. 처음에 나는 암중모색하다가 결국 〈세계를 움직이는 것은 식욕과

45 「집단 심리학과 자아 분석」을 참조할 것 — 원주.

사랑〉[46]이라는 실러의 말을 출발점으로 삼았다. 식욕은 개체 보존을 목적으로 하는 여러 본능을 대표한다고 해석할 수 있었다. 반면에 사랑은 대상을 얻으려고 애쓰며, 모든 면에서 자연의 지원을 받고 있는 사랑의 주요 기능은 종족 보존이다. 그리하여 우선 자아 본능과 대상 본능이 서로 대결했다. 내가 〈리비도〉라는 용어를 도입[47]한 것은 오직 대상 본능의 에너지를 지칭하기 위해서였다. 따라서 대립은 자아 본능과, 가장 넓은 의미에서 사랑이 대상에게 돌려진 〈리비도적〉 본능 사이에 성립되었다. 이 대상 본능 중 하나인 가학적 본능은 그 목적이 사랑하는 것과는 거리가 멀다는 점에서 나머지 본능들과 두드러진 차이를 보인 것이 사실이다. 게다가 그것은 어떤 점에서는 분명 자아 본능에 속해 있었다. 가학적 본능은 리비도적 목적이 전혀 없는 지배 본능과의 유사성을 감추지 못했다. 그러나 이런 차이는 극복되었다. 어쨌든 사디즘은 그 행위 속에서 애정이 잔인함으로 바뀔 수는 있지만, 분명 성생활의 일부였기 때문이다. 신경증은 자기 보존 욕구와 리비도의 요구 사이에 벌어지는 투쟁의 결과로 간주되었다. 이 투쟁에서 자아는 승리를 거두었지만, 그 대가로 심한 고통과 욕망 단념을 치러야 했다.

정신분석의 전문가라면 오늘날에도 이 견해가 오래전에 사라진 잘못된 견해처럼 들리지는 않는다는 점을 인정할 것이다. 그럼에도 불구하고 우리의 연구가 억압된 힘에서 억압하는 힘으로 나아가고 대상 본능에서 자아로 나아감에 따라, 이 견해를 수정할 필요가 생겼다. 결정적인 역할을 한 것은 나르시시즘의 개념 —

46 「철학자들Die Weltweisen」.
47 불안 신경증에 대한 최초의 논문인 「신경 쇠약증에서 〈불안 신경증〉이라는 특별한 증후군을 분리시키는 근거에 관하여」(프로이트 전집 10, 열린책들)에서 이루어졌다.

즉 리비도에 정신적 에너지를 공급하는 것은 바로 자아 자신이고, 자아는 사실상 리비도의 고향이며 어느 정도까지는 여전히 리비도의 본거지로 남아 있다는 발견 — 이 도입된 것이었다. 이 나르시시즘적 리비도는 대상으로 돌려지고, 그리하여 대상 리비도가 된다. 그리고 대상 리비도는 또다시 나르시시즘적 리비도로 바뀔 수도 있다. 나르시시즘의 개념은 심적 외상에 따르는 신경증과 정신병만이 아니라 그와 유사한 수많은 질환도 정신분석적으로 이해할 수 있게 해주었다. 전이 신경증은 자아가 성욕으로부터 자신을 보호하려는 노력이라는 우리의 해석을 포기할 필요는 없었지만, 리비도 개념은 위태로워졌다. 자아 본능도 역시 리비도적이었기 때문에 C. G. 융이 전에 주장했듯이, 한동안은 리비도를 본능적 에너지 전체와 일치시키는 것이 불가피해 보였다. 그런데도 나에게는 본능이 모두 같은 종류에 속할 리가 없다는 확신이 남아 있었다. 그러나 그렇게 확신하는 이유는 아직 알아내지 못했다. 내가 두 번째 걸음을 내디딘 것은 「쾌락 원칙을 넘어서」에서였다. 이 책을 쓰고 있을 때, 강박적 반복 현상과 본능의 보수적 측면이 처음으로 내 관심을 끌었다. 나는 생명의 기원에 대한 고찰과 생물학적 대비에서 출발하여, 생물 개체를 보존하려는 본능과 그것을 점점 큰 단위로 결합시키려는 본능[48] 이외에, 그와는 정반대인 또 다른 본능, 즉 그 단위를 해체하여 원래의 무기물 상태로 돌려보내는 본능이 존재할 것이 틀림없다는 결론을 끌어냈다. 다시 말해서 에로스만이 아니라 죽음의 본능도 존재한다는 것을 인정했다. 생명 현상은 이 두 가지 본능의 협력 또는 상호 대

48 그리하여 끊임없는 확대를 지향하는 에로스의 경향과 본능의 일반적인 보수적 성향 사이에는 뚜렷한 대립이 나타나고, 이 대립은 앞으로의 문제를 연구하는 출발점이 될 수도 있을 것이다 — 원주.

립 행위로 설명할 수 있었다. 그러나 죽음의 본능을 가정하기는
했지만, 그 본능의 작용을 실제로 입증하기는 쉽지 않았다. 에로
스의 발현은 화려하고 요란하게 나타났다. 반면에 죽음의 본능은
유기체 내부에서 그 유기체의 해체를 향해 은밀히 작용한다고 생
각할 수 있었지만, 물론 이것은 논리적인 증명이 아니었다. 그보
다 유익한 생각은 그 본능의 일부가 외부 세계로 돌려져 공격과
파괴 본능으로 나타난다는 것이었다. 이렇게 되면 유기체는 자신
을 파괴하는 대신 생물이든 무생물이든 다른 것을 파괴한다는 점
에서, 죽음의 본능 자체를 강제로 에로스에 봉사하게 할 수 있었
다. 반대로 외부에 대한 이 공격성을 제한하면, 어쨌든 은밀히 진
행되고 있는 자기 파괴가 더욱 촉진될 수밖에 없을 것이다. 그와
동시에 우리는 이 사례를 통해 두 종류의 본능은 서로 분리된 상
태로 나타나는 일이 거의 — 어쩌면 전혀 — 없으며, 다양한 비율
로 혼합되어 나타나며 그 비율도 끊임없이 달라지기 때문에 우리
가 좀처럼 인지할 수 없는 것이 아닐까 하고 생각할 수 있다. 성욕
을 이루는 하나의 본능으로 사디즘을 알게 된 이후, 우리는 오랫
동안 사디즘 속에서 사랑의 본능과 파괴 본능이 뒤섞인 유난히
견고한 합금을 발견해야 했다. 이와 반대되는 마조히즘은 내면으
로 돌려진 파괴 본능과 성욕의 결합일 것이며, 다른 상황에서는
지각할 수 없는 파괴 본능이 겉으로 드러나게 되는 것은 바로 이
결합 때문이다.

　죽음의 본능이나 파괴 본능의 존재를 가정하는 것은 정신분석
학계 내부에서도 강력한 반대에 부딪혔다. 사랑에 포함되어 있는
위험하고 적대적인 요소는 무엇이든 사랑 자체의 본질 속에 원래
갖추어져 있는 양극성 탓으로 돌리고 싶어 하는 경향이 흔하다는
것은 나도 안다. 여기서 전개한 견해를 처음에는 나도 시험적으

로 제시했을 뿐이지만,[49] 시간이 흐르면서 이 견해에 흠뻑 빠진 나머지 이제 더 이상 다른 식으로는 생각할 수 없게 되었다. 내 생각에 이 견해는 이론적 관점에서 볼 때 다른 어떤 견해보다 훨씬 유용하다. 이 견해는 사실을 무시하거나 왜곡하지 않으며, 학문적 연구의 목표인 단순화를 제공하기 때문이다. 우리가 사디즘과 마조히즘을 에로티시즘과 강하게 결합된 파괴 본능(각각 외부와 내부로 돌려진 파괴 본능)의 발현으로 생각해 왔다는 것은 나도 알고 있다. 그러나 에로티시즘과 결합하지 않은 공격성과 파괴성이 도처에 존재한다는 사실을 우리가 어떻게 간과할 수 있었는지, 인생을 해석할 때 그 공격성과 파괴성에 마땅히 주어야 할 자리를 어떻게 주지 않을 수 있었는지, 나는 더 이상 이해할 수가 없다. (물론 파괴에 대한 욕망이 〈내면〉으로 돌려지면, 그것이 에로티시즘에 물들어 있는 경우를 제외하고는 대개 지각하기 어려운 것이 사실이다.) 파괴 본능이라는 개념이 처음 정신분석학 문헌에 등장했을 때는 나 자신도 거기에 대해 거부의 태도를 취했고, 그것을 받아들이게 될 때까지는 오랜 시간이 걸렸다. 다른 사람들도 나와 똑같이 거부하는 태도를 보였을 것이 분명하고, 아직도 그런 태도를 보이고 있다는 것은 별로 놀라운 일이 아니다. 인간은 〈악〉에 대한 성향, 즉 공격성과 파괴성, 따라서 잔인성을 타고났다는 말을 들으면, 〈아이들은 좋아하지 않기〉[50] 때문이다. 하느님은 자신의 완전함을 본떠서 인간을 만들었다. 크리스천 사이언스Christian Science[51]가 아무리 항변해도 악의 존재는 부인할 수 없지만, 이 악의 존재와 신의 전능함 또는 자비를 조화시키기가

49 「쾌락 원칙을 넘어서」를 참조할 것.
50 〈Denn die Kindlein, Sie hören es nicht gerne.〉 괴테의 시 「추방되어 고향으로 간 백작에 대한 발라드」에서 인용한 구절.
51 1866년 메리 베이커 에디Mary Baker Eddy 여사가 창시한 미국의 신흥 종교.

얼마나 어려운가를 상기하고 싶어 하는 사람은 아무도 없다. 이 경우 악마는 신을 변호하는 수단으로 가장 안성맞춤인 존재일 것이다. 그리하여 악마는 아리안 인종의 이상 속에서 유대인이 맡고 있는 것과 똑같은 역할 — 공격 본능을 경제적으로 발산할 수 있는 배출구 — 을 맡을 것이다.[52] 그래도 역시 우리는 악마가 구현하는 사악함의 존재만이 아니라 악마 자체의 존재에 대해서도 신이 책임을 져야 한다고 생각할 수 있다. 이런 여러 가지 난점을 고려할 때, 우리는 모두 적당한 기회에 인류의 강한 도덕적 본성에 깊이 고개 숙여 경의를 표하는 편이 좋을 것이다. 그러면 인기를 얻는 데 도움이 될 테고, 그 때문에 많은 죄를 용서받을 수 있을 것이다.[53]

〈리비도〉라는 명칭은 에로스의 힘의 발현을 죽음 본능의 에너지와 구별하여 가리킬 때에도 사용할 수 있다.[54] 솔직히 고백하면, 그 본능은 파악하기가 훨씬 어렵다. 우리는 죽음의 본능이 에로

---

52 「문명 속의 불만」 제5장을 참조할 것.

53 괴테가 메피스토펠레스의 입을 통해 악의 원리와 파괴 본능이 동일하다는 것을 아주 설득력 있게 증명한 사례이다.

왜냐하면 모든 생자(生者)는 / 멸망하게 마련이기 때문이다. / ……. / 따라서 너희들이 죄악이니, / 파괴니, 한마디로 악(惡)이라고 부르는 것들은 / 모조리 내 활동의 영역이다 *Denn alles, was entsteht, / Ist wert, das es zu Grunde geht. / ……. / So ist dann alles, was Ihr Sünde, / Zerstörung, kurz das Böse nennt, / Mein eigentliches Element.*

악마 자신이, 거룩하고 선한 것이 아니라 생명을 창조하고 번식시키는 자연의 힘 — 즉, 에로스 — 을 자신의 적으로 부르고 있다.

공기에서, 물에서, 땅에서도, / 마른 곳, 젖은 곳, 따뜻한 곳, 추운 곳에서도, / 수많은 싹이 트고 있다. / 만약에 내가 불을 준비해 두지 않았다면 / 나에게는 이렇다 할 것이 하나도 남지 않을 뻔했다 *Der Luft, dem Wasser, wie der Erden / Entwinden tausend Keime sich, / Im Trocknen, Feuchten, Warmen, Kalten! / Hätt'ich mir nicht die Flamme vorbehalten, / Ich hätte nichts Aparts für mich* — 원주. 위의 두 단락은 모두 괴테의 『파우스트』 제1부 제3장에 나온다.

54 현재의 관점을 대충 요약하면, 리비도는 모든 본능의 발현에 참여하지만 그 표출에 참여하는 모든 것이 리비도는 아니라고 말할 수 있다 — 원주.

스 뒤의 배경에 숨어 있을 것이라고 짐작할 수 있을 뿐, 그 본능이 에로스와 결합하여 겉으로 존재가 드러나지 않으면 좀처럼 감지해 낼 수 없다. 우리가 죽음 본능과 에로스의 관계 및 그 본능의 본질을 가장 뚜렷이 통찰할 수 있는 것은 사디즘에서이다. 사디즘에서는 죽음 본능이 고유한 의미에서의 성적 목적을 왜곡하면서도 성 충동을 충분히 만족시킨다. 그러나 사디즘이 성적 목적과는 관계없이 맹목적인 파괴성으로 나타나는 경우에도 우리는 그 본능의 만족이 강렬한 나르시시즘적 쾌감을 수반한다는 사실을 인정하지 않을 수 없다. 파괴 본능을 만족시키는 것은 전능에 대한 자아의 오랜 원망을 충족시켜 주기 때문이다. 절제되고 길들여진 파괴 본능, 말하자면 목적 달성이 금지된 파괴 본능이 대상에게 돌려지면, 자아는 생활에 필요한 욕구 만족과 자연에 대한 지배력을 얻을 것이 분명하다. 파괴 본능의 존재를 가정하는 것은 주로 이론적 근거에 바탕을 두기 때문에, 이론적으로 반박할 여지가 있다는 것도 인정해야 한다. 그러나 현단계의 지식 수준에서는 위에서 말한 것이 우리의 견해이다. 앞으로 더 많이 연구하고 고찰하면, 문제 해결에 도움이 될 더 많은 사실이 발견될 것이다.

따라서 앞으로는 공격 본능이 인간에게 원초적이고 독립된 본능적 소질이라는 관점을 채택하고, 공격 본능이 문명에 가장 큰 장애가 된다는 앞에서 밝힌 견해로 돌아가고자 한다. 나는 문명이 인류가 겪는 독특한 과정이라는 생각에 도달했으며, 아직도 그 생각의 영향을 받고 있다. 이제 나는 문명이 에로스에 봉사하는 과정이며, 에로스의 목적은 개인을 결합시키고, 그다음에는 가족을 결합시키고, 그다음에는 종족과 민족과 국가를 결합시켜, 결국 하나의 커다란 단위 — 즉 인류 — 로 만드는 것이라는 생각을 덧붙일 수 있다. 왜 이런 일이 일어나야 하는지는 우리도 모르지만, 에로스가 하는 일은 바로 이것이다. 이런 인간 집단은 리비도를 통해 서로 묶여야 한다. 필요성만으로는, 즉 공동 작업이 가져다주는 이익만으로는 인간을 결속시킬 수 없다. 그러나 인간이 타고난 공격 본능 — 만인에 대한 개인의 적개심과 개인에 대한 만인의 적개심 — 은 문명의 이 계획을 반대한다. 이 공격 본능은 에로스와 나란히 세계를 지배하고 있는 죽음 본능에서 유래했으며, 그 본능의 주요 대리인이다. 이제 문명 발달의 의미는 분명해졌다고 생각한다. 문명은 인류를 무대로, 에로스와 죽음, 삶의 본능과 파괴 본능 사이의 투쟁이라는 형태를 띠는 것이 분명하다. 이 투쟁은 모든 생명의 본질적인 요소이며, 따라서 문명 발달은 인류의 생존을 위한 투쟁이라고 요약할 수 있다.[55] 그리고 어린이를 돌보는 유모들이 〈천국에 대한 자장가 *Eiapopeia vom Himmel*〉[56]를 부르는 것은 거인들의 이 싸움을 진정시키려는 노력이다.

7

우리의 친척인 동물들은 왜 그런 문화적 투쟁을 보여 주지 않을까? 그것은 우리도 모른다. 꿀벌과 개미, 흰개미 같은 몇몇 동물이 오늘날 우리 인간도 감탄할 정도의 국가 조직과 분업, 개체의 욕망 규제에 도달한 것은 수천 년에 걸친 노력의 결과일 것이다. 우리는 이런 동물 국가에 태어나 각 개체에 할당된 역할을 충실히 수행한다고 해도 행복을 느끼지 못하리라는 것을 느낌으로

---

55 좀 더 정확히 말하면, 아직 발견되지 않은 어떤 사건이 일어난 뒤에 취할 수밖에 없었던 형태의 생존 투쟁이라고 말할 수 있다 — 원주.
56 하이네의 시 『독일 *Deutschland*』에서 인용한 말.

안다. 이것이 바로 우리의 현재 상황을 나타내는 지표이다. 다른 동물의 경우에는 환경의 영향과 그들 내부에서 서로 충돌하는 여러 본능이 일시적인 균형 상태에 도달했고, 그리하여 발전이 정지되었을지도 모른다. 원시인의 경우에는 리비도의 새로운 폭발이 파괴 본능에 불을 붙여 다시 활동을 시작하게 했는지도 모른다. 아직 해답이 발견되지 않은 문제는 여기에도 수두룩하다.

또 다른 문제는 우리와 더 밀접한 관계가 있다. 문명은 그것을 적대하는 공격성을 억제하거나 해롭지 않은 것으로 만들거나 아예 제거하기 위해 어떤 수단을 쓰고 있는가? 이 수단 가운데 몇 가지는 이미 알려졌지만, 가장 중요하게 여겨지는 수단은 아직 알려지지 않았다. 우리는 개인 발달사를 통해 이것을 연구할 수 있다. 개인은 자신의 공격 본능을 무해한 것으로 만들기 위해 어떤 수단을 사용하는가? 그것은 너무 놀랄 만한 수단이어서 짐작조차 못했을 것이 분명하지만, 그래도 지극히 명백하다. 개인의 공격 본능은 안으로 돌려져 내면화한다. 아니, 실제로는 공격 본능이 나온 곳으로 돌려보내진다. 다시 말해서 자신의 자아로 돌려지는 것이다. 그러면 초자아로서 나머지 자아 위에 적대적으로 군림하는 자아의 일부가 그것을 인수하여, 이번에는 〈양심〉의 형태로 자아에 대해 가혹한 공격성을 발휘할 준비를 갖춘다. 자아는 원래 외부의 다른 개체에게 그 공격성을 발산하여 본능을 충족시키고 싶었겠지만, 이제 거꾸로 공격 대상이 된 셈이다. 우리는 엄격한 초자아와 그 지배를 받는 자아 사이의 긴장을 죄책감이라고 부른다. 죄책감은 자기 징벌의 욕구로 나타난다. 따라서 문명은 개인의 공격성을 약화시키고 무장을 해제하는 한편, 마치 정복한 도시에 점령군을 주둔시키듯 개인의 내부에 공격성을 감시하는 주둔군을 둠으로써 개인의 위험한 공격 욕구를 통제한다.

죄책감의 발생에 대해 정신분석학자는 다른 심리학자들과 견해가 다르다. 그러나 정신분석학자도 죄책감을 설명하기가 쉽지 않다는 것을 인정한다. 우선 사람이 어떻게 죄책감을 갖게 되느냐 하는 문제에서는, 스스로 〈나쁘다〉는 것을 알고 있는 짓을 저질렀을 때 죄책감(독실한 사람들은 〈죄악감〉이라고 부를 것이다)을 느낀다는, 반박의 여지가 없는 대답을 갖고 있다. 그러나 곧이어 우리는 이 대답이 거의 아무것도 가르쳐 주지 않는다는 것을 알아차린다. 그러면 우리는 잠시 망설인 뒤, 사람이 실제로 나쁜 짓을 〈저지르지〉 않고 그 짓을 하려는 〈의도〉만 품은 경우에도 죄책감을 느낄 수 있다고 덧붙일 것이다. 그러면 의도를 행위와 똑같은 것으로 간주하는 이유가 무엇이냐는 의문이 제기된다. 그러나 위의 두 경우는 우리가 나쁜 짓을 해서는 안 되고 나쁜 짓은 마땅히 비난받아야 한다고 이미 인정한 것을 전제로 한다. 그렇다면 어떻게 이런 판단에 도달하는가? 우리는 인간이 선악을 구별하는 능력을 본래부터 타고났다는 주장을 거부할 수도 있다. 나쁜 짓이 자아에는 결코 해롭거나 위험하지 않은 경우도 많다. 오히려 나쁜 짓이 자아에는 바람직하고 즐거운 것일 수도 있다. 따라서 여기에는 외부의 영향력이 작용하며, 무엇이 선이고 무엇이 악인가를 결정하는 것은 바로 이 외부의 영향력이다. 이 길로 인도한 것이 그 사람 자신의 느낌은 아니었을 테니까, 그 사람은 이 외부의 영향력에 복종해야 할 동기를 가지고 있었던 것이 분명하다. 그런 동기는 인간의 무력함과 타인에 대한 의존에서 쉽게 발견되는데, 이것을 한마디로 말하면 사랑의 상실에 대한 불안이라고 부를 수 있다. 자신이 의존하는 타인의 사랑을 잃으면, 더 이상 다양한 위험에서 보호받을 수도 없다. 무엇보다도 그는 자신보다 강한 이 타인에게 처벌당할 위험에 노출된다. 강한 사람은 처벌이라는 형태로 자신의 우월함을 보여 줄 것이다. 따라서 처음에는 사랑을 상실하게 할 우려가 있는 것은 모두 다 나쁜 것이다. 사랑을 상실하기가 두렵기 때문에, 사람은 그 위험을 피해야 한다. 이미 나쁜 짓을 저질렀느냐 아니면 의도만 품었느냐의 구별이 별로 중요하지 않은 것도 이 때문이다. 어느 경우든 권위가 있는 사람한테 들키면 위험이 발생하고, 어느 경우든 권위자는 똑같이 행동할 것이다.

이런 심리 상태를 〈양심의 가책〉이라고 부르지만, 실제로는 그렇게 부를 가치가 없다. 이 단계에서 죄책감은 분명 사랑을 잃을지도 모른다는 두려움, 즉 〈사회적〉 불안에 불과하기 때문이다. 어린이의 경우에는 이것이 다른 형태로 바뀔 수 없지만, 어른의 경우에는 좀 더 규모가 큰 인간 공동체가 아버지나 부모를 대신하는 것이 보통이다. 그러나 바뀌는 것은 대개 이 정도에 불과하다. 따라서 그런 사람들은, 나쁜 짓을 해도 권위자가 알아내지 못하거나 알아내더라도 그들을 나무라지 못할 것이라고 확신하면, 그들에게 즐거움을 약속하는 나쁜 짓을 습관적으로 거리낌없이 저지른다. 그들은 단지 권위자에게 들킬 것을 두려워할 뿐이다.[57] 오늘날의 사회는 일반적으로 이런 심리 상태를 다루어야 한다.

중대한 변화는 초자아의 확립을 통해 권위자가 내면화할 때에만 일어난다. 그러면 양심 현상은 좀 더 높은 단계에 도달한다. 우리가 양심이나 죄책감에 대해 이야기할 수 있는 것은 사실상 그때부터이다.[58] 들킬지 모른다는 두려움이 끝나는 것도 역시 이 시

57 이것은 루소의 책에 나오는 유명한 베이징의 고관을 생각나게 한다 — 원주. 프로이트는 「전쟁과 죽음에 대한 고찰」에서도 이 문제를 인용한다.

58 통찰력이 있는 사람이라면 이 개괄적인 서술에서 우리가 현실에서는 점진적으로 일어나는 사건들의 경계를 뚜렷이 정했다는 것, 초자아의 〈존재〉만이 아니라 그 초자아가 존재하는 시간의 상대적 길이와 영향력의 범위도 문제라는 사실을 이해하

점이다. 이 시점에서는 실제로 나쁜 짓을 하는 것과 나쁜 짓을 하고 싶어 하는 것의 구별도 완전히 사라진다. 초자아한테는 상념조차도 감출 수 없기 때문이다. 새로운 권위자로 등장한 초자아는 자아와 긴밀하게 결부되어 있어서 자아를 학대할 동기가 전혀 없기 때문에, 현실적인 관점에서 보면 상황의 심각성이 사라진 것은 사실이다. 그러나 이미 극복된 과거의 일도 실제로는 사라지지 않고 처음과 똑같이 살아남는다는 사실에서 우리는 과거를 존속시키는 발생적 영향력을 느낄 수 있다. 초자아는 죄를 지은 자아를 똑같은 불안감으로 괴롭히고, 외부 세계가 그런 자아를 처벌하게 할 기회를 노린다.

이 두 번째 발달 단계에서 양심은 첫 번째 단계에서는 볼 수 없었던 특징을 보인다. 이 특징을 설명하는 것은 이제 더 이상 어렵지 않다. 도덕적인 인간일수록 그의 초자아는 더욱 엄격해지고 의심이 많아져서, 그 결과 세상에서 가장 나쁜 죄인이라고 자신을 나무라는 사람은 바로 공덕을 누구보다도 많이 쌓은 사람이기 때문이다. 이것은 미덕이 약속된 보상의 일부를 박탈당하는 것을 의미한다. 자아는 아무리 고분고분하게 욕망을 억제해도 초자아의 신뢰를 얻지 못하고, 초자아의 신뢰를 얻으려는 노력은 헛수고로 끝날 수밖에 없는 것처럼 보인다. 내가 이렇게 말하면, 당장 이런 반론이 제기될 것이다. 그런 불평은 억지에 불과하며, 더 엄격하고 민감한 양심이야말로 도덕적 인간의 특징이다. 또한 성자(聖者)가 본능을 충족시키고 싶은 유혹을 누구보다도 강하게 받는 것을 생각하면, 그들이 자신을 죄인이라고 부르는 것은 결코 진실에서 벗어나 있지 않다. 잘 알려져 있듯이 유혹은 이따금 만

고 고려할 것이다. 게다가 양심과 양심의 가책에 대해 위에서 언급한 것은 모두 널리 알려져 있고 거의 논란의 여지가 없는 지식이다 — 원주.

족시켜 주면 적어도 당분간은 약해지지만, 끊임없이 좌절당하면 오히려 강해질 뿐이기 때문이다. 문제로 가득 차 있는 윤리학 분야는 우리에게 또 다른 사실을 제시한다. 즉 불운 — 외부의 힘에 따른 욕망의 좌절 — 은 초자아의 일부인 양심의 힘을 크게 강화한다는 사실이다. 일이 잘되어 가는 동안은 양심이 관대해져서, 자아가 온갖 일을 하도록 내버려 둔다. 그러나 불운이 닥치면, 인간은 영혼을 찾고, 자신의 죄를 인정하고, 양심의 요구를 높이고, 자제를 서약하고, 속죄 행위로 자신을 징벌한다.[59] 모든 사람은 이런 식으로 행동했고, 지금도 마찬가지이다. 그러나 이것은 양심이 처음 생겨나는 유아 단계를 생각해 보면 쉽게 이해할 수 있다. 유아 단계의 양심은 초자아 속에 투입된 뒤에도 포기되지 않고, 초자아 뒤에 숨어서 초자아와 나란히 존재한다. 운명은 부모의 대리인으로 간주된다. 불운을 당하면 그 사람은 더 이상 이 최고 권위자에게 사랑받고 있지 않다는 것을 의미한다. 그는 운이 좋았을 때는 자신의 초자아 속에 있는 부모의 대리인을 무시하는 경향이 있었지만, 사랑을 상실할 위기에 놓이면 그 대리인에게 다시 한번 고개를 숙인다. 이런 현상이 특히 뚜렷해지는 것은 운명이 엄격하게 종교적인 의미에서 〈신의 의지〉의 표현으로 여겨지는 경우이다. 이스라엘 민족은 자신들이 신의 총애를 받는 자식이라고 믿었고, 이 위대한 아버지가 사랑하는 자식에게 잇따라 불행을 퍼부었을 때에도 자신들은 신과 특별한 관계에 있다는 이

---

59   마크 트웨인Mark Twain은 「내가 처음 훔친 멜론」이라는 유쾌한 단편 소설에서 불운의 결과로 도덕성이 높아지는 현상을 예시한다. 처음 훔친 이 멜론이 불운하게도 설익은 것이었다. 나는 마크 트웨인이 공개 낭독회에서 이 소설을 읽는 것을 들었는데, 그는 제목을 말한 뒤 잠시 말을 멈추고 의심쩍은 듯이 중얼거렸다. 「그게 정말로 처음이었나?」 이 말은 모든 것을 말해 주었다. 처음 훔친 멜론은 트웨인이 훔친 유일한 멜론이 아니었던 것이다 — 원주.

스라엘 민족의 믿음은 결코 흔들리지 않았고, 신의 힘이나 정의를 의심하지도 않았다. 그 대신 이스라엘 민족은 그들 앞에 나타나 그들의 죄가 얼마나 깊은가를 설파한 예언자를 낳았다. 사제 종교의 지나치게 엄격한 계율은 바로 그들의 죄책감에서 생겨났다.[60] 미개인들의 행동이 이것과는 전혀 다르다는 것은 주목할 만하다. 미개인은 불운을 당해도 그것을 자기 탓으로 돌리지 않고, 자신의 의무를 다하지 않은 것이 분명한 주물(呪物) 탓으로 돌린다. 그리고 자신을 벌하는 대신 그 주물을 채찍질한다.

이리하여 우리는 죄책감의 두 가지 근원을 알게 되었다. 첫 번째 죄책감은 권위자에 대한 두려움에서 생겨나고, 두 번째 죄책감은 초자아에 대한 두려움에서 생겨난다. 첫 번째 죄책감은 본능 만족을 단념하도록 강요하고, 두 번째 죄책감은 본능 만족을 단념하는 것만이 아니라 징벌까지도 요구한다. 금지된 원망이 지속되는 것을 초자아한테는 감출 수 없기 때문이다. 우리는 또한 초자아의 엄격함 — 양심의 요구 — 을 어떻게 이해할 것인가를 배웠다. 외부의 권위자를 계승하고, 부분적으로 그 권위자의 대리인으로 등장한 초자아는 단지 그 권위자의 엄격함을 연장하고 있을 뿐이다. 이제 우리는 본능 자제가 죄책감과 어떤 관계에 있는가를 알 수 있다. 원래 본능 자제는 외부 권위자에 대한 두려움이 낳은 결과였다. 우리는 외부 권위자의 사랑을 잃지 않으려고 본능 만족을 단념했다. 이처럼 욕망을 자제하면 권위자와 비긴 셈이 되고, 죄책감은 전혀 남지 않을 것이다. 그러나 초자아에 대한 두려움은 사정이 다르다. 여기서는 본능을 자제하는 것만으로는 충분하지 않다. 본능을 만족시키고 싶은 원망은 지속되고, 초

---

60 이스라엘 민족과 신의 관계는 프로이트의 「인간 모세와 유일신교」에 더욱 자세히 설명되어 있다.

자아한테는 그것을 숨길 수 없기 때문이다. 따라서 본능을 자제해도 죄책감은 생긴다. 이것은 초자아의 확립 — 또는 양심의 형성이라고 말할 수도 있다 — 에 경제적으로 불리한 요인이 된다. 아무리 본능을 자제해도, 그것은 이제 더 이상 그 사람을 두려움에서 완전히 해방시키는 효과를 발휘하지 못한다. 고결한 금욕도 더 이상 사랑을 보장해 주지 않는다. 외부에서 닥쳐올지도 모르는 불행 — 외부 권위자의 사랑을 상실하고 그 권위자에게 처벌을 받는 것 — 은 끊임없는 내적 불행, 즉 죄책감의 긴장으로 바뀌었다.

　이런 상관 관계는 너무 복잡하고 중요하기 때문에, 동어반복의 위험을 무릅쓰고 또 다른 각도에서 이 상관 관계에 접근하고자 한다. 이 관계가 이루어지는 순서는 다음과 같다. 우선 〈외부〉 권위자에게 공격당할지도 모른다는 두려움 때문에 본능을 자제한다. (물론 이 두려움은 사랑을 잃을지도 모른다는 두려움이다. 사랑은 이 징벌적 공격을 막아 주는 보호막이기 때문이다.) 그 후 〈내면〉 권위자가 확립되고, 내면 권위자에 대한 두려움, 즉 양심의 가책Gewissensangst 때문에 인간은 본능을 자제한다. 이 두 번째 상황에서는 나쁜 의도가 나쁜 행동과 동일시되고, 바로 여기에서 죄책감과 자기 징벌의 욕구가 생겨난다. 양심은 권위자의 공격성을 유지한다. 여기까지는 분명 상황이 명확해졌다. 그런데 불운 — 외부의 강제에 의한 욕망 단념 — 의 영향력이 강화되고, 가장 훌륭하고 가장 유순한 사람들의 양심이 유난히 엄격한 것은 무엇 때문일까? 양심의 이 두 가지 특징은 이미 설명했지만, 그래도 그 설명은 문제를 철저히 규명하지 못하고 아직 설명하지 않은 부분을 남겨 놓았다는 느낌이 든다. 여기서 마침내 등장하는 것이 전적으로 정신분석학에 속하는 개념이다. 이 개념은 사람들의 통상적인 사고방식으로 보면 완전히 생소하지만, 이 문제가 그토록 혼란스럽고 애매모호해 보이는 이유를 설명해 줄 수 있다. 이 개념은 처음에는 양심(좀 더 정확히 말하면 나중에 양심으로 바뀌는 불안)이 본능 단념의 원인이지만, 나중에는 이 관계가 거꾸로 뒤바뀐다는 사실을 말해 준다. 다시 말해서 모든 본능 단념은 이제 양심의 역동적 원천이 되고, 본능을 단념할 때마다 양심은 더욱 엄격해지고 까다로워지는 것이다. 우리가 양심의 발생사에 대해 이미 알고 있는 것과 이것을 더 잘 조화시킬 수만 있다면, 〈양심은 본능을 단념한 결과〉라거나 〈(외부가 강요한) 본능 단념이 양심을 낳고, 그다음에는 양심이 본능을 더 많이 단념하도록 요구한다〉라는 역설적 주장을 옹호하고 싶어질 것이다.

  이 주장과 우리가 앞에서 설명한 양심의 기원 사이에는 사실상 그렇게 큰 모순이 존재하지 않으며, 우리는 그 모순을 더욱 줄일 수 있는 방법을 알고 있다. 더 쉽게 설명하기 위해 공격 본능을 예로 들어, 지금 문제가 되는 본능 자제가 모두 공격 본능의 자제라고 가정하자(물론 이것은 잠정적인 가정으로 받아들여져야 한다). 공격 본능을 만족시키기를 단념하면, 좌절된 공격 본능을 초자아가 모두 떠맡아서 (자아에 대한) 초자아의 공격성이 높아진다. 이것이 공격 본능의 자제가 양심에 미치는 영향이다. 이것은 양심이 처음 갖게 되는 공격성은 외부 권위자의 엄격함을 연장한 것이고, 따라서 본능 단념과는 아무 상관도 없다는 견해와 일치하지 않는다. 그러나 초자아가 처음 갖게 되는 공격성이 다른 원천에서 유래했다고 가정하면 이 모순은 제거된다. 어린이는 어떤 본능을 단념하도록 강요당하든 간에, 최초의 — 그러나 가장 중요한 — 만족을 방해하는 권위자에게 상당한 공격 욕구를 품을 것이 분명하다. 그러나 그는 이 보복적인 공격 욕구를 만족시키기를 단념해야 한다. 그는 잘 알려진 메커니즘의 도움을 얻어 경제적으로 그에게 불리한 이 괴로운 상황에서 빠져나갈 길을 찾는다. 즉 공격할 수 없는 권위자를 자신과 동일시하여 그 권위자를 자기 자신 속에 받아들이는 것이다. 권위자는 이제 그의 초자아로 변하여, 어린이가 권위자를 상대로 발산하고 싶었던 공격성을 모두 소유하게 된다. 어린이의 자아는 권위자 — 아버지 — 가 그렇게 타락하여 불행한 역할을 맡는 것으로 만족해야 한다. 흔히 일어나는 일이지만, 여기서 〈현실의〉 상황은 역전된다. 〈내가 아버지이고 아버지가 나라면, 나는 아버지를 호되게 다룰 거야〉 하는 식이다. 초자아와 자아의 관계는 아직 분할되지 않은 자아와 외부 대상 사이에 실제로 존재하는 현실 관계가 원망으로 말미암아 왜곡된 형태로 재현된 것이다. 그것은 전형적이기도 하다. 그러나 여기에는 본질적인 차이가 있다. 초자아가 처음에 갖는 엄격함은 어린이가 대상한테서 경험한 엄격함이나 어린이가 대상의 속성으로 생각하는 엄격함을 나타내는 것이 아니라, 오히려 대상에 대한 어린이 자신의 공격 욕구를 나타낸다는 점이다. 이 주장이 옳다면, 처음에는 공격 본능의 억제를 통해 양심이 생겨나고, 이렇게 생겨난 양심은 그 후 같은 종류의 억제가 일어날 때마다 점점 강화된다고 주장할 수 있다.

위의 두 가지 견해 가운데 어느 쪽이 옳은가? 발생론적으로 지극히 완벽해 보인 첫 번째 견해가 옳은가, 아니면 이론을 그처럼 바람직하게 마무리하는 두 번째 견해가 옳은가? 두 가지 견해가 모두 정당한 것은 분명하고, 직접적인 관찰 결과도 그것을 입증한다. 두 견해는 서로 모순되지 않으며, 한 가지 점에서는 일치하기까지 한다. 어린이의 보복적 공격성은 적어도 부분적으로는 어린이가 아버지에게 기대하는 징벌적 공격의 양에 따라 결정될 것이기 때문이다. 그러나 경험에 따르면 어린이에게 형성되는 초자아의 엄격함은 그 자신이 받은 처벌의 엄격함과 결코 일치하지 않는다.[61] 초자아의 엄격함은 처벌의 엄격함과는 아무 상관도 없는 것처럼 보인다. 관대한 부모 밑에서 자란 어린이도 엄격한 양심을 가질 수 있다. 그러나 이 무관함을 과장하는 것은 잘못이리라. 엄격한 가정 교육이 어린이의 초자아 형성에 강한 영향력을 행사한다는 것은 쉽게 납득할 수 있다. 결국 초자아의 형성과 양심의 발생에는 타고난 기질적 요소와 현실적 환경의 영향이 함께 작용한다는 결론에 도달하게 된다. 이것은 전혀 놀랍지 않다. 반대로 이것은 그런 종류의 과정에 보편적으로 나타나는 인과 관계이다.[62]

어린이가 최초의 중대한 본능 좌절에 대한 반응으로 극단적일 만큼 강한 공격성을 보이고 그에 대응하여 엄격한 초자아를 형성하면, 그 어린이는 일반적으로 정당화되는 반응의 범위를 넘어서서 계통 발생적 본보기를 따르고 있다고 주장할 수도 있다. 원시 시대의 아버지는 분명 두려운 존재였고, 극단적인 공격성을 가졌

61 멜라니 클라인Melanie Klein을 비롯한 영국 저자들은 이 점을 특히 강조했다 —원주.

62 프란츠 알렉산더Franz Alexander는 『전인격의 정신분석Die Psychoanalyse der Gesamtpersönlichkeit』이라는 책에서 병의 원인이 되는 두 가지 주요한 양육 방법, 즉 지나치게 엄격한 태도와 지나치게 응석을 받아 주는 것을 청소년 비행에 관한 아이히호른A. Aichhorn의 연구(『제멋대로인 청소년Verwahrloste Jugend』, 1925)와 관련하여 정확하게 평가했다. 〈자식에게 지나치게 너그럽고 응석을 받아 주는 아버지〉는 자녀에게 지나치게 엄격한 초자아가 형성되는 원인이다. 자녀들은 사랑받고 있다는 느낌 때문에 자신의 공격성을 내면으로 돌리는 것 외에는 다른 배출구를 찾을 수 없기 때문이다. 이와는 반대로 사랑받지 못하고 자란 비행 청소년의 경우에는 자아와 초자아 사이에 긴장 관계가 부족하기 때문에, 그들의 공격성은 모두 외부로 돌려질 수 있다. 따라서 존재한다고 생각할 수 있는 기질적 요인은 별도로 하고, 엄격한 양심은 두 가지 요인 — 본능적 욕구를 만족시키지 못하는 데 따른 욕구 불만과 사랑받는 경험 — 의 공동 작용에서 생겨난다고 말할 수 있다. 본능의 좌절은 공격성을 폭발시키고, 사랑받는 경험은 공격성을 내면으로 돌려 초자아에 그 공격성을 넘겨준다 — 원주.

던 것으로 여겨질 수도 있기 때문이다. 따라서 개체 발생적 관점을 떠나 계통 발생적 관점으로 시선을 옮기면, 양심의 발생에 대한 두 이론의 차이는 더욱 줄어든다. 반면에 이 두 가지 발달 과정 사이에는 새롭고 중요한 차이가 나타난다. 우리는, 인류의 죄책감은 오이디푸스 콤플렉스에서 생겨났으며, 형제들이 힘을 합쳐 아버지를 살해한 뒤에야 인류는 비로소 죄책감을 얻었다는 가정에서 벗어날 수 없다.[63] 그때는 공격 본능이 억압되지 않고 그대로 실행되었다. 그런데 바로 그 공격 본능을 억압하는 것이 어린이의 죄책감을 낳는 원천으로 되어 있다. 여기서 독자들이 성난 목소리로 이렇게 외친다고 해도 나는 놀라지 않을 것이다.

〈그러니까 사람은 아버지를 죽이든 죽이지 않든 간에 어차피 죄책감을 갖게 된다는 거로군! 그러면 여기서 몇 가지 의문을 제기하겠다. 죄책감이 억압된 공격 본능에서 나온다는 주장이 틀렸거나, 아니면 아버지 살해에 대한 이야기는 모두 꾸며 낸 것이고 원시 시대의 어린이는 오늘날의 어린이와 마찬가지로 아버지를 죽이지 않았거나 둘 중 하나인 것이 분명하다. 게다가 그게 꾸며 낸 허구가 아니라 역사의 그럴듯한 일부라고 해도 그것은 누구나 당연하게 생각하는 일 — 즉 결코 정당화될 수 없는 일을 정말로 저질렀기 때문에 양심의 가책을 느끼는 것 — 이 일어난 것뿐이다. 그리고 결국 일상적으로 일어나는 이 사건에 대해 정신분석은 아직까지 어떤 설명도 제시하지 않았다.〉

그것은 사실이고, 우리는 빠진 부분을 보충해야 한다. 게다가 이 문제는 난해한 수수께끼에 감싸여 있는 것도 아니다. 나쁜 짓

---

63 「토템과 터부」 제4장 참조.

을 저지른 뒤 그 때문에 죄책감을 갖는다면, 그 감정은 〈후회〉라고 부르는 편이 더 적절할 것이다. 후회는 실제로 저질러진 행위와 관계가 있을 뿐이고, 이것은 물론 그 행위가 저질러지기 전에 이미 〈양심〉이 존재하고 있다는 것을 전제로 한다. 따라서 이런 후회는 양심과 죄책감 일반의 기원을 찾는 데에는 전혀 도움이 되지 못한다. 후회는 일상적인 현상으로, 흔히 이런 식으로 일어난다. 본능적 욕구가 충분히 강해지면, 양심의 반대에도 불구하고 만족을 얻을 수 있는 수준에 도달한다. 양심의 힘도 결국 한계가 있기 때문이다. 본능적 욕구가 일단 만족되면 그 욕구는 자연히 약해지고, 다시 전과 같은 힘의 균형이 이루어진다. 따라서 후회로 말미암은 죄책감이 아무리 흔하게 일어나고 실제적 중요성이 아무리 크다고 해도, 정신분석이 그런 죄책감을 현재의 논의에서 배제한 것은 정당하다.

그러나 인간의 죄책감을 원시 시대의 아버지 살해까지 거슬러 올라가 보면, 그것도 결국 〈후회〉에 불과했다. 우리의 전제와는 달리, 당시에 행위가 실제로 이루어지기 전에는 양심과 죄책감이 존재하지 않았다고 가정할 수 있을까? 만약 행위 이전에 양심이 존재하지 않았다면, 이 경우에 후회는 어디에서 나왔을까? 이 문제가 죄책감의 비밀을 설명해 주고, 우리의 곤혹스러움에 종지부를 찍어 줄 것은 의심할 여지가 없다. 그리고 나는 이 문제가 실제로 그렇게 해준다고 믿는다. 이 후회는 원시 시대의 아버지에 대한 상반된 감정의 결과였다. 아들들은 아버지를 증오했지만 사랑하기도 했다. 공격 행위를 통해 증오심이 만족되자, 이번에는 사랑이 공격 행위에 대한 후회의 형태로 표면화했다. 사랑은 아버지와의 동일시를 통해 초자아를 확립했고, 마치 아버지에 대한 공격 행위에 대한 처벌이라도 되는 것처럼 그 초자아에 아버지의 권능을 부여했다. 그리고 똑같은 행위의 재발을 막기 위한 제약을 만들었다. 그런데 아버지에 대한 공격 본능은 후세에도 여전히 되풀이되었기 때문에 죄책감도 존속되었고, 공격 본능이 억제되어 초자아로 넘겨질 때마다 계속 강화되었다. 이것으로 마침내 우리는 두 가지를 분명히 파악할 수 있게 되었다고 생각한다. 하나는 양심의 발생에서 사랑이 맡은 역할이고, 또 하나는 죄책감의 숙명적 불가피성이다. 아버지를 죽였느냐 아니면 그 행위를 자제했느냐 하는 것은 결정적인 요인이 아니다. 어느 경우든 사람은 죄책감을 가질 수밖에 없다. 죄책감은 양가감정*Ambivalenz*으로 말미암은 갈등의 표현, 즉 파괴 또는 죽음의 본능과 에로스 사이에 벌어지는 영원한 투쟁의 표현이기 때문이다. 이 갈등은 인간이 공동 생활이라는 어려운 일에 직면하자마자 벌어지기 시작한다. 공동체가 가족 이외의 형태를 취하지 않는 한, 이 갈등은 오이디푸스 콤플렉스로 나타나고 양심을 확립하여 최초의 죄책감을 만들 수밖에 없다. 공동체를 확대하려는 시도가 이루어지면 똑같은 갈등이 계속된다. 갈등의 형태는 과거에 의해 결정되고, 갈등은 갈수록 강화되어 죄책감을 더욱 강화하는 결과를 낳는다. 문명은 인간 내면의 성 충동에 복종하여 인간을 긴밀한 집단으로 통합하려고 하기 때문에, 죄책감을 점점 강화해야만 집단 형성이라는 이 목적을 달성할 수 있다. 아버지와 관련하여 시작된 갈등이 집단과의 관계에서 완성되는 것이다. 문명이 가족에서 인류 전체로 나아가는 필연적인 발달 과정이라면, 양가감정에서 생겨나는 타고난 갈등의 결과, 즉 사랑과 죽음 사이에 벌어지는 영원한 투쟁의 결과, 죄책감의 증대는 문명과 떼려야 뗄 수 없는 복잡한 관계로 얽혀 있을 수밖에 없다. 문명이 더욱 발달하면, 죄책감은 개인이 참을 수 없는 수준까지 도달하게 될 것이다. 위대한 시인이 〈천상의 권력〉에 대해 비난한 감동적인 구절이 생각난다.

> 그대는 우리의 인생을 이 피곤한 지구로 보내 놓고,
> 우리가 죄에 빠지는 것을 상관하지 않고,
> 격렬한 후회가 우리를 괴롭히도록 내버려 둔다.
> 순간의 죄는 영원한 고통의 씨앗이다![64]

소수의 천재는 자기 감정의 소용돌이 속에서 가장 심오한 진리를 어려움 없이 건져 내지만, 대부분의 평범한 사람은 고통스러운 혼미 속을 끊임없이 더듬으며 힘겹게 나아가야 한다는 것을 생각하면, 우리는 아마 안도의 한숨을 내쉴 수 있을 것이다.

8

여행의 종착지에 이르러, 필자는 독자들의 용서를 구해야 하리라. 그들을 좀 더 능숙하게 안내하지 못한 점에 대해, 또한 그들로 하여금 텅 빈 도로와 골치 아픈 〈우회로〉를 지나도록 한 점에 대해. 좀 더 안내를 잘할 수도 있었을 텐데. 나는 뒤늦게나마 독자들에게 약간의 변상을 해줄 작정이다.

내가 우선 염려하는 바는, 죄책감에 대한 논의가 이 논문의 틀을 벗어나 있다는 인상을 독자들이 갖지나 않을까 하는 점이다. 그리고 죄책감에 대한 논의가 너무 많은 지면을 차지하고 있어서, 그 논의와 밀접한 관계가 없는 다른 주제는 옆으로 밀려난 것이

---

64 괴테의 『빌헬름 마이스터Wilhelm Meister』에 나오는 하프 연주자의 노래. *Ihr führt in's Leben uns hinein. / Ihr laßt den Armen schuldig werden, / Dann überläßt Ihr ihn der Pein, / Denn jede Schuld rächt sich auf Erden* ── 원주.

사실이다. 이는 내 논문의 구성을 망쳤을지는 모르지만, 죄책감이 문명 발달에 가장 중요한 문제임을 지적하고, 문명의 진보를 위해 우리가 치르는 대가는 죄책감의 고조에 따른 행복의 상실임을 보여 주고자 한 내 의도에는 완전히 부합된다.[65] 우리가 진행한 검토의 최종 결론인 이 주장에서 여전히 기묘하게 들리는 부분이 있다면, 그것은 아마 죄책감과 우리 의식의 독특한 관계 ─ 이 관계는 아직 완전히 해명되지 않았다 ─ 에서 원인을 찾을 수 있을 것이다. 우리는 잘못을 저지르면 흔히 후회하고, 그것을 정상적인 것으로 여긴다. 이 감정은 우리의 의식이 충분히 지각할 수 있을 만큼 분명히 나타난다. 실제로 우리는 〈죄책감Schuldgefühl〉 대신 〈죄의식Schuldbewußtsein〉이라고 말하는 데 익숙해져 있다. 신경증 연구는 어쨌든 정상적인 상태를 이해하는 데 가장 귀중한 지침이지만, 이 연구에서 우리는 약간의 모순에 직면하게 된다. 신경증 가운데 하나인 강박 신경증의 경우, 죄책감은 의식 속에 요란하게 나타난다. 죄책감은 증세와 환자의 삶을 지배하며, 그 이외의 것이 죄책감과 나란히 나타나는 경우는 거의 없다. 다른 형태의 신경증에서는 대개 죄책감이 전혀 의식되지 않는 상태로 남아 있

65　〈그리하여 양심은 우리 모두를 겁쟁이로 만든다.〉(『햄릿』 제3막 제1장) 오늘날 청소년 교육은 성욕이 그들의 삶에서 맡게 될 역할을 감추고 있지만, 우리가 비난해야 할 청소년 교육의 문제점은 비단 그것만이 아니다. 또 다른 잘못은 장차 공격 대상이 될 운명에 놓여 있는 청소년들에게 그 공격에 대한 마음의 준비를 시키지 않는다는 점이다. 잘못된 심리적 예비 교육을 받은 청소년을 인생 속으로 내보내는 것은 북극 탐험 여행을 떠나는 사람에게 여름옷과 이탈리아 호수 지방의 지도를 주는 것과 마찬가지이다. 여기서 윤리적 요구가 오용되고 있는 것은 분명해진다. 교육이 〈인간이 행복해지고 남을 행복하게 해주기 위해서는 마땅히 이래야 하지만, 사실 인간은 그렇지 않다는 점을 고려해야 한다〉라고 말한다면, 윤리적 요구의 엄격함은 그렇게 많은 해를 끼치지 않을 것이다. 그러나 잘못된 교육을 받은 청소년들은 다른 사람들도 모두 그런 윤리적 요구에 충실히 따를 것으로 ─ 즉 다른 사람들도 모두 고결한 인간일 것이라고 ─ 믿는다. 젊은이들도 고결해져야 한다는 윤리적 요구는 바로 여기에 바탕을 둔다 ─ 원주.

지만, 의식되지 않는다고 해서 그 죄책감이 낳는 결과가 덜 중요한 것은 아니다. 우리가 환자들에게 당신은 〈무의식적인 죄책감〉을 가지고 있다고 말하면, 그들은 이 말을 결코 믿으려고 하지 않는다. 우리는 그들이 우리 말을 이해할 수 있도록, 무의식적인 자기 징벌의 욕구에 대해 이야기하고 죄책감은 그런 형태로 표현된다고 설명한다. 그러나 특정한 형태의 신경증과 죄책감의 관계를 과대평가해서는 안 된다. 강박 신경증 환자들 중에도 자신의 죄책감을 전혀 의식하지 못하는 환자도 있고, 어떤 행동을 수행하지 못하면 그제야 비로소 죄책감을 일종의 불안이나 고통스러운 불쾌감의 형태로 느끼는 환자도 있다. 결국에는 이런 것들을 이해할 수 있겠지만, 아직은 우리도 이해하지 못한다. 여기서 죄책감은 근본적으로는 불안의 한 변종에 불과하며, 좀 더 나중 단계에는 〈초자아에 대한 불안〉과 완전히 일치한다는 사실을 지적해두는 것도 좋으리라. 불안과 의식의 관계도 똑같이 이례적인 변화를 보인다. 모든 증세의 배후에는 불안이 숨어 있지만, 이 불안은 때로는 의식을 온통 지배해 버리는 경우도 있고, 때로는 완전히 모습을 감추고 무의식적 불안, 또는 심리학적으로 좀 더 깨끗한 양심을 갖고 싶으면, 불안은 무엇보다도 먼저 느낌이기 때문에 불안의 가능성이라고 말할 수밖에 없는 경우도 있다. 결국 문명의 소산인 죄책감도 죄책감으로 인식되지 않고, 대부분 무의식 상태로 남아 있거나 일종의 〈불쾌감Unbehagen〉이나 불만으로 나타날 가능성은 충분하다. 사람들은 그 동기를 다른 곳에서 찾지만, 그것은 사실상 문명이 낳은 죄책감의 변형이다. 어쨌든 종교는 죄책감이 문명 속에서 맡은 역할을 결코 간과한 적이 없었다. 다른 곳66에서는 충분히 논하지 못했지만, 종교는 이 죄책감 ─

66 「어느 환상의 미래」─ 원주.

종교에서는 〈원죄〉라고 부른다 — 에서 인류를 구원한다고 주장한다. 이 구원이 기독교에서 실현되는 방식 — 한 사람이 제 목숨을 희생함으로써 인류 공통의 죄를 혼자 떠맡는 방식 — 에서 우리는 문명의 발단이기도 한 이 원초적 죄악이 처음 생겨난 계기가 무엇이었는지를 추론할 수 있다.[67]

우리는 〈초자아〉와 〈양심〉, 〈죄책감〉, 〈자기 징벌의 욕구〉, 〈후회〉 같은 몇 가지 낱말을 너무 느슨하게 사용했고, 서로 혼동해서 사용한 적도 많았는데, 이제 그 낱말들의 의미를 명확히 밝히는 것은 매우 중요하지는 않겠지만, 쓸데없는 짓도 아닐 것이다. 이 낱말들은 모두 똑같은 사태와 관련되어 있지만, 그 사태의 서로 다른 측면을 가리킨다. 초자아는 우리가 추론해 낸 하나의 작용이고, 양심은 우리가 거기에 부여한 하나의 기능이다. 이 기능은 자아의 행위와 의도를 감시하고 심판한다. 다시 말해서 일종의 검열을 행사하는 것이다. 따라서 초자아의 준엄함을 보여 주는 죄책감은 양심의 엄격함과 동일한 것이다. 죄책감은 자아가 이런 식으로 감시받고 있다는 지각이며, 자아가 지향하는 것과 초자아의 요구 사이에 생겨나는 긴장에 대한 평가이다. 이 비판적 작용에 대한 두려움(모든 관계의 밑바탕에 깔려 있는 두려움), 즉 자기 징벌의 욕구는 가학적 초자아의 영향 때문에 피학적이 된 자아의 본능적 발현이다. 다시 말해서 그것은 자아 속에 존재하는 내면적 파괴 본능의 일부로서, 자아가 초자아와 성애적으로 결부되기 위해 동원한 것이다. 우리는 초자아가 명백하게 존재할 때까지는 양심에 대해 말할 수 없다. 죄책감에 관한 한 우리는 그것이 초자아보다 먼저 존재하며, 따라서 양심보다도 먼저 존재한다는 것을 인정할 수밖에 없다. 죄책감은 외부 권위자에 대한 두려

67 「토템과 터부」제4장 — 원주.

움의 직접적인 표현이고, 자아와 그 권위자 사이에 긴장이 존재한다는 것을 인정하는 것이다. 죄책감은 권위자의 사랑을 얻고 싶은 욕구와 본능을 만족시키고 싶은 욕구 ─ 이 욕구가 금지되면 공격 성향이 생겨난다 ─ 사이의 갈등에서 직접 유래하는 파생물이다. 죄책감의 이런 두 가지 층 ─ 〈외부〉 권위자에 대한 두려움에서 생겨나는 층과 〈내면〉 권위자에 대한 두려움에서 생겨나는 층 ─ 을 포개 놓으면, 우리의 통찰을 여러 가지로 방해하여 양심이 어디에 있는가를 알아내기가 어려웠다. 후회는 죄책감을 느낄 때 자아의 반응을 지칭하는 일반적인 용어로서, 후회에는 죄책감의 배후에서 작용하고 있는 불안의 감각적 재료가 약간 변형된 형태로 포함되어 있다. 후회는 그 자체가 징벌이지만, 자기 징벌의 욕구를 포함할 수도 있다. 따라서 후회도 역시 양심보다 오래된 것일 수 있다.

연구 과정에서 잠시 우리를 당황하게 만든 몇 가지 모순을 다시 한번 검토해 보는 것도 해롭지 않으리라. 죄책감은 어느 시점에서는 공격 본능이 억제된 결과였지만, 또 다른 시점 ─ 정확히 말하면 죄책감이 역사적으로 처음 생겨난 시점, 즉 아버지를 살해한 시점 ─ 에서는 공격 본능이 행위로 실현된 결과였다. 그러나 이 어려움에서 벗어날 수 있는 길이 발견되었다. 내면 권위자, 즉 초자아의 설정이 사태를 근본적으로 바꾸어 버렸기 때문이다. 그 전에는 죄책감은 후회와 동일한 것이었다. (말이 나온 김에 덧붙이자면, 〈후회〉라는 용어는 공격 본능이 행위로 실현된 뒤의 심리적 반응을 가리킬 때에만 쓰인다고 말할 수 있다.) 그 뒤에는, 초자아의 전능함 때문에, 의도만으로 끝난 공격성과 행위로 실현된 공격성의 구별이 의미를 잃어버렸다. 그때부터 죄책감은 (누구나 다 알다시피) 실제로 이루어진 폭력 행위에서 생겨날 뿐만 아니라, (정신분석학이 발견했듯이) 의도만으로 끝난 폭력 행위에서도 생겨날 수 있게 되었다. 이런 심리학적 상황 변화와는 관계없이, 양가감정에서 생기는 갈등 ─ 즉 두 가지 원초적 본능 사이에 일어나는 갈등 ─ 은 동일한 결과를 낳는다. 우리는 여기서 죄책감과 의식의 관계가 변화하는 문제의 해결책을 찾고 싶은 유혹을 느낀다. 사악한 〈행동〉에 대한 후회에서 생겨나는 죄책감은 항상 의식되는 반면, 사악한 〈충동〉을 지각한 결과로 생겨나는 죄책감은 무의식 상태로 남을 수 있다고 생각할 수도 있다. 그러나 사태는 그렇게 단순하지 않다. 강박 신경증이 여기에 강력한 반론을 제기한다.

두 번째 모순은 초자아가 부여받은 것으로 추정된 공격 에너지와 관련되어 있었다. 그 에너지는 단지 외부 권위자의 징벌적 에너지를 계승하여 외부 권위자를 항상 마음속에 살려 둘 뿐이라는 견해가 있는가 하면, 그 에너지는 사용되지 않은 자신의 공격 에너지이고 외부로 공격 에너지를 발산하지 못한 사람은 이제 억압적인 권위자에게 그 공격 에너지를 돌리고 있다는 견해도 있다. 첫 번째 견해는 죄책감의 〈역사〉를 설명하는 데 편리한 것처럼 보였고, 두 번째 견해는 죄책감의 〈이론〉을 설명하는 데 편리한 것처럼 보였다. 양립할 수 없는 것처럼 보이는 이 모순은 좀 더 면밀한 고찰로 거의 다 해결되었다. 본질적이고 공통된 요소로 남은 것은 두 경우가 모두 내면으로 방향을 돌린 공격 본능을 다룬다는 점이었다. 게다가 임상적 관찰은 초자아의 속성인 공격 본능의 두 가지 원천을 실제로 구별할 수 있게 해준다. 이 두 가지 원천은, 경우에 따라서는 어느 한쪽이 주도권을 장악하기도 하지만, 일반적으로는 양자가 공동으로 작용한다.

내가 앞에서 잠정적 가정으로 제시한 견해를 이제 진지하게 고찰할 때가 온 것 같다. 최근의 정신분석학 문헌을 보면, 어떤 종류의 본능 좌절 — 본능 충족이 방해를 받은 상태 — 도 죄책감을 고조시키거나 고조시킬 수 있다는 견해가 주류를 이룬다.[68] 이 견해가 〈공격〉 본능에만 적용되는 것으로 간주하면 이론이 한결 단순해질 테고, 모순도 거의 발견되지 않을 것이다. 충족되지 않은 〈성적〉 요구 대신 죄책감이 증대되는 까닭을 리비도 역학의 경제적인 관점에서 어떻게 설명할 수 있겠는가? 이를 설명하기 위해서는 우회로 — 즉 성적 좌절은 성적 만족을 방해한 사람에 대한 공격 본능을 유발하고, 그러면 이번에는 이 공격 본능 자체가 억압되어야 한다는 가정 — 가 필요할 듯싶다. 그러나 만약에 그렇다면, 결국 죄책감으로 변화하는 것은 억압되어 초자아로 넘겨진 공격 본능뿐이다. 죄책감의 원천에 대한 정신분석학의 성과가 공격 본능에만 한정되면, 많은 과정을 더 단순하고 명쾌하게 설명할 수 있다고 나는 확신한다. 임상 자료를 검토해 보아도 명확한 해답은 전혀 얻을 수 없다. 우리가 전제했듯이, 두 본능이 서로 분리되어 순수한 형태로 나타나는 일은 거의 없기 때문이다. 그러나 극단적인 사례를 조사해 보면, 아마 내가 예상하는 방향을 가리키고 있을 것이다.

나는 좀 더 제한된 이 견해를 억압 과정에 적용하여 거기에서 최초의 성과를 끌어내고 싶은 유혹을 느낀다. 이미 알고 있듯이 신경증 증세는 본질적으로 충족되지 않은 성적 원망의 대리 만족이다. 정신분석 과정에서 우리는 놀랍게도 모든 신경증 환자가 상당량의 무의식적 죄책감을 감추고 있으며, 이 죄책감은 신경증 증세를 징벌 수단으로 이용함으로써 증세를 더욱 강화한다는 사

---

68   특히 어니스트 존스와 수전 아이잭스 및 멜라니 클라인이 이 견해를 채택한다. 그리고 내가 알기로는 라이크와 알렉산더도 마찬가지이다 — 원주.

실을 발견했다. 이렇게 되면 다음과 같은 명제를 공식화하는 것이 그럴듯해 보인다. 본능적 경향이 억제되면, 리비도적 요소는 증세가 되고 공격적 요소는 죄책감으로 변한다. 이 명제가 진실의 평균적 근사값에 불과하다고 해도 고려할 가치는 충분하다.

이 논문을 읽는 독자들 중에는, 에로스와 죽음 본능의 투쟁이라는 공식을 너무 자주 들었다는 인상을 받을지도 모른다. 나는 이 투쟁을 인류가 겪는 문명 과정의 특징이라고 주장했을 뿐 아니라, 개개 인간의 발달과도 관련시켰고, 게다가 이 투쟁이 유기적 생명 전체의 비밀도 밝혀 준다고 말했다. 이 세 가지 과정의 상호 관계를 검토하는 것은 불가피한 일이라고 생각한다. 인류의 문명 과정과 개인의 발달 과정은 둘 다 생명 과정이라는 점, 즉 생명의 가장 일반적인 특징을 공유하고 있다는 점을 고려하면, 똑같은 공식이 되풀이되는 것은 당연하다. 반면에 이 일반적 특징의 존재를 보여 주는 증거는 특별한 조건으로 제한되지 않는 한, 바로 그 일반적 성격 때문에 인류의 문명 과정과 개인의 발달 과정을 구별하는 데에는 도움을 주지 못한다. 따라서 문명 과정은 에로스가 할당하고 아난케 — 현실의 필요성 — 가 부추기는 과업의 영향 밑에서 생명 과정이 경험하는 변화라고 주장하는 것으로 만족할 수밖에 없다. 그리고 그 과업이란 개개의 인간을 리비도적 유대로 묶인 공동체로 통합하는 것이다. 그러나 인류의 문명 과정과 개인의 발달 또는 교육 과정의 관계를 검토해 보면, 두 과정이 비록 적용된 대상은 다르지만 아주 비슷한(똑같지는 않다 해도) 성질을 가지고 있다고 주저 없이 결론 지을 것이다. 물론 인류의 문명 과정은 개인의 발달보다 더 고차원적인 추상 관념이고, 따라서 구체적으로 파악하기 더 어렵다. 또한 우리는 두 과정의 유사성을 지나치게 추적해서도 안 된다. 그러나 두 과정의 목적 —

한편으로는 각각의 개인을 인간 집단으로 통합하고, 다른 한편으로는 수많은 개인으로부터 단일 집단을 창조하는 것 ─ 의 유사점을 고려하면, 목적을 달성하기 위해 채택된 수단과 그 결과로 나타나는 현상이 유사한 것은 결코 놀라운 일이 아니다.

　이 문제가 특히 중요하다는 점을 고려하면, 두 과정을 구별해 주는 한 가지 특징을 언급하는 것을 너무 오래 미루어서는 안 된다. 개인의 발달 과정에서는 행복 충족을 추구하는 쾌락 원칙의 프로그램이 주요 목적으로 유지된다. 인간 공동체와 통합되거나 인간 공동체에 순응하는 것은 행복이라는 목적이 달성되기 위해서는 반드시 충족되어야 하는 필수 조건처럼 보인다. 그 조건을 충족시키지 않아도 목적을 달성할 수 있다면 더 바람직할 것이다. 바꿔 말하면 개인의 발달은 두 가지 욕구, 즉 행복을 얻으려는 욕구와 공동체 안에서 타인들과 결합하려는 욕구의 상호 작용의 산물처럼 보인다. 우리는 흔히 전자를 〈이기적〉이라고 부르고 후자를 〈이타적〉이라고 부르는데, 이런 표현은 피상적이다. 앞에서도 말했듯이 개인의 발달 과정에서는 주로 이기적 욕구가 강조되고, 〈문화적〉이라고 부를 수 있는 〈이타적〉 욕구는 대개 견제적 역할로 만족한다. 그러나 문명 과정의 경우에는 사정이 다르다. 여기서는 개개의 인간을 통합하여 단일 집단을 창조하는 것이 가장 중요한 목적이다. 여기에도 행복을 얻으려는 목적이 존재하는 것은 사실이지만, 그것은 뒷전으로 밀려난다. 개인의 행복을 무시해야만 거대한 인간 공동체가 성공적으로 창조될 수 있는 것처럼 보일 정도이다. 따라서 개인의 발달 과정은 인류의 문명 과정에서 재현되지 않는 독특한 특징들을 가지고 있으리라고 예상할 수 있다. 개인의 발달 과정이 인류의 문명 과정과 일치할 필요가 있는 것은 개인의 발달 과정이 공동체와의 결합을 목적으로 삼을 때뿐이다.

행성이 자신의 축을 중심으로 자전하면서 동시에 중심이 되는 천체 주위를 공전하는 것처럼, 인간도 자신의 독자적인 인생길을 걸어가면서 동시에 인류 전체의 발전 과정에 참여하고 있다. 그러나 우리의 흐릿한 눈에는 하늘에서 움직이는 힘들의 운행이 영원 불변의 질서로 붙박혀 있는 것처럼 보이는 반면, 지구상에 살고 있는 유기체의 세계에서는 힘들이 서로 어떻게 경쟁하고 있으며 그 충돌의 결과가 어떻게 끊임없이 변화하는가를 볼 수 있다. 그와 마찬가지로 모든 개인에게서도 개인적 행복을 얻으려는 욕구와 타인들과 결속하려는 욕구가 서로 싸우고 있을 것이 분명하다. 또한 개인의 발달 과정과 인류의 문명 과정도 적대적인 대립 관계 속에서 서로 우위를 차지하려고 격렬히 다투고 있을 것이 분명하다. 그러나 개인과 사회의 이 투쟁은 에로스와 죽음 본능이라는 두 가지 주요한 원초적 본능 사이의 모순 — 아마 영원히 화해할 수 없는 모순 — 에서 생겨난 것은 아니다. 그것은 리비도 경제학 안에서 벌어지는 경쟁으로, 리비도의 분배를 둘러싼 자아와 대상의 경쟁과 비슷하다. 이 투쟁은 개인한테서는 결국 화해로 끝날 여지가 있고, 문명이 오늘날 개인의 삶을 아무리 억압한다고 해도 결국에는 문명과 개인 사이에도 화해가 이루어지리라고 기대할 수 있다.

인류의 문명 과정과 개인의 발달 과정은 또 한 가지 중요한 점에서 유사점을 가질 수 있다. 공동체도 역시 개인과 마찬가지로 문명 과정에 영향을 미치는 초자아를 발달시킨다고 가정할 수 있기 때문이다. 이 유사점을 자세히 검토하는 것은 인류 문명에 정통한 사람에게는 매력적인 작업일 것이다. 나는 몇 가지 두드러진 점만 지적하도록 하겠다. 어떤 시대의 문명이 갖는 초자아는 개인의 초자아와 비슷한 기원에서 유래한다. 문명의 초자아는 위대한 지도적 인물들 ─ 압도적인 정신력을 지닌 사람이나 인간의 여러 가지 충동 가운데 하나를 가장 강력하고 가장 순수하며 따라서 가장 외곬으로 발현시킨 인물 ─ 이 남긴 인상에 바탕을 둔다. 위대한 인물들이 살아 있을 때는, 남들의 경멸과 학대를 받고 잔인하게 살해되기까지 했다 ─ 늘 그런 것은 아니지만, 이런 일은 자주 있었다 ─ 는 점에서 유사성이 더욱 강해지는 경우가 많다. 그와 마찬가지로 원시 시대의 아버지는 폭력으로 죽음을 맞이한 뒤 오랜 세월이 흐른 뒤에야 비로소 신격(神格)을 얻었다. 이런 운명적 관계를 보여 주는 가장 감동적인 예는 예수 그리스도라는 인물에서 찾아볼 수 있다. 물론 그리스도는 신화상의 인물이 아니지만, 아버지 살해라는 원초적 사건에 대한 희미한 기억에 의지하여 그리스도를 신화가 다시 부활시켰다. 문명적 초자아와 개인적 초자아의 또 다른 일치점은 개인적 초자아와 마찬가지로 문명적 초자아도 엄격한 이상적 요구를 제시하고, 그 요구에 복종하지 않으면 〈양심의 불안〉이라는 손님의 방문을 맞게 된다는 점이다. 여기서 우리는 주목할 만한 상황에 부딪힌다. 즉 이와 관련된 심리 작용은 개인보다 오히려 집단에서 나타나는 경우에 우리와 더 친숙하고, 우리의 의식이 받아들이기도 더 쉽다는 점이다. 개인의 경우 긴장이 발생하면, 초자아의 요구 자체는 무의식의 뒷전에 머물러 있는 경우가 많고, 초자아의 공격 본능만이 비난이라는 형태로 요란한 목소리를 낼 뿐이다. 초자아의 요구를 의식의 전면으로 끌어내 보면, 그것은 현재의 문명적 초자아의 명령과 일치한다는 것을 알 수 있다. 이 점에서 두 개의 과정, 즉 집단의 문화적 발전 과정과 개인의 문화적 발달 과정은 언제나 맞물려 있다. 그렇기 때문에 초자아의 발현과 속성 가운데 어떤 것은 각각의 개인보다 문명 공동체 속에서 작용할 때 더 쉽게 탐지할 수 있다.

문명적 초자아는 자신의 이상을 개발하고, 또한 자신의 요구를 제출해 왔다. 그런 요구들 가운데 인간의 상호 관계에 대한 요구는 윤리에 포함되어 있다. 어느 시대에나 사람들은 윤리에 가장 큰 가치를 부여해 왔다. 윤리가 특히 중요한 결과를 낳으리라고 기대했기 때문이다. 그리고 실제로 윤리는 모든 문명의 가장 큰 약점으로 쉽게 인정받을 수 있는 문제를 다룬다. 따라서 윤리는 그 약점을 치료하려는 노력 — 그때까지 다른 문화적 활동이 이룩하지 못한 일을 초자아의 명령으로 달성하려는 노력 — 이라고 생각할 수 있다. 이미 알고 있다시피 우리 앞에 놓여 있는 문제는 문명을 가로막는 최대의 장애물, 즉 인간의 상호 공격적인 성향을 제거하는 것이며, 바로 그렇기 때문에 우리는 초자아의 문화적 명령 가운데 가장 최근의 명령 — 네 이웃을 네 몸처럼 사랑하라 — 에 특별히 관심 있다. 신경증을 연구하고 치료하면서, 우리는 개인적 초자아를 두 가지 점에서 비난하게 된다. 개인적 초자아는 엄격한 명령과 금지만 제시할 뿐, 그 명령과 금지에 복종하는 것을 방해하는 저항 — 이드의 본능적 강함과, 현실의 외부 환경이 주는 어려움 — 을 충분히 고려하지 않는다는 점에서 자아의 행복에는 거의 신경을 쓰지 않는다. 그 결과 우리는 치료를 위해 자주 초자아와 싸워야 하고, 초자아의 요구 수준을 낮추려고 애쓴다. 문명적 초자아의 윤리적 요구에 대해서도 똑같은 저항이 일어날 수 있다. 문명적 초자아도 역시 인간의 심리적 소질이 실제로 어떤지에는 별로 신경을 쓰지 않는다. 문명적 초자아는 명령을 내릴 뿐, 사람들이 그 명령에 복종할 수 있는지 어떤지는 문제삼지 않는다. 문명적 초자아는 인간의 자아가 심리적으로 초자아의 요구를 무엇이든 수행할 수 있고, 자신의 이드에 대해 무제한의 통제력을 갖는다고 생각한다. 이것은 잘못이다. 정상인들도 이드를 어느 한도까지만 통제할 수 있을 뿐이다. 인간에게 그 이상의 것을 요구하면, 그는 반항을 일으켜 신경증에 걸리거나 불행해질 것이다. 〈네 이웃을 네 몸처럼 사랑하라〉라는 명령은 인간의 공격 본능을 막는 가장 강력한 억지책이고, 문명적 초자아의 비심리학적 방식을 보여 주는 좋은 보기다. 이 명령을 수행하는 것은 불가능하다. 사랑을 그처럼 거대하게 부풀리면 사랑의 가치가 떨어질 뿐, 장애물이 제거되지는 않는다. 그런데 문명은 이 모든 것에 전혀 관심을 기울이지 않는다. 그저 자기 명령에 복종하기 어려울수록 명령에 복종하는 것이 더 큰 가치가 있다고 우리를 훈계할 뿐이다. 그러나 현대 문명 속에서 그런 명령에 따르는 사람은 그 명령을 무시하는 사람과 〈비교하여〉 불리한 처지에 놓일 뿐이다. 공격 본능을 막는 억지책도 공격 본능 못지않은 불행을 초래할 수 있다면, 과연 공격 본능은 문명을 가로막는 강력한 장애물임이 분명하다! 이른바 〈자연〉 윤리는 자신을 타인보다 훌륭한 사람으로 생각할 수 있다는 나르시시즘적 만족을 제외하고는 아무것도 제공해 주지 못한다. 이 점에서 종교에 바탕을 둔 윤리는 더 나은 내세를 약속한다. 그러나 선행이 현세에서 보상받지 못하는 한, 윤리의 설교는 결국 공염불로 끝날 것이다. 그리고 나는 재산에 대한 인간의 관계에 진정한 변화가 일어나는 것이야말로 어떤 윤리적 명령보다도 인간을 이 방향으로 이끌어 가는 데 도움이 된다고 확신한다. 그러나 사회주의자들 사이에서 이 사실에 대한 인식은 인간 본성에 대한 새로운 이상주의적 오해에 묻혀, 실제 목적에는 쓸모없게 되어 버렸다.

내 생각에는, 문명의 발달이라는 현상 속에서 초자아가 맡은 역할을 추적하려는 사고방식이 훨씬 많은 것을 발견할 가능성이 있다. 나는 이 글을 서둘러 마무리하려고 하지만, 회피할 수 없는 의문이 하나 있다. 문명의 발달이 개인의 발달과 그처럼 광범위한 유사성이 있다면, 그리고 문명의 발달이 개인의 발달과 똑같은 수단을 채택하고 있다면, 문화적 욕구의 영향으로 말미암아 일부 문명이나 문명 시대 — 어쩌면 인류 전체 — 가 〈신경증〉에 걸렸다는 진단을 내릴 수도 있지 않을까? 그런 신경증을 자세히 분석해 보면, 실제로 관심을 기울일 가치가 있는 처방에 도달할 수 있을지도 모른다. 정신분석을 문명 공동체까지 확대하려는 이런 시도가 어리석거나 무익하다고는 말하지 않겠다. 그러나 우리는 신중해야 하고, 우리가 다루는 것은 결국 유사성에 불과하다는 사실, 그리고 인간만이 아니라 개념도 그것이 생겨나 발달한 영역에서 억지로 떼어 내는 것은 위험하다는 사실을 잊어서는 안 된다. 게다가 공동체의 신경증을 진단할 때는 특별한 어려움에 부딪힌다. 개인의 신경증을 다룰 때는 환자와 〈정상적인〉 주변 환경의 대조를 진단의 출발점으로 삼는다. 모든 구성원이 똑같은 병에 걸린 집단에는 그런 배경이 존재할 수 없기 때문에 다른 데에서 그 배경을 찾아야 한다. 그리고 정신분석을 통해 알아낸 것을 실제 치료에 적용하는 문제에 관해서 말하자면, 아무도 그런 치료를 집단에 강요할 권한이 없는데 사회 신경증을 아무리 정확하게 분석해 봤자 무슨 소용이 있는가? 그러나 이런 어려움에도 불구하고 언젠가는 누군가가 문명 공동체의 병리학에 용감하게 착수하리라고 기대할 수 있다.

여러 가지 이유 때문에 나는 인류 문명의 가치에 대해 평가할 생각이 전혀 없다. 나는 〈우리 문명이야말로 우리가 소유하고 있거나 획득할 수 있는 가장 귀중한 재산이고, 문명은 반드시 아무도 상상하지 못할 만큼 완벽한 수준에 도달할 것이다〉라고 주장하는 열광적인 선입견을 경계하려고 애써 왔다. 〈문화적 노력의 목적과 그 수단을 조사해 보면, 그 모든 노력은 완전히 헛수고일 뿐 아니라 개인이 참을 수 없는 사태만 낳을 뿐이라는 결론에 도달할 수밖에 없다〉라고 주장하는 비평가의 말도 나는 화내지 않고 들을 수 있다. 나는 이런 것들에 대해 거의 모르기 때문에 공정한 태도를 유지하기 훨씬 쉬웠다. 내가 확실히 아는 바는 인간의 가치 판단은 행복해지고 싶은 원망의 직접적인 결과이며, 따라서 자신의 환상을 논증으로 뒷받침하려는 노력이라는 것뿐이다. 누군가가 인류 문명의 강제적 성격을 지적하고, 예를 들어 성생활을 제한하는 경향이나 자연 도태의 희생 위에 인도주의적 이상을 세우는 경향은 피하거나 방향을 바꿀 수 없는 문명 발달의 경향이며, 우리는 그것이 자연의 요구인 것처럼 복종하는 것이 상책이라고 말해도, 나는 충분히 이해할 수 있다. 나는 이 주장에 대해 어떤 반론이 제기될 수 있는지도 안다. 아마 극복할 수 없는 것으로 여겨진 그런 경향은 인류 역사에서 자주 포기되고 다른 경향으로 바뀐 적이 많았다는 반론이 제기될 것이다. 그래서 나는 동료 인간들 앞에 예언자로 나설 용기가 없고, 내가 그들에게 어떤 위안도 제공하지 못한다는 비난에 순순히 고개를 숙인다. 그들이 요구하는 것은 근본적으로 위안이기 때문이다. 이 점에서는 가장 급진적인 혁명가들도 가장 고결한 신자들과 크게 다르지 않다.

인류에게 숙명적인 문제는, 문명 발달이 인간의 공격 본능과 자기 파괴 본능에 따른 공동 생활의 방해를 억누르는 데 성공할 것이냐, 성공한다면 어느 정도나 성공할 것이냐 하는 문제인 듯 싶다. 바로 이 점에서 현대라는 시대는 특별한 관심을 기울일 가치가 있다. 인류는 꾸준히 자연력을 지배해 왔으며, 이제는 자연력의 도움을 받으면 별 어려움 없이 최후의 한 사람까지 서로를 죽일 수 있을 정도가 되었다. 현대인은 이것을 알고, 그들이 지금 느끼고 있는 초조와 불행과 불안은 대부분 거기에서 유래한다. 이제 우리는 두 개의 〈천상의 권력〉 가운데 또 하나인 영원한 에로스가 그와 똑같이 불멸적 존재인 적수와의 투쟁에서 열심히 버텨 주기를 기대할 수밖에 없다. 하지만 어느 쪽이 성공하고 어떤 결과가 초래될 것인지를 누가 예측할 수 있겠는가?[69]

---

69 이 마지막 문장은 히틀러의 위협이 분명해지기 시작한 1931년의 재판본에 덧붙인 것이다.

왜 전쟁인가?

Warum Krieg?(1933[1932])

1931년 국제연맹의 국제지적협력협회는 〈국제연맹과 지적 생활의 공동 이익에 기여할 것으로 여겨지는 문제들〉에 관해 대표적 지식인들 간에 서신 교환을 주선하고, 그 편지들을 정기적으로 공간하기로 하고, 아인슈타인에게 의뢰했고, 아인슈타인은 편지 교환 상대로 프로이트를 제안했다. 그에 따라 협회 사무국은 1932년 6월 프로이트에게 참여 요청의 서한을 보냈고, 프로이트는 당장 동의했다. 협회는 1933년 3월에 파리에서 아인슈타인과 프로이트 간에 오간 편지를 독일어와 프랑스어와 영어로 동시 출판했다. 그러나 독일에서는 배포가 금지되었다.

그 후 『저작집 *Gesammelte Schriften*』 제12권(1934)과 『전집』 제16권(1950)에 실렸다.

이 글의 영어 번역본은 1933년 스튜어트 길버트Stuart Gilbert가 번역하여 *Why War?*라는 제목으로 파리의 지적협력국제협회(국제연맹)에서 출간된 것을 비롯해 1939년에는 런던의 평화맹세연맹에서 출간했다. 또한 1950년에는 제임스 스트레이치의 번역으로 『논문집』 제5권에 아인슈타인의 편지는 생략된 채 수록되었으며, 1964년『표준판 전집』제22권에도 1950년도 번역판을 수정하고 아인슈타인의 편지를 첨부해 실렸다.

왜 전쟁인가?

친애하는 프로이트 교수에게

나는 국제연맹과 그 산하 기관인 파리의 국제지적협력협회로부터 다음과 같은 제의를 받았습니다. 즉 내가 임의로 선정한 사람과 내가 선택한 주제를 놓고 솔직한 의견 교환을 해보라는 제의였습니다. 이러한 제의 덕택에 나는 문명이 직면해야 하는 온갖 문제 중 현 상황에서 가장 긴급해 보이는 문제에 관해 당신과 의논할 수 있는 좋은 기회를 얻게 되었습니다. 그 문제란 바로 이것입니다. 인류를 전쟁의 위협으로부터 해방시킬 수 있는 방법은 과연 존재하는가? 현대 과학의 진보와 더불어 이 문제가 우리 문명에는 사활적인 문제가 되었다는 것은 널리 알려진 일입니다. 그런데 아무리 열심히 노력해도 이 문제를 해결하려는 시도는 모두 유감스러운 실패로 끝나고 말았습니다.

게다가 직업적으로나 실제적으로 이 문제와 대결할 의무가 있는 사람들은 문제를 처리하지 못하는 자신의 무력함을 절감하고, 이제 학문 연구에 몰두하여 세계 문제를 전체적으로 올바르게 조망할 수 있는 거리에서 바라볼 수 있는 사람들의 견해를 알고 싶어 한다고 나는 믿습니다. 그런데 내가 평소에 고찰하는 대상은 인간의 의지와 감정의 어두운 곳에 대한 통찰을 전혀 제공해 주지 않습니다. 따라서 방금 제기한 질문과 관련하여 내가 할 수 있는 일은 문제를 분명히 하려고 애쓰는 것, 좀 더 명백한 해결책이 나올 수 있도록 문제를 정리하여 당신이 인간의 본능적 생활에 대한 광범위한 지식으로 이 문제를 조명할 수 있게 하는 것뿐입니다. 거기에는 심리학적 장애가 있습니다. 정신 과학에 문외한인 사람은 그 장애물의 존재를 어렴풋이 짐작할 수는 있지만, 장애물의 상호 관계와 변화를 통찰할 능력은 없습니다. 당신이라면 그 장애물을 제거해 줄 교육적인 방법, 정치의 범위 밖에 놓여 있는 방법을 제시할 수 있으리라고 확신합니다.

국가주의적 경향에 물들지 않은 나는 개인적으로 이 문제의 피상적(즉 행정적) 측면을 처리할 수 있는 간단한 방법을 생각하고 있습니다. 그것은 국제 사회의 동의를 얻어 국가 간에 일어나는 모든 갈등을 해결할 입법·사법 기구를 설립하는 것입니다. 각국은 입법과 사법 기능을 하는 이 재결 기관의 명령에 따르고, 타국과 분쟁이 생기면 반드시 이 기관의 결정을 요청하고, 이 기관의 판결을 무조건 수용하고, 재결 기관은 자신의 판결을 집행하는 데 필요하다고 생각되는 모든 조치를 실행할 의무를 지게 될 것입니다. 그러나 나는 여기서 우선 어려움에 부닥칩니다. 재결 기관은 인간이 만든 제도이고, 자신의 판결을 집행할 권한이 부족할수록 외부 압력에 밀려 편향된 판결을 내리기가 더욱 쉬워진다는 것입니다. 이것은 우리가 반드시 고려해야 할 사실입니다. 공동체가 자신의 사법적 이상을 존중하도록 강요할 수 있는 효과적인 힘을 갖고 있으면 법과 힘은 반드시 손을 잡게 마련이고, 사법적 결정은 공동체가 요구하는 이상적 정의에 더 가까이 접근할 것입니다(이런 판결은 공동체의 이름으로, 공동체의 이익을 위해

내려집니다). 그러나 오늘날 우리에게는 명백한 권위가 있는 판결을 내리고 그 판결의 집행에 무조건 따르도록 강요할 수 있는 초국가적 기구가 없습니다. 그래서 나는 첫 번째 원칙에 도달합니다. 국제 안보를 추구하려면 모든 나라가 어느 정도는 행동의 자유 — 즉 주권 — 를 무조건 포기할 필요가 있다는 것입니다. 다른 방법으로는 절대로 그런 안보를 확립할 수 없다는 것은 의심할 여지가 없습니다.

지난 10년 동안 이 목표에 도달하려는 노력이 진지하게 이루어졌는데도 모두 실패로 돌아간 것을 보면, 이 노력을 무력하게 만드는 강력한 심리적 요인이 작용하고 있는 것이 분명합니다. 이 요인의 일부는 가까이에서 찾을 수 있습니다. 모든 나라의 지배 계급을 특징 짓는 권력욕은 국가 주권을 제한하는 데 대해 냉담한 태도를 보입니다. 이 정치적 권력욕은 오로지 돈만 바라는 경제적 욕망에 사로잡힌 또 다른 집단의 활동으로 배를 불리는 것이 보통입니다. 내가 여기서 특히 염두에 두고 있는 것은, 모든 나라에서 활동하고 있는 작지만 단호한 집단, 사회적 배려나 제약 따위는 전혀 아랑곳하지 않고, 전쟁과 무기 제조 및 판매를 단순히 사리사욕을 채우고 자기 개인의 권력을 확대할 기회로밖에 생각지 않는 사람들로 이루어진 집단입니다.

그러나 이 명백한 사실을 인정하는 것은 단지 실제 상황을 이해하는 첫걸음에 불과합니다. 바로 뒤이어 또 다른 의문이 제기됩니다. 그것은 이 소수가 전쟁으로 손해를 보고 고통을 당해야 할 다수의 의지를 어떻게 자신의 야망에 유리한 방향으로 돌려놓을 수 있는가 하는 의문입니다. (나는 자기 민족의 최대 이익을 지키는 데 헌신하고 있으며 공격은 최선의 방어 수단이라는 신념을 가지고 전쟁을 직업으로 선택한 모든 계급의 군인들도 전쟁으로 손해를 보는 다수에서 배제하지 않습니다.) 이 의문에 대한 명백한 대답은 현재의 지배 계급인 소수가 학교와 언론, 그리고 대개는 교회까지도 지배하고 있다는 것입니다. 이 때문에 그 소수는 대중의 감정을 조직하고 통제하여 자신의 도구로 만들 수 있는 것입니다.

그러나 이 대답도 완벽한 해답을 제시하지는 않습니다. 거기에서는 또 다른 의문이 생겨납니다. 이 장치는 어떻게 사람들을 그토록 열광시킬 수 있으며, 심지어는 목숨까지도 바치게 할 수 있는가 하는 의문입니다. 여기에는 한 가지 대답만이 가능합니다. 모든 인간은 마음속에 증오와 파괴에 대한 욕망을 가지고 있기 때문입니다. 평소에는 이 열정이 잠재적인 상태로 존재하고, 예외적인 상황에서만 겉으로 드러납니다. 그러나 그 열정을 자극하여 집단 정신병의 수준으로 끌어올리는 것은 비교적 쉬운 일입니다. 여기에는 우리가 생각하는 모든 요소가 복잡하게 뒤얽힌 어려운 문제 ─ 인간 본능에 대한 지식이 있는 전문가만이 해결할 수 있는 수수께끼 ─ 가 놓여 있을 것입니다.

그래서 우리는 마지막 의문에 도달하게 됩니다. 인간이 증오와 파괴를 열망하는 이상 심리에 저항할 수 있도록 인간의 정신 발달을 통제하는 것은 과연 가능한 일인가 하는 의문입니다. 내가 이른바 교양 없는 대중만을 염두에 두고 있는 것은 결코 아닙니다. 재앙을 불러일으키는 이런 집단 암시에 가장 굴복하기 쉬운 것은 이른바 〈인텔리겐치아〉라는 사실은 경험이 입증하고 있습니다. 지식인들은 자연 그대로의 삶과 직접 접촉하지 않고, 가장 편안한 형태의 모조품 ─ 인쇄된 책 ─ 속에서 삶과 만나기 때문입니다.

결론적으로 말하면 나는 지금까지 국가 간 전쟁, 이른바 국제적 분쟁에 대해서만 이야기했습니다. 그러나 공격 본능은 다른 형태로 다른 상황에서도 작용한다는 것을 나는 잘 알고 있습니다. (예를 들면 내전도 그런 상황 가운데 하나입니다. 옛날에는 종교 적 열정 때문에 내전이 일어났지만, 요즘에는 사회적 요인이나 소수 민족에 대한 박해 때문에 내전이 일어납니다.) 그런데도 내 가 인간과 인간 간에 일어나는 충돌 가운데 가장 전형적이고 가 장 잔인하며 가장 낭비적인 국제 분쟁을 강조한 것은 의도적인 행위였습니다. 우리는 여기서 모든 무력 충돌을 불가능하게 만드 는 방법과 수단을 발견할 가능성이 가장 크기 때문입니다.

당신의 저술은 이 긴급하고도 흥미로운 문제의 모든 쟁점에 대 해 명시적으로나 암시적으로 대답하고 있다는 것을 나는 알고 있 습니다. 그러나 당신이 가장 최근에 발견한 사실에 입각하여 세 계 평화라는 문제를 제시해 준다면, 우리 모두에게 큰 도움이 될 것입니다. 그런 문제 제기는 새롭고 효과적인 행동 방식으로 나 아가는 길을 가장 잘 안내해 줄 수 있을 것이기 때문입니다.

안녕히 계십시오.

1932년 7월 30일 포츠담 근처의 카푸트에서
A. 아인슈타인

친애하는 아인슈타인 교수에게

당신이 관심을 가지고 있을 뿐 아니라 남들도 관심을 가질 만 하다고 생각하는 문제에 대해 나에게 의견 교환을 요청할 작정이 라는 말을 듣고, 나는 흔쾌한 마음으로 동의했습니다. 나는 당신 이 문제를 선택한다면, 오늘날 인식할 수 있는 미개척 분야, 즉 물리학자와 심리학자인 우리 두 사람이 각자 독특한 각도에서 접근할 수 있는 분야, 우리가 서로 다른 방향에서 출발하여 결국 같은 영역에서 만날 수 있는 분야의 문제를 선택할 것으로 기대했습니다. 그런데 뜻밖에도 당신은 어떻게 하면 인류를 전쟁의 저주로부터 보호할 수 있는가 하는 문제를 설정하여 나를 놀라게 했습니다. 처음에는 좀 겁이 났습니다. 정치가의 관심사인 그런 현실적인 문제를 다루기에는 나 ─ 하마터면 〈우리〉라고 쓸 뻔했군요 ─ 의 능력이 모자란다고 생각했기 때문입니다. 하지만 당신이 그 문제를 제기한 것은 자연과학자이자 물리학자로서가 아니라 박애주의자로서 그랬다는 것을 곧 깨달았습니다. 북극 탐험가인 프리초프 난센Fridtjof Nansen이 제1차 세계대전으로 집 잃고 굶주리는 난민들을 돕는 일을 떠맡은 것처럼, 당신은 국제연맹의 발의에 따랐던 것입니다. 게다가 곰곰이 생각해 보니, 나는 실제적인 제안을 내놓으라고 요구받은 게 아니라, 어떻게 하면 전쟁을 피할 수 있는가 하는 문제를 심리학적 관점에서 고찰해 달라는 요구를 받았을 뿐입니다. 그런데 이 점에 대해서도 해야 할 말은 당신이 거의 다 했습니다. 따라서 당신은 나를 한 발 앞지른 셈이지만, 나는 기꺼이 당신 뒤를 따라가면서 내 지식 ─ 또는 추측 ─ 을 총동원하여 당신이 이미 말한 것을 부연하고 뒷받침하는 것으로 만족하겠습니다.

당신은 〈정의〉와 〈힘〉[1]의 관계로 이야기를 시작했습니다. 그것이 우리 탐구의 올바른 출발점인 것은 의심할 여지가 없습니다. 하지만 내가 〈힘〉이라는 말을 그보다 더 노골적이고 강렬한 〈폭

---

1 프로이트의 편지와 아인슈타인의 편지에는 줄곧 〈Recht〉와 〈Macht〉라는 낱말이 쓰인다. 번역에서는 불행히도 이 두 낱말이 지닌 통일성을 희생할 수밖에 없었다. 〈Recht〉는 상황에 따라 〈권리〉, 〈법〉, 〈정의〉로 번역되었고, 〈Macht〉는 〈힘〉, 〈권한〉, 〈권력〉으로 번역되었다.

력〉이라는 낱말로 바꾸어도 괜찮을까요? 오늘날 정의와 폭력은 정반대의 것처럼 보입니다. 그러나 정의가 폭력에서 생겨났다는 것은 쉽게 증명할 수 있습니다. 먼 옛날로 돌아가서 정의가 처음에 어떻게 생겨났는가를 살펴보면, 이 문제는 쉽게 해결됩니다. 이제부터 내가 널리 알려졌고, 일반적으로 인정된 의견을 마치 새로운 것처럼 진술해도 용서해 주시기 바랍니다. 내 논증의 실마리를 잡으려면 그럴 필요가 있으니까요.

인간들 간의 이해관계가 충돌할 때는 폭력으로 문제를 해결하는 것이 일반 원칙입니다. 이것은 동물계 전체가 마찬가지입니다. 인간은 자신을 동물계에서 배제할 권리가 전혀 없습니다. 물론 인간의 경우에는 〈의견〉 충돌도 일어납니다. 이 충돌은 가장 고차원적인 추상 관념에 도달할 수도 있고, 이 충돌을 해결하기 위해서는 폭력이 아닌 다른 수단이 필요한 듯 보이는 것도 사실입니다. 그러나 그것은 후세에야 생긴 골치 아픈 문제입니다. 인간이 작은 군집[2]을 이룬 초기에는 누가 물건을 소유하고 누구의 뜻에 따를 것인지를 결정해 준 것은 바로 상대보다 강한 근육의 힘이었습니다. 그러다가 곧 도구 사용이 근육의 힘을 보완하고 대신하게 되었습니다. 상대보다 성능이 좋은 무기를 가진 사람이나 상대보다 능숙하게 무기를 사용한 사람이 승자가 된 것입니다. 무기가 도입된 순간부터 이미 지적 우위가 야만적인 힘을 대신하기 시작했습니다. 그러나 싸움의 궁극적인 목적은 여전히 전과 마찬가지였습니다. 싸움에 진 사람은 손해를 입거나 힘을 못쓰게 되기 때문에, 자신의 요구나 반대를 포기할 수밖에 없었습니다. 승자가 폭력으로 상대를 영원히 제거하면, 즉 상대를 죽이면 그 목적은 가장 완벽하게 달성되었습니다. 이는 두 가지 이점을 가

2 프로이트는 〈군집〉이라는 용어를 비교적 작은 집단의 의미로 사용한다.

지고 있었습니다. 상대는 두 번 다시 승자에게 반대할 수 없게 되었고, 그의 운명을 본 다른 사람들도 그를 본받기를 단념했던 것입니다. 여기에 더해, 적을 죽이는 것은 나중에 언급할 본능적 성향도 만족시켜 주었습니다. 적을 위협한 상태로 살려 두면 유익한 봉사를 이용할 수 있다는 생각에서 적을 죽이려는 마음을 억누를 수도 있습니다. 그런 경우 승자의 폭력은 적을 죽이는 대신 지배하는 것으로 만족했습니다. 이것이 적의 목숨을 살려 준다는 생각의 시초였지만, 그 후 승자는 패배한 적의 마음속에 숨어 있는 복수심을 고려해야 했고, 자신의 안전을 어느 정도 희생해야 했습니다.

초기의 사정은 그러했습니다. 상대보다 큰 힘을 가진 자가 지배하는 상태, 야만적인 폭력이나 지적 능력의 뒷받침을 받은 폭력이 지배하는 상태였지요. 이미 알고 있다시피 이 체제는 진화 과정에서 서서히 변화했습니다. 폭력에서 정의나 법으로 가는 길이 열렸던 것입니다. 그 길은 무엇이었는가? 그 길은 하나밖에 없었다고 믿습니다. 그것은 다수의 약자가 단결하면 그들보다 우세한 힘을 가진 한 사람과 대등하게 겨룰 수 있다는 사실을 통과하는 길이었습니다. 〈단결은 힘이다 *L'union fait la force*〉라는 말도 있습니다. 폭력은 단결로 압도할 수 있고, 단결한 사람들의 힘은 이제 한 사람의 폭력과는 대조적으로 법을 나타내게 되었습니다. 그래서 우리는 정의가 공동체의 힘이라고 생각합니다. 그것도 역시 거기에 저항하는 개인에게 언제든지 행사될 준비를 갖춘 폭력입니다. 그것은 개인의 폭력과 똑같은 방법으로 작용하며, 개인의 폭력과 똑같은 목적을 추구합니다. 진정한 차이는 우세한 힘을 가진 것이 개인이냐 공동체냐 하는 것뿐입니다. 이제는 개인의 폭력이 아니라 공동체의 폭력이 우세하다는 사실에 유일한 차이가 있습니다. 그러나 폭력에서 이 새로운 정의로 이행하기 위해서는 한 가지 심리적 조건이 충족되어야 합니다. 그것은 다수의 단결이 안정되고 지속적이어야 한다는 것입니다. 오로지 한 사람의 지배적인 개인과 싸우기 위해 단결했다가 그를 무찌른 뒤에 해산했다면, 아무것도 이루지 못했을 것입니다. 얼마 후에는 자기 힘이 우월하다고 생각하는 또 다른 인물이 나타나서 폭력에 의한 지배를 얻으려고 할 테고, 승부는 〈한없이ad infinitum〉 되풀이될 것입니다. 공동체는 영원히 유지되어야 하고, 조직되어야 하고, 반란의 위험을 예방하기 위해 법규를 정해야 하고, 그 법규 — 법률 — 이 지켜지고 있는가를 확인하고 합법적인 폭력 행위의 집행을 지휘 감독하기 위해 권력을 위임받은 기관을 설치해야 합니다. 공동체가 이런 문제의 중요성을 인식하면, 단결한 집단의 구성원들 간에 감정적 유대가 강해집니다. 공동체 구성원들이 공유하는 이 감정이야말로 공동체가 지닌 힘의 진정한 원천입니다.

이것으로 기본적인 요점은 이미 다 말한 것 같습니다. 더 큰 집단으로 힘이 이동함으로써 폭력이 극복되고, 더 큰 집단을 단결시키는 것은 구성원들 간의 감정적 유대라는 것이 여기서의 요점입니다. 이제 남은 일은 이 요점을 자세히 설명하고 되풀이하는 것뿐입니다.

공동체가 동등한 힘을 가진 얼마간의 개인들만으로 이루어져 있다면 상황은 간단합니다. 그런 공동체의 법률은 공동 생활의 안전을 보장하려면 각자가 자신의 힘을 폭력적으로 사용할 수 있는 자유를 얼마나 양보해야 하는가를 규정할 것입니다. 그러나 이런 평온한 상태는 이론적으로만 상상할 수 있을 뿐입니다. 실제로는 상황이 훨씬 복잡합니다. 공동체는 처음부터 동등하지 않은 힘을 가진 구성원들 — 남자와 여자, 부모와 자식 — 로 이루어져 있을 뿐 아니라, 얼마 후에는 전쟁과 정복의 결과로 승자와 패자가 생기고, 이들은 각각 주인과 노예가 되기 때문입니다. 그러면 공동체의 정의는 그 내부에 성립되어 있는 불평등한 힘의 관계를 표현하게 됩니다. 법률은 지배자들에 의해 지배자들을 위해 만들어지고, 지배 아래 놓인 사람들의 권리는 들어설 자리가 없어집니다. 그때부터 공동체에는, 법률 문제를 둘러싼 소요의 원인이 되기도 하지만 동시에 법률의 지속적인 형성에도 이바지하는 두 가지 요인이 작동하기 시작합니다. 첫째, 지배자들은 구성원 모두에게 적용되는 금지의 속박에서 벗어나려고, 바꿔 말하면 법의 지배에서 폭력의 지배로 되돌아가려고 합니다. 둘째, 억압받는 구성원들은 더 많은 힘을 얻으려고 끊임없이 노력하고, 그런 방향으로 일어난 변화를 법으로 승인받으려고, 바꿔 말하면 불평등한 정의에서 모든 사람에게 평등한 정의로 나아가려고 애씁니다. 다양한 역사적 요인의 결과로 일어날 수 있는 힘의 이동이 공동체 안에서 실제로 일어나면, 이 두 번째 경향은 특히 중요한 의미를 지니게 됩니다. 그 경우 정의는 새로운 세력 분포에 차츰 적응할 수도 있습니다. 그보다 흔히 일어나는 일은 지배 계급이 이런 변화를 승인하기를 꺼리고, 그 결과 반란과 내전이 일어나 법률의 효력이 일시 정지되고, 또다시 폭력으로 문제를 해결하려는 시도가 이루어지지만, 결국에는 새로운 법의 지배가 확립되는 것입니다. 법률을 변화시킬 수 있는 원인이 또 하나 있는데, 그것은 언제나 평화롭게 나타납니다. 그것은 바로 공동체 구성원들의 문화적 변화입니다. 그러나 이것은 완전히 다른 맥락에 속해 있기 때문에, 거기에 대한 고찰은 나중으로 미루어야 하겠습니다.

위에서 살펴보았듯이 공동체 내부에서도 이해관계의 충돌을 폭력적으로 해결하는 것은 피할 수 없습니다. 그러나 사람들이

한 장소에서 함께 생활하면 일상적인 필요성과 공동 관심사가 필연적으로 생기게 마련이고, 이것은 이해관계의 충돌을 신속히 끝맺는 데 이바지하며, 그런 상황에서는 평화적 해결책을 찾아낼 개연성이 더욱 높아집니다. 그러나 인류 역사를 잠깐 들여다보면, 크고 작은 단위들 — 도시, 지방, 부족, 민족, 국가 — 사이에 끊임없이 충돌이 일어난 것을 알 수 있고, 이런 충돌은 대부분 무력으로 해결되었습니다. 이런 전쟁은 한쪽 당사자의 강탈이나 완전한 파괴나 정복으로 끝납니다. 정복 전쟁에 대해 일률적인 판단을 내리는 것은 불가능합니다. 몽골족이나 터키인들이 수행한 전쟁은 재앙밖에 가져오지 않았습니다. 반대로 다른 전쟁들은 더 큰 통일체를 수립함으로써 폭력을 법으로 바꾸는 데 이바지했습니다. 이런 공동체 내부에서는 폭력을 사용할 수 없게 되었고, 새로운 법 질서는 분쟁을 해결하는 결과를 낳았습니다. 로마인의 정복은 이런 식으로 지중해 연안에 〈팍스 로마나 *pax Romana*〉[3]를 가져다주었고, 영토를 넓히려는 프랑스 국왕들의 탐욕은 평화적으로 통일되어 번영하는 프랑스를 낳았습니다. 역설적으로 들릴지 모르지만, 전쟁이 우리가 간절히 바라는 〈항구적인〉 평화를 확립하는 데 적절한 수단일 수도 있다는 것은 인정해야 합니다. 전쟁은 더 큰 통일체를 수립할 수 있고, 그 내부에서 작용하는 강력한 중앙 정부는 더 이상의 전쟁을 불가능하게 만들 수 있기 때문입니다. 그런데도 전쟁이 이 목적을 달성하지 못하는 것은 대개 정복의 결과가 오래 지속되지 않기 때문입니다. 새로 이루어진 통일체는 대개 폭력에 의해 병합된 부분들 사이에 감정적 유대가 없기 때문에, 얼마 안 가서 또다시 쪼개집니다. 게다가 이제까지는 정복을 통해 상당한 정도의 통일을 이루었다고 해도 그것은

3 〈로마의 지배에 의한 평화〉를 뜻하는 라틴어.

〈부분적인〉 통합에 불과했고, 이 부분들 사이의 갈등은 폭력적인 해결을 전보다 더 많이 요구했습니다. 따라서 이 모든 군사적 노력이 낳은 결과는, 인류가 수많은 소규모 전쟁을 끝없이 치르는 대신, 드물기는 하지만 훨씬 파괴적인 대규모 전쟁을 치르게 되었다는 것뿐입니다.

이제 우리 시대로 관심을 돌리면, 나도 당신이 지름길로 도달한 것과 똑같은 결론에 이르게 됩니다. 인류는 모든 이해관계의 충돌을 판결할 권한을 가진 중앙 권력 기구를 설치하는 데 협조해야만 전쟁을 확실히 막을 수 있을 것입니다. 그러기 위해서는 두 가지 요구 조건이 충족되어야 합니다. 첫째는 최고 결정 기관이 창설되어야 하고, 둘째는 그 기관이 필요한 권한을 부여받아야 합니다. 필요한 권한을 갖지 못한 기관은 아무 쓸모도 없을 것입니다. 국제연맹은 이런 종류의 기관으로 구상되었지만, 두 번째 조건이 충족되지 않았습니다. 국제연맹은 고유한 권한을 전혀 갖지 못했으며, 새로운 결합체의 구성원인 각국이 권한을 위임할 마음이 내킬 때에만 권한을 얻을 수 있습니다. 그런데 현재로서는 그럴 가능성이 매우 희박해 보입니다. 그러나 국제연맹이 전에는 거의 이루어진 적이 없는 — 아니, 그런 규모로는 한 번도 이루어진 적이 없는 — 대담한 시도라는 사실을 무시하면, 국제연맹 창설은 전혀 이해할 수 없는 일일 것입니다. 국제연맹은 다른 경우라면 힘을 가져야만 얻을 수 있는 권위(즉 강제적인 영향력)를 이상주의적인 마음가짐에 호소하는 방법으로 얻으려는 시도입니다.

앞에서 우리는 공동체를 단결시키는 두 가지 요소가 있다는 것을 알았습니다. 하나는 강제적인 폭력이고, 또 하나는 구성원들 사이의 감정적 유대 — 전문 용어로는 동일화 — 입니다. 이 두 요소 가운데 하나가 결여되었더라도, 다른 하나가 공동체를 단결시킬 수 있습니다. 이상주의적인 마음가짐에 호소할 때, 그 이상적인 이념이 공동체 구성원들 간의 중요한 유사성을 표현하지 않으면 아무 의미도 가질 수 없는 것은 말할 나위도 없습니다. 문제는 그런 이념이 얼마나 강한 힘을 발휘할 수 있는가 하는 것입니다. 그런 이념들이 상당히 효과적이었다는 것은 역사가 증명하고 있습니다. 예를 들면 범그리스주의가 그렇습니다. 주위의 야만인들보다 우월하다는 의식은 인보 동맹[4]과 신탁 및 제전[5] 등에 강력하게 표현되었는데, 이 이념은 같은 그리스인들끼리 전쟁을 하는 경우 그 방식을 완화시킬 만큼 강력한 것이었습니다. 그러나 그 이념은 그리스 민족의 여러 지방 사이에 전쟁 직전의 분쟁이 일어나는 것을 막을 만큼 강력하지는 못했고, 도시나 도시 동맹이 경쟁자보다 우위를 차지하기 위해 숙적인 페르시아와 동맹을 맺는 것을 제지할 만큼 강력하지도 못했던 것은 분명합니다. 기독교도들의 공동체 의식은 강력했지만, 르네상스 시대에 기독교 국가들이 서로 싸우면서 큰 나라나 작은 나라를 불문하고 이교도인 술탄의 원조를 얻으려고 애쓰는 것을 막지는 못했습니다. 오늘날 존재하는 어떤 이념도 그런 통합력을 발휘하리라고는 기대할 수 없습니다. 오늘날의 국가들을 지배하고 있는 민족적 이상은 사실상 정반대 방향으로 작용하고 있는 것이 분명합니다. 어떤 사람들은 공산주의적 사고방식이 보편적으로 받아들여질 때까지는 전쟁을 종식시킬 수 없을 것이라고 예언하는 경향이 있습니다.

4 고대 그리스에서 신전과 그 제의(祭儀)를 지키기 위해 주변의 종족이나 폴리스(도시국가)들이 친선과 안보를 목적으로 결성한 동맹. 하나의 신에 대한 믿음을 중심으로 뭉친 종교 연합이나, 정치적으로도 중요했다. 델포이의 아폴론 신전을 중심으로 한 동맹이 가장 유명하다.
5 고대 그리스에는 올림피아 경기 제전, 이스트미아 경기 제전, 네메아 경기 제전, 피티아 경기 제전 등 4대 제전이 있었다.

그러나 어쨌든 전쟁 종식이라는 목표가 달성될 날은 요원하고, 어쩌면 끔찍한 내전이 벌어진 뒤에야 비로소 그 목표에 도달할 수 있을지도 모릅니다. 따라서 물리적 힘을 이념의 힘으로 바꾸려는 노력은 현재로서는 실패할 것이 뻔해 보입니다. 법이 원래는 야만적인 폭력이었고 오늘날에도 폭력의 뒷받침을 받지 않고는 존재할 수 없다는 사실을 무시하면, 우리는 잘못된 예측을 하게 될 것입니다.

이제는 당신의 또 다른 명제에 토를 다는 형태로 내 사견을 말할 수 있겠습니다. 당신은 인간을 전쟁에 열광하도록 만들기가 너무 쉽다는 사실에 놀라움을 표하고, 사람들이 전쟁 도발자들의 선동을 받아들이는 데에는 무엇인가가, 즉 증오와 파괴에 대한 본능이 그들의 마음속에서 작용하고 있는 것이 아닐까 하는 의혹을 덧붙였습니다. 여기에 대해서도 나는 전적으로 동의할 수밖에 없습니다. 나는 그런 종류의 본능이 존재한다고 믿고, 실제로 지난 몇 해 동안 그런 본능의 징후를 연구해 왔습니다. 나는 이 기회를 이용하여, 정신분석 분야에서 일하는 이들이 암중모색을 거듭하면서 우여곡절을 겪은 끝에 도달한 본능 이론의 일부를 소개하고자 합니다.

우리의 가설에 따르면, 인간의 본능은 두 종류뿐입니다. 즉, 보존과 통합을 추구하는 본능과, 파괴와 죽음을 추구하는 본능이 그것인데, 첫 번째 본능을 우리는 플라톤이 『향연』에서 사용한 〈에로스〉라는 낱말과 똑같은 의미에서 〈에로스적〉 본능이라고 부르거나, 또는 성에 대한 통상적 개념을 의도적으로 확대하여 〈성적〉 본능이라고 부릅니다. 그리고 두 번째 본능을 우리는 공격 본능이나 파괴 본능으로 한데 묶어서 분류합니다. 당신도 알다시피

이는 사실상 널리 알려져 있는 사랑과 증오의 대립을 이론적으로 명확히 한 것에 불과합니다. 어쩌면 이 대립은 당신의 전문 분야에서 한몫을 하고 있는 인력(引力)과 척력(斥力)의 양극성과도 근본적인 연관성이 있을지 모릅니다. 그러나 여기에 윤리적인 선악 판단을 너무 서둘러 도입해서는 안 됩니다. 이 두 본능은 똑같이 필수 불가결한 것입니다. 생명 현상들은 양자의 협력이나 상호 반발에서 생겨나기 때문입니다. 어느 한쪽 본능만 따로 분리된 상태에서는 거의 작용할 수 없는 것처럼 보입니다. 일정량의 다른 쪽 본능이 결합 ── 우리는 이것을 혼화(混和)라고 부릅니다 ── 되어 그 본능의 본래 목표를 수정하고, 어떤 경우에는 목표 달성을 도와주기도 합니다. 예를 들어 자기 보존 본능은 분명 에로스적인 종류에 속하지만, 목적을 달성하려면 공격성을 지녀야 합니다. 사랑의 본능도 마찬가지여서 어떤 식으로든 사랑하는 대상에 대한 소유권을 얻으려면 지배 본능의 도움이 필요합니다. 우리가 그토록 오랫동안 두 종류의 본능을 인식하지 못했던 것은 이 두 본능이 실제로 발현될 경우 따로 분리하기가 어렵기 때문입니다.

조금만 더 내 이야기를 들어 보면, 인간의 행동은 또 다른 종류의 복잡한 결합에 지배된다는 사실을 알게 될 것입니다. 〈하나의〉 본능적 충동에만 지배되는 행동은 극히 드뭅니다(본능적 충동 자체도 에로스와 파괴성의 복합으로 이루어져 있는 것이 분명합니다). 어떤 행동을 일으키기 위해서는 대개 그런 복합된 동기들이 동시에 발동해야 합니다. 이런 사실은 당신 분야의 한 전문가가 이미 오래전에 알아낸 것입니다. 그 사람은 우리나라의 고전주의 시대에 괴팅겐 대학에서 물리학을 가르친 G. C. 리히텐베르크 교수[6]인데, 그는 물리학자보다는 오히려 심리학자로 훨씬 주목할

6 게오르크 크리스토프 리히텐베르크Georg Christoph Lichtenberg(1742~1799)는

만한 인물이었습니다. 리히텐베르크는 동기의 나침반을 발명했습니다. 그는 이런 글을 썼습니다. 〈우리는 우리로 하여금 어떤 일을 하게 만드는 동기들을 32방위로 배열할 수 있으며, 거기에 각각 친숙한 이름을 붙일 수도 있을 것이다. 예를 들면《빵-빵-명성》이나《명성-명성-빵》하는 식이다.〉 따라서 인간이 무언가에 자극을 받아 전쟁을 할 때는 전쟁에 찬성할 수많은 동기를 가지고 있을지도 모릅니다. 그 동기들 가운데 일부는 고결하고 일부는 비열하며, 일부는 공개적으로 선언되고 나머지는 결코 언급되지 않습니다. 그 동기들을 모두 열거할 필요는 없습니다. 그러나 그 가운데 공격과 파괴에 대한 욕망이 포함되어 있는 것은 확실합니다. 역사에서 그리고 우리의 일상생활에서 흔히 볼 수 있는 수많은 잔학 행위는 인간의 마음속에 공격과 파괴에 대한 욕망이 얼마나 강하게 존재하고 있는가를 뒷받침합니다. 물론 이런 파괴적 충동이 에로스적 본능이나 이념적 본능과 뒤섞이면, 그 충동을 더 쉽게 만족시킬 수 있습니다. 과거의 만행에 대한 글을 읽어보면, 이념적 동기는 파괴적 욕망에 대한 핑계에 불과했던 것처럼 보일 때가 있습니다. 어떤 경우 예컨대 종교 재판에서 행해진 잔혹한 처형에는 이념적 동기가 의식 속에서 전면으로 밀고 나오고 파괴적 동기는 이념적 동기를 무의식적으로 강화한 것처럼 보일 때도 있습니다. 아마 양쪽 다 사실일 것입니다.

당신의 관심사는 정신분석 이론이 아니라 결국 전쟁 방지인데, 내가 당신의 관심을 남용하고 있는 것은 아닌지 걱정스럽습니다. 그래도 나는 중요성에 비해 대중에게 잘 알려져 있지 않은 파괴 본능에 대해 좀 더 이야기하고 싶습니다. 약간의 추론 끝에 우리

프로이트가 특히 좋아한 저자였다. 위의 비유는 농담에 관한 프로이트의 책에 이미 인용된 적이 있으며, 그 책에서는 리히텐베르크의 경구를 많이 발견할 수 있다.

는 이 본능이 모든 생명체 내부에서 작용하고 있으며 모든 생명체를 파괴하여 원래의 물질 상태로 환원하려고 애쓴다는 견해에 도달하게 되었습니다. 따라서 이것은 죽음의 본능이라고 말할 수 있는 반면에, 에로스적인 본능은 생명 지향의 노력을 나타냅니다. 죽음 본능이 특별한 신체 기관의 도움으로 외부 대상에게 돌려지면 파괴 본능으로 바뀝니다. 말하자면 생명체는 외부 대상을 파괴함으로써 자신의 생명을 보존하는 것입니다. 그러나 죽음 본능 가운데 일부는 여전히 생명체 〈내부〉에서 작용하고 있으며, 우리는 정상적이거나 비정상적인 수많은 현상의 근원을 이 파괴 본능의 내면화에서 찾으려고 애써 왔습니다. 우리는 이러한 공격성의 내면화를 양심의 기원으로 간주하는 이단적 행위까지 저질렀습니다. 이 과정이 지나치게 진전되면 결코 사소한 문제로 끝나지는 않는다는 것을 당신도 알아차릴 것입니다. 그것은 분명 건강에 좋지 않습니다. 반대로 이 본능이 외부 세계를 파괴하는 쪽으로 돌려지면, 생명체는 구원을 받을 테고 그 결과는 유익할 것이 분명합니다. 이는 우리가 맞서 싸우고 있는 추악하고 위험한 모든 노력을 생물학적으로 정당화해 줄 것입니다. 그런 노력들이 거기에 대한 우리의 저항보다 본성에 더 가깝다는 것은 인정해야 합니다. 그 이유도 앞으로 밝혀낼 필요가 있습니다. 당신은 우리 이론이 일종의 신화이며, 현 상황에서는 유쾌한 신화도 아니라고 생각할지 모릅니다. 그러나 모든 과학은 결국 이것처럼 일종의 신화로 끝나는 것이 아닐까요? 오늘날 당신의 물리학도 마찬가지가 아닙니까?

우리의 당면 목표에 관해서 말하자면, 방금 말한 것에서 다음과 같은 결론이 나옵니다. 그것은 인간의 공격적 성향을 제거하려고 애써 봤자 소용이 없다는 것입니다. 지구상의 어느 운 좋은 지역에서는 인간에게 필요한 모든 것을 자연이 풍부하게 제공해 주기 때문에 그곳에 사는 종족은 평온한 생활을 영위하고 강제나 공격 따위는 전혀 경험하지 못한다고 합니다. 나는 이 말을 거의 믿을 수 없지만, 그렇게 운 좋은 사람들에 대한 이야기를 더 많이 들을 수 있다면 기쁠 것입니다. 러시아 공산주의자들도 공동체의 모든 구성원에게 모든 물질적 욕구를 충족시켜 주겠다고 장담하고 그 밖의 점에서도 모든 구성원 간에 완전한 평등을 확립함으로써 인간의 공격성을 제거할 수 있기를 기대하고 있습니다. 내 생각에 이것은 환상입니다. 러시아 공산주의자들은 오늘날 가장 주의 깊게 무장하고 있으며, 그들이 지지자들을 단결시키기 위해 사용하는 방법 중 적잖은 중요성을 가진 것은 국외자들에 대한 증오입니다. 어쨌든 당신이 말했듯이 인간의 공격적 충동을 완전히 제거하는 것은 불가능합니다. 우리가 할 수 있는 일은 공격적 충동을 전쟁으로 발산할 필요가 없도록 그 충동의 방향을 다른 데로 돌리려고 애쓰는 것이 고작입니다.

우리의 본능 이론 덕분에 전쟁의 〈간접적인〉 방법에 대한 공식은 쉽게 찾을 수 있습니다. 인간이 전쟁에 기꺼이 호응하는 것이 파괴 본능의 결과라면, 가장 두드러진 방책은 파괴 본능의 적수인 에로스로 하여금 거기에 저항하도록 하는 것입니다. 인간들 사이에 감정적 유대가 생겨나도록 조장하는 것은 전쟁에 불리하게 작용할 것이 분명합니다. 이 감정적 유대에는 두 가지 종류가 있습니다. 첫 번째 유대는 비록 성적 목적은 아니지만 사랑의 대상에 대한 관계와 비슷한 관계일 수 있습니다. 종교도 역시 똑같은 말 —〈네 이웃을 네 몸처럼 사랑하라〉— 을 하기 때문에, 정신분석은 이런 사랑에 대해 말하는 것을 부끄러워할 필요가 전혀 없습니다. 그러나 이는 말하기는 쉽지만 실천하기는 어렵습니다.

두 번째 유대는 동일화입니다. 사람들이 어떤 관심사를 공유하게 만드는 것은 무엇이든 이 감정의 일치, 즉 동일화를 낳습니다. 그리고 인간의 사회 구조는 대부분 여기에 바탕을 두고 있습니다.

권위의 남용에 대해 불평하는 당신의 편지를 읽고, 전쟁에 대한 성향을 간접적으로 억제할 수 있는 또 다른 방법을 모색해 보겠습니다. 인간의 태생적이고도 뿌리 깊은 불평등을 보여 주는 한 가지 예는 인간을 지도자와 추종자라는 두 계급으로 나누는 경향입니다. 압도적 다수를 차지하는 것은 물론 후자인데, 이들은 그들을 대신하여 결정을 내려줄 어떤 권위를 필요로 하며, 대부분은 거기에 무조건 복종합니다. 이는 자주적 정신을 지닌, 위협에 흔들리지 않고 열심히 진실을 추구하는 상층부 사람들을 교육하는 데 지금까지보다 더 많은 관심을 기울여야 한다는 것을 암시합니다. 이들은 장차 의존적인 대중에게 방향을 제시하는 일을 맡게 될 것이기 때문입니다. 사고의 자유를 국가 권력이 침해하고 교회가 금지하는 것은 이런 계층을 낳는 데 결코 바람직한 상황이 아닙니다. 이상적인 상황은 물론 자신의 본능을 이성의 독재에 종속시킨 사람들의 공동체일 것입니다. 비록 그들 간에 감정적 유대가 전혀 없다고 해도, 인간을 그처럼 완전하게 그리고 지속적으로 통합할 수 있는 방법은 오직 그것뿐입니다. 그러나 이는 아마도 유토피아적 소망일 것입니다. 전쟁을 간접적으로 막는 다른 방법들은 그처럼 즉각적인 성공을 약속해 주지는 않지만, 그보다 실행 가능성이 높은 것은 의심할 여지가 없습니다. 맷돌이 밀을 너무 천천히 빻는 바람에 사람들이 밀가루를 손에 넣기도 전에 굶어 죽는 불쾌한 그림이 떠오릅니다.

세상 물정에 어두운 이론가들에게 긴급한 현실 문제에 대해 조언을 청해도, 뾰족한 결과는 나올 수 없습니다. 차라리 어떤 상황에 부닥칠 때마다 가까이에 있는 수단으로 위험에 대처하는 데 전념하는 편이 낫습니다. 그러나 여기서 나는 한 가지 문제를 더 논하고 싶습니다. 당신 편지에는 언급되지 않은 문제이지만, 나로서는 각별한 관심이 있는 문제입니다. 당신과 나를 비롯한 수많은 사람은 무엇 때문에 전쟁에 그토록 격렬히 반발하는 것일까요? 왜 우리는 전쟁을 인생에서 수없이 부딪치는 고통스러운 재난 가운데 하나로 받아들이지 않는 것일까요? 어쨌든 전쟁은 충분한 생물학적 근거가 있으며, 사실상 거의 피할 수 없는 하나의 자연스러운 일처럼 보입니다. 내가 이 문제를 제기한 것에 충격을 받을 필요는 없습니다. 이런 연구를 위해서는 초연한 체하는 가면을 쓰는 것이 허용될지도 모릅니다.

내 질문에 대한 답은 이렇습니다. 우리가 전쟁에 대해 그런 반응을 보이는 것은 모든 사람이 자신의 생명에 대한 권리가 있기 때문이고, 전쟁은 희망으로 가득 찬 인간 생활에 종지부를 찍기 때문이고, 개인을 굴욕적인 상황으로 몰아넣기 때문이고, 본의 아니게 타인을 죽이도록 강제하기 때문이고, 인류가 애써 만든 귀중한 문화재를 파괴하기 때문입니다. 그 밖에도 많은 이유를 들 수 있습니다. 가령 오늘날과 같은 형태의 전쟁은 영웅적 행위라는 옛날의 꿈을 달성할 수 있는 기회가 아니라고, 파괴 수단이 더욱 완벽해지면 미래의 전쟁은 전쟁 당사자의 한쪽이나 양쪽 모두를 전멸시킬지 모른다는 것도 전쟁에 반대하는 이유입니다. 이 모든 것이 진실이기 때문에, 인류가 아직도 만장일치로 전쟁을 거부하지 않는다는 사실에 경악하지 않을 수 없습니다. 위에서 언급한 점들 가운데 한두 가지는 논란의 여지가 있는 것이 사실입니다. 예컨대 이런 의문이 제기될 수 있습니다. 공동체는 개인의 생명을 마음대로 처분할 권리를 가질 수 없는가. 모든 전쟁이 똑같이 비난받아 마땅한 것인가. 다른 나라와 민족을 호시탐탐 노리고 있는 나라와 민족이 존재하는 한, 그 다른 나라와 민족이 전쟁에 대비하여 무장하는 것은 당연하지 않은가. 그러나 나는 이런 문제들을 논의하면서 시간을 보내지는 않겠습니다. 이것들은 당신이 나와 토론하고 싶어 하는 문제가 아닐뿐더러, 나는 다른 것을 생각하고 있습니다. 내 생각에 우리가 전쟁에 반대하는 주된 이유는 반대하지 않을 수가 없기 때문입니다. 우리가 평화주의자인 것은 기질적인 이유로 평화주의자가 될 수밖에 없기 때문입니다. 평화주의를 전제로 하면, 그다음에 우리 태도를 정당화할 논거를 찾는 것은 조금도 어렵지 않습니다.

물론 여기에는 약간의 설명이 필요합니다. 나는 이렇게 생각합니다. 인류는 오랫동안 문화의 발전 과정을 거쳤고, 지금도 거치고 있습니다. (어떤 이들은 〈문명〉이라는 용어를 더 선호합니다.) 오늘날 우리가 당하고 있는 고통의 상당 부분만이 아니라, 우리가 이룩한 것의 대부분도 문화 발전의 산물입니다. 그 과정의 원인과 출발점은 분명치 않으며 그 종착지도 불확실하지만, 문화 발전의 몇 가지 특징은 쉽게 인지할 수 있습니다. 문화 발전은 여러 가지 방법으로 생식 기능을 손상시키기 때문에, 인류를 절멸시키는 결과로 귀착될지도 모릅니다. 미개 민족과 후진(後進) 계층이 문명 민족이나 선진 계층보다 훨씬 빠르게 번식하고 있다는 사실이 그 증거가 될 것입니다. 문화 발전은 어떤 종의 동물을 길들이는 것과 비교할 수 있고, 신체적 변화를 수반하는 것이 분명합니다. 그러나 우리는 문화 발전이 이런 유기적 과정이라는 개념에 아직 익숙하지 않습니다. 문화 발전에 수반되는 〈신체적〉 변화는 두드러지고 명백합니다. 그것은 본능이 지향하는 목표를 차츰 다른 데로 돌리고, 본능적 충동을 억제합니다. 우리 선조들에게는 즐거운 만족을 주었던 감각이 우리에게는 좋지도 나쁘지도 않거나 참을 수 없을 만큼 불쾌한 감각이 되었습니다. 우리의 윤리적·미학적 이상이 변화한 데에는 기질적인 이유가 있습니다. 문명의 심리학적 특징 가운데 두 가지가 가장 중요해 보입니다. 하나는 지성이 강화되어 본능을 지배하기 시작하는 것이고, 또 하나는 공격적 충동이 내면화하여 여러 가지 이익과 위험을 가져오는 것입니다. 전쟁은 문명 과정이 우리에게 부과한 심리적 태도와 가장 격렬하게 대립합니다. 그 때문에 우리는 전쟁에 대해 강한 혐오를 느낄 수밖에 없습니다. 전쟁을 더 이상 참을 수가 없는 것입니다. 이것은 단순히 지적이고 감정적인 거부 반응이 아닙니다. 나 같은 평화주의자들은 전쟁에 대한 〈체질적〉인 과민증, 말하자면 극도로 증대된 병적 혐오감이 있습니다. 전쟁의 잔혹성만이 아니라 전쟁의 미학적 수준이 낮아진 것도 우리가 전쟁에 반대하는 데 상당한 역할을 맡고 있는 것 같습니다.

그런데 앞으로 얼마나 오래 기다려야 나머지 인류도 평화주의자가 될까요? 그것은 아무도 모릅니다. 하지만 이 두 가지 요인 ― 문화적 태도와, 미래의 전쟁이 초래할 결과에 대한 정당한 불안 ― 이 조만간 전쟁에 종지부를 찍으리라고 기대하는 것은 유토피아적 소망이 아닐지도 모릅니다. 이것이 어떤 경로로 이루어질지, 또는 어떤 옆길로 빗나갈지는 짐작할 수 없습니다. 하지만 한 가지만은 단언할 수 있습니다. 문명의 발전을 촉진하는 것은 동시에 전쟁을 억지하는 작용도 한다는 것입니다.[7]

7 〈문명의 발전〉이라는 개념의 기원은 프로이트의 초기 시절로 거슬러 올라갈 수 있다. 그러나 그는 이 개념을 더욱 발달시켰다. 「인간 모세와 유일신교」의 제3장에는 이 개념이 약간 다른 관점에서 두드러지게 나타나 있다. 프로이트는 이크나톤(기원전 14세기 이집트 제18왕조의 왕인 아멘호테프 4세, 종교 개혁자이자 최초의 일신교 신자)한테서 유래한 모세의 종교를 예로 들어 문명의 발전 과정의 두 가지 주요한

내가 말한 것에 실망했다고 해도 용서해 주시리라 믿습니다.
안녕히 계십시오.

1932년 9월 빈에서

지크문트 프로이트

특징을 설명했는데, 그것은 여기에 언급한 특징 — 지성의 강화와 본능의 단념 — 과
같다.

프로이트의 삶과 사상

— 제임스 스트레이치

지크문트 프로이트Sigmund Freud는 1856년 5월 6일, 그 당시에는 오스트리아-헝가리 제국의 일부였던 모라비아의 소도시 프라이베르크에서 출생했다. 83년에 걸친 그의 생애는 겉으로 보기에는 대체로 평온무사했고, 따라서 장황한 서술을 요하지 않는다.

그는 중산층 유대인 가정에서 두 번째 부인의 맏아들로 태어났지만, 집안에서 그의 위치는 좀 이상했다. 프로이트 위로 첫 번째 부인 소생의 다 자란 두 아들이 있었기 때문이다. 그들은 프로이트보다 스무 살 이상 나이가 많았고, 그중 하나는 이미 결혼해서 어린 아들을 두고 있었다. 그랬기에 프로이트는 사실상 삼촌으로 태어난 셈이었지만, 적어도 그의 유년 시절에는 프로이트 밑으로 태어난 일곱 명의 남동생과 여동생 못지않게 조카가 중요한 역할을 했다.

그의 아버지는 모피 상인이었는데, 프로이트가 태어난 후 얼마 지나지 않아 사업이 어려워지기 시작했다. 그래서 프로이트가 겨우 세 살이었을 때 그는 프라이베르크를 떠나기로 결심했고, 1년 뒤에는 온 가족이 빈으로 이주했다. 이주하지 않은 사람은 영국 맨체스터에 정착한 두 이복형과 그들의 아이들뿐이었다. 프로이트는 몇 번인가 영국으로 건너가서 그들과 합류해 볼까 하는 생각을 했지만, 그것은 거의 80년 동안 실행에 옮겨지지 못했다.

프로이트가 빈에서 어린 시절을 보내는 동안 그의 집안은 몹시 궁핍한 상태였지만, 어려운 형편에도 불구하고 그의 아버지는 언제나 셋째 아들의 교육비를 최우선으로 꼽았다. 프로이트가 매우 총명했을 뿐 아니라 공부도 아주 열심히 했기 때문이다. 그 결과 그는 아홉 살이라는 어린 나이에 김나지움에 입학했고, 그 학교에서 보낸 8년 가운데 처음 2년을 제외하고는 자기 학년에서 수석을 놓친 적이 없었다. 그는 열일곱 살 때 아직 어떤 진로를 택할 것인지 결정을 하지 못한 채 김나지움을 졸업했다. 그때까지 그가 받았던 교육은 지극히 일반적인 것이어서, 어떤 경우에든 대학에 진학할 것으로 보였으며, 서너 곳의 학부로 진학할 길이 그에게 열려 있었다.

프로이트는 수차례에 걸쳐, 자기는 평생 동안 단 한 번도 〈의사라는 직업에 선입관을 가지고 특별히 선호한 적이 없었다〉고 주장했다.

나는 그보다는 오히려 일종의 호기심을 느꼈다. 하지만 그것은 자연계의 물체들보다는 인간의 관심사에 쏠린 것이었다.[1]

그리고 어딘가에서는 이렇게 적었다.

어린 시절에 나는 고통받는 인간을 도우려는 어떤 강한 열망도 가졌던 기억이 없다. (……) 그러나 젊은이가 되어서는 우리가 살고 있는 세상의 수수께끼들 가운데 몇 가지를 이해하고, 가능하다면 그 해결책으로 뭔가 기여도 하고 싶은 억누를 수 없는 욕망을

1 「나의 이력서」(1925) 앞부분 참조.

느꼈다.[2]

또 그가 만년에 수행했던 사회학적 연구를 논의하는 다른 글에서는 이렇게 적기도 했다.

나의 관심은 평생에 걸쳐 자연 과학과 의학과 심리 요법을 두루 거친 뒤에 오래전, 그러니까 내가 숙고할 수 있을 만큼 충분히 나이가 들지 않았던 젊은 시절에 나를 매혹시켰던 문화적인 문제들로 돌아왔다.[3]

프로이트가 자연 과학을 직업으로 택하는 데 직접적인 계기가 되었던 사건은 — 그의 말대로라면 — 김나지움을 졸업할 무렵 괴테가 썼다고 하는(아마도 잘못된 것으로 보인다) 〈자연〉에 관한 매우 화려한 문체의 에세이를 낭독하는 독회에 참석한 일이었다고 한다. 하지만 그 선택이 자연 과학이긴 했지만, 실제로는 의학으로 좁혀졌다. 그리고 프로이트가 열일곱 살 때인 1873년 가을, 대학에 등록했던 것도 의과대 학생으로서였다. 하지만 그는 서둘러 의사 자격을 취득하려고 하지는 않았다. 한두 해 동안 그가 다양한 과목의 강의에 출석했던 것만 보더라도 이를 알 수 있다. 그러나 차츰차츰 관심을 기울여 처음에는 생물학에, 다음에는 생리학에 노력을 집중했다. 그가 맨 처음 연구 논문을 쓴 것은 대학 3학년 때였다. 당시 그는 비교 해부학과 교수에게 뱀장어를 해부해서 세부 사항을 조사하라는 위임을 받았는데, 그 일에는 약 4백 마리의 표본을 해부하는 일이 포함되었다. 그로부터 얼마 지

2 「비전문가 분석의 문제」(1927)에 대한 후기 참조.
3 「나의 이력서」에 대한 후기 참조.

나지 않아서 그는 브뤼케Brücke가 지도하는 생리학 연구소로 들어가 그곳에서 6년 동안 근무했다. 그가 자연 과학 전반에 대해 보이는 태도의 주요한 윤곽들이 브뤼케에게서 습득되었다는 것은 의심할 여지가 없는 일이다. 그 기간 동안 프로이트는 주로 중추 신경계의 해부에 대해서 연구했고, 이미 책들을 출판하고 있었다. 그러나 실험실 연구자로서 벌어들이는 수입은 대가족을 부양하기에는 충분하지 못했다. 그래서 마침내 1881년 그는 의사 자격을 따기로 결정했고, 그로부터 1년 뒤에는 많은 아쉬움을 남긴 채 브뤼케의 연구소를 떠나 빈 종합 병원에서 근무하기 시작했다.

그러나 결국 프로이트의 삶에 변화를 가져다준 결정적인 계기가 있었다면, 그것은 생각보다도 더 절박한 가족에 대한 것이었다. 1882년에 그는 약혼을 했고, 그 이후 결혼을 성사시키는 데 모든 노력을 기울였다. 그의 약혼녀 마르타 베르나이스Martha Bernays는 함부르크의 이름 있는 유대인 집안 출신으로, 한동안 빈에서 지내고 있었지만 얼마 안 가서 곧 머나먼 독일 북부에 있는 그녀의 집으로 돌아가야 했다. 그 뒤로 4년 동안 두 사람이 서로를 만나 볼 수 있었던 것은 짧은 방문이 있을 때뿐이었고, 두 연인은 거의 매일같이 주고받는 서신 교환으로 만족해야 했다. 그 무렵 프로이트는 의학계에서 지위와 명성을 확립해 가고 있었다. 그는 병원의 여러 부서에서 근무했지만, 얼마 지나지 않아 곧 신경 해부학과 신경 병리학에 몰두하기 시작했다. 또 그 기간 중에 코카인을 의학적으로 유용하게 이용하는 첫 번째 연구서를 출간했고, 그렇게 해서 콜러에게 그 약물을 국부 마취제로 사용하도록 제안하기도 했다. 바로 뒤이어 그는 두 가지 즉각적인 계획을 수립했다. 하나는 객원 교수 자리에 지명을 받는 것이었고, 다른 하나는 장학금을 받아 얼마 동안 파리로 가서 지내려는 것이었다. 그곳에서는 위대한 신경 병리학자 샤르코Charcot가 의학계를 주도하고 있었다. 프로이트는 그 두 가지 목적이 실현된다면 자기에게 커다란 도움이 될 것이라고 생각했고, 열심히 노력한 끝에 1885년에 두 가지 모두를 얻어 냈다.

프로이트가 파리 살페트리에르 병원(신경 질환 치료로 유명한 병원)의 샤르코 밑에서 보냈던 몇 달 동안, 그의 삶에는 또 다른 변화가 있었다. 이번에는 실로 혁명적인 변화였다. 그때까지 그의 일은 전적으로 자연 과학에만 관련되었고, 파리에 있는 동안에도 그는 여전히 뇌에 관한 병력학(病歷學) 연구를 계속하고 있었다. 그 당시 샤르코의 관심은 주로 히스테리와 최면술에 쏠려 있었는데, 빈에서는 그런 주제들이 거의 생각할 만한 가치가 없는 것으로 여겨졌다. 그러나 프로이트는 그 일에 몰두하게 되었다. 비록 샤르코 자신조차 그것들을 순전히 신경 병리학의 지엽적인 부문으로 보았지만, 프로이트에게는 그것이 정신의 탐구를 향한 첫걸음인 셈이었다.

1886년 봄, 빈으로 돌아온 프로이트는 신경 질환 상담가로서 개인 병원을 열고, 뒤이어 오랫동안 미루어 왔던 결혼식을 올렸다. 하지만 그렇다고 해서 그가 당장 자기가 하던 모든 신경 병리학 업무를 그만둔 것은 아니었다. 그는 몇 년 더 어린아이들의 뇌성 마비에 관한 연구를 계속했고, 그 분야에서 주도적인 권위자가 되었다. 또 그 시기에 실어증에 관해서 중요한 연구 논문을 쓰기도 했지만, 최종적으로는 신경증의 치료에 더욱 노력을 집중했다. 전기 충격 요법 실험이 허사로 돌아간 뒤 그는 최면 암시로 방향을 돌려서, 1888년에 낭시를 방문하여 리에보Liébeault와 베르넴Bernheim이 그곳에서 괄목할 만한 성공을 거두는 데 이용한 기법을 배웠다. 하지만 그 기법 역시 불만족스러운 것으로 밝혀지자, 또 다른 접근 방법을 강구하지 않을 수 없었다. 그는 빈의 상담가이자 상당히 손위 연배인 요제프 브로이어Josef Breuer 박사가 10년 전쯤 아주 새로운 치료법으로 어떤 젊은 여자의 히스테리 증세를 치료했다는 사실을 알고 있었다. 그는 브로이어에게 그 방법을 한 번 더 써보도록 설득하는 한편, 그 스스로도 새로운 사례에 그 방법을 몇 차례 적용해서 가망성 있는 결과를 얻었다. 그 방법은 히스테리가 환자에게 잊힌 어떤 육체적 충격의 결과라는 가정에 근거를 둔 것이었다. 그리고 치료법은 잊힌 충격을 떠올리기 위해 적절한 감정을 수반하여 환자를 최면 상태로 유도하는 것으로 이루어져 있었다. 얼마 지나지 않아 프로이트는 그 과정과 저변에 깔린 이론 모두에서 변화를 일으키기 시작했고, 마침내는 그 일로 브로이어와 갈라설 정도까지 되었지만, 자기가 이루어 낸 모든 사상 체계의 궁극적인 발전에 곧 정신분석학이라는 이름을 붙였다.

그때부터 — 아마도 1895년부터 — 생을 마감할 때까지 프로이트의 모든 지성적인 삶은 정신분석학의 발전과 그 광범위한 언외(言外)의 의미, 그리고 그 학문의 이론적이고 실제적인 영향을 탐구하는 데 바쳐졌다. 프로이트의 발견과 사상에 대해서 몇 마디 말로 일관된 언급을 하기란 물론 불가능하겠지만, 그가 우리의 사고 습관에 불러일으킨 몇 가지 주요한 변화를 단절된 양상으로나마 지적하기 위한 시도는 얼마 안 가서 곧 이루어질 것이다. 그러는 동안 우리는 그가 살아온 삶의 외면적인 과정을 계속 좇을 수 있을 것이다.

빈에서 그가 영위했던 가정생활에는 본질적으로 에피소드가 결여되어 있다. 1891년부터 47년 뒤 그가 영국으로 떠날 때까지 그의 집과 면담실이 같은 건물에 있었기 때문이다. 그러나 행복한 결혼 생활과 불어나는 가족 — 세 명의 아들과 세 명의 딸 — 은 그가 겪는 어려움들, 적어도 그의 직업적 경력을 둘러싼 어려움들에 견실한 평형추가 되어 주었다. 의학계에서 프로이트에 대해 편견을 가지고 있었던 이유는 그가 발견한 것들의 본질 때문만이 아니라, 어쩌면 그에 못지않게 빈의 관료 사회를 지배하고 있던 강한 반유대 감정의 영향 때문이기도 했을 것이다. 그가 대학교수로 취임하는 일도 정치적 영향력 탓으로 끊임없이 철회되었다.

그러한 초기 시절의 특별한 일화 한 가지는 그 결과 때문에 언급할 필요가 있다. 그것은 프로이트와, 명석하되 정서가 불안정한 베를린의 의사 빌헬름 플리스Wilhelm Fließ의 우정에 관한 것이다. 플리스는 이비인후과를 전공했지만 인간 생태학과 생명 과정에서 일어나는 주기적 현상의 영향에 이르기까지 관심 범위가 매우 넓었다. 1887년부터 1902년까지 15년 동안 프로이트는 그와 정기적으로 편지를 교환하면서 자기의 발전된 생각을 알렸고, 자기가 앞으로 쓸 책들의 윤곽을 개술한 긴 원고를 그에게 미리 보냈다. 그리고 무엇보다도 중요한 것은 「과학적 심리학 초고」라는 제목이 붙은 약 4만 단어짜리 논문을 보낸 것이었다. 이 논문은 프로이트의 경력에서 분수령이라고도 할 수 있는, 즉 그가 어쩔 수 없이 생리학에서 심리학으로 옮겨 가고 있던 1895년에 작성된 것으로, 심리학의 사실들을 순전히 신경학적 용어들로 서술하려는 시도였다. 다행스럽게도 이 논문과 프로이트가 플리스에게 보낸 다른 편지들도 모두 보존되어 있는데, 그것들은 프로이트의 사상이 어떻게 발전되었는가에 대해 매혹적인 빛을 던질 뿐 아니라, 정신분석학에서 나중에 발견된 것들 중 얼마나 많은 것이 초기 시절부터 이미 그의 마음속에 있었는지를 보여 준다.

플리스와의 관계를 제외한다면, 프로이트는 처음에는 외부의 지원을 거의 받지 못했다. 빈에서 점차 프로이트 주위로 몇몇 문하생이 모여들었지만, 그것은 대략 10년쯤 후인 1906년경, 즉 다수의 스위스 정신 의학자가 그의 견해에 동조함으로써 분명한 변화가 이루어진 뒤의 일이었다. 그들 가운데 중요한 인물로는 취리히 정신 병원장인 블로일러E. Bleuler와 그의 조수인 융C. G. Jung이 있었는데, 그것으로 우리는 정신분석학이 처음으로 확산되기 시작했음을 알 수 있다. 1908년에는 잘츠부르크에서 정신분석학자들의 국제적인 모임이 열린 데 이어, 1909년에는 미국에서 프로이트와 융을 초청해 여러 차례의 강연회를 열어 주었다. 프로이트의 저서들이 여러 나라 말로 번역되기 시작했고, 정신분석을 실행하는 그룹들이 세계 각지에서 생겨났다. 그러나 정신분석학의 발전에 장애가 없지는 않았다. 그 학문의 내용이 정신에 불러일으킨 흐름들은 쉽게 받아들이기에는 너무 깊이 흐르고 있었던 것이다. 1911년 빈의 저명한 프로이트 지지자들 중 한 명인 알프레트 아들러Alfred Adler가 그에게서 떨어져 나갔고, 이삼 년 뒤에는 융도 프로이트와의 견해 차이로 결별했다. 그 일에 바로 뒤이어 제1차 세계 대전이 발발하자, 정신분석의 국제적인 확산은 중단되었다. 그리고 얼마 안 가서 곧 가장 중대한 개인적 비극이 닥쳤다. 딸과 사랑하는 손자의 죽음, 그리고 삶의 마지막 16년 동안 그를 가차 없이 쫓아다닌 악성 질환의 발병이었다. 그러나 어떤 질병도 프로이트의 관찰과 추론의 발전을 막을 수는 없었다. 그의 사상 체계는 계속 확장되었고, 특히 사회학 분야에서 더욱더 넓은 적용 범위를 찾았다. 그때쯤 그는 세계적인 명사로서 인정받는 인물이 되어 있었는데, 1936년 그가 여든 번째 생일을 맞던 해에 영국 왕립 학회Royal Society의 객원 회원으로 선출된 명예보다 그를 더 기쁘게 한 일은 없었다. 1938년 히틀러가 오스트리아를 침공했을 때 국가 사회주의자들의 가차 없는 박해로부터 그를 보호해 주었던 것도 — 비록 그들이 프로이트의 저서들을 몰수해서 없애 버리기는 했지만 — 들리는 말로는 루스벨트 대통령까지 포함된, 영향력 있는 찬양자들의 노력으로 뒷받침된 그의 명성이었다. 그렇다 하더라도 프로이트는 어쩔 수 없이 빈을 떠나 그해 6월 몇몇 가족과 함께 영국으로 건너갔고, 그로부터 1년 뒤인 1939년 9월 23일 그곳에서 세상을 떠났다.

   프로이트를 현대 사상의 혁명적인 창립자들 중 한 사람으로 일컬으며, 그의 이름을 아인슈타인Albert Einstein에 결부시켜 생각하는 것은 신문이나 잡지에 실릴 법한 진부한 이야기가 되었다. 그러나 대부분의 사람은 그나 아인슈타인에 의해 도입된 변화들을 간략하게 설명하기가 매우 어려울 것이다.

   프로이트의 발견들은 물론 서로 연관되어 있기는 하지만 크게 세 가지로 묶을 수 있다. 연구의 수단, 그 수단에 의해 생겨난 발견들, 그리고 그 발견들에서 추론할 수 있는 이론적 가설들이 그것이다. 그런데 여기서 우리는 프로이트가 수행했던 모든 연구 이면에 결정론 법칙의 보편적 타당성에 대한 믿음이 있었다는 사실을 인정해야 한다. 자연 과학 현상과 관련해서는 이 믿음이 아마도 브뤼케의 연구소에서 근무한 경험에서 생겨났을 것이고, 궁극적으로는 헬름홀츠Helmholtz 학파로부터 생겨났을 것이다. 그러나 프로이트는 단호히 그 믿음을 정신 현상의 분야로 확장시켰는데, 그러는 데는 자기의 스승이자 정신 의학자인 마이네르트Meynert에게서, 그리고 간접적으로는 헤르바르트Herbart의 철학에서 영향을 받았을 수도 있다.

무엇보다도 먼저 프로이트는 인간의 정신을 과학적으로 탐구하기 위한 첫 번째 도구를 찾아낸 사람이었다. 천재적이고 창조적인 작가들은 단편적으로 정신 과정을 통찰해 왔지만, 프로이트 이전에는 어떤 체계적인 탐구 방법도 없었다. 그는 이 방법을 단지 점차적으로 완성시켰을 뿐인데, 그것은 그러한 탐구에서 장애가 되는 어려움들이 점차적으로 분명해졌기 때문이다. 브로이어가 히스테리에서 설명한 잊힌 충격은 가장 최초의 문제점을 제기했고, 어쩌면 가장 근본적인 문제점을 제기했을 수도 있다. 관찰자나 환자 본인 모두에 의해서 검사에 즉각적으로 개방되지 않는, 정신의 활동적인 부분들이 있다는 것을 결정적으로 보여 주었기 때문이다. 정신의 그러한 부분들을 프로이트는 형이상학적 논쟁이나 용어상의 논쟁을 고려하지 않고 〈무의식〉이라고 기술했다. 무의식의 존재는 최면 후의 암시라는 사실로도 증명되는데, 이 경우 환자는 암시 그 자체를 완전히 잊었다 하더라도 충분히 깨어 있는 상태에서 조금 전 그에게 암시되었던 행동을 수행한다. 그러므로 어떠한 정신의 탐구도 그 범위에 이 무의식적인 부분이 포함되지 않고는 완전한 것으로 여겨질 수 없었다. 그렇다면 이것이 어떻게 완전해질 수 있었을까? 명백한 해답은 〈최면 암시라는 수단에 의해서〉인 것처럼 보였다. 그리고 이 방법은 처음엔 브로이어에 의해, 다음에는 프로이트에 의해 이용된 수단이었다. 그러나 얼마 안 가서 곧 그 방법은 불규칙하거나 불명확하게 작용하고, 때로는 전혀 작용하지 않는 불완전한 것임이 밝혀졌다. 따라서 프로이트는 차츰차츰 암시의 이용을 그만두고 나중에 〈자유 연상〉이라고 알려진 완전히 새로운 방법을 도입했다. 즉 정신을 탐구하려는 상대방에게 단순히 무엇이든 머릿속에 떠오르는 것을 말하라고 요구하는, 전에는 들어 보지 못했던 계획을 채택했다. 이 중대한 결정 덕분에 곧바로 놀라운 결과가 도출되었다. 프로이트가 채택한 수단이 초보적인 형태였음에도 불구하고 그것은 새로운 통찰력을 제시했던 것이다. 한동안은 이런저런 연상들이 물 흐르듯 이어진다 하더라도 조만간 그 흐름은 고갈되기 마련이고, 환자는 더 말할 것을 아무것도 생각하지 않거나 또는 할 수 없게 된다. 그렇게 해서 저항의 진상, 즉 환자의 의식적인 의지와 분리되어 탐구에 협조하기를 거부하는 힘의 진상이 드러난다. 여기에 아주 근본적인 이론의 근거, 즉 정신을 뭔가 역동적인 것으로, 일부는 의식적이고 일부는 무의식적이며, 때로는 조화롭게 작용하고 때로는 서로 상반되는 다수의 정신적인 힘들로 이루어져 있다고 가정할 근거가 있었다.

그러한 현상들은 결국 보편적으로 생겨난다는 것이 밝혀지기는 했지만, 처음에는 신경증 환자들에게서만 관찰 연구되었고, 처음 몇 년 동안 프로이트의 연구는 주로 그러한 환자들의 〈저항〉을 극복하여 그 이면에 있는 것을 밝혀낼 수단을 발견하는 일과 관련되었다. 그 해결책은 오로지 프로이트 편에서 극히 이례적인 자기 관찰 ─ 지금에 와서는 자기 분석이라고 기술되어야 할 ─ 을 함으로써만 가능해졌다. 다행스럽게도 우리는 앞에서 얘기한, 그가 플리스에게 보냈던 편지로 그 당시의 상황을 직접적으로 알 수 있다. 즉 그는 분석 덕분에 정신에서 작용하는 무의식적인 과정의 본질을 발견하고, 어째서 그 무의식이 의식으로 바뀔 때 그처럼 강한 저항이 있는지를 이해할 수 있었다. 또 그의 환자들에게서 저항을 극복하거나 피해 갈 기법을 고안할 수 있었고, 무엇보다도 중요한 것, 즉 그러한 무의식적인 과정의 기능 방식과 익히 알려진 의식적인 과정의 기능 방식 사이에 아주 큰 차이점이 있음을 알아낼 수 있었다는 것이다. 다음 세 가지는 그 하나하나에 대해서 언급이 좀 필요할 것 같다. 왜냐하면 사실 그것들은 정신에 관한 우리의 지식에 프로이트가 미친 공적들의 핵심을 구성하고 있기 때문이다.

정신의 무의식적인 내용들은 대체로 원초적인 육체적 본능에서 직접 그 에너지를 이끌어 내는 능동적인 경향의 활동 — 욕망이나 소망 — 으로 이루어져 있는 것으로 보인다. 이 무의식은 즉각적인 만족을 얻는 것 외에는 전혀 아무것도 고려하지 않고 기능하며, 따라서 현실에 적응하고 외부적인 위험을 피하는 것과 관련된, 정신에서 더욱더 의식적인 요소들과 동떨어져 있기 마련이다. 더군다나 이러한 원초적인 경향은 훨씬 더 성적이거나 파괴적인 경향을 지니며, 좀 더 사회적이고 개화된 정신적인 힘들과 상충할 수밖에 없다. 이것을 계속 탐구함으로써 프로이트는 오랫동안 숨겨져 있던 어린아이들의 성적인 삶과 오이디푸스 콤플렉스의 비밀을 알아낼 수 있었다.

두 번째로, 그는 자기 분석을 함으로써 꿈의 본질을 탐구하기 시작했다. 이 꿈들은 신경증 증상들과 마찬가지로 원초적인 무의식적 충동과 2차적인 의식적 충동 사이에서 생겨나는 갈등과 타협의 산물임이 밝혀졌다. 그것들을 구성 요소별로 나누어 분석함으로써 프로이트는 숨어 있는 무의식적인 내용들을 추론할 수 있었으며, 꿈이 거의 모든 사람들에게 보편적으로 일어나는 공통된 현상인 만큼 꿈의 해석이 신경증 환자의 저항을 간파하기 위한 기술적 도구 중의 하나임을 밝혀냈다.

마지막으로, 꿈에 대해 면밀하게 고찰함으로써 프로이트는 그가 생각의 1차적 과정과 2차적 과정이라고 명명한 것, 즉 정신의 무의식적 영역에서 일어나는 일과 의식적 영역에서 일어나는 일

사이의 엄청난 차이점들을 분류할 수 있었다. 무의식에서는 조직이나 조화는 전혀 발견되지 않고, 하나하나의 독립적인 충동이 다른 모든 충동과 상관없이 만족을 추구한다. 그 충동들은 서로 영향을 받지 않고 진행되며, 모순은 전혀 작용하지 않고 가장 대립되는 충동들이 아무런 갈등 없이 병존한다. 그러므로 무의식에서는 또한 생각들의 연상이 논리와는 아무런 관련도 없는 노선들을 따라 진행되며, 유사한 것들은 동일한 것으로, 반대되는 것들은 긍정적으로 동등하게 다루어진다. 또 무의식에서는 능동적인 경향을 수반한 대상들이 아주 이례적으로 가변적이어서, 하나의 무의식이 아무런 합리적 근거도 없는 온갖 연상의 사슬을 따라 다른 무의식으로 대체될 수도 있다. 프로이트는 원래 1차적 과정에 속하는 심리 기제가 의식적인 생각으로 침투하는 것이 꿈뿐만 아니라 여러 가지 다른 정상적 또는 정신 병리학적인 정신적 사건의 기이한 점을 설명해 준다는 사실도 분명히 알아냈다.

프로이트가 했던 연구의 후반부는 모두 이러한 초기의 사상들을 무한히 확장하고 정교하게 다듬는 데 바쳐졌다고 해도 과언이 아닐 것이다. 그러한 사상들은 정신 신경증과 정신 이상의 심리 기제뿐 아니라 말이 헛나온다거나 농담을 한다거나 예술적 창조 행위라거나 정치 제도 같은 정상적인 과정의 심리 기제를 설명하는 데도 적용되었고, 여러 가지 응용과학 — 고고학, 인류학, 범죄학, 교육학 — 에 새로운 빛을 던지는 데도 일익을 담당했다. 그리고 정신분석 요법의 효과를 설명하는 데도 도움이 되었다. 마지막으로, 프로이트는 이러한 근본적인 관찰들을 근거로 해서 그가 〈초심리학〉이라고 명명한 좀 더 일반적인 개념의 이론적인 구조를 세우기도 했다. 그러나 많은 사람들이 이 일반적 개념을 매혹적이라고 생각할지라도, 프로이트는 언제나 그것이 잠정적인 가설의 속성을 띤다고 주장했다. 만년에 그는 〈무의식〉이라는 용어의 다의성과 그것의 여러 가지 모순되는 용법에 많은 영향을 받아 정신에 대한 새로운 구조적 설명 — 여러 가지 문제점을 해명하기 위해 만들어진 것이 분명한 새로운 설명 — 을 제시했는데, 거기에서는 조화되지 않은 본능적인 경향은 〈이드〉로, 조직된 현실적인 부분은 〈자아〉로, 비판적이고 도덕적인 기능은 〈초자아〉로 불렸다.

지금까지 훑어본 내용으로 독자들은 프로이트의 삶에 있었던 외면적인 사건들의 윤곽과 그가 발견한 것에 대해 어느 정도 조망했을 것이다. 그런데 더 많은 것을 요구하는 것이, 좀 더 깊이 파고들어 가서 프로이트가 어떤 부류의 사람이었는지를 알아보는 것이 과연 적절할까? 아마도 그렇지 않을 것이다. 그러나 위인에 대한 사람들의 호기심은 만족할 줄 모르며, 그 호기심이 진실된 설명으로 충족되지 않으면 필연적으로 꾸며 낸 이야기라도 붙잡으려고 할 것이다. 프로이트는 초기에 낸 두 권의 책(『꿈의 해석』과 『일상생활의 정신 병리학』)에서 그가 제기한 논제로 인해 개인적인 사항들을 예외적으로 많이 제시하지 않을 수 없었다. 그럼에도 불구하고, 또는 바로 그런 이유로 그는 자기의 사생활이 침해당하는 것을 완강히 거부했으며, 따라서 여러 가지 근거 없는 얘깃거리의 소재가 되었다. 일례로 처음에 떠돌았던 아주 단순한 소문에 따르자면, 그는 공공 도덕을 타락시키는 데 온 힘을 쏟는 방탕한 난봉꾼이라는 것이었다. 또 이와 정반대되는 터무니없는 평가도 없지 않았다. 그는 엄격한 도덕주의자, 가차 없는 원칙주의자, 독선가, 자기중심적이고 웃지도 않는 본질적으로 불행한 남자로 묘사되었다. 그를 조금이라도 알고 있는 사람들이라면 누구에게나 위의 두 가지 모습은 똑같이 얼토당토않은 것으로 보일 것이다. 두 번째 모습은 분명히 부분적으로는 그가 말년에 육체적으로 고통받았다는 것을 아는 데서 기인한 것이다. 그러나 또 한편으로는 가장 널리 퍼진 그의 몇몇 사진이 불러일으킨 불행해 보이는 인상에 기인한 것일 수도 있다. 그는 적어도 직업적인 사진사들에게는 사진 찍히기를 싫어했으며, 그의 모습은 때때로 그런 사실을 드러냈다. 화가들 역시 언제나 정신분석학의 창시자를 어떻게든 사납고 무서운 모습으로 표현할 필요를 느꼈던 것처럼 보인다. 그러나 다행히도 좀 더 다정하고 진실한 모습을 보여 주는 다른 증거물들도 있다. 예를 들면 그의 장남이 쓴 아버지에 대한 회고록(마르틴 프로이트Martin Freud, 『명예로운 회상』, 1957)에 실려 있는, 휴일에 손자들과 함께 찍은 스냅 사진 같은 것들이다. 이 매혹적이고 흥미로운 책은 실로 여러 가지 면에서 좀 더 형식적인 전기들 — 그것들도 매우 귀중하기는 하지만 — 의 내용에서 균형을 회복하는 데 도움을 주는 한편, 일상생활을 하는 프로이트의 모습도 얼마간 드러내 준다. 이러한 사진들 가운데 몇 장은 그가 젊은 시절에 매우 잘생긴 용모였다는 것을 보여 준다. 하지만 나중에 가서는, 그러니까 제1차 세계 대전 뒤 병이 그를 덮치기 얼마 전부터는 더 이상 그렇지 못했고, 그의 용모는 물론 전체적인 모습(대략 중간 키 정도인)도 주로 긴장된 힘과 빈틈없는 관찰력을 풍기는 인상으로 널리 알려졌다. 그는 공식적인 자리에서는 진지하되 다정하고 사려 깊었지만, 사사로운 곳에서는 역설적인 유머 감각을 지닌 유쾌하고 재미있는 사람이기도 했다. 그가 가족에게 헌신적인 애정을 기울인 사랑받을 만한 남자였다는 것을 알아보기란 그리 어려운 일이 아니다. 그는 다방면으로 여러 가지 취미가 있었고 — 그는 외국 여행과 시골에서 보내는 휴일, 그리고 등산을 좋아했다―미술, 고고학, 문학 등 좀 더 전념해야 하는 주제에도 관심이 많았다. 프로이트는 독일어 외에 여러 외국어에도 능통해서 영어와 프랑스어를 유창하게 구사했을 뿐 아니라, 스페인어와 이탈리아어에도 상당한 지식을 갖고 있었다. 또 그가 후기에 받은 교육은 주로 과학이었지만(대학에서 그가 잠시 철학을 공부했던 것은 사실이다), 김나지움에서 배웠던 고전들에 대한 애정 또한 잃지 않았다. 우리는 그가 열일곱 살 때 한 급우[4]에게 보냈던 편지를 가지고 있는데, 그 편지에서 그는 졸업 시험의 각기 다른 과목에서 거둔 성과들, 즉 로마의 시인 베르길리우스에게서 인용한 라틴어 구절, 그리고 무엇보다도 『오이디푸스왕』에서 인용한 30행의 그리스어 구절을 적고 있다.

한마디로 우리는 프로이트를, 영국에서라면 빅토리아 시대 교육의 가장 뛰어난 산물과 같은 인물로 볼 수도 있을 것이다. 그러므로 프로이트의 문학과 예술에 대한 취향은 분명 우리와 다를 것이며, 윤리에 대한 견해도 자유롭고 개방적일지언정 프로이트 이후 세대에 속하지는 않을 것이다. 그러나 우리는 그에게서 많은 고통을 겪으면서도 격한 태도를 보이지 않는, 충만한 감성을 지닌 인간형을 본다. 그에게서 두드러지는 특징들은 완전한 정직과 솔직성, 그리고 아무리 새롭거나 예외적이더라도 자기에게 제시된 사실을 어떤 것이든 기꺼이 받아들여 숙고할 준비가 되어 있는 지성이다. 그가 이처럼 놀라운 면을 지니게 된 것은, 아마도 표면적으로 사람들을 싫어하는 태도가 숨기지 못한 전반적인 너그러움을 그러한 특징들과 결합하여 확장시킨 필연적인 결과일 것이다. 미묘한 정신을 지녔음에도 불구하고 그는 본질적으로 순

---

4 에밀 플루스Emil Fluss. 이 편지는 『프로이트 서간집』(1960)에 들어 있다.

박했으며, 때로는 비판 능력에서 예기치 않은 착오를 일으키기도 했다. 예를 들어 이집트학이나 철학 같은 자기 분야가 아닌 주제에서 신빙성이 없는 전거(典據)를 받아들이는 실수를 한다든가, 그리고 무엇보다도 이상한 것은 그 정도의 인식력을 지닌 사람으로 믿기 어려울 만큼 때로는 그가 알고 있는 사람들의 결점을 보지 못한 것 등이 그렇다. 그러나 프로이트가 우리와 같은 인간이라고 단언함으로써 허영심을 만족시킬 수 있다 하더라도, 그 만족감은 쉽사리 도를 넘어설 수 있다. 이제까지는 정상적인 의식에서 제외되었던 정신적 실체의 모든 영역을 처음으로 알아볼 수 있었던 사람, 처음으로 꿈을 해석하고, 유아기의 성욕이라는 사실을 처음으로 인정하고, 사고의 1차적 과정과 2차적 과정을 처음으로 구분한 사람 — 우리에게 무의식을 처음으로 현실로 제시한 사람 — 에게는 사실상 매우 비범한 면들이 있었을 것이다.

프로이트 연보

1856년 5월 6일, 오스트리아 모라비아의 프라이베르크에서 태어남.

1860년 가족들 빈으로 이주, 정착.

1865년 김나지움(중등학교 과정) 입학.

1873년 빈 대학 의학부에 입학.

1876년 1882년까지 빈 생리학 연구소에서 브뤼케의 지도 아래 연구 활동.

1877년 해부학과 생리학에 관한 첫 번째 논문 출판.

1881년 의학 박사 과정 졸업.

1882년 마르타 베르나이스와 약혼. 1885년까지 빈 종합 병원에서 뇌 해부학을 집중 연구, 논문 다수 출판.

1884년 1887년까지 코카인의 임상적 용도에 관한 연구.

1885년 신경 병리학 강사 자격(프리바트도첸트) 획득. 10월부터 1886년 2월까지 파리의 살페트리에르 병원(신경 질환 전문 병원으로 유명)에서 샤르코의 지도 아래 연구. 히스테리와 최면술에 대해 소개하기 시작.

1886년 마르타 베르나이스와 결혼. 빈에서 개업하여 신경 질환 환자를 치료하기 시작. 1893년까지 빈 카소비츠 연구소에서 계속 신경학을 연구. 특히 어린이 뇌성 마비에 관심을 가지고 많은 출판 활동을 함. 신경학에서 점차 정신 병리학으로 관심을 돌리게 됨.

1887년 장녀 마틸데 출생. 1902년까지 베를린의 빌헬름 플리스와 교분을 맺고 서신 왕래. 이 기간에 프로이트가 플리스에게 보낸 편지는 프로이트 사후인 1950년에 출판되어 그의 이론 발전 과정에 많은 시사점을 주고 있음. 최면 암시 요법을 치료에 사용하기 시작.

1888년 브로이어를 따라 카타르시스 요법을 통한 히스테리 치료에 최면술을 이용하기 시작. 그러나 점차 최면술 대신 자유 연상 기법을 시도하기 시작.

1889년 프랑스 낭시에 있는 베르넴을 방문. 그의 〈암시〉 요법을 연구. 장남 마르틴 출생.

1891년 실어증에 관한 연구 논문 발표. 차남 올리버 출생.

1892년 막내아들 에른스트 출생.

1893년 브로이어와 함께 히스테리의 심적 외상(外傷) 이론과 카타르시스 요법을 밝힌 『예비적 보고서』 출판. 차녀 소피 출생. 1896년까지 프로이트와 브로이어 사이에 점차 견해차가 생기기 시작. 방어와 억압의 개념, 그리고 자아와 리비도 사이의 갈등의 결과로 생기는 신경증 개념을 소개하기 시작. 1898년까지 히스테리, 강박증, 불안에 관한 연구와 짧은 논문 다수 발표.

1895년 브로이어와 함께 치료 기법에 대한 증례 연구와 설명을 담은 『히스테리 연구』 출판. 감정 전이 기법에 대한 설명이 이 책에서 처음으로 나옴. 『과학적 심리학 초고』 집필. 플리스에게 보내는 편지 속에 그 내용이 포함되어 있는 이 책은 1950년에야 비로소 첫 출판됨. 심리학을 신경학적인 용어로 서술하려는 이 시도는 처음에는 빛을 보지 못했지만 프로이트의 후기 이론에 관한 많은 시사점을 담고 있음. 막내딸 아나 출생.

1896년 〈정신분석〉이란 용어를 처음으로 소개. 부친 향년 80세로 사망.

1897년 프로이트의 자기 분석 끝에 심적 외상 이론을 포기하는 한편, 유아 성욕과 오이디푸스 콤플렉스에 대해 인식하게 됨.

1900년 『꿈의 해석』 출판. 책에 표시된 발행 연도는 1900년이지만 실제로 책이 나온 것은 1899년 11월임. 이 책의 마지막 장에서 정신 과정, 무의식, 〈쾌락 원칙〉 등에 대한 프로이트의 역동적인 관점이 처음으로 자세하게 설명됨.

1901년 『일상생활의 정신 병리학』 출판. 이 책은 꿈에 관한 저서와 함께 프로이트의 이론이 병적인 상태뿐만 아니라 정상적인 정신생활에까지 적용된다는 것을 분명히 보여 주고 있음.

1902년 특별 명예 교수에 임명됨.

1905년 「성욕에 관한 세 편의 에세이」 발표. 유아에서 성인에 이르기까지 인간의 성적 본능의 발전 과정을 처음으로 추적함.

1906년 융이 정신분석학의 신봉자가 됨.

1908년 잘츠부르크에서 제1회 국제 정신분석학회가 열림.

1909년 프로이트와 융이 미국으로부터 강의 초청을 받음. 〈꼬마 한스〉라는 다섯 살 어린이의 병력(病歷) 연구를 통해 처음으로 어린이에 대한 정신분석을 시도. 이 연구를 통해

성인들에 대한 분석에서 수립된 추론들이 특히 유아의
성적 본능과 오이디푸스 콤플렉스 및 거세 콤플렉스에
까지 적용될 수 있음을 확인함.

1910년 〈나르시시즘〉이론이 처음으로 등장함.

1911년 1915년까지 정신분석 기법에 관한 몇 가지 논문 발표.
아들러가 정신분석학회에서 탈퇴. 정신분석학 이론을
정신병 사례에 적용한 슈레버 박사의 자서전 연구 논문
이 나옴.

1912년 1913년까지 『토템과 터부』 출판. 정신분석학을 인류학
에 적용한 저서.

1914년 융의 학회 탈퇴. 「정신분석 운동의 역사」라는 논문 발표.
이 논문은 프로이트가 아들러 및 융과 벌인 논쟁을 담고
있음. 프로이트의 마지막 주요 개인 병력 연구서인 『늑
대 인간』(1918년에 비로소 출판됨) 집필.

1915년 기초적인 이론적 의문에 관한 〈초심리학〉 논문 12편을
시리즈로 씀. 현재 이 중 5편만 남아 있음. 1917년까지
『정신분석 강의』 출판. 제1차 세계 대전까지의 프로이트
의 관점을 광범위하고도 치밀하게 종합해 놓은 저서임.

1919년 나르시시즘 이론을 전쟁 신경증에 적용.

1920년 차녀 사망. 『쾌락 원칙을 넘어서』 출판. 〈반복 강박〉이라
는 개념과 〈죽음 본능〉 이론을 처음 명시적으로 소개.

1921년 『집단 심리학과 자아 분석』 출판. 자아에 대한 체계적이
고 분석적인 연구에 착수한 저서.

1923년 『자아와 이드』 출판. 종전의 이론을 크게 수정해 마음의
구조와 기능을 이드, 자아, 초자아로 나누어 설명. 암에
걸림.

1925년 여성의 성적 발전에 관한 관점을 수정.

1926년 『억압, 증상 그리고 불안』 출판. 불안의 문제에 대한 관점을 수정.

1927년 『어느 환상의 미래』 출판. 종교에 관한 논쟁을 담은 책. 프로이트가 말년에 전념했던 다수의 사회학적 저서 중 첫 번째 저서.

1930년 『문명 속의 불만』 출판. 이 책은 파괴 본능(〈죽음 본능〉의 표현으로 간주되는)에 대한 프로이트의 첫 번째 본격적인 연구서임. 프랑크푸르트시로부터 괴테상(賞)을 받음. 어머니 향년 95세로 사망.

1933년 히틀러 독일 내 권력 장악. 프로이트의 저서들이 베를린에서 공개적으로 소각됨.

1934년 1938년까지 『인간 모세와 유일신교(有一神敎)』 집필. 프로이트 생존 시 마지막으로 출판된 책.

1936년 80회 생일. 영국 왕립 학회의 객원 회원으로 선출됨.

1938년 히틀러의 오스트리아 침공. 빈을 떠나 런던으로 이주. 『정신분석학 개요』 집필. 미완성의 마지막 저작인 이 책은 정신분석학에 대한 결정판이라 할 수 있음.

1939년 9월 23일 런던에서 사망.

역자 해설

문명과 사회에 대한 프로이트의 시각

프로이트는 「나의 이력서」(1925)의 1935년 개정판에 덧붙인 글에서 지난 10년 동안 그의 저술 활동에 일어난 〈의미 있는 변화〉에 관해 이렇게 언급했다.

나의 관심은 그동안 자연 과학과 의학 및 정신분석 치료를 거치면서 멀리 우회한 뒤, 오래전에 사로잡혔던 문명의 문제로 되돌아왔다. 그때만 해도 나는 그 문제를 고찰하기에는 너무 젊었다.

이 고백은 〈문명의 문제〉가 평생 동안 그의 주요 관심사였다는 것과, 그 문제를 대하는 그의 태도에 상당한 변화가 있었다는 것을 말해 준다. 이때 〈문명의 문제〉란 본능적 요구와 문명적 제약의 대립 관계로서, 이 주제를 본격적으로 다룬 최초의 논문이 「〈문명적〉 성도덕과 현대인의 신경병」(1908)이다.

이 논문은 〈현대인의 신경병〉이 늘어나고 있는 원인을 고찰한다. 신경병 증가에 대한 관찰과 원인 분석은 당대의 여러 전문가들에 의해 제출되었는데, 프로이트는 개인이 문명적 성도덕의 지배를 받음으로써 성 본능이 억압되기 때문이라는 결론을 내린다. 「성욕에 관한 세 편의 에세이」(1905)에서 〈문명과 관능의 자유로

운 발달 사이에 존재하는 반비례 관계〉를 추적한 바 있는 프로이
트로서는, 그 연장선에서 신경병의 증가 원인을 탐색함으로써 성
욕에 관한 연구를 진전시킨 것이겠으나, 문명과 갈등 관계에 있는
본능을 성 본능에만 국한시킴으로써, 좀 더 심층적이고 내재적인
문명의 기원을 분석하지 않고, 문명을 밖에서 부과된 외적인 것
으로 한정했다는 인상을 준다. 〈그 문제를 고찰하기에는 너무 젊
었다〉라는 반성은 바로 이 점을 스스로 인식한 결과일 것이다.

본능과 문명의 대립 관계에 대한 관심은 종교에 대한 그의 태
도에도 그대로 되풀이되었다. 종교는 인간의 무의식적 갈등을 외
면화하여 우주적 차원으로 끌어올리는 것을 의미한다. 종교의 한
측면은 원초적 충동에 대한 대리 만족을 제공하고, 또 다른 측면
은 원초적 충동에 대한 억제력으로 작용한다. 종교는 〈인류의 강
박 신경증〉이며, 지상에서 본능적 원망을 단념하는 대가로 내세
에서의 행복을 약속하는 하늘에 계신 사랑하는 아버지의 환상을
영속화한다. 이것이 「어느 환상의 미래」(1927)의 명제이다. 이 논
문에서 프로이트는, 신에 대한 믿음은 유아적 무력함의 보편적
상태가 신화적으로 재현된 것이라고 주장했다. 이상화된 아버지
와 마찬가지로 신은 전능한 보호자를 원하는 유아적 소망이 투사
된 존재이다. 어린아이가 자라서 의존성을 떨쳐 버릴 수 있다면,
인류도 미숙한 타율성에서 벗어날 수 있다고, 프로이트는 낙관적
인 결론을 내린다.

그러나 이런 분석의 밑바탕에 깔려 있는 소박한 계몽주의적 신
념은 당장 비판을 받았다. 「나의 이력서」의 1935년판에 덧붙인
글에서 그는 이렇게 말했다.

「어느 환상의 미래」에서 나는 종교에 대한 부정적인 평가를 제

시했다. 나중에 나는 종교를 좀 더 정당하게 다루는 공식을 찾아 냈다. 종교의 힘이 종교가 포함하는 진리 속에 있다는 것을 인정 하면서도, 나는 그 진리가 실체적인 진리가 아니라 역사적인 진리 임을 입증했던 것이다.

프로이트는 결국 자신의 이론을 수정하여, 프랑스의 소설가 로 맹 롤랑과 교환한 편지에서 종교적 감정의 원천 중에는 좀 더 다 루기 어려운 것도 있다고 인정하게 되었다. 2년 뒤에 발표한 「문 명 속의 불만」(1929)의 첫 장은 로맹 롤랑이 〈망망대해 같은 느 낌〉이라고 부른 것에 바쳐졌는데, 프로이트는 그것을 〈우주와의 합일〉이라고 설명하고, 그 기원은 오이디푸스 콤플렉스가 생겨나 기 이전에 어린아이가 느끼는 어머니와의 일체감에 대한 향수라 고 주장했다. 따라서 종교는 여전히 유아적 무력함에 뿌리를 두 지만, 어느 정도는 출생 후의 초기 발달 단계에서 유래한다. 그 단 계로 돌아가고 싶다는 퇴행적 갈망은 강력한 아버지에 대한 갈망 보다 더 강할 수도 있고, 따라서 오이디푸스 콤플렉스의 집단적 해소를 통해 해결할 수도 없다.

그러나 프로이트가 자아심리학을 연구하여 초자아라는 개념 을 형성하고, 초자아가 유아기의 대상 관계에서 유래한다는 가설 을 세울 때까지는, 이런 제약에서 내적·외적 영향력이 맡고 있는 역할과 그 영향력의 상호 작용을 분명히 평가할 수 없었다. 「문명 속의 불만」의 상당 부분이 죄의식의 본질을 탐구하고 해명하는 데 바쳐져 있는 것은 바로 이 때문이고, 〈죄의식을 문명 발달에서 가장 중요한 문제로 설명하는 것이 내 의도〉라고 프로이트가 선 언한 연유도 여기에 있다. 그리고 이것은 이 저술의 두 번째 주제 인 파괴 본능의 근거가 된다.

인간의 죄의식은 널리 퍼져 있고 순수한 행복을 얻는 것은 불가능하다는 주장에 초점을 맞춘 프로이트는, 인류의 불만에 대한 사회적 해결책은 존재할 수 없다고 주장했다. 모든 문명은 아무리 잘 계획되었다고 해도 부분적인 위안밖에 제공하지 못한다. 인간의 파괴 본능은 법률로 조정될 수 있는 불평등한 재산 관계나 정치적 부당함 때문이 아니라, 오히려 외부로 방향을 돌린 〈죽음의 본능〉 탓이기 때문이다.

에로스조차도 문명과 완전한 조화를 이루지는 못한다. 집단적 유대를 창조하는 리비도는 성적인 것이기보다 목적 달성이 금지된 것이기 때문이다. 따라서 성적 만족을 얻고 싶은 충동과 인류에 대한 승화된 사랑 사이에 갈등이 생기기 쉽다. 게다가 에로스와 죽음의 본능은 적대적 관계에 있기 때문에, 그것이 낳는 갈등과 죄의식은 사실상 피할 수 없다. 우리가 바랄 수 있는 최선의 삶은 문명의 억압적 부담이 본능 만족 및 인류에 대한 승화된 사랑의 구현과 대체로 균형을 이루는 상태의 삶이다. 그러나 문명은 인간의 본능적 충동을 필연적으로 방해할 수밖에 없고, 이런 방해가 낳는 죄의식은 모든 문명이 치러야 하는 대가이기 때문에, 자연과 문명의 화해는 불가능하다. 프로이트는 성숙한 이성애와 생산적으로 일할 수 있는 능력을 건강함의 증거로 보고, 〈이드가 있는 곳에 에고도 있을 것〉이라고 주장했지만, 그가 문명에 대한 불만을 집단적으로 해소할 수 있다는 희망을 전혀 품지 않았던 것은 분명하다. 그는 종교적이든 세속적이든 구원의 가능성을 믿지 않고 살아가는 지혜의 가치관을 제공했을 뿐이다.

이 번역서에 함께 수록된 「집단 심리학과 자아 분석」(1921)은 사회적 유대 관계를 설명하려는 노력의 소산이다. 이 논문은 귀스타브 르 봉을 비롯한 19세기 말의 반민주주의적 집단 심리학자들에게 의존하고 있는데, 이 논문에는 프로이트의 저술 전반에서 볼 수 있는 자유주의적이고 합리주의적인 정치에 대한 환멸이 가장 명백히 드러나 있다. 프로이트에 따르면 모든 집단 현상의 특징은 개인에게서 자제력과 독립성을 박탈하는 퇴행적인 감정적 유대라는 것이다. 집단 현상은 최면이나 모방으로 설명할 수도 있지만, 프로이트는 특히 집단 속의 개인과 지도자 사이의 리비도적 유대를 강조한다. 집단 형성은 원시적 아버지를 지도자로 한 원초적 군집으로의 퇴행과 마찬가지이다. 프로이트는 군대와 교회를 예로 들어 설명했고, 그보다 덜 권위주의적인 집단 행동 방식은 진지하게 고려하지 않았다.

프로이트가 집단 형성의 기원으로 삼는 가족과 원초적 군집은 가부장적 지도자에 대한 감정적 관계를 중심으로 한다. 지도자를 가지고 싶은 욕구와 지도자의 관계는 부모와 어린아이의 관계에서 유래한다. 이 관계는 나중에 부모에 대한 개인의 태도에 영향을 미치고, 아버지-지도자의 승인을 얻고 싶어 하는 형제의 질투심은 서로 경쟁자가 된 집단 구성원들에 대한 태도에 영향을 미친다. 프로이트는 원초적 군집을 〈하나의 대상을 자신의 자아 이상의 대용품으로 삼고, 그 결과 자신의 자아 속에서 서로를 동일시하게 된 개인들의 무리〉로 설명했다.

집단에 대한 프로이트의 설명은 가족 집단만이 아니라 가부장적 가족과 공통된 특징을 지닌 그 밖의 집단에도 적용할 수 있다. 그러나 모든 집단이 그런 것은 아니며, 모든 가족이 그런 것도 아니다. 지도자와 추종자의 양극화는 사실상 전형적이지 않다. 예컨대 사회 심리학자들은 지도자를 집단의 한 기능으로 간주한다. 이들에 따르면 지도자는 집단이 일을 수행하기 위해 이용하는 도구에 불과하다. 그러나 프로이트는 지도자에게 초자아의 지위를 부여함으로써 정적인 존재로 고정시켰다. 이렇게 서로 다른 다른 방향으로 걸어간 이유는, 사회 심리학자들이 집단을 집단 자체로 다루는 반면, 프로이트는 집단 내부의 개인을 다루기 때문이다. 오늘날 사회 심리학과 정신분석학은 서로 이의를 제기하지 않는다. 두 학문은 이제 더 이상 같은 용어를 사용하지 않기 때문이다.

나는 프로이트 전공자도 아니고, 독일어를 잘 알지도 못한다. 『프로이트 전집』의 한국어판 번역 출판에 동참해 달라는 부탁을 받았을 때 선뜻 응할 수 없었던 이유가 거기에 있었다. 오랜 망설임 끝에 작업에 착수하고 나서도, 나는 적잖은 질문을 수시로 나자신에게 던지곤 했다. 과연 제대로 번역하고 있는가. 아니, 의미나마 제대로 읽고 있는가. 솔직히 말해서 나는 자신 있게 대답할수가 없다. 난삽한 관념과 생소한 용어들로 빽빽한 덤불숲을 헤쳐 나오는 것만으로도 벅차고 힘겨운 노릇이었기 때문이다. 더구나 영어로 번역된 책을 길잡이로 삼았으니, 무슨 말을 더 하겠는가. 어쨌거나 숲속에서 길을 잃지 않고, 마침내 밖으로 빠져나올수 있었던 것만도 다행한 일이지 싶다. 내가 걸어온 길이 올바른 길이었는가를 판단하는 것은 물론 독자들의 몫이다.

끝으로 이 책의 번역 대본은 *The Standard Edition of the Complete Psychological Works of Sigmund Freud*, London: The Hogarth Press and the Institute of Psycho-Analysis(1955)를 사용했음을 밝혀 둔다.

1997년 1월

김석희

참고 문헌

프로이트의 저술은 『표준판 전집』에 있는 논문 제목과 권수를 표시하고 열린책들 프로이트 전집의 권수를 병기했다.

Abraham, K. (1912) "Ansätze zur psychoanalytischen Erforschung und Behandlung des manisch-depressiven Irreseins und verwandter Zustände", *Zentbl. Psychoanal.*, 2, 302.

(1916) "Untersuchungen über die früheste prägenitale Entwicklungsstufe der Libido", *Int. Z. ärztl. Psychoanal.*, 4, 71.

Aichhorn, A. (1925) *Verwahrloste Jugend*, Wien.

Alexander, F. (1927) *Die Psychoanalyse der Gesamtpersönlichkeit*, Wien.

Atkinson, J. J. (1903) *Primal Law*, London, Included in A. Lang's *Social Origins*, London.

Beard, G. M. (1881) *American Nervousness, Its Causes and Consequences*, New York.

(1884) *Sexual Neurasthenia (Nervous Exhaustion), Its Hygiene, Causes, Symptoms and Treatment*, New York.

Binswanger, O. L. (1896) *Die Pathologie und Therapie der Neurasthenie*, Jena.

Bleuler, E. (1912) *Das autistische Denken*, Leipzig und Wien.

(1913) "Der Sexualwiderstand", *Jb. psychoanalyt. psychopath. Forsch.*, 5, 442.

Brandes, G. (1896) *William Shakespeare*, Paris, Leipzig und München.

Brugeilles, R. (1913) "L'essence du phénomène social: la suggestion", *Rev. phil.*, 75, 593.

Daly, C. D. (1927) "Hindumythologie und Kastrationskomplex", *Imago*, 13, 145.

Ehrenfels, C. von (1907) *Sexualethik. Grenzfr. Nerv.-u. Seelenleb.*, No. 56, Weisbaden.

Erb, W. (1893) *Über die wachsende Nervosität unserer Zeit*, Heidelberg.

Federn, P. (1919) *Die vaterlose Gesellschaft*, Wien.

(1926) "Einige Variationen des Ichgefühls", *Int. Z. Psychoanal.*, 12, 263.

(1927) "Narzissmus im Ichgefüge", *Int. Z. Psychoanal.*, 13, 420.

Felszeghy, B. von (1920) "Panik und Pankomplex", *Imago*, 6, 1.

Ferenczi, S. (1909) "Introjektion und Übertragung", *Jb. psychoanalyt. psychopath. Forsch.*, 1, 422.

(1913) "Entwicklungsstufen des Wirklichkeitssinnes", *Int. Z. ärztl. Psychoanal.*, 1, 124.

Freud, M. (1957) *Glory Reflected*, London.

Freud, S. (1891b) *On Aphasia*, London and New York, 1953.

(1893a) & Breuer, J., "On the Psychical Mechanism of Hysterical Phenomena: Preliminary Communication", in *Studies on Hyesteria, Standard Ed.*, 2, 3; 열린 책들 3.

(1895b[1894]) "On the Grounds for Detaching a Particular Syndrome from Neurasthenia under the Description 'Anxiety Neurosis'", *Standard Ed.*, 3, 87; 열린책들 10.

(1895d) & Breuer, J., *Studies on Hysteria*, London, 1956; *Standard Ed.*, 2; 열린 책들 3.

(1898a) "Sexuality in the Aetiology of the Neuroses", *Standard Ed.*, 3, 261.

(1900a) *The Interpretation of Dreams*, London and New York, 1955; *Standard Ed.*, 4-5; 열린책들 4.

(1901b) *The psychopathology of Everyday Life, Standard Ed.*, 6; 열린책들 5.

(1905c) *Jokes and their Relation to the Unconscious, Standard Ed.*, 8; 열린책들 6.

(1905d) *Three Essays on the Theory of Sexuality*, London, 1962; *Standard Ed.*, 7, 125; 열린책들 7.

(1905e[1901]) "Fragment of an Analysis of a Case of Hysteria", *Standard Ed.*, 7, 3; 열린책들 8.

(1906a[1905]) "My Views on the Part played by Sexuality in the Aetiology of the Neuroses", *Standard Ed.*, 7, 271; 열린책들 10.

(1906f) "Contribution to a Questionnaire on Reading", *Standard Ed.*, 9, 245.

(1907b) "Obsessive Actions and Religious Practices", *Standard Ed.*, 9, 116; 열린책들 13.

(1907c) "The Sexual Enlightenment of Children", *Standard Ed.*, 9, 131; 열린책들 7.

(1908b) "Character and Anal Erotism", *Standard Ed.*, 9, 169; 열린책들 7.

(1908d) " 'Civilized' Sexual Morality and Modern Nervous Illness", *Standard*

Ed., 9, 179; 열린책들 2.

(1908e[1907]) "Creative Writers and Day-Dreaming", *Standard Ed.*, 9, 143; 열린책들 14.

(1909a[1908]) "Some General Remarks on Hysterical Attacks", *Standard Ed.*, 9, 229; 열린책들 10.

(1909b) "Analysis of a Phobia in a Five-Year-Old Boy", *Standard Ed.*, 10, 3; 열린책들 8.

(1909d) "Notes upon a Case of Obsessional Neurosis", *Standard Ed.*, 10, 155; 열린책들 9.

(1910a[1909]) *Five Lectures on Psycho-Analysis*, *Standard Ed.*, 11, 3; in *Two Short Accounts of Psycho-Analysis*, Penguin Books, Harmondsworth, 1962.

(1910c) *Leonardo da Vinci and a Memory of his Childhood*, *Standard Ed.*, 11, 59; 열린책들 14.

(1911b) "Formulations on the Two Principles of Mental Functioning", *Standard Ed.*, 12, 215; 열린책들 11.

(1911c[1910]) "Psycho-Analytic Notes on an Autobiographical Account of a Case of Paranoia (Dementia Paranoides)", *Standard Ed.*, 12, 3; 열린책들 9.

(1912c) "Types of Onset of Neurosis", *Standard Ed.*, 12, 229; 열린책들 10.

(1912d) "On the Universal Tendency to Debasement in the Sphere of Love", *Standard Ed.*, 11, 179; 열린책들 7.

(1912-13) *Totem and Taboo*, London, 1950; New York, 1952; *Standard Ed.*, 13, 1; 열린책들 13.

(1914c) "On Narcissism: An Introduction", *Standard Ed.*, 14, 69; 열린책들 11.

(1914d) "On the History of the Psycho-Analytic Movement", *Standard Ed.*, 14, 3; 열린책들 15.

(1915b) "Thoughts for the Times on War and Death", *Standard Ed.*, 14, 275; 열린책들 12.

(1915c) "Instincts and their Vicissitudes", *Standard Ed.*, 14, 111; 열린책들 11.

(1915f) "A Case of Paranoia Running Counter to the Psycho-Analytic Theory of the Disease", *Standard Ed.*, 14, 263; 열린책들 10.

(1916a) "On Transcience", *Standard Ed.*, 14, 305; 열린책들 14.

(1916-17[1915-17]) *Introductory Lectures on Psycho-Analysis*, New York, 1966; London, 1971; *Standard Ed.*, 15-16; 열린책들 1.

(1917d[1915]) "A Metapsychological Supplement to the Theory of Dreams", *Standard Ed.*, 14, 219; 열린책들 11.

(1917e[1915]) "Mourning and Melancholia", *Standard Ed.*, 14, 239; 열린책들 11.

(1918a[1917]) "The Taboo of Virginity", *Standard Ed.*, 11, 193; 열린책들 7.

(1918b[1914]) "From the History of an Infantile Neurosis", *Standard Ed.*, 17, 3; 열린책들 9.

(1919h) "The Uncanny", *Standard Ed.*, 17, 219; 열린책들 14.

(1920a) "The Psychogenesis of a Case of Female Homosexuality", *Standard Ed.*, 18, 147; 열린책들 9.

(1920g) *Beyond the Pleasure Principle*, London, 1961; *Standard Ed.*, 18, 7; 열린책들 11.

(1921c) *Group Psychology and the Analsis of the Ego*, London and New York, 1959; *Standard Ed.*, 18, 69; 열린책들 12.

(1922b[1921]) "Some Neurotic Mechanisms in Jealousy, Paranoia and Homosexuality", *Standard Ed.*, 18, 223; 열린책들 10.

(1923b) *The Ego and the Id*, London and New York, 1962; *Standard Ed.*, 19, 3; 열린책들 11.

(1924c) "The Economic Problem of Masochism", *Standard Ed.*, 19, 157; 열린책들 11.

(1925d[1924]) *An Autobiographical Study*, Standard Ed., 20, 3; 열린책들 15.

(1925h) "Negation", *Standard Ed.*, 19, 235; 열린책들 11.

(1926d[1925]) *Inhibitions, Symptoms and Anxiety*, London, 1960; *Standard Ed.*, 20, 77; 열린책들 10.

(1927a) "Postscript to *The Question of Lay Analysis*", *Standard Ed.*, 20, 251; 열린책들 15.

(1927c) *The Future of an Illusion*, London, 1962; *Standard Ed.*, 21, 3; 열린책들 12.

(1927e) "Fetishism", *Standard Ed.*, 21, 149; 열린책들 7.

(1930a) *Civilization and its Discontents*, New York, 1961; London, 1963; *Standard Ed.*, 21, 59; 열린책들 12.

(1931a) "Libidinal Types", *Standard Ed.*, 21, 215; 열린책들 7.

(1932a) "The Acquisition and Control of Fire", *Standard Ed.*, 22, 185; 열린책들 13.

(1933a[1932]) *New Introductory Lectures on Psycho-Analysis*, New York, 1966; London, 1971; *Standard Ed.*, 22; 열린책들 2.

(1933b[1932]) *Why War?*, Paris, 1933; *Standard Ed.*, 22, 197; 열린책들 12.

(1935a) Postscript(1935) to *An Autobiographical Study*, new edition, London and New York; *Standard Ed.*, 20, 71; 열린책들 15.

(1936a) "A Disturbance of Memory on the Acropolis", *Standard Ed.*, 22, 239; 열린책들 11.

(1939a[1934-8]) *Moses and Monotheism*, *Standard Ed.*, 23, 3; 열린책들 13.

(1940a[1938]) *An Outline of Psycho-Analysis*, New York, 1968; London, 1969; *Standard Ed.*, 23, 141; 열린책들 15.

(1950a[1887-1902]) *The Origins of Psycho-Analysis*, London and New York, 1954. (Partly, including "A Project for a Scientific Psychology", in *Standard Ed.*, 1, 175.)

(1960a) *Letters 1873-1939* (ed. E. L. Freud), New York, 1960; London, 1961.

(1963a[1909-39]) *Psycho-Analysis and Faith. The Letters of Sigmund Freud and Oskar Pfister* (ed. H. Meng and E. L. Freud), London and New York, 1963.

(1965a[1907-26]) *A Psycho-Analytic Dialogue. The Letters of Sigmund Freud and Karl Abraham* (ed. H. C. Abraham and E. L. Freud), London and New York, 1965.

(1966a[1912-36]) *Sigmund Freud and Lou Andreas-Salomé: Letters* (ed. E. Pfeiffer), London and New York, 1972.

(1968a[1927-39]) *The Letters of Sigmund Freud and Arnold Zweig* (ed. E. L. Freud), London and New York, 1970.

(1970a[1919-35]) *Sigmund Freud as a Consultant. Recollections of a Pioneer in Psychoanalysis* (Freud가 Edoardo Weiss에게 보낸 편지, Weiss의 회고와 주석, Martin Grotjahn의 서문과 해설 포함), New York, 1970.

(1974a[1906-23]) *The Freud / Jung Letters* (ed. W. McGuire), London and Princeton, N.J., 1974.

Jones, E. (1918) "Anal-Erotic Character Traits", *J. abnorm. Psychol.*, 13, 261; *Papers on Psycho-Analysis*, London and New York, 2nd ed., Chap. XL. (3rd ed., 1923, London and New York; 4th ed., 1938, and 5th ed., 1948, London and Baltimore.)

(1953) *Sigmund Freud: Life and Work*, Vol. 1, London and New York.

(1955) *Sigmund Freud: Life and Work*, Vol. 2, London and New York.

(1957) *Sigmund Freud: Life and Work*, Vol. 3, London and New York.

Kelsen, H. (1922) "Der Begriff des Staates und die Sozialpsychologie", *Imago*, 8, 97.

Krafft-Ebing, R. von (1895) *Nervosität und neurasthenische Zustände*, Wien.

Kraskovic, C. B. (1915) *Die Psychologie der Kollektivitäten*, Vukovar.

Kroeber, A. L. (1920) "Totem and Taboo: An Ethnologic Psychoanalysis", *Amer. Anthropol.*, N. S., 22, 48.

(1939) "*Totem and Taboo* in Retrospect", *Amer. J. Sociol.*, 45. 446.

Last, H. (1928) "The Founding of Rome", *Cambridge Ancient History*, Vol. VII: *The Hellenistic Monarchies and the Rise of Rome* (ed. S. A. Cook, F. E. Adcock and M. P. Charlesworth), Cambridge, Chap. XI.

Le Bon, G. (1895) *Psychologie des foules*, Paris.

McDougall, W. (1920a) *The Group Mind*, Cambridge.

(1920b) "A Note on Suggestion", *J. Neurol. Psychopath.*, 1, 1.

Marcuszewicz, R. (1920) "Beitrag zum autistischen Denken bei Kindern", *Int. Z. Psychoanal.*, 6, 248.

Marett, R. R. (1920) "Psycho-Analysis and the Savage", *Athenaeum*, No. 4685(13 Feb.), 205–6.

Möebius, P. J. (1903) *Über den physiologischen Schwachsinn des Weibes* (5th ed.), Halle.

Moede, W. (1915) "Die Massen- und Sozialpsychologie im kritischen Überblick", *Z. pädag. Psychol.*, 16, 385.

Nachmansohn, M. (1915) "Freuds Libidotheorie verglichen mit der Eroslehre Platos", *Int. Z. ärztl. Psychoanal.*, 3, 65.

Pfister, O. (1910) *Die Frömmigkeit des Grafen Ludwig von Zinzendorf*, Wien.

(1921) "Plato als Vorläufer der Psychoanalyse", *Int. Z. Psychoanal.*, 7, 264.

Rank, O. (1922) "Die Don-Juan-Gestalt", *Imago*, 8, 142.

Reik, T. (1927) "Dogma und Zwangsidee: eine psychoanalytische Studie zur Entwicklung der Religion", *Imago*, 13, 247; in book form, Wien, 1927.

Sachs, H. (1912) "Traumdeutung and Menschenkenntnis", *Jb. psychoanalyt. psychopath. Forsch.*, 3, 568.

(1920) "Gemeinsame Tagträume", *Int. Z. Psychoanal.*, 6, 395.

Schopenhauer, A. (1851) "Gleichnisse, Parabeln und Fabeln", *Parerga und Paralipomena*, Vol. 2, Leipzig.(2nd ed., Berlin, 1862.) In *Sämtliche Werke* (ed. Hübscher), Leipzig, 1938, Vol. 5.

Simmel, E. (1918) *Kriegsneurosen und "Psychisches Trauma"*, München.

Smith, W. Robertson (1885) *Kinship and Marriage*, London.

Tarde, G. (1890) *Les lois de l'imitation*, Paris.

Trotter, W. (1916) *Instincts of the Herd in Peace and War*, London.

Vaihinger, H. (1922) *Die Philosophie des Als Ob*, Berlin. (7th and 8th eds.; 1st ed., 1911.)

찾아보기

334, 362

무의식적 콤플렉스der unbewußten Komplex / unconscious complex 15

(ㅂ)

반동 형성Reaktionsbildung / reaction-formation 48, 51, 139

발렌슈타인Wallenstein 108, 156

발자크Balzac, H. de 70

범성욕주의Pansexualismus / pan-sexualism 104

베르넴Bernheim, Hippolyte 101, 149

본능적 충족(본능 만족)Triebbefriedigung / instinctual satisfaction 41, 49, 227, 320

불안Angst / anxiety 12, 35, 46, 52, 69, 83, 111, 112, 137, 138, 187, 197, 222, 316, 322, 330, 332, 338, 343

브라네스Brandes, Georg 277

브뤼제유Brugeille, R. 100

블로일러Bleuler, Eugene 78, 295

비어드Beard, G. M. 13

빈스방거Binswanger, O. L. 13

(ㅅ)

사회 심리학Sozialpsychologie / social psychology 77, 78, 99

생리학Physiologie / physiology 84, 244

성도착Fetischimus / fetishism 19, 21

성 본능Sexualtrieb / sexual-instinct 16~21, 23, 26~28, 90, 117, 121, 128, 160, 163, 164, 169, 200, 290

성생활Sexualleben / sexual life 10, 14, 15, 21, 23, 24, 29~31, 90, 119, 166, 228, 274, 292~297, 304, 308, 342

성욕Sexualität / sexuality 7, 18, 19, 21, 24, 26~28, 30, 90, 104, 118, 120, 128, 206, 267, 287, 290, 293, 297, 305, 309, 310, 329

성 충동Sexual-trieb / sexual-impulse 31, 144, 145, 164, 166~168, 313, 327

셰익스피어Shakespeare, William 55, 57, 277, 279

쇼펜하우어Schopenhauer, A. 115

스피노자Spinoza, Baruch 231

승화Sublimation / sublimation 17~19, 23, 25, 27, 48, 118, 130, 163, 233, 263, 264, 269, 285, 292, 295

시겔레Sighele, S. 93, 94

울증Melancholie / melancholia 125, 153

원죄Erbsünde / original sin 62, 63, 331

유아 신경증infantile Neurose / infantile neurosis 222, 234

융Jung, Carl Gustav 309

의식Bewußtsein / consciousness 16, 45, 61, 68, 70, 82, 84, 85, 87, 88, 99, 146, 147, 196, 197, 248, 285

이드das Es / id 69, 121, 132, 156, 246, 339, 340

이마고Imago 37, 159, 162, 287

옮긴이 **김석희** 서울대학교 인문대학 불문학과를 졸업하고 대학원 국문학과를 중퇴했으며, 1988년『한국일보』신춘문예에 소설이 당선되어 작가로 데뷔했다. 영어·프랑스어·일본어를 넘나들면서 존 파울즈의『프랑스 중위의 여자』, 허먼 멜빌의『모비 딕』, 에리히 프롬의『자유로부터의 도피』, 존 르카레의『추운 나라에서 돌아온 스파이』, 폴 오스터의『빵 굽는 타자기』, 짐 크레이스의『그리고 죽음』, 트리나 폴러스의『꽃들에게 희망을』, 쥘 베른 걸작 선집, 시오노 나나미의『로마인 이야기』시리즈 등 200여 권을 번역했고, 역자 후기 모음『번역가의 서재』등을 펴냈으며, 제1회 한국번역상 대상을 수상했다.

프로이트 전집 12

문명 속의 불만

발행일	1997년 2월 20일 초판 1쇄
	2002년 5월 25일 초판 4쇄
	2003년 9월 30일 2판 1쇄
	2019년 4월 30일 2판 18쇄
	2020년 10월 30일 신판 1쇄
	2023년 4월 5일 신판 4쇄

지은이	지크문트 프로이트
옮긴이	김석희
발행인	홍예빈·홍유진
발행처	주식회사 열린책들

경기도 파주시 문발로 253 파주출판도시
전화 031-955-4000 팩스 031-955-4004
www.openbooks.co.kr

Copyright (C) 주식회사 열린책들, 1997, 2020, *Printed in Korea.*
ISBN 978-89-329-2060-3 94180
ISBN 978-89-329-2048-1 (세트)

이 도서의 국립중앙도서관 출판예정도서목록(CIP)은 서지정보유통지원시스템 홈페이지(http://seoji.nl.go.kr)와 국가자료공동목록시스템(http://www.nl.go.kr/kolisnet)에서 이용하실 수 있습니다.(CIP제어번호:CIP2020039784)